L'Afrique subsaharienne et le développement

Des mutations à la stagnation endémique

Volume 1

Résiliences mitigées et stagnation socio-économique

Léon MONDOLE ESSO LIBANZA EBEYOGO

L'Afrique subsaharienne et le développement

Des mutations à la stagnation endémique

Volume 1

Résiliences mitigées et stagnation socio-économique

Préface de Fréderic Esiso Asia Amani

L'Harmattan

En collaboration avec José LISUMBU MONDENGA et Elysée ISOMBA DJANGI KASWEKA

5-7, rue de l'École-Polytechnique ; 75 005 Paris

www.editions-harmattan.fr

ISBN : 978-2-336-41673-1
EAN : 9782336416731

Liste des Acronymes

ACP : Afrique, Caraïbes et du Pacifique

AIEA : Agence internationale de l'énergie atomique

BAD : Banque Africaine de Développement

BERD : Banque Européenne pour la Reconstruction et le Développement

BIP40 : Baromètre des inégalités et de la pauvreté

BIRD : Banque internationale pour la reconstruction et le développement

BNB : Indice de Bonheur national brut

BRALIMA : Brasserie limonaderie et malterie

BRIC : Brésil, Russie, Inde et Chine

CEA : Commissariat des Nations Unies à l'énergie atomique

CEE : Communauté économique européenne

CEPAL : Commission économique des Nations Unies pour l'Amérique latine et les Caraïbes

CNUCED : Conférence des Nations unies sur le commerce et le développement

ECOWAP : Programme Ouest-africaine de développement économique

F.A.O : Organisation des Nations Unies pour l'alimentation et l'agriculture

FED : Fonds européen de développement

FENU : Fonds d'équipement des Nations Unies

GATT : Accord Général sur le Tarif douanier et le commerce originel

IDE : Investissements Directs Etrangers

IDH : Indice de Développement Humain

INSEE : Institut National de la Statistique et d'Etudes Economiques (France)

MINOCONGO : Minoterie du Congo

NOEI : Nouvel ordre économique international

NPI : Nouveaux pays industriels

OCDE : Organisation de Coopération et Développement Economique

ODD : Objectifs du Développement Durable

OIT : Organisation Internationale du Travail

OMD : Objectifs du Millénaire pour le Développement

OMC : Organisation Mondiale du Commerce

ONG : Organisation Non-Gouvernementale

ONU : Organisation des Nations-Unies

PCS : Carte prépayée sécurisée, utilisée dans les systèmes internationaux de payement

PDDAA : Programme détaillé pour le développement de l'agriculture africaine

PIB : Produit Intérieur Brut

PNB : Produit National Brut

PNUD : Programme des Nations-Unies pour le Développement

RNB : Revenu national brut

SOCIR : Société Congolaise-Italienne de Raffinage des hydrocarbures

SOTEXKI : Société textile de Kisangani

SPL : Systèmes Productifs locaux

STABEX : Système de stabilisation des exportations

UICN : Union Internationale pour la Conservation de la Nature

UNESCO : Organisation des Nations Unies pour l'éducation, la science et la culture

UNICEF : Fonds des Nations Unies pour l'enfance

UNFPA : Fonds des Nations Unies pour la Population

URSS : Union des Républiques Socialistes Soviétique

Préface

Plusieurs ouvrages, articles ont déjà été rédigés sur le phénomène de développement en Europe, en Amérique, en Afrique, au Moyen Orient, en Asie, au monde etc… ce phénomène a déjà fait l'objet de plusieurs rencontres des hommes de science et des politiciens dans le monde. Le développement a déjà fait l'objet de plusieurs études sous plusieurs dimensions : comme fait socio-économique, comme fait culturel, comme fait politique etc… à travers des assises telles que les colloques, les symposiums, plusieurs questions ont été posées et les réponses de toutes sortes ont été données. Les points de vue différents et divergents sur le développement ont fusé de partout jusqu'à voir naitre des regroupements comme les capitalistes, les socialistes, les communistes, les tiers-mondistes et des Ecoles telles que le marxisme, le wébérisme, le fonctionnalisme, le systémisme etc…

Aussi les perceptions du développement ont-elles varié d'une Ecole à une autre, d'un regroupement à un autre. Et de plus en plus on s'est rendu compte que les perceptions de développement variaient également selon les sensibilités populaires dans le monde. Globalement par exemple on disait que les Africains ne percevaient pas le développement de la même façon que les Européens. D'où la problématique de la culture du développement. Les conditions historiques différentes qu'ont connues ces peuples ont différemment pesé sur leur perception du développement.

Cependant l'unanimité qui s'en est dégagée, c'est de considérer le développement comme un idéal à atteindre, comme un processus qui consiste à mettre l'homme debout, les hommes debout, les communautés debout, les sociétés debout. Par métaphore, le développement c'est aussi mettre les économies debout, l'éducation debout, la santé debout etc…

L'on sait néanmoins qu'il y a des préalables pour se mettre débout, pour atteindre l'idéal n'importe lequel mais pas n'importe comment. Alors les nombreuses théories du développement qui existent dans le monde scientifique sont nées pour donner un sens à cela, des orientations à la résolution de ce problème, notamment :

- la théorie du décollage ou des étapes de la croissance avec Walt Rastow en 1961
- la théorie des pôles de croissance avec l'économiste François Perroux dans les années cinquante
- la théorie du développement endogène qui concerne davantage les pays en développement que les pays développés a été élaborée dans les pays du Nord par John Friedmann. Mais l'approche essentiellement territoriale de développement est l'œuvre de Philippe Aydalot
- les théories du développement endogène et du développement communautaire avec Dionne, H, et Proux, M,
- la sociologie compréhensive du monde moderne avec Max Weber en 1967
- la théorie de l'interdépendance des objectifs socio-économiques et socio-écologiques du développement avec René Dumont en 1962
- la théorie des mutations des sociétés du Tiers-monde avec Georges Balandier en 1982
- la théorie de nouveaux mouvements sociaux et des passages des sociétés industrielles aux sociétés post-industrielles avec Alain Touraine en 1969
- la théorie de la résistance de la société civile planétaire avec Jean Ziegler en 1972

A ces théories de développement peuvent s'ajouter quelques modèles de développement parmi lesquels nous pouvons citer le modèle de développement par succession d'étapes et par cheminement linéaire avec Rostow, le modèle de développement par la primauté du capital de Perroux, F., le modèle dit de la modernisation par l'industrie de Lewis et Bernis, le modèle de développement indépendant de Lénine et de Amin et le modèle de développement par la soumission aux lois de la spécialisation internationale (partenariat), de Ricardo, Hechsecher et Ohlin. Pourquoi alors le développement n'a-t-il pas lieu en Afrique ?

L'auteur de ce livre, le Professeur Mondole Esso Libanza en a fait une analyse profonde contenue dans son livre que nous résumons ainsi : le développement n'a pas lieu en Afrique :

- à cause du manque de l'intellection collective du vocable développement. A ce sujet, l'auteur de ce livre insiste sur le fait que le vrai problème des Africains, face aux initiatives de transformation de leurs milieux et d'eux-mêmes, reste celui de l'intellection collective du vocable « développement » donc la compréhension africaine, locale et authentique du concept et de son contenu sans laquelle aucune action ne peut mobiliser les énergies individuelles et communautaires des Africains. (Cfr conclusion) ;
- à cause de bravades économiques et sociales érigées en cercle vicieux de pauvreté. A ce sujet, l'auteur de cet ouvrage estime que la poursuite de la pratique actuelle, constante et largement répandue, qui consiste à réduire le développement à la maximisation indéfinie du taux de croissance de la production globale, promu au rang de critère central et quasi unique du développement, n'est ni pertinente, ni souhaitable, ni impossible dans la durée. D'ailleurs pour lui, la croissance de la production et du revenu reste aujourd'hui, et va rester pour un temps

relativement long, une condition et une composante indispensable du développement des Etats subsahariens. (voir conclusion)

- à cause des politiques publiques de moins en moins circonscrites et sans solution d'ensemble. Ici il faut dire que face aux défis à long terme dans les pays afro-subsahariens, de l'absence de la politique industrielle et du transport, de l'absence et/ou de la faiblesse des politiques agricoles, les responsables politiques africains subsahariens ne savent pas faire grand-chose, (voir conclusion)
- à cause de l'omniprésence du phénomène de la corruption et de son impact sur la transformation culturelle des collectivités. Ici l'auteur de ce livre trouve que si la lutte contre la déprédation et le brigandage des fonctionnaires de l'Etat n'est pas prise dans l'ordre des priorités, toute lutte contre la pauvreté et le sous-développement serait vouée à l'échec. Il souhaite que les populations s'organisent et fassent pression en mettant l'accent sur l'éducation pour apaiser l'inquiétude sur le caractère culturel de la corruption.

Fréderic ESISO ASIA-AMANI
Professeur Emérite
Doyen honoraire de la Faculté des Sciences Sociales, Administratives et Politiques (*FSSAP*) de l'Université de Kisangani en République Démocratique du Congo

Introduction

Le texte que nous donnons à lire a pour matrice le premier volume 1 de notre titre l'Afrique subsaharienne. Des mutations à la stagnation endémique. Réinventer le développement ? Ce volume a pour pierre de touche Le développement comme culture : résilience mitigée et stagnation des économies et des sociétés subsahariennes.

Certaines raisons justifient ces pages. En effet, l'Afrique subsaharienne présente des particularités singulières : immensité et diversité des ressources naturelles, populations essentiellement jeune dont la majeure partie vit dans les milieux ruraux, absence d'infrastructures de base dans des vastes régions rurales comme dans les villes, absence d'unités économiques et de production, présence des maladies endémiques et des épidémies, déficit de la scolarisation des enfants, cloisonnement des paradigmes, absence des politiques publiques novatrices, permanence de la corruption, persistance des conflits sanglants, pauvreté rampante, etc.

Dans ce monde extraordinaire, les inégalités déchirent les sociétés et les pouvoirs publics manquent des ressources. L'environnement naturel et le capital des ressources se dégradent dangereusement, la croissance de l'activité productive pour créer des nouvelles ressources au service des politiques publiques devient un leurre. Tout se passe comme si les gens veulent aussi autre chose, qu'ils continuent à rêver ou à errer sans buts, sans objectifs, sans perspectives. Dans ce « *monde atypique*», les élites politiques paraissent être emportées par des écueils, des illusions, envasées parfois entre la raison et la ruine et emballées par des obstacles économiques, politiques et sociaux de tout bord, pendant que des collectivités toutes entières s'enlisent dans la misère et se réinitialisent. Pendant qu'ailleurs dans d'autres coins du monde, les collectivités qui se mesurent par des obstacles, les surmontent et impulsent les mutations dans plusieurs domaines de la vie collective et ; la croissance économique est la hantise du temps qui accélère l'accroissement du revenu national, assure la complexité extraordinaire des sociétés, garantit la variété des aspirations économiques ainsi que l'intensité des liens sociaux, atteste leurs dimensions, et sustente le développement sans précédent des technologies.

Pourtant, à leur accession à l'indépendance à l'instar des autres régions du monde colonisé, ces mutations historiques avaient généré pour l'Afrique subsaharienne, l'espoir d'un décollage économique et/ou d'un développement partant des efforts motivés des peuples décolonisés, déterminés d'assurer le bien-être collectif et d'assumer leurs destins communs vers un avenir prospère. Plusieurs décennies après et face à cette complexité, l'incertitude côtoie la rupture et le débat ou l'absence de débat entre les intérêts dominants et la pauvreté du monde subsaharien présente de plus en plus un aspect particulièrement important. Cette région d'Afrique d'après les indépendances se découvre plutôt dans un traquenard dynamique où s'affrontent les économies, les puissances, dans une nouvelle forme de guerre mondiale illimitée, stratégique et sans concession entre les acteurs : « *la guerre du progrès* ». Sur les lieux, les puissances géostratégiques en présence, aux forces inégales, s'affrontent sans cesse et peaufinent au quotidien des stratégies autour des richesses à accumuler, véritables nœuds gordiens du système.

Dans ce traquenard, le commerce international est le pivot des stratégies sur lequel, s'adossent le capital et la croissance économique, maîtres-mots du système. Ceux-ci mobilisent les énergies, assurent l'accumulation des ressources, consolident la domination et affine l'assujettissement des faibles, sur base des acquis des schémas classiques et néo-classiques qui s'articulent autour de deux variables : le *produit* et les *pays*. Celles-ci infèrent que les pays sous-développés devraient se contenter de produire et d'exporter des biens primaires, pendant que les pays développés s'occupent de la production et de l'exportation des produits manufacturés à forte valeur ajoutée ; l'importation et la transformation des minerais et des hydrocarbures étant également du monopole de ces derniers. Le déséquilibre qui apparait, se raffermit dans les différences des valeurs entre les agrégats et les dispositifs du commerce international (la production agricole mondiale s'accroit de 2,3%, la production minière de moins de 1%, tandis que la production manufacturière s'accroit de près de 4% l'an). Ces différences des valeurs s'affirment encore plus en termes d'échanges. Les échanges des produits agricoles s'accroissent à 2,7% par an (prix constant), les échanges des produits miniers sont constamment en diminution, tandis que les échanges des produits manufacturés s'accroissent au rythme de 6,3% l'an. Bien que la valeur unitaire des produits minéraux se soit accrue considérablement par rapport à celle des produits manufacturés, cela ne fait que compenser le faible dynamisme des échanges en volume. Car, dès que les prix baissent, cela ne suffit plus.

Ces différentes stratégies du traquenard plongent les économies subsahariennes mal loties dans la désarticulation. Le déséquilibre qu'elle engendre déstructure le système, puisque la demande mondiale en produits primaires est en longue période peu dynamique. Même si dans certains Etats comme le Nigéria, l'Afrique du sud, la Namibie, l'Ethiopie, le Botswana et l'île Maurice, les perspectives ont été, à des moments, prometteuses, les résultats dans nombre de cas ont été décevants. Le déséquilibre, la désarticulation ont contraint les pays dans le bourbier de la stagnation. En 2006, malgré la croissance enregistrée grâce à ces différents pays cités dans les secteurs industriel et agricole, respectivement 5,7% pour le premier et 5 % le second, le secteur de services représentait toujours la part élevée 44,7 % du PIB, suivi de l'industrie (41,5 %) et de l'agriculture (13,8 %). Ce cadre structurel accuse de nos jours un déficit qui va en s'aggravant et les disparités régionales et internes sont si importantes, alors que le cadre institutionnel est instable dans la plupart des pays et présente un obstacle au développement économique et social. Cette aggravation sous-jacente des déséquilibres structurels et la déstabilisation de l'agriculture, poumon des économies africaines, affiche déjà le décor de la descente aux enfers par la consolidation du sous-développement et révélé déjà l'avenu de l'affaiblissement d'un système désarticulé de développement, mise en place par l'occident, coupé des populations bénéficiaires d'Afrique.

Pour certains observateurs, si les populations d'Afrique subsaharienne n'arrivent pas encore à sortir du bourbier de la pauvreté, c'est à cause des grands défis économiques et sociaux qui les enferment dans un cercle vicieux. Au plan économique, ils relèvent notamment la croissance économique lente, le déficit de la productivité, la baisse tendancielle des termes de change, les économies largement rentières, les mutations démographiques de grande ampleur, le poids du secteur primaire, l'industrialisation bloquée, les marchés financiers fortement segmentés. Ceci fait de l'aide économique internationale une ressource vitale pour ces pays africains, dévisagés comme économiquement fragiles et qui constituent le terrain des batailles où s'affrontent en permanence les plus forts, autour de leurs ressources naturelles, en vue du progrès de leurs économies. D'autres justifient la pauvreté des populations subsahariennes par le fait qu'elles vivent dans la partie du continent la plus affectée par le déséquilibre économique, dû notamment à sa dépendance ombilicale de l'industrie occidentale et à la fragilité de ses économies, subordonnées aux seules exploitations des ressources primaires, naturelles, fortement liées. Cependant, paradoxalement à leurs ressources et malgré des efforts d'investissements prétendument consentis par nombre de ces pays africains au cours des décennies, la quasi-totalité d'entre eux n'a pas connu jusqu'à ces jours de progrès tant au plan économique, technologique que social.

Cette région située entre le Sénégal et le Botswana, riche en ressources géologiques, aquatiques, halieutiques, forestières et zoologiques, s'enlise progressivement, alors dangereusement dans la stagnation et le vécu quotidien des populations se conjugue avec la pauvreté, les maladies, la malnutrition, l'analphabétisme. Dans cette partie du continent noir, riches en faunes et flores, où les sols et les sous-sols ne sont pas moins qu'un scandale géologique et agricole, généreusement abreuvés par les pluies et arrosés par les cours d'eaux riches et les eaux douces, bornées des vastes tourbiers, on enregistre globalement et partout, les mêmes plaintes (les écoles, les hôpitaux, les services publics offrent la désolation), les mêmes vétustés, les mêmes délabrements, les mêmes pauvretés comme si le désastre s'est abattu sur l'ensemble de la région. L'Afrique subsaharienne reste encore la région la plus frappée par l'immobilisme, la pauvreté, les léthargies technologiques apparentes et les crises politiques, économiques, sociales trop fréquentes. C'est dans cette région formée de quarante-neuf pays que se concentrent curieusement neuf des dix pays les plus pauvres du monde. Ces pays ont notamment comme point commun de vivre sous des régimes autoritaires, sans institutions politiques et judiciaires solides, sans presses libres, sans investissements dans la recherche scientifique et un taux de corruption élevé. Aussi, depuis la décolonisation, nombre des pays subsahariens n'ont pas fait montre d'une certaine détermination face aux obstacles qui s'érigent en barrière sur le chemin du mieux-être collectif des collectivités. Pour ces derniers et quoi qu'il en soit, le mieux-être collectif n'est pas une priorité, malgré le fait que de tout temps et à tous les niveaux des sociétés africaines, le besoin de faire un bond en avant s'est toujours fait sentir, de la pirogue à pagaie au navire, de l'horloge soleil à la calculatrice électronique, du temps qui fut au temps qui sera. Au contraire, cette partie d'Afrique ne semble pas encore à ce jour être en mesure de mieux maîtriser son destin, elle est restée longtemps à l'écart des affaires du monde, subissant par-ci, par-là, la domination des anciens et des nouveaux maîtres du jeu économique planétaire. Tout se passe comme si les habitants de la région auraient fait le choix de demeurer globalement dans la catégorie des « pauvres » vers lesquels l'aide est indispensable pour la survie.

L'appréhension, l'intégration et l'assimilation du *vocable développement* et de *sa réalité* par les individus et les collectivités dans les milieux subsahariens, se heurte à moult obstacles. Il s'agit notamment de l'environnement culturel globalement dominé par l'immobilisme des paradigmes, de la difficulté pour les sociétés globalement lignagères de s'approprier d'une réalité exogène dynamique et complexe dont le champ capitaliste libéral qui en est le fondement, évolue en contradiction et opposition avec le mode de production lignager africain dominant. L'immobilisme des paradigmes, expression de résistance des sociétés, renforce la manifestation des bravades économiques et sociaux, érigées en cercle vicieux de pauvreté. Aussi, la stagnation des termes d'échanges, les politiques publiques de moins en moins circonscrites et sans solution d'ensemble, l'omniprésence du phénomène de la corruption dans le vécu des individus et des sociétés, jouent un grand rôle dans la consolidation de l'immobilisme et la stagnation des économies dans les milieux sub-sahariens.

En conséquence, les systèmes économiques, sociaux et politiques du sous-continent noir, loin d'évoluer de façon harmonieuse et efficace, ont au contraire été dans l'ensemble incapables depuis des décennies, de faire face au recul de plus de 5% l'an de leurs économies, pendant que celles des pays d'autres régions développés progressent de 3,2%. Les luttes tribales, la multiplication des coups d'Etats, les parasitismes bureaucratiques, la mauvaise gouvernance sociale, économique et politique, sont notamment des signes apparents de l'envasement qui n'ont pas permis d'assurer l'ascension sociale des individus et des communautés, de faire émerger une classe moyenne et de réduire la pauvreté des masses. Même si nombre de ces pays jouissent encore des immenses potentialités des ressources naturelles considérables et de leurs populations actives nombreuses et diversifiées, beaucoup semblent être enlisés entre les crises et les pensantes tutelles anciennes, les patronages militaires, les curatelles financières, le manque de maitrise des paramètres de la décision dans un environnement contraint, et le rêve d'un monde libre, indépendant et développé. Comme dans une sorte de fatalité, l'économie de marché héritée de la colonisation, qu'elle soit contrôlée hier par un Etat fort ou couplée aujourd'hui à un Etat démocratique libéral, semble produire invariablement les mêmes effets : la concentration du pouvoir économique et politique dans les mains d'une minorité privilégiée, la pauvreté et la misère de la majorité, la domination, l'exclusion sociale, l'inégalité et l'injustice. Même les capitaux massifs déversés par le rush économique des pays émergents tels la Chine aujourd'hui ne parviennent pas initier une transformation qualitative des économies en Afrique noire subsaharienne.

Hypothèse Le libéralisme économique se réalise concrètement comme mercantilisme et affairisme. Il creuse les inégalités et accroît la marginalisation sociale. La démocratie tend, de plus en plus, à prendre le visage inquiétant d'une démocratie procédurale sans substance de type partitocratie. L'exemple de la Chine et l'Inde qui, grâce à leurs croissances économiques s'imposent aujourd'hui comme les grandes puissances, n'inspire pas encore l'Afrique subsaharienne. Cette situation est paradoxale dans une modernité où le modèle économique dominant construit la production des richesses publiques sur le couple investissement/redistribution, sur la mobilité des catégories sociales des nations, et sur la mobilisation sans restriction et sans discrimination de tous les génies créateurs des peuples.

Cet état de fait nous oblige à rechercher les raisons de la pauvreté des collectivités subsahariennes et de la précarité emblématique de leurs conditions de vie au-delà des causes exogènes qui n'expliquent le sous-développement de l'Afrique qu'en partie, mettant pratiquement de côté les causes endogènes ou les responsabilités internes des Africains et de leurs systèmes sociaux. L'accusation permanente des anciens colonisateurs dans une Afrique désormais indépendante depuis des décennies, sonne plutôt comme une démission politique et un camouflage des responsabilités locales quant aux phénomènes de la pauvreté de masses et du sous-développement.

La dénonciation récente par le Pape François, de la prévarication, de l'injustice et de l'exclusion sociale, de la concentration du pouvoir et de la richesse dans les mains de minorités locales donne, d'ailleurs, la pleine mesure d'un phénomène qui ne tient pas exclusivement à la prédation néo-colonialiste et aux excès du capitalisme financier de nos jours. Une série d'indices, tels l'économie ostentatoire et *l'habitus* persistant du monopole gérontocratique du pouvoir politique, tendent en effet à prouver qu'en Afrique subsaharienne, les infrastructures de la modernité économique et politique semblent être surdéterminées par une logique endogène supérieure qui leur fait reproduire un modèle économique lignager. L'histoire africaine semble reproduire à quelques différences près, en ses différentes époques les variations d'un thème unique : la réplique omniprésente d'un système séculaire du modèle lignager précolonial qui, concentre le pouvoir économique, financier au niveau du pouvoir politique et de ses clientèles parentales.

La transposition du dispositif fonctionnel de reproduction des sociétés lignagères précoloniales dans l'économie moderne de marché est le mécanisme reproducteur réel de la pauvreté du plus grand nombre et de la concentration de la richesse et du pouvoir dans les sociétés d'Afrique subsaharienne. Cette matrice démultiplie les conséquences de la face sombre du libéralisme économique moderne. A vrai dire, la transposition du dispositif fonctionnel de reproduction des sociétés lignagères précoloniales dans l'économie moderne de marché engendre un état de confrontation qui soulève à coup sûr, la problématique de la déficience de la culture du développement dans les politiques publiques des Etats subsahariens. La déficience de la culture du développement peut séquestrer mentalement et structurellement les manières d'organisation et de production des ressources, comme cela est malheureusement le cas du continent berceau de l'humanité. En conséquence, pour pouvoir lutter efficacement contre la pauvreté de masses en Afrique subsaharienne, il importe donc préalablement de prendre conscience de ce dispositif fonctionnel du mode de production lignager qui exerce des pesanteurs sur la culture du développement incrustée dans les pratiques modernes du libéralisme. Sa transposition dans les modèles socio-économiques et politiques modernes de nature différente entretiendrait la bipolarisation étranglant au sein des sociétés et aurait comme conséquence le blocage des systèmes de production, en générant des économies de type ostentatoire, qui entraînent le gaspillage des richesses publiques, cultivent le monopole et stérilisent les énergies créatrices. Ainsi que l'affirmait Claude Meillassoux et Catherine Coquery Vidrovitch, les dispositifs lignagers consistent à faire du commerce et du pouvoir politique, le domaine réservé aux élites dirigeantes. Ces dernières étant chargé de la redistribution des richesses, de l'entretien de l'Etat et de pourvoir aux besoins sociaux de base des communautés.

Mais, beaucoup de ces études demeurent clivées entre des positions normatives opposées : les unes centrées sur la recherche *des bonnes pratiques*, les autres centrées sur la dénonciation des effets supposés délétères des pratiques du développement. Ceci est en grande partie lié à deux aspects importants du champ d'études du développement : d'une part la relative domination de l'économie du développement et des approches néo-positivistes en science politique ; d'autre part, la demande très forte faite à la recherche dans ce champ en vue de souligner les implications pratiques de ses recherches, qu'elle vise à apporter des solutions à des problèmes pratiques ou à porter des critiques politiques plus générales. L'empreinte de ces deux facteurs qui dominent les études du développement se retrouve ainsi dans des travaux qui diffèrent pourtant très fortement dans leurs jugements normatifs sur la question du développement de l'Afrique subsaharienne. C'est le cas notamment des travaux ci-dessous, réalisés par Moult personnes et organisations préoccupées par la question du sous-développement de l'Afrique subsaharienne, avec souvent les mêmes résultats, les mêmes faux espoirs et aucune des recettes miracles proposées n'a réussi à apporter véritablement une réponse satisfaisante et durable au problème de sous-développement de la région. Ainsi, un grand nombre de travaux très influents, dominés par des approches économiques, se sont avant tout intéressés à la question du sous-développement de l'Afrique subsaharienne. Il s'agit notamment de ceux des experts de la Banque Mondiale, du Fonds Monétaire International, de l'OCDE, de l'Union Européenne, qui ont proposé et expérimenté en vain plusieurs voies de sortie de la pauvreté massive de populations. Les africains eux-mêmes ont aussi réfléchi, écrit sur leur pauvreté, leur sous-développement, chacun abordant la question selon son regard, sa représentation, sa sensibilité idéologique et sa croyance. Mais, la question demeure entière et sur le terrain, l'état de la pauvreté et du sous-développement s'aggrave.

Beaucoup se posent des questions sur les causes de l'aggravation chronique de la pauvreté, l'impuissance des Etats et l'enlisement progressif de l'Afrique subsaharienne dans le dénuement, en dépit de ses ressources. Les perspectives de cet enlisement se sont fait observer dès l'aube des indépendances. René Dumont, sans équivoque avait lancé dans « *l'Afrique noire est mal partie* ». L'alerte qui marquant tant les esprits en jetant un scepticisme sur la capacité des nouveaux dirigeants africains à conduire les économies de leurs Etats fraichement indépendants. Il avait fait observer que beaucoup d'Etats africains indépendants commençaient déjà dès le départ à présenter des signes d'affaiblissement, d'essoufflement, bien avant le début de la course vers le développement. Les inquiétudes de tout bord dénotaient des pratiques contre-développementales dominant dans les comportements des africains. C'est le cas notamment de l'éclosion mimétique dangereusement encastrée dans les comportements des décolonisés noirs, incapables d'inventer des systèmes et modèles propres, adaptés aux besoins des nouvelles économies des pays indépendants, Spero Adotévi plaçait ainsi l'Afrique subsaharienne devant une alternative : Inventer ou périr. Et, Axelle Kabou de s'interroger : « *Et, si l'Afrique refusait le développement ?* ».

Malgré l'espoir d'Albert Tevoedjrès qui, dans un sens très moral, considérait la pauvreté comme un levier d'action du développement de l'Afrique, en ce sens qu'elle pouvait constituer un boostant des capacités pour l'invention ; et de Daniel Etounga-Manguelle qui s'assurait que la richesse de la culture africaine pouvait constituer un incubateur de base pour son développement, dans l'ensemble la panique et l'inquiétude prenaient progressivement le dessus sur la raison et la précipitation avait déréglé la vitesse dans la plupart des Etats subsahariens, hypothéquant ainsi tous les espoirs du développement qui nourrissaient les attentes des africains. Dans l'élan des désespoirs, certains culturalistes africains se demandent si le développement est-il réellement africain ou serait-il à reconstruire, à réinventer pour l'adapter au contexte et à l'environnement culturel. Car, pour eux, la culture constitue le moteur de tout développement. Cheik Anta Diop l'avait affirmé lorsqu'il écrit : « aucun peuple ne s'est développé en dehors de sa culture et de sa langue ».

Dans le diagnostic pour la sortie de crise, Michel-Ange Mupapa Say estime que les causes du sous-développement de l'Afrique se situent à trois niveaux : les séquelles de la colonisation, l'aliénation mentale et les comportements économiques des africains toujours incompatibles avec les exigences du développement. Ceux qui souffrent de l'afro-pessimisme (le cas de Jules Gritti.), fondent leur explication des causes dans le racisme, dont les rapports génèrent l'incapacité d'assumer ou de déclencher le développement. Alors que d'autres africains comme Samir Amin trouvent en partie les racines de la crise du développement de l'Afrique dans le mode de production capitaliste et propose un traitement de choc à trois astuces pour y mettre fin : la baisse tendancielle du taux de profit et évolution du taux de la plus-value ; extension du mode de production capitaliste à des régions nouvelles où le taux de la plus-value est plus élevé et d'où on peut tirer un surprofit par l'échange inégal ; les formes de gaspillages qui freinent le réinvestissement.

Comme on peut le constater, les différents diagnostics du sous-développement de l'Afrique subsaharienne ne proposent pas des schémas précis et clairs de traitement du mal de sous-développement, qui tiennent compte des modèles cohérents de représentation du monde par les communautés africaines, des interprétations collectives spécifiques dont elles font des réalités qui les entourent et de leurs modes typiques de production. Car, les différentes sociétés subsahariennes s'identifient à travers leurs manières spécifiques de voir le monde et ses articulations sociales, économiques et politiques. Toute résolution d'un problème socio-économique qui s'écarte des modèles sociologiques des communautés, ne peut que heurter la résistance collective des populations, indépendamment des objectifs visés. Il s'agit bien de partir pour toute innovation, de la description des expériences empiriques, des croyances et des valeurs qui, conditionnent la façon dont les individus et les collectivités perçoivent les réalités sociales, économiques et politiques d'une part, et d'autre part, leurs manières de réagir au quotidien face à ce qu'ils perçoivent, c'est-à-dire, les contextes des environnements sociaux, économiques et politiques.

Même dans les cas typiques où certains ont tenté de prendre à bras le corps la question du sous-développement par la proposition des schémas empiriques, leurs prescriptions sont plus restées soit dans le lot des théories générales qui alimentent les débats académiques, ou soit se sont heurtées à des résistances politiques de tout bord. D'autres ont subi au contraire l'agenda des institutions internationales qui s'adossent sur l'apologie de« *l'aide économique*», consacrée à la fois comme moteur et clé passe-partout du développement. C'est ici qu'il faut inscrire l'échec des théories dites marxistes libérateurs et des politiques publiques qui ont émaillées la première décennie des indépendances dont certaines ont proposé carrément « *la déconnexion* » pour débarrasser l'Afrique de l'infantilisme et du déficit de l'innovation. La vérité en est que ces pays d'Afrique subsaharienne, même s'ils se réjouissent des potentialités des ressources dont regorgent leurs territoires et se distraient de leurs états actuels d'indépendants, de souverains, la plupart d'entre eux baignent encore dans le palude de l'illusion. Rare dans ces pays, l'on se pose pertinemment la question de savoir comment le développement serait-il encore possible. Le sous-continent noir plongé dans le cycle d'incohérences des politiques publiques, d'hésitations et d'inactions, se retrouve de plus en plus embourbé dans le marigot de la pauvreté.

La persistance des stagnations des économies, la pauvreté et l'inconscience des Africains face aux défis et enjeux de développement de leurs Etats, a comme conséquence l'accroissement du déséquilibre et du décalage entre les économies, comparées à celles des pays du Nord et même celles d'autres pays appartenant jadis dans le « *bloc tiers-monde* », au niveau notamment des Produits Intérieurs Bruts (PIB), sans oublier que l'Afrique subsaharienne est victime des externalités négatives de la globalisation : d'un côté, elle supporte la perte de la biodiversité, l'expansion des grandes endémies, le réchauffement climatique, les inégalités et la pauvreté ; et de l'autre, son rôle est crucial pour gérer les biens publics internationaux. La planète a besoin de sa biodiversité. Ses risques démo-économiques et donc migratoires doivent être prise en charge en amont. Tous ces facteurs conjugués avec la faiblesse des institutions politiques, sociales, financières et le manque d'investissements économiques en font de l'Afrique subsaharienne la région en stagnation endémique et de ce fait très peu attrayants pour les investisseurs étrangers et dont les perspectives du développement demeurent incertaines. Il est donc indispensable de comprendre le développement et ses mécanismes, le rôle des paradigmes culturels et des capacités communautaires et institutionnelles des collectivités pour s'assurer de la détermination à l'impulser dans les milieux subsahariens.

C'est dans le but de poursuivre cette réflexion que ce livre qui s'inscrit dans la droite ligne des analyses des structures sociales des communautés africaines face à la problématique du développement.

L'on doit aussi relever le fait que depuis la décolonisation, l'Afrique subsaharienne sert toujours de terrain d'expérimentation des théories et des stratégies conçues par les occidentaux pour la cause du développement, sans pour autant impulser une évolution significative. Comme problématique, il faut évidemment se demander pourquoi et comment il en est ainsi ; mais plus important, l'on doit se demander si le développement et le progrès dont il sous-tend sont-ils possibles en Afrique subsaharienne et à quelles conditions ? Comment comprendre que cette région riche en potentialités naturelles des ressources, héberge en son sein les pays les plus pauvres du monde ? Comment peut-on concevoir un tel paradoxe ou une telle contradiction? Qu'est-ce qui bloque le changement et condamne les sociétés de la région à la stagnation ? Problématique Pour promouvoir des politiques axées sur le développement qui favorisent des activités productives, il s'avère nécessaire de stimuler le changement des paradigmes en présence qui consolident les fondamentaux du système lignager dans les sociétés subsahariennes. Comment cela peut-il être possible dans les sociétés africaines aux structures sociales fortement liées à la parenté, la consanguinité et des coutumes spécifiquement dominées des comportements lignagers ; à des traditions de cueillette, de ramassage ; à des effets de migrations, d'esclavage et de la colonisation qui, n'ont pas favorisé l'émergence rapide d'une culture de développement adaptée au contexte actuel de la mondialisation néo-libérale.

Comme hypothèse, la culture du développement peut être compendieusement définit comme un ensemble des conventions sociales implicites qui soutiennent et déterminent les organisations, les comportements ainsi que les politiques publiques, relatives à la qualité de vie des individus, des communautés. Ceux-ci influencent les structures économiques, sociales et politiques. Elle induit des modèles cohérents de représentation du monde et de l'interprétation des réalités largement acceptés par les individus et les collectivités dans différents domaines particuliers. Elle est le creuset des expériences, croyances et des valeurs. En tant qu'incubateur d'actions et des dynamiques, cette culture peut contribuer à la transformation qualitative des milieux et des hommes, plus ou moins de trois manières :

- En réduisant le nombre de choix qui seront envisagés pour la résolution harmonieuse des problèmes qui se posent dans les milieux de vie ;
- En contribuant au processus à travers lequel se pose des questions de choix collectifs ;
- En mobilisant les pulsions collectives et individuelles en vue de l'action transformatrice.

La confrontation permanente entre le mode de production lignager et le mode de production capitaliste libéral des sociétés modernes dans le système subsaharien peut être à coup sûre, contre-productive pour le développement des collectivités africaines. Car, en tant que fondement idéologique des organisations sociales, le mode production influence les pensées, les actions, les manières d'organisation des sociétés dans leurs dynamiques et déterminent les systèmes sociaux, économiques et politiques. Le mode de production exerce une action décisive sur les paradigmes en présence dans les sociétés, notamment lignagères où la dynamique des idées, des pratiques sociales et des modes de production se construit autour de la stabilité des coutumes et des traditions. Or, les paradigmes constituent le nœud gordien d'action et d'éclosion des sociétés de tout temps et de toute espace.

Par ailleurs, la situation particulière de l'Afrique subsaharienne intéresse de tout temps plusieurs observateurs et acteurs scientifiques dont les réflexions sont soit semblables soit opposées, surtout quant aux solutions à apporter aux problèmes de développement de cette région. Certaines d'entre elles sont accusatrices et considèrent que l'essor du continent noir dépend de la volonté de l'occident, responsable de la colonisation et qui exerce depuis lors une main basse sur ses ressources. Elles induisent sur la nécessité d'aider les subsahariens à sortir de l'ornière de la pauvreté par des plans d'assistance internationale. D'autres par contre s'opposent à la vision paternaliste et considèrent que tout comme l'aplomb des paradigmes sociaux par la tradition lignagère, la notion des normes pratiques qui considèrent l'accusation permanente des anciens colonisateurs dans une Afrique désormais indépendante depuis des décennies, apparait plutôt comme une démission politique d'une élite africaine occidentalisée et un camouflage des responsabilités locales quant aux phénomènes de la pauvreté de masses et du sous-développement. Comme en témoignent les travaux récents sur développement réalisés par l'OCDE et ceux sur l'aide entrepris par Romain Busnel, Jacobo Grajales & Cie. Également, malgré le phototype de l'aide comme grammaire des relations interétatiques et de rapports Etat-société, un mouvement récent a cherché à défendre à la fois la légitimité de la question du développement connue comme un objet d'étude et une intégration plus poussée des apports de la sociologie politique pour l'étude du développement de l'Afrique. Il s'agit notamment des travaux à la croisée de la sociologie politique de l'international et de l'analyse des politiques publiques, intégrant parfois une vue à partir du public ou encore une analyse sociologique fine des acteurs de ces politiques. Même si la science politique a été relativement timide dans l'analyse sociologique des politiques du développement de l'Afrique subsaharienne, il importe de souligner les apports des travaux qui abordent la question du développement de l'Afrique sous l'angle de la transformation du multilatéralisme, de l'économie politique de la dépendance, de l'autoritarisme ou par la transformation de l'aide au développement.

Comme limites, la question du sous-développement se pose aussi ailleurs, singulièrement dans plusieurs pays subsahariens . Ces pages se concentre sur le contexte RD congolais. Nous reconnaissons que nos cogitations peuvent aussi se vérifier à travers plusieurs pays et dans certains continents. Certes, beaucoup des critères peuvent être à la base du blocage du développement d''un pays. Nous nous intéressons surtout au blocage au développement en Afrique subsaharien en lien avec l'emprise des us et des traditions qui ne cadrent pas toujours avec les exigences pour un développement. Tout se passe comme si la culture africaine « refusait le développement » selon les requis de la modernité.

Aussi, nous n'avons pas la prétention d'épuiser la réflexion et le débat sur les conditions de possibilité du développement de l'Afrique qui devrait intégrer les réalité et les spécificité du monde subsaharien. Les apports des autres sont indispensables pour enrichir nos cogitations. Nous restons donc modestes et conscients d'avoir laissé des questions ouvertes et de n'avoir pas clos le débat.

Ces lignes ne peuvent s'écrire sans poursuivre certaines démarches. Les recherches et les enquêtes sur le terrain en lien avec le rapport entre traditions africaines et sous-développement, les interviews, les méthodes réflexive et critique ont enrichi nos convictions. Aussi, les interrogations et divers questionnements des étudiants et des chercheurs, les débats avec différents intervenants ont été d'une riche contribution

Les pages de ce premier volume sont organisées en trois chapitres. Le premier a pour matrice la compréhension du développement comme culture. Le second a pour pierre de touche les paradigmes, nœud gordien de la stagnation. Le troisième chapitre se corse sur la chronique de la désarticulation et la résilience mitigée des économies subsahariennes dans les sociétés subsahariennes.

Chapitre premier

Comprendre le développement comme culture

Le premier chapitre a pour matrice la compréhension du développement en tant que culture.

En effet, le concept de développement se caractérise par sa complexité et contient en plus en son sein des vocables aussi alambiqués comme progrès, croissance économique, le bien-être collectif. Ces concepts régentent les modes de production des sociétés, des communautés, des collectivités, des Etats. Mais, sa compréhension nécessite une approche holistique qui inclue les dimensions à la fois empiriques, politiques, économiques, culturelles concrètes, adaptées aux exigences réelles des sociétés africaines subsahariennes et qui ne soit pas seulement le fruit d'un raffinement des débats académiques. Or, une réponse qui refuse à la fois le simplisme et l'académisme est sans doute, comme le disait Comeliau, « *bien plus difficile à trouver qu'on ne le croit* », justement parce qu'elle se heurte à la fois à la réalité complexe des sociétés et à un débat biaisé, particulièrement en raison des stéréotypes qui conduisent l'immense majorité d'observateurs captivés par la question du sous-développement de l'Afrique.

Sont traités ici la polysémie du vocable développement, l'histoire du développement durable, la culture et le mode de production et de domination, la structure africaine du mode de production lignager, les transformations structurelles et les structures sociales en Afrique traditionnelle.

1.1. Polysémie du vocable développement

Que peut-on comprendre du développement ? Comprendre la signification de ce vocable polysémique et l'un des plus utilisés du monde, c'est réaliser un grand pas dans l'approche de sa réalité, la compréhension de son substratum, de ses enjeux et l'appréhension de ses stratégies. Le concept « développement » revêt plusieurs significations et offre différents contenus selon la matière, l'objet et la science à laquelle il est utilisé. En sciences humaines, son contenu se rapproche à la production du bien-être, à l'amélioration de la qualité de vie des populations. En biologie ou en géographie, il peut signifier l'évolution, la mutation ou la transmutation, le changement ou l'amplification, l'accroissement ou l'agrandissement.

Quoi qu'il en soit le sens, « développement » implique toujours un processus de transformation. Le terme « développement », dans le sens qui lui est prêté, est d'utilisation relativement récente. Cependant, les analyses de ce phénomène sont antérieures à l'émergence du vocable. Les sociologues classiques que Talcott Parsons regroupés au sein d'une « trinité » de la sociologie - Durkheim, Marx et Weber - ont produit des interprétations riches de la constitution et de l'évolution des formes sociales. Celles-ci restent parfaitement actuelles quand elles permettent une mise en lumière de certains aspects du « développement ».

Je signale l'interprétation marxiste, le débat de la dépendance Nord-Sud, le développement humain, économique, social et le développement durable.

1. Interprétation Marxiste

Karl Marx offre une interprétation du développement comme étant indissociable d'un système de rapports sociaux qu'il résume avec le terme

« capitalisme ». Ce système se traduit notamment par la dépossession des instruments de production pour une partie de la population, qui se constitue alors en prolétariat, par la classe des capitalistes. Marx considère que la position des capitalistes comme propriétaires des moyens de production se traduit par leur domination de l'espace social. L'« homme aux écus », le capitaliste, exploite le prolétaire et accapare les profits issus de l'exploitation.

Le rapport social marxien est donc fondamentalement inégal. Ce qu'explique Marx, c'est que le développement capitaliste est motivé par la recherche de profits qui sont eux-mêmes indissociables de la domination du prolétariat. Le développement capitaliste serait déséquilibré du fait de la répartition sociale de la propriété. Toutefois, dans l'optique marxienne, ce processus inégalitaire, producteur d'inégalités, est un passage obligé vers la libération de l'homme. Le capitalisme est voué à disparaître, emporté par la révolution prolétaire ; il contient en lui-même les germes de sa propre destruction, de son dépassement par une forme sociale supérieure (socialisme, communisme). « La richesse coloniale n'a qu'un seul fondement naturel : l'esclavage. » affirme-t-il dans sa théorie « moderne » de la colonisation. L'étude de l'émergence du capitalisme dans les colonies prouve pour Marx que « le mode de production et d'accumulation capitaliste, et partant la propriété privée capitaliste, présuppose l'anéantissement de la propriété privée fondée sur le travail personnel ; sa base, c'est l'expropriation du travailleur ».

- *Introduction de l'économie marchande*

Une des conditions indispensables à l'acquisition de moyens de production ainsi qu'à la réalisation de la plus-value, c'est l'accession au commerce et l'intégration au sein de l'économie marchande des organisations sociales dont l'économie naturelle a été détruite. Toutes les classes et sociétés non capitalistes doivent acheter les marchandises produites par le capital et lui vendre leurs propres produits. Il semble qu'on puisse ici au moins commencer à parier de « paix » et d'« égalité », du « *do ut des* », et d'« action civilisatrice ».

Le capitalisme peut bien arracher par la violence leurs moyens de production aux structures sociales étrangères et forcer les travailleurs à devenir les objets de l'exploitation capitaliste, mais il ne peut pas les contraindre par la violence à acheter ses marchandises, il ne peut pas les forcer à réaliser sa plus-value. L'introduction des moyens de transport : chemins de fer, bateaux, canaux est la condition préalable de l'expansion de l'économie marchande dans les territoires où règne une économie naturelle, ce qui semble confirmer cette hypothèse. La conquête de l'économie marchande commence généralement par la création d'ouvrages grandioses de civilisation, par la construction de transports modernes, comme les lignes de chemin de fer traversant les forêts vierges et franchissant les montagnes, les télégraphes tendant leurs fils au-dessus des déserts, les paquebots qui font escale dans les ports du monde entier.

- *Lutte contre l'économie paysanne*

Une des stratégies importantes de la lutte contre l'économie naturelle est la séparation de l'agriculture et de l'artisanat, l'élimination des métiers paysans de l'économie paysanne. A l'origine de sa carrière historique, l'artisanat est une occupation annexe de l'agriculture, chez les peuples civilisés sédentaires il s'y rattache comme catégorie subsidiaire. L'histoire de l'artisanat européen au Moyen Âge est l'histoire de son émancipation de l'agriculture, de sa séparation du domaine féodal, de sa spécialisation et de sa constitution en branche indépendante de production organisée dans les villes sous l'égide des corporations. Malgré la transformation ultérieure de la production artisane en manufacture, puis en grande industrie capitaliste, l'artisanat restait dans les termes étroitement liés à l'agriculture. Dans l'économie paysanne, l'artisanat jouait un rôle important comme travail annexe à domicile, accompli en surplus du travail agricole dans le temps de loisir pour satisfaire les besoins domestiques.

Le développement de la production capitaliste arrache à l'économie paysanne tous ses métiers l'un après l'autre pour les concentrer dans la production massive industrielle. L'histoire de l'industrie textile en est un exemple typique. Mais la même chose se produit plus discrètement dans toutes les branches artisanales de l'agriculture. Pour obliger la masse des paysans à acheter ses marchandises, le capital s'efforce de réduire l'économie paysanne à la seule branche dont il ne peut s'emparer immédiatement ni sans difficulté, étant donné les rapports de propriété en Europe : l'agriculture. Extérieurement, tout semble se passer pacifiquement. Ce processus parait s'effectuer insensiblement, par des moyens purement économiques. Il est évident que l'industrie domestique des paysans ne peut soutenir la comparaison avec la production massive industrielle, à la spécialisation poussée, aux outils perfectionnés, capable d'utiliser l'analyse scientifique et d'organiser le processus de production, d'avoir accès aux sources de matières premières du monde entier. Mais, en réalité ce processus de la séparation de l'agriculture et de l'artisanat est introduit par des facteurs tels que la pression fiscale, la guerre, la vente forcée et la monopolisation des terrains nationaux, c'est-à-dire par des méthodes ressortissantes de l'économie nationale, du pouvoir politique et du code pénal. Les buts économiques du capitalisme dans la lutte contre l'économie naturelle peuvent se résumer ainsi par :

- Appropriation directe d'importantes ressources de forces productives comme la terre, le gibier des forêts vierges, les minéraux, les pierres précieuses et les minerais, les produits des plantes exotiques telles que le caoutchouc, etc. ;

- « Libération » de forces de travail qui seront contraintes de travailler pour le capital ;
- Introduction de l'économie marchande
- Séparation de l'agriculture et de l'artisanat.

Que dire du débat sur la dépendance Nord-Sud ?

2. *Débat sur la dépendance Nord-Sud*

D'autres chercheurs, notamment le néo-marxiste égyptien Samir Amin, privilégient une approche fondée sur le diagnostic, c'est-à-dire l'observation, dans la compréhension du vocable développement. Il explique le développement par le mécanisme de dépendance Nord-sud. Celle-ci découle des échanges commerciaux inégaux entre les Etats développés et ceux du tiers monde. Qu'est ce qui fait qu'aujourd'hui certains pays (pauvres, sous-développés, en voie de développement) dépendent des autres (développés, nantis, riches, industrialisés) pour leur développement ? Est-ce que la dépendance provient-elle du fait que le centre fixe les termes d'échanges et/ou les prix des matières premières ou des principaux produits de la périphérie ? Qu'est ce qui fait que les termes d'échanges se fixent au détriment de la périphérie ? La théorie classique de commerce international soutient que chaque pays a intérêt à se spécialiser dans un secteur productif en vue de faciliter les échanges, car ces derniers élèvent dit-on, le revenu global c'est-à-dire la valeur d'usage (division internationale du travail).

La théorie de la dépendance insiste en particulier sur la dégradation des termes de l'échange. Elle affirme, en outre, que les pays en développement sont intégrés à l'ordre mondial, mais structurellement mis en état de dépendance continue. En d'autres termes, le développement des pays du Nord s'appuie sur le « sous-développement » des pays du Sud. Les inégalités entre le Nord et le Sud, et l'exploitation de ce dernier par le Nord, sont ainsi, pour ces théoriciens, une condition du maintien du niveau de vie des pays riches, industrialisés, voire bientôt post-industrialisés. L'environnement économique international induit que les pays du centre, industrialisés contrôlent le secteur des achats et la transformation des matières premières pour l'industrie et des produits agricoles, pendant que la périphérie s'en occupe de la production.

Cette division internationale du travail économique fait apparaître des rapports inégaux de production qui contraignent la périphérie à dépendre du centre pour ses besoins fondamentaux du développement. C'est de cette compréhension de l'économie internationale fonctionnant sur fond d'inégalités dans les relations d'échanges entre les Etats, que certains penseurs Latino-américains ont structuré la théorie de la dépendance et du développement inégal (dès les années 1950). Cette dernière retiendra l'attention de certains africains, notamment Samir Amin (grand chantre) et Albert Tévoedjrè qui ont tenté de structurer la théorie dans le continent-berceau de l'humanité. Cette théorie fonctionne en contre-courant de la théorie libérale du développement qui, elle explique les inégalités par le concept des « avantages comparés ».

Les effets de la dépendance sur les économies des pays de la périphérie sont manifestes grâce aux « mécanismes régulateurs » mises en place par les entreprises multinationales ou transnationales. Les baisses récurrentes des prix des produits miniers et l'abandon progressif de la production agricole (à cause de la détérioration sans cesse des termes d'échanges) et le recours à l'importation comme solution idoine pour la satisfaction des besoins alimentaires des populations des pays sous-développés ont été fatals pour les économies.

Cette situation accentue le déséquilibre des balances d'endettement des pays pauvres et le conditionnement intellectuel que ces pays subissent à travers l'arsenal publicitaire qui entoure les produits des pays du centre. La théorie de la dépendance découle de l'option radicale du développement. Son radicalisme provient de la négation qu'elle oppose aux théories classiques du développement et le refus d'accepter intégralement le libéralisme économique. Cette théorie revêt cinq caractéristiques principales : la globalité, la mondialité, l'échange inégal, la spécialisation internationale inégale, la polarisation.

a. Globalité

La dépendance est un concept assez global, liant le sous-développement au développement économique, techno-industriel et politico-militaire des pays développés ou capitalistes. Ces pays capitalistes exploitent directement et indirectement les pays sous-développés à travers une double stratégie (hommes et ressources naturelles) en vue de la maximisation de leurs profits. Aussi, la tactique de domination qui caractérise les relations entre les pays développés et les pays sous-développés s'étend à la fois au plan politique, économique, technologique, scientifique, militaire et culturel.

b. Mondialité

La dépendance s'observe tant au plan mondial (mondialisation socio-économique, politique, culturelle) qu'au plan interne des pays sous-développés. A l'extérieur, la dépendance baigne dans les échanges économiques, culturels, technologiques et politiques ; tandis qu'au plan interne, elle agit à travers les comportements mimétiques et l'influence économique, politique, culturelle, technologique, scientifique des pays développés sur les modes de vie, d'action et de production des formations sociales sous-développées.

c. Echange inégal

La structure d'échanges ou des relations commerciales entre les économies des pays du centre et de la périphérie se caractérise par des inégalités en termes de la rémunération des facteurs de production. Ces inégalités accentuent la dépendance et le sous-développement.

d. Spécialisation internationale inégale

La division internationale du travail contraint les pays sous-développés à se spécialiser au travail direct (production des matières premières pour l'industrie capitaliste) et les pays développés au travail indirect, consistant à la transformation des matières premières en produits à forte valeur ajoutée, revendus à la périphérie à des prix qui rapportent d'importantes ressources financières aux économies capitalistes du centre. Cette spécialisation renforce la dépendance et le sous-développement.

e. Polarisation

La théorie de la dépendance soutient qu'à l'échelle mondiale, il y a existence de deux blocs : le centre et la périphérie. Ces derniers se repoussent continuellement. La polarisation peut être en cascade dans la mesure où elle s'exerce même au sein des régions des blocs. Samir Amin (chantre de la théorie de la dépendance), estime que le développement et le sous-développement sont les deux pôles d'un même mouvement, dû à l'existence et à l'expansion du mode de production capitaliste. Pour sortir du carcan du sous-développement, il propose comme solution la rupture ou l'arrêt des mécanismes capitalistes d'expansion. Cette déconnexion implique le refus de soumettre les stratégies nationales de développement aux impératifs de l'économie mondiale. Il s'agit d'organiser des systèmes de choix des critères économiques orientés vers les besoins internes et les valeurs nationales et attribuer beaucoup d'importance à la production et au marché intérieur. Mais, d'autres penseurs proposent certaines solutions, notamment :

- La mise en place des stratégies d'ouverture avec la collaboration des autres économies particulièrement des pays de la périphérie (coopération Sud-Sud : Chine-République Démocratique du Congo, Inde-Cameroun, etc.), en vue de développer des systèmes d'économies articulées et équilibrées ;
- La transformation des structures d'échanges par la stabilisation des monnaies et des recettes (unions monétaires : UMOA, par exemple) ;
- L'établissement d'un nouvel ordre économique par l'ajustement structurel (le recours aux programmes de développement des organismes internationaux spécialisés, notamment le fonds monétaire international, la Banque mondiale, le PNUD).

Nombre des pays sous-développés ont essayé sans succès l'une ou l'autre voie, voir toutes, mais sans succès, car les occidentaux tout comme les pays dit émergents redoutent toujours la perte en valeurs que ces stratégies peuvent occasionner. Certaines extrémités n'hésitent de proposer le recours aux stratégies autocentrées. Quoi qu'il en soit, la question des solutions et des pratiques appropriées au développement reste pendante. Les instabilités monétaires avec leurs effets sur les taux de change, le commerce international, les mouvements internationaux des capitaux, les crises internationales et les différentes conjonctures, la dépendance des économies sous-développées à celles du centre, la fixation des prix des matières premières produites dans la périphérie par les consommateurs du centre, etc., accentuent le sous-développement et la misère des populations des formations sociales de la périphérie. Les acteurs des pays sous-développés sont-ils prêts à relever le défi du sous-développement ? La mauvaise gouvernance des ressources par les dirigeants et l'ensemble des acteurs intéressés dans tous les secteurs économique, politique, culturel ; la pauvreté et l'inversion des valeurs érigées en système peuvent-ils favoriser le changement ou la sortie du carcan de sous-développement ?

L'apparition des pays émergents (ou les nouveaux pays industrialisés, qui ont connu un « décollage » à partir des années 1960), conduit à remettre en cause les théories de la dépendance et à nuancer les thèses du « tiers-mondisme », influentes lors des années 1970. On montre ainsi l'exemple des Quatre Dragons (Corée du Sud, Taïwan, Singapour, Hong Kong), des bébés Tigres (Malaisie, Indonésie, Thaïlande, Philippines, Brunei) ou encore des « jaguars » (Mexique, Brésil, Argentine, Chili, Colombie, Venezuela) pour montrer que le développement est possible, à condition de jouer sur les avantages comparatifs (main-d'œuvre abondante et bon marché). Ces différents États ont néanmoins suivi des modèles de développement divergents (industrialisation par la substitution d'importation, ou ISI, en Amérique latine ; stratégies d'industrialisation orientées vers l'exportation pour les Quatre Dragons, etc.). L'émergence de ces nouvelles puissances régionales conduit néanmoins à s'interroger, dans les pays du Nord, sur les conséquences possibles sur le marché de l'emploi, l'attention de l'opinion publique se concentrant sur les délocalisations (bien qu'il soit difficile de lier intrinsèquement les deux, les délocalisations étant un phénomène économique particulièrement complexe, notamment parce que bien d'autres facteurs, tels que la proximité du marché, jouent, outre le prix de la main-d'œuvre).

Que retenir du développement humain ? C'est l'objet des pages suivantes.

3. Développement humain

Le terme développement, utilisé dans les sciences humaines, désigne l'amélioration des conditions et de la qualité de vie d'une population, et renvoie à l'organisation sociale servant de cadre à la production du bien-être. (Bernard Bret, 2018). Définir le développement implique de le distinguer de la croissance. Cette dernière mesure la richesse produite sur un territoire en une année et son évolution d'une année à l'autre, telle qu'elle est prise en compte par le Produit Intérieur Brut (PIB). Elle ne dit rien, en revanche, sur ses effets sociaux. Elle n'informe donc que peu sur le niveau de vie et encore moins sur la qualité de vie. La croissance peut contribuer au développement, mais tel n'est pas toujours le cas. On parle de croissance sans développement quand la production de richesse ne s'accompagne pas de l'amélioration des conditions de vie. Inversement, même en l'absence de croissance, la priorité donnée aux productions les plus utiles et une plus grande équité dans la distribution des biens produits améliore les conditions de vie des populations et crée du développement.

Basé sur l'amélioration du bien-être, le développement relève donc davantage du qualitatif que du quantitatif. Parce que la qualité de la vie ne se réduit pas au bien-être matériel et comprend aussi des valeurs telles que la justice sociale, l'estime de soi et la qualité du lien social, le développement doit s'appuyer sur *l'empowerment*, c'est-à-dire la capacité d'un individu ou d'un groupe à décider pour lui de ce qui le concerne et à participer au débat citoyen. En effet, le développement ne peut pas se réaliser sans la participation des personnes, c'est-à-dire finalement sans la démocratie. Amartya Sen insiste-t-il sur la possibilité effective que les personnes ont ou n'ont pas de définir leur projet de vie et de conduire ce dernier en fonction des conditions réelles qui leur sont faites. Ces conditions dépendent, certes, des ressources matérielles, mais aussi des données propres à chaque individu, par exemple la santé, et des données relatives à l'organisation sociale et politique, par exemple la place dévolue à chacun et la reconnaissance de son rôle. Le développement a donc des aspects économiques, sociaux et politiques. Désignant par *capabilités* les possibilités qui s'offrent aux personnes et la liberté qu'ont ces dernières de choisir, Amartya Sen affirme que la *liberté* apparaît comme la fin ultime du développement, mais aussi comme son principal moyen pour considérer en conséquence que le développement peut être appréhendé comme un processus d'expansion des libertés réelles dont jouissent les individus. Les expériences historiques montrent d'ailleurs que les systèmes autoritaires, dans l'économie de marché comme dans l'économie planifiée, ont échoué. Qu'ils aient ou non produit une croissance forte, les uns et les autres ont dû, doivent, ou devront se transformer et s'ouvrir à la démocratie pour atteindre le développement.

Si le développement a transformé la planète depuis la Révolution industrielle du XIXème siècle, il a aussi creusé les écarts entre les territoires et leurs populations. Non seulement le développement ne supprime pas les inégalités entre les lieux et les hommes, mais il en crée. L'opposition entre les pays développés et les pays sous-développés, thème majeur de réflexion pendant longtemps, repose néanmoins sur une base fragile, faute d'un seuil incontestable entre les deux catégories qui validerait la distinction. Certains ont cru voir là un phénomène historique linéaire susceptible d'atteindre tous les hommes et tous les lieux, mais pas au même moment. C'était suivre Eugen Rostow qui, traitant d'ailleurs de la croissance plutôt que du développement, interprète l'histoire comme une succession de périodes allant de la société dite traditionnelle à la société de consommation, avec une étape décisive nommée décollage (take-off) à partir de laquelle se déclenche un processus cumulatif de production élargie augmente et diversifie les biens consommables par les hommes, assurant la hausse des niveaux de vie. Certains pays ayant entamé cette marche avant les autres, il était cohérent avec cette lecture du passé d'identifier la situation des pays pauvres comme un retard historique.

Il est plus convaincant de voir les inégalités de développement à l'échelle mondiale comme le résultat des relations asymétriques établies entre les pays développés et ceux dits sous-développés du fait de la domination que les premiers ont fait subir aux seconds. La colonisation en a été la forme la plus brutale, sans être la seule. Le sous-développement résulte selon de nombreux économistes (André Gunder Frank, Celso Furtado), de la dépendance à l'égard de l'extérieur, des auteurs ont préféré parler de pays dominés ou de pays exploités, plutôt que de pays sous-développés. Cette interprétation a conduit à voir les pays développés comme un « *centre* » exerçant une domination sur une « *périphérie* » constituée par les pays sous-développés (Samir Amin). Les faits à l'échelle mondiale donnent une crédibilité forte à cette *théorie de la dépendance*. Mais la réalité est plus complexe : les inégalités de développement se vérifient à toutes les échelles géographiques, aussi bien dans les pays dits développés que dans ceux dits sous-développés, entre les régions, entre la ville et la campagne, entre les quartiers d'une même ville. La combinaison centre-périphérie a donc été systématisée par le géographe Alain Reynaud dans un modèle général offrant une grille de lecture des territoires à un moment donné autant que l'évolution de leurs relations dans le temps, dans la perspective de la géohistoire.

Cette réflexion a montré l'insuffisance de la terminologie. En effet, les inégalités ne résultent ni d'un retard pris par certains territoires, ni de dysfonctionnements dans le processus du développement. Elles sont internes au développement lui-même, lequel bouscule les hiérarchies existantes, en crée d'autres, produit des dépendances et des inégalités de nature sociale et spatiale. Le terme de développement inégal s'impose alors pour signifier que l'inégalité est un élément constitutif du développement, observable à toutes les échelles géographiques et requérant donc une analyse géographique pluri scalaire. On voit la portée de ce raisonnement. Si, est retenue l'idée dite plus haut que le développement comporte nécessairement une référence à la justice, et si on admet que le développement est nécessairement inégal, force est de s'interroger sur les conditions qui peuvent rendre compatibles les deux affirmations.

Après les économistes, les géographes se sont emparés de la question. Le développement inégal s'exprime en effet dans l'organisation des territoires pour ce qui touche les conditions de vie des populations, l'urbanisation, la densité et la configuration des réseaux de circulation, la distribution des équipements publics, l'intensité des activités économiques, la répartition des pouvoirs décisionnels, les asymétries de flux. L'approche géographique permet de préciser la distinction faite initialement entre la croissance et le développement et d'opposer ce qui est croissance extravertie et ce qui est développement autocentré. La première désigne une croissance tournée vers l'extérieur et dans la dépendance de l'extérieur. Ses activités, et donc ses emplois, relèvent de décisions prises ailleurs et pensées pour servir d'abord des intérêts extérieurs. Les retombées à en attendre sur place sont donc limitées et souvent ambiguës. L'économie de plantation et l'extraction minérale dans les pays du Sud en sont des formes caractéristiques quand elles sont opérées par des firmes étrangères versant des salaires faibles et contrôlant assez les marchés internationaux pour maintenir les cours à un bas niveau.

Par contraste, on parlera de *développement autocentré* quand la croissance est pensée au service des populations du lieu. Il résulte d'une dynamique sociale créant un rapport de forces favorable avec les intérêts extérieurs. Un développement autocentré peut s'exprimer par une ville ou être le fait d'un pays qui s'autonomise à l'égard de l'étranger. Il peut aussi s'entendre d'une région, voire d'une petite région, dont les forces économiques propres s'affirment. On parle alors de *développement local* notion illustrée par les systèmes productifs locaux (SPL), en France (Choletais) ou les districts industriels de la Troisième Italie (Vénétie, Emilie-Romagne).

Une autre question réside dans les dégradations que le développement peut faire subir aux équilibres naturels, dans la mesure où on ne peut imaginer un développement sans modification des écosystèmes. Le problème a longtemps été ignoré parce que la nature avait une capacité de résistance et de récupération suffisante. Mais une crise des relations société-nature est apparue, qui, par réaction, a fait naître le concept de développement durable. Ce terme est utilisé largement, par les géographes comme par les écologistes, les économistes, les sociologues. Il s'est imposé dans le langage courant. Il faut donc bien entendre le développement durable pour ce qu'il est : un développement viable sur le plan économique, équitable sur le plan social et durable sur le plan environnemental. Ces trois piliers du développement durable sont indissociables, mais ils ne peuvent s'articuler les uns avec les autres que si la démocratie les met en cohérence et leur donne une efficacité systémique. La viabilité économique est nécessaire pour produire le bien-être matériel. L'équité sociale est nécessaire pour la qualité de vie de tous. La durabilité environnementale est nécessaire dans l'intérêt des générations futures. Inscrite dans le processus de développement, elle ne peut signifier la conservation en l'état de l'existant, mais elle implique que l'environnement légué aux générations futures donne à celles-ci les conditions pour penser et réaliser leur propre développement.

Les trois piliers du développement durable ne sont donc pas des contraintes que, chacune devrait limiter ses ambitions pour ne pas ébranler les deux autres. Il ne s'agit pas de brider le développement pour ne pas agresser la nature, ni d'être timide en matière de justice sociale pour ne pas gêner l'économie, mais d'inventer un mode de développement où chacune des dimensions constitue un atout pour le système d'ensemble. Ainsi pensé, le développement durable est un objectif difficile que certains jugeront utopique. N'est-ce pas parce que le développement lui-même est une utopie : le développement est un processus de progrès de la qualité de la vie à qui il serait arbitraire de fixer un terme, mais auquel il est nécessaire de fixer un cap. Il s'avère donc nécessaire d'analyser chacune de ces trois dimensions du développement dans une perspective plutôt pédagogique qu'holistique.

Le principal indicateur du développement humain c'est l'IDH (Indice de développement humain), mise en place par le PNUD (Programme des Nations unies pour le Développement) qui associé dans la conceptualisation, l'économiste Indien, le Prix Nobel de l'économie Amartya Sen. L'IDH évalue le niveau du développement des pays (189 au total) en se basant sur plusieurs données, impliquant entre autres, le niveau d'éducation de la population, la santé, l'espérance de vie et le revenu. L'IDH constitue, en effet, une mesure globale des progrès réalisés dans trois dimensions essentielles de la vie humaine : la santé, l'éducation et le niveau de vie. Elle est établie à partir de quatre indicateurs statistiques : espérance de vie à la naissance, taux d'alphabétisation, taux brut de scolarisation et revenu national brut par habitant en parité de pouvoir d'achat. Parmi ses limites, l'IDH ne reflète pas les inégalités au sein d'un pays ni la pauvreté non monétaire.

Toutefois, il nous permet de donner un aperçu de la disparité des situations socio-économiques, notamment en Afrique (PNUD, 2014). Sur le continent africain, l'IDH varie de 0,337 au Niger (dernier pays du classement mondial) à 0,784 en Lybie (ceci étant essentiellement dû à la composante revenue par habitant). Faisant partie des pays dit « à développement humain élevé », la Libye est classée au 55ème rang mondial, suivie par Maurice, les Seychelles, la Tunisie et l'Algérie. Viennent ensuite les 12 pays africains considérés « à développement humain moyen » au premier rang desquels figure le Botswana (109ème rang, IDH de 0,683). Dans ce groupe se trouvent également l'Afrique du Sud, le Maroc et la Guinée équatoriale. Puis 35 pays africains font partie des pays « à développement humain faible ». En ne considérant que la composante monétaire de l'IDH, les écarts s'avèrent conséquents : le revenu national brut par habitant en parité de pouvoir d'achat est de 21 666 $ pour la Libye, et seulement de 444 $ pour la République démocratique du Congo (le plus faible de l'ensemble des pays classés).D'autres indicateurs économiques existent, tels que l'Indicateur de pauvreté humaine (IPH), également créé par le PNUD ; l'indice de Bonheur national brut (BNB), créé par le roi du Bhoutan dans les années 1960 ; le BIP40, ou baromètre des inégalités et de la pauvreté, créé en 1999 par le Réseau d'alerte sur les inégalités.

Les pages qui suivent portent sur le développement économique.

4. Développement économique

Le développement économique fait référence à l'ensemble des mutations économiques positives que peut connaître une zone géographique. Il ne doit pas être confondu avec la croissance économique. Celle-ci est habituellement nécessaire ou consécutive au développement, mais elle n'en est qu'un aspect. Quelques indicateurs caractérisent le développement économique.

❖ *Indicateurs du développement économique*

Du point de vue strictement économique, l'indicateur le plus souvent utilisé est le PIB (produit intérieur brut) qui est une somme des valeurs ajoutées sur un territoire. Son chiffrage, qui ressort de la comptabilité nationale, est cependant délicat. Comment, par exemple, chiffrer l'utilisation des services non marchands et des biens publics ? Leur coût et utilité économique sont noyés dans les budgets publics par absence de facturation, ce qui ne permet guère de savoir s'ils apportent plus de richesses qu'ils en consomment, s'il y a valeur ajoutée ou valeur retranchée. L'autre indicateur commun est le PNB (Produit national brut).

Par ailleurs, le PIB ne contient que les flux (production / consommation). Les économistes et statisticiens n'arrivent guère à mesurer, ni même à estimer l'évolution du patrimoine public et privé. À plus forte raison, certaines externalités positives ou négatives sont mal mesurables. Par exemple, comment chiffrer l'effet externe négatif d'une pollution comme l'engrais azoté puissant du lisier (par exemple de porc) déversé dans les cours d'eau, amenant à une eutrophisation, sans même parler du gaspillage d'une ressource précieuse non ou difficilement renouvelable ? Sur le même plan, comment mesurer l'effet positif des pots catalytiques ou d'une fluidification de la circulation routière, voire la « désindustrialisation » des secteurs lourds en faveur des services et hautes technologies ? Le développement économique affecte ainsi de façon importante l'environnement, conduisant certaines personnes à prôner la décroissance économique, d'autres préférant soutenir le développement durable. C'est pour parer aux imperfections des indicateurs économiques traditionnels (PIB et PNB), que le PNUD, d'autres chercheurs s'emploient à mettre en place des indicateurs complémentaires, comme c'est le cas pour l'IDH et d'autres indicateurs économiques cités ci-haut : l'IPH (l'Indicateur de pauvreté humaine), le BNB (l'indice de Bonheur national brut) et le BIP40, ou baromètre des inégalités et de la pauvreté.

Il convient d'évoquer le développement social dans les lignes qui suivent.

5. Développement social

Le développement social, c'est améliorer le bien-être de chaque personne dans la société pour qu'elle puisse réaliser son plein potentiel. Le succès de la société est lié au bien-être de tous les citoyens. Le développement social signifie qu'il faut investir dans la population. Il est nécessaire d'éliminer les obstacles empêchant les citoyens à réaliser leurs rêves avec confiance et dignité. Il ne faut pas se résigner au fait que les gens qui vivent dans la pauvreté seront toujours pauvres. Le développement social, c'est aider les personnes pour qu'elles puissent progresser sur la voie de l'autosuffisance. Tous les Néo-Brunswickois doivent avoir des possibilités de croître, de développer leurs compétences et de contribuer à la vie familiale et communautaire d'une façon significative. S'ils sont en bonne santé, bien éduqués et formés au moment d'entrer sur le marché du travail et qu'ils peuvent gagner un salaire convenable, ils seront mieux préparés pour subvenir à leurs besoins fondamentaux et pour avoir du succès. Ainsi, leurs familles iront mieux et toute la société en profitera. L'apprentissage doit commencer à un très jeune âge. En investissant dans les initiatives d'apprentissage de la petite enfance, nous pouvons assurer le succès accru des citoyens. Le fait de veiller à ce que les enfants aient une bonne éducation au départ accroîtra leur chance de réussir plus tard.

Pour favoriser le succès de la société, il est aussi important d'avoir des services de garderie abordables et de qualité supérieure. Lorsque les gens savent que leurs enfants sont entre bonnes mains, ils peuvent être plus productifs au travail. Lorsque les employeurs ont de bons employés, leur entreprise fonctionne mieux, ce qui permet d'améliorer la situation économique de la communauté. Le fait d'investir maintenant dans de bons programmes de garde peut représenter des avantages économiques à long terme pour la société.

De plus, pour aider les personnes à atteindre l'autosuffisance, il est essentiel qu'elles aient accès à un endroit sécurisé et abordable pour vivre. Le logement est le cœur de la famille, l'endroit où les familles vivent en sécurité, élèvent leurs enfants, nouent des relations avec la communauté et prennent soin des parents vieillissants. Sans logement décent, il est difficile d'être un membre productif de la société. Les programmes et les services à la jeunesse, l'éducation postsecondaire, la création d'emploi, la promotion d'une vie active saine et des communautés sûres sont d'autres types d'investissements dans la population qui favorisent la prospérité économique de la société. Pour réduire la pauvreté, nous devons adopter une approche de développement social et investir dans notre population. En choisissant d'investir dans la population, nous pouvons réduire la pauvreté. Il ne faut pas seulement se limiter au gouvernement pour trouver des façons d'exploiter notre ressource la plus précieuse, soit notre population. Nous devons partager la responsabilité avec les organismes communautaires, les entreprises, les universités et les municipalités en ce qui concerne l'amélioration du bien-être des populations, la prévention et la réduction de la pauvreté.

1. Progrès social

Le Rapport de la Commission sur la mesure des performances économiques et du progrès social, plus connu sous la dénomination Rapport Stiglitz, Sen et Fitoussi, retient entre autres, pour cerner la notion de bien-être, les conditions de vie matérielles (revenu, consommation et richesse), la santé, l'éducation, les activités personnelles dont le travail, la participation à la vie politique, les liens et rapports sociaux, l'environnement (état présent et à venir) et l'insécurité, tant économique que physique. Selon Dominique Méda, il y a lieu de prendre en compte le degré de violence de la société, de la xénophobie, de la criminalité et des inégalités. L'indicateur de bien-être économique d'Osberg et Sharpe inclut la réduction des inégalités et la protection contre les risques sociaux. Le temps disponible pour les loisirs joue de façon directe sur le bien-être. Un travail décent incorpore des horaires décents, la possibilité de combiner travail et vie de famille, dialogue social et représentation des travailleurs. Les conséquences des effets de ces différents domaines sont amplifiées lorsqu'ils se cumulent.

2. Croissance économique et développement social

Dès le départ, le développement a été associé à la notion de croissance économique. Dans son discours d'investiture le président Truman préconise de mettre les connaissances techniques à la disposition des régions sous-développées et d'y encourager l'investissement des capitaux. En 1991 le rapport mondial sur le développement du PNUD confirme que « la croissance économique est nécessaire au développement humain ». Cependant en 1996 le rapport du PNUD constate que « les dernières décennies montrent, on ne peut plus clairement, qu'il n'existe pas automatiquement de lien entre croissance économique et développement humain ». Il spécifie que le développement humain est une fin dont la croissance économique est le moyen.

Cette distinction entre croissance économique et développement a été initiée par François Perroux dans les années 1960 et reprise par Amartya SEN. Parce que la croissance peut être indispensable au bien-être. Elle a été assimilée au progrès social. Mais, au-delà d'un certain niveau de PIB par habitant l'augmentation de revenus et de consommation n'augmente plus la satisfaction et le bien-être. Les évolutions comparées du PIB et de l'IDH aux États-Unis confirment un écart croissant entre ces valeurs entre 1975 à 2005. Le PIB mesure essentiellement la production marchande. Il est souvent traité, à tort, comme s'il s'agissait d'une mesure de bien-être économique. Le rapport du PNUD de 1990 affirme qu'un niveau de vie modeste peut s'accompagner d'une bonne qualité de vie et qu'à l'inverse celle-ci peut être déplorable à de hauts niveaux de revenus.

3. Croyance occidentale

En biologie, le terme développement indique communément le processus de croissance des êtres vivants, processus naturel et spontané (développement d'un enfant ou d'une plante). L'emprunt de ce terme pour caractériser les évolutions sociales laisse penser que le développement social relève lui aussi d'une succession d'étapes se déroulant selon des « lois » bien établies. Le phénomène social est ainsi rapporté à un phénomène naturel. Or, contrairement au développement biologique, des facteurs extérieurs peuvent changer les évolutions des sociétés, telles les migrations, les alliances politiques, les guerres. Les spécificités historiques et culturelles de chaque peuple sont occultées.

L'Occident s'impose comme seul modèle et référence. Les pays sous-développés auraient un simple retard alors que leur environnement technologique, démographique, culturel et institutionnel est radicalement différent de celui qui a engendré les révolutions industrielles du Nord. Cette thèse masque à peine un culte de la croissance industrielle comme priorité politique. Ivan Illich définit le développement comme le remplacement de compétences généralisées et d'activité de subsistance par l'emploi et la consommation de marchandises, ce qui implique que le travail salarié devienne la seule forme de travail reconnue (cf. Droit du travail) et que les activités qui satisfont directement les besoins stagnent ou disparaissent au profit de la consommation des marchandises. Pour Geneviève Azam également, la conception occidentale du développement par la technique relève plus d'un acte de foi que d'une réelle conquête d'autonomie. Gilbert Rist l'analyse comme une croyance comparable à une religion.

4. *Résultats contrastés*

Soixante ans après que son extension aux pays du Sud a été officiellement mise à l'ordre du jour de la communauté internationale, le développement social n'est pas encore réalisé. Selon le rapport du PNUD de 2003, l'indicateur de développement humain était en recul, par rapport à 1990, dans 21 pays. Le nombre de sous-alimentés chroniques est passé de près de 800 millions en 1996 à 830 millions en 2006h. En 2012 les Nations unies déclaraient avoir presque atteint les objectifs du millénaire pour le développement en matière d'accès à l'eau potable. Seulement 783 millions de personnes en restaient privées. Une réévaluation de ce chiffre est faite dans le rapport 2013 de l'Organisation mondiale de la santé. Il est porté à 2,4 milliards. Malgré la croissance économique les inégalités et la marginalisation se sont accrues.

5. *Corrélations non vérifiées*

Le Rapport 2010 sur le développement humain du PNUD démontre explicitement qu'il existe une corrélation négative très forte entre inégalité et développement humain. La divergence entre le PIB et l'indice de bien-être économique en France par exemple, depuis la fin des années 1980 est en partie due au manque de progrès dans la réduction des inégalités. Selon Gustave Massiah en Occident la pauvreté est maintenant directement liée à la question des inégalités. Le gâteau peut grandir sans que les plus défavorisés en bénéficient. Tout est une question de répartition. Concernant les pays à niveau faible ou moyen d'IDH le Rapport note l'absence de corrélation forte entre la croissance économique et les améliorations en matière de santé et d'éducation.

6. Objectifs en baisse

Si Truman, le premier, avait posé en 1949 comme objectif le développement, c'est le PNUD en 1990 qui a lancé la notion de développement humain. En 1993 le PNUD préconise d'assortir la liberté des marchés par des filets de repêchage social pour les victimes. En 2000 la Déclaration du millénaire a pour objectif de réduire de moitié à l'horizon 2015, la proportion de la population mondiale dont le revenu est inférieur à un dollar par jour ainsi que celle des personnes qui souffrent de la faim. Promettre globalement le bien-être par le développement est implicitement abandonné. Même la cible est diluée. Au Sommet mondial de l'alimentation de 1996 l'engagement de 186 gouvernements avait été de réduire le nombre d'extrêmement pauvres de moitié entre 1996 et 2015. L'Objectif du millénaire est de les réduire de moitié à partir de 1990 de façon à inclure la diminution de 170 millions de pauvres entre 1990 et 1996 due à la seule Chine En outre, la diminution prévue porte en pourcentage au lieu d'en nombre de pauvres ; ce qui diminue l'effort vu la croissance démographique plus importante des pays les moins développés.

7. Croissance contestée

Selon la Commission sur le développement « soutenable » mise en place en 2003 au Royaume-Uni, une dissonance existe entre croissance économique, durabilité environnementale et bien-être humain. Les contempteurs de la croissance dénoncent ses limites écologiques et sa relative inefficacité concernant le bien-être.

8. Avancées limitées

Les progrès de la technologie et la croissance illimitée de la production devaient généraliser le bien-être. L'État providence ou la social-démocratie au Nord et les programmes de développement au Sud y étaient préposés. Malgré la croissance, les inégalités et la marginalisation se sont accrues tant entre pays qu'à l'intérieur des pays.

9. Limites écologiques

La prise de conscience internationale de la finitude de la Terre date du Rapport Meadows rendu public en 1972. Les limites imposées par cette finitude concernent les capacités de la Terre à fournir les ressources demandées et à assimiler les déchets et pollutions. L'empreinte écologique mesure ces capacités. En 2003 elles étaient déjà dépassées de 25 % au niveau mondial. À un certain niveau de dépassement un effondrement peut avoir lieu. C'est ce qui est arrivé à des sociétés qui ont disparu et qui ont été décrites par Jared Diamond telles que l'île de Pâques, les Mayas, les Vikings, entre autres.

Comment envisager le développement durable ?

6. Développement durable

Le mot de développement durable apparaît au début des années 1970 et 1980 dans des écrits scientifiques. L'un des premiers textes référencés faisant usage de ce concept dans le sens actuel est le Rapport du Club de Rome « Halte à la croissance », mais on en trouve des occurrences dans d'autres textes de la même époque dans des disciplines diverses. Ce rapport publié en 1972 et écrit par deux scientifiques du MIT tentait de questionner notre modèle de développement économique basé sur la croissance économique infinie dans un monde aux ressources finies. Il montrait alors les limites écologiques de notre modèle. Au niveau international, on commence à parler de développement durable pour la première fois dans les rapports des Congrès de l'UICN (Union Internationale pour la Conservation de la Nature). Mais bien avant cela, le développement durable avait commencé à émerger comme idée.

Il convient de rappeler la définition du développement durable du rapport Brundtland, la définition officielle internationale en 1987, la remise en cause de la définition du développement, les principaux piliers du développement, la théorie du baquet, la cause de l'émergence du vocable, l'importance du développement durable, le développement durable et les origines de l'écologie, la prise en compte internationale du développement durable, la transition écologique et la solidarité des sociétés, le développement durable en entreprise avec l'exemple de la RSE, le développement durable et l'exemple de la consommation responsable et l'objectif du développement durable.

1. Définition du développement durable du rapport Brundtland

La Commission Mondiale sur l'Environnement et le Développement de l'ONU débute en 1983. Le contexte international est de plus en plus agité à propos des questions de justice sociale et d'environnement. 11 ans après le Sommet de la Terre de Stockholm, les choses n'ont pas beaucoup évolué. Au contraire, ce sont des gouvernements néo-libéraux qui sont élus aux Etats-Unis ou au Royaume-Uni, et qui prônent une conception non régulée des marchés économiques et financiers. Le second choc pétrolier a fait des ravages et on se rend compte que nous vivons dans un monde aux ressources finies, et que notre développement doit donc être limité. A l'époque, l'idée est de trouver un moyen de concilier le développement économique et le développement des marchés avec la préoccupation écologique et sociale. L'ONU vote donc une résolution constituant la Commission afin de travailler sur cette question. Quatre ans plus tard, la Commission publie son rapport, intitulé Notre Avenir à Tous (Our Common

Future). C'est la première fois que le terme développement durable est officiellement utilisé par une institution internationale. Voici la définition qui en est donnée dans le rapport :*« Le développement durable est un mode de développement qui répond aux besoins des générations présentes sans compromettre la capacité des générations futures de répondre aux leurs.* Deux concepts sont inhérents à cette notion : le concept de « besoins », et plus particulièrement des besoins essentiels des plus démunis, à qui il convient d'accorder la plus grande priorité, et l'idée des limitations que l'état de nos techniques et de notre organisation sociale impose sur la capacité de l'environnement à répondre aux besoins actuels et à venir. »

L'idée du développement durable selon la définition donnée par le Rapport Brundtland, c'est qu'il est possible de trouver un modèle économique qui concilie croissance des marchés et de la production, avec le respect des limites naturelles et des droits de l'homme. Si au départ, le rapport Brundtland n'a pas eu un écho médiatique très important, le terme a fini par se répandre au fur et à mesure des divers Conférences internationales sur l'environnement ou sur le climat. La prise de conscience citoyenne du problème écologique a contribué à en faire un sujet « à la mode » et donc à développer le mot. Il existe une polémique sur l'adjectif « durable » dans développement durable. En Anglais (langue originale du rapport Brundtland), le terme utilisé est « *sustanable development* », qui pourrait se traduire par « développement soutenable ». Selon Franck-Dominique Vivien « *le terme 'durable' a tendance à renvoyer à la durée du phénomène auquel il s'applique, comme si le problème se résumait à vouloir faire durer le développement. Or la notion de soutenabilité permet de mettre l'accent sur d'autres questions relatives à la répartition des richesses entre les générations et à l'intérieur de chacune des générations* ». D'un autre côté, l'adjectif *soutenable* en français renvoie à deux définitions possibles :

- Qui peut être défendu, appuyé par des arguments sérieux. Ex : *Ce point de vue n'est pas soutenable.*
- Qui peut être supporté, enduré. Ex : *Des scènes de violence peu soutenables.*

Étymologiquement, il ne renvoie donc pas à l'idée d'une stabilité et d'une régularité dans le temps. Cela pousse le Dictionnaire du Développement Durable de l'Office Québécois de la Langue Française à estimer que le terme « développement soutenable » n'est *« pas adapté pour désigner le concept en question. Développement durable est maintenant le terme le plus largement utilisé dans l'ensemble de la francophonie ».*Partant de ce débat sur le glissement sémantique, la mauvaise traduction des mots anglais « *sustainable development* » ou « *développement soutenable »* et l'évolution qu'impose les évidences, le développement durable doit être compris comme une conception de la croissance économique qui s'inscrit dans une perspective de long terme et qui intègre les contraintes liées à l'environnement et au fonctionnement de la société.

Selon la définition donnée dans le rapport de la Commission mondiale sur l'environnement et le développement de l'Organisation des Nations unies, dit rapport Brundtland, où cette expression est apparue pour la première fois en 1987, « le développement durable est un développement qui répond aux besoins du présent sans compromettre la capacité des générations futures de répondre aux leurs ». Cette notion s'est imposée à la suite de la prise de conscience progressive, depuis les années 1970, de la finitude écologique de la Terre, liée aux limites planétaires sur le long terme. Le développement durable est donc l'idée que les sociétés humaines doivent vivre et répondre à leurs besoins sans compromettre la capacité des générations futures à répondre à leurs propres besoins. Concrètement, le développement durable est une façon d'organiser la société de manière à lui permettre d'exister sur le long terme. Cela implique de prendre en compte à la fois les impératifs présents mais aussi ceux du futur, comme la préservation de l'environnement et des ressources naturelles ou l'équité sociale et économique.

Quelle est la définition officielle internationale en 1987 ?

2. *Définition officielle internationale en 1987*

La définition « officielle » du développement durable a été élaborée pour la première fois dans le *Rapport Bruntland* en 1987. Ce rapport était la synthèse issue de la première commission mondiale sur l'environnement et le développement de l'ONU. Le rapport Brundtland en 1987 définit le développement durable comme « *un développement qui répond aux besoins du présent sans compromettre la capacité des générations futures à répondre aux leurs.* "De cette définition internationale du développement durable, il ressort de nouveaux aspects : À l'origine, le développement durable est un développement qui respecte à la fois les besoins économiques, les besoins sociaux et l'environnement. Mais au fur et à mesure du développement de ce concept, d'autres dimensions s'y sont ajoutées. En particulier, le développement durable s'accompagne désormais souvent d'une réflexion sur l'échelle géographique : ce qui est un développement durable à l'échelle locale peut ne pas l'être à l'échelle mondiale et inversement. D'autre part, la définition du développement durable prend également de plus en plus souvent une dimension politique (quel système permet la meilleure liberté politique ?) ainsi qu'une dimension éthique et morale. Aujourd'hui, de plus en plus le développement durable se rapproche de la définition de la résilience.

Comment remettre en cause la définition du développement durable ? C'est la matrice des pages suivantes.

3. *Remise en cause de la définition du développement durable*

Pour certains penseurs, la notion de développement durable est en elle-même biaisée parce qu'elle se base sur le concept de « développement », lui même sujet à caution. Gilbert Rist par exemple, considère que la notion de développement est un ethnocentrisme et une croyance occidentale. Selon lui, lorsque l'on parle de « développement » (comme lorsqu'on évoque les « pays en développement ») on présuppose qu'il existe une forme de développement universellement souhaitable. En somme, on part du principe que la société occidentale, société de consommation, société étatique, industrielle et politique est la forme de société vers laquelle il faut idéalement tendre. Or, il existe d'autres formes de sociétés dans le monde, qui ont vécu des formes de développement différentes : des sociétés agraires basées sur une agriculture vivrière par exemple, ou encore des sociétés non-étatiques et autonomes. Le terme « développement durable » porte donc en lui cette connotation, et surtout il dénote un impensé d'autres formes de vie que celles établies par la société capitaliste occidentale.

Les penseurs de la décroissance remettent également en cause la notion de développement durable, dans le sens où celle-ci est souvent associée à la croissance économique. En effet, la définition du développement durable comprend une dimension de développement (de croissance) économique. Or pour les penseurs de la décroissance, la croissance économique ne peut pas en soit être un phénomène durable. En effet, comment peut-on espérer une croissance durable (donc infinie) dans un monde où les ressources ne sont pas illimitées ? Comment produire toujours plus sur une planète limitée ? Voilà autant de raisons de questionner la définition du développement durable. Quoi qu'il en soit, aujourd'hui, la pensée du développement durable commence à se traduire dans la réalité par des changements de pratiques. Il existe donc de nombreux exemples d'actions ou de mises en pratique qui peuvent correspondre à la définition du développement durable.

J'évoque les piliers du développement durable dans les lignes qui suivent.

4. *Principaux piliers du développement durable*

Contrairement au développement économique, le développement durable est un développement qui prend en compte trois dimensions : économique, environnementale et sociale. Les trois piliers du développement durable qui sont traditionnellement utilisés pour le définir sont donc : l'économie, le social et l'environnement. La particularité du développement durable est de se situer au carrefour de ces 3 piliers. Le diagramme ci-dessous indique le système d'interrelations entre les trois piliers ou dimensions entrecroisés du développement durable.

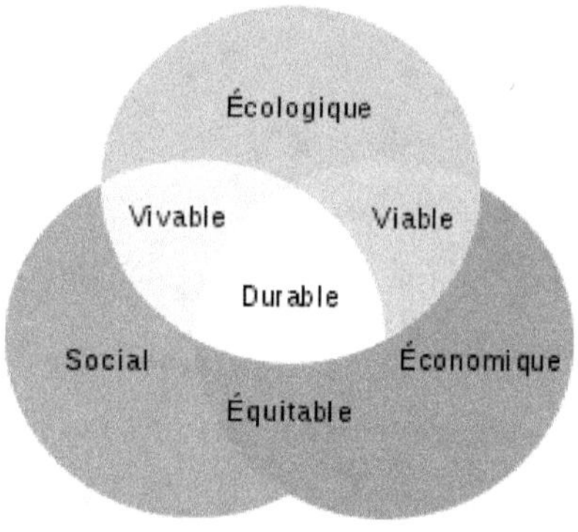

Figure 1 : Système d'interrelations entre les 3 piliers du développement durable

- La *dimension environnementale ou écologique* : consiste à préserver, améliorer et valoriser l'environnement et les ressources naturelles sur le long terme, en maintenant les grands équilibres écologiques, en réduisant les risques et en prévenant les impacts environnementaux.

- La *dimension sociale* : vise à satisfaire les besoins humains et répondre à un objectif d'équité sociale, en favorisant la participation de tous les groupes sociaux sur les questions de santé, de logement, de consommation, d'éducation, d'emploi, et de culture.

- La *dimension économique* : a comme finalité de développer la croissance et l'efficacité économique, à travers des modes de production et de consommation durables

Les interrelations entre grands « domaines » (ou enjeux) du développement soutenable, montrant le besoin de *gérer, restaurer et protéger* des ressources *(eau, air, sol* qui sont à la fois des compartiments environnementaux et des ressources naturelles), exclusivement produites ou entretenues par la biodiversité (via les écosystèmes et les services écosystémiques et qui sont des ressources *pas, peu, difficilement, coûteusement ou lentement renouvelables*), ceci pour des objectifs sociaux, économiques et environnementaux. Les intersections entre sphères et groupes de sphères représentent les interfaces deux à deux, ou trois à trois des items de base. Il s'agit en réalité d'une interrelation entre « actions, les ressources et les objectifs », tel qu'indiqué par le diagramme ci-dessous.

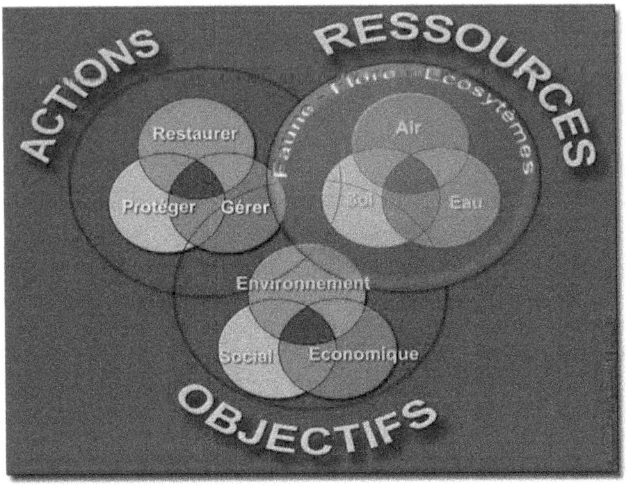

Figure 2 : Réseau systémique d'interrelations entre les piliers du DD, les actions possibles et les ressources naturelles.

Ce schéma aide à avoir une vue globale d'un problème (une étude d'impact, un Agenda 21, une évaluation environnementale individuelle ou collective, etc. peuvent s'en inspirer) ; Il peut - pour partie - servir de check-list pour traiter un sujet avec une approche écosystémique ou systémique. Ce diagramme est facile à mémoriser. Il peut être complété par l'approche "éviter-réduire-compenser". Pour atteindre les objectifs du développement durable, il faut notamment faire appel à des ressources naturelles, minérales et vivantes qu'on peut classer selon leur vulnérabilité en « pas, peu, difficilement, coûteusement ou lentement renouvelables ». Les aménageurs et gestionnaires peuvent alors chercher à les restaurer, les protéger et les économiser (gérer), et le cas échéant à compenser les impacts.

En quoi consiste la théorie du baquet ?

5. *Théorie du baquet*

La « *théorie du baquet* » rappelle métaphoriquement que dans les systèmes complexes, tous les sous-ensembles vitaux du système sont importants, comme les organes vitaux d'un organisme. Un niveau d'excellence sur l'un des piliers (l'économie par exemple) est inutile si un autre élément (le social ou l'environnement) est dégradé, car le niveau de performance ou de qualité de l'ensemble est ici contrôlé par la « planche la plus faible du baquet », tel qu'illustré par les planches du baquet ci-dessous.

Figure 3 : Illustration de la théorie du banquet

Il convient de rappeler les causes de l'émergence du vocable.

6. Causes de l'émergence du vocable

L'émergence de l'idée du développement durable est concomitante avec celle de la société industrielle. A partir de la deuxième moitié du 19ème siècle, les sociétés occidentales commencent à constater que leurs activités notamment économiques et industrielles ont un impact significatif sur l'environnement et sur l'équilibre social. Plusieurs crises écologiques et sociales vont avoir lieu dans le monde et vont faire prendre conscience qu'il faut un modèle plus durable. Voici quelques exemples des crises économiques et sociales qui ont secoué le monde au XXème siècle :

- 1907 : crise bancaire américaine
- 1923 : crise de l'hyperinflation américaine
- 1929 : la crise financière des années 1930 commence
- 1968 : mouvement social de mai 1968 en France et dans le monde
- 1973 et 1979 : chocs pétroliers
- 1982 : choc de la dette des pays en développement

Et quelques exemples de crises écologiques

- 1954 : retombées nucléaires de Rongelap
- 1956 : crise du mercure de Minamata
- 1957 : marée noire de Torrey Canyon
- 1976 : catastrophe Seveso
- 1984 : catastrophe de Bhopal
- 1986 : catastrophe nucléaire de Tchernobyl
- 1989 : marée noire de l'Exxon Valdez
- 1999 : catastrophe Erika
- Mais aussi : le réchauffement climatique, la pollution de l'air, la question de la couche d'ozone, la disparition de la biodiversité, etc.

Ce qu'il faut bien voir, il y a une importance du développement durable qu'il convient de signaler dans les lignes qui suivent.

7. *Importance du développement durable*

Si le développement durable était une idée relativement peu connue jusqu'à la seconde moitié du 20ème siècle, elle a rapidement pris de l'importance face à la multiplication de ces crises écologiques et de leurs conséquences sur les sociétés humaines. Au fur et à mesure de l'avancée des connaissances scientifiques sur des enjeux comme la couche d'ozone, le réchauffement climatique ou la disparition de la biodiversité, la communauté internationale a pris conscience de la nécessité de trouver un modèle économique susceptible de permettre d'assurer nos besoins sans détruire notre écosystème.

Il est important de rappeler le lien entre le développement durable et les origines de l'écologie.

8. *Développement durable et les origines de l'écologie*

Ainsi, les premiers penseurs de l'écologie vont émerger dès la fin du XIXème siècle (Haeckel, Paul Vidal de la Blache), alors que leurs idées ne vont véritablement prendre racine qu'au cours du XXème. Voici une chronologie du développement de l'écologie :

- Années 1850-60 : développement de la pensée de «l' écologie » par le biologiste Ernst Haeckel et le poète Henry David Thoreau
- 1872 : fondation du parc national de Yellowstone
- 1948 : fondation de l'UICN (Union Internationale de Conservation de la Nature)
- 1951 : premier rapport de l'UICN sur l'environnement dans le monde
- 1963 : publication de « The Silent Spring », qui dénonce les conséquences de la pollution
- 1965 : première conférence de l'UNESCO sur la biosphère
- 1968-1972 : fondation du Club de Rome et publication de son premier rapport « Les limites de la croissance »

A partir de là, un mouvement de plus en plus international se met en place pour dénoncer les dérives de la société de consommation, de l'industrie et de l'économie internationale. Les représentants de ce mouvement sont notamment les altermondialistes, les écologistes, les tiers mondistes… Face à la multiplication des catastrophes écologiques et sociales, de plus en plus d'individus et de citoyens internationaux réclament la prise en compte de l'environnement et de la justice sociale par les gouvernements.

Il convient de signaler la prise en compte internationale de la question du développement durable.

9. Prise en compte internationale du développement durable

Progressivement, les autorités publiques vont donc inscrire ces problématiques dans leur agenda politique, notamment avec :

- 1971 : Création du ministère de l'Environnement en France

- 1972 : Premier Sommet de la Terre à Stockholm
- 1974 : Premier candidat écologiste à la Présidence de la République en France (Hervé Dumont)
- 1987 : Commission Mondiale sur l'Environnement et le Développement de l'ONU et publication du Rapport Brundtland sur le développement durable.
- 1982 : Deuxième Sommet de la Terre à Nairobi
- 19
- 92 : Sommet de la Terre à Rio
- 2002 : Sommet de la Terre à Johannesburg
- 2012 : Sommet de la Terre Rio +20.

La question du développement durable invite à la réflexion sur la transition écologique et la solidarité des sociétés comme on le voit dans les pages qui suivent.

10. Développement durable : la transition écologique et solidaire des sociétés

L'un des exemples les plus communs du « développement durable » en pratique sont les politiques mises en place par les gouvernements pour prendre en compte les problématiques environnementales et sociales. De nombreux pays sont aujourd'hui en train de prendre conscience que s'ils veulent exister et se développer sur le long terme, ils doivent préserver leurs espaces naturels, leurs ressources, mais également mettre fonder une société plus juste et plus égalitaire. En France, cette prise de conscience s'est traduite par le développement progressif d'une certaine politique de « développement durable ». Dans les années 1970, la France a créé pour la première fois son ministère de l'Environnement, chargé de la protection des écosystèmes et des ressources naturelles. Depuis, ce ministère s'est transformé pour devenir aujourd'hui le Ministère de la Transition Écologique et Solidaire, chargé à la fois de mettre en œuvre les politiques écologiques et en partie les politiques sociales du pays. Parmi les exemples concrets de politique liées au développement durable mis en place en France, on peut citer notamment :

- La *transition énergétique*, qui vise à transformer la manière dont nous produisons de l'énergie pour la rendre plus durable, notamment en utilisant les énergies renouvelables ;
- La *politique de protection de la biodiversité*, qui vise à protéger certaines espèces et certains espaces afin d'éviter la disparition d'espèces menacées par exemple ;
- La *politique d'économie circulaire*, qui vise à maximiser le recyclage des matériaux et à optimiser l'utilisation des ressources, tout en limitant les déchets ;
- Le *grand plan de rénovation des logements et d'efficacité énergétique* qui vise à mieux isoler les logements français afin de réduire nos consommations énergétiques ;
- Les *différents plans de régulation de l'usage des pesticides et des substances chimiques*, qui ont pour objectif de réduire les pollutions ou les phénomènes comme l'acidification des océans.

Le développement durable est aussi appelé à se vivres en entreprise à l'exemple de la RSE.

11. Développement durable en entreprise : l'exemple de la RSE

Le développement durable a aussi sa place dans les entreprises, car, celles-ci sont de plus en plus sont contraintes d'adopter les principes du développement durable dans leurs activités. Il existe par exemple des lois qui obligent les entreprises à mesurer leurs impacts environnementaux et à les rendre publics, ce qui les incite à adopter des pratiques plus écologiques. Ainsi, beaucoup d'entreprises doivent gérer leurs productions en fonction des principes du développement durable, afin d'améliorer leur impact sur la planète, sur l'économie et sur la société. Mais, c'est aussi le cas des institutions publiques et de tous les autres acteurs. Généralement, on regroupe ces pratiques « durables » dans l'entreprise sous le terme RSE, ou responsabilité sociale de l'entreprise. Concrètement, il peut s'agir de choisir les énergies renouvelables ou de pratiquer l'efficacité énergétique, de diminuer ses émissions de gaz à effet de serre et son Bilan Carbone, de pratiquer l'éco-conception ou encore de prendre des mesures pour moins affecter la biodiversité et les écosystèmes.

Le développement durable invite à un exemple de consommation responsable.

12. Développement durable et l'exemple de la consommation responsable

Pour les consommateurs, un exemple de traduction du développement durable en action est la consommation responsable. En résumé, il s'agit d'adopter des comportements plus écologiques et plus solidaires au quotidien, de mieux vivre et de mieux consommer pour limiter ses impacts sur l'environnement. Il est à noter que le développement durable ne se réduit pas à la protection de l'environnement, mais comme on l'a mentionné ci-haut, c'est une approche qualitative globale qui inclue les modes de production durables des ressources et le complet bien-être des populations présentes et futures. Le développement durable doit être à la fois économiquement efficace, socialement équitable et écologiquement tolérable. Le social doit être un objectif, l'économie un moyen et l'environnement une condition. Le développement est « durable » s'il est conçu de manière à en assurer la pérennité du bénéfice pour les générations futures.

Il y a des objectifs à se fixer lorsqu'on envisage le développement durable. C'est l'objet des lignes suivantes.

13. Objectifs du développement durable (ODD)

Le 25 septembre 2015, les pays membres de l'ONU réunis en assemblée générale pour évaluer les Objectifs du Millénaire pour le Développement (OMD), décident d'adopter un nouveau programme de développement mondial articulé autour de 17 objectifs pour le développement durable (ODD) pour éradiquer la pauvreté, protéger la planète et garantir la prospérité pour tous. Chaque objectif a des cibles à atteindre dans les quinze prochaines années. Ces objectifs sont développés dans le chapitre cinq. Pour que ces objectifs soient atteints, chacun doit réaliser sa part : les Gouvernements, le secteur privé, la société civile et/ou les ONG, les citoyens ou les personnes. Les objectifs du développement durable définissent une carte routière (feuille de route), le problème est de savoir comment elle sera réalisée par les différents pays. Il paraît utopique de croire que les pays en développement pourront avancer avec le même rythme dans la totalité des 169 cibles. Les pays dits « en développement » le sont précisément parce qu'ils n'ont pas la capacité de se battre sur tous les fronts à la fois. Le point crucial porte sur la mise en œuvre de ces ODD, la définition des stratégies établissant des priorités et des calendriers. Les objectifs du développement durable donnent une direction, et le rythme du trajet vers ces objectifs doit être défini de façon précise par chaque pays.

Il est important de rappeler l'historique du développement durable.

I.2. Histoire du Développement

La première utilisation du mot « développement » dans cette acception est due au Président Harry Truman dans la « partie IV » de son discours d'investiture du 20janvier1949. L'histoire du développement économique international date du XXe siècle. Elle est un mélange des volontés de certains États du Nord industrialisés, d'actions effectives de la communauté internationale (en particulier de l'ONU et de ses diverses agences), des conflits entre les pays du Nord en guerre froide et divisés en deux blocs pendant la seconde moitié du XXe siècle, l'émergence des Etats du Tiers Monde. À la suite de la décolonisation, les Etats du tiers-monde s'organisent dans les années 1960 et 1970 pour renégocier les termes de l'échange mondial. Les années 1980 et 1990 marquent un tournant par l'émergence de la doctrine néolibérale au sein des institutions nationales et internationales (consensus de Washington), menant à une critique sévère de la part du mouvement altermondialiste. En outre, la problématique de l'environnement, qui apparaît dans les instances officielles dès le Rapport du Club de Rome sur « les limites de la croissance » (*Halte à la croissance,* 1972), fait son entrée sur scène, amenant à s'interroger sur les différents modèles de développement possible.

Face au réchauffement climatique, le concept de « développement durable » tend à s'imposer dans les esprits, sinon dans les faits. Enfin, le XXIe siècle voit une nette séparation entre les États du Nord, ou encore la Triade (Union européenne, États-Unis, Japon), qui domine l'économie mondiale ; les nouveaux pays industriels (NPI) tels que les Quatre Dragons asiatiques ou les BRIC (Brésil, Russie, Inde et Chine), et des larges secteurs de la population mondiale vivant dans l'extrême pauvreté avec moins d'un dollar par jour et située en majorité dans les États de l'Afrique subsaharienne. Enfin, la question des inégalités économiques et sociales qui touche tous les États, amenant certains à parler d'un Quart-Monde, englobant les délaissés du développement dans les pays riches.

a. Création de l'ONU et des instances internationales de développement

Dès sa création, l'Organisation des Nations unies (ONU) fait du développement une de ses priorités, à travers la création de la Banque mondiale et de l'UNESCO. Après les accords de Bretton Woods (1945), la Banque mondiale met en place pour l'Europe dévastée par la seconde Guerre mondiale, la Banque internationale pour la reconstruction et le développement

(BIRD), chargée de financer la reconstruction. Le 9mai1947, la BIRD effectue ainsi son premier prêt, envers la France, d'une valeur de 250 millions de dollars.

En 1948, le GATT (Accord Général sur le Tarif douanier et le commerce originel) lance son premier round de négociations, visant à favoriser les échanges internationaux en baissant les droits de douane. Après l'Uruguay Round, le GATT se transformera en Organisation mondiale du commerce (OMC), en 1994. La différence entre le GATT et l'OMC réside dans le fait que le GATT s'occupait du commerce des marchandises ; l'OMC vise également les services et la propriété intellectuelle. Le système de règlement des différends de l'OMC est plus rapide et plus automatique que l'ancien système du GATT ; ses décisions ne peuvent pas être bloquées. D'un autre côté, la Commission économique pour l'Amérique latine et les Caraïbes (CEPAL) dépendante de l'ONU, a aussi été fondée en 1948. Présidée par l'économiste argentin Raúl Prebisch de 1950 à 1963, la CEPAL sera l'un des lieux d'émergences de la théorie de la dépendance critiquant les modèles linéaires et successifs de développement antérieur, et défendant le protectionnisme afin de protéger l'émergence de l'industrie nationale et d'un marché intérieur. Plusieurs institutions financières internationales sont mises en place, avec comme objectif officiel le développement, bien que leur pratique effective ait été par la suite largement critiquée, en particulier par le mouvement altermondialiste (voir par ex. *La Grande Désillusion* (2002) de Joseph Stiglitz, ex-directeur de la Banque mondiale). Outre cette dernière, ces institutions incluent la Banque interaméricaine de développement (1959) ; l'Association internationale de développement (1960) ; la Banque africaine de développement (1964) ; la Banque asiatique de développement (1966).

b. Opposition entre les États-Unis et l'URSS

Le 20janvier1949, dans le point IV de son discours d'investiture, le président américain Harry Truman utilise pour la première fois, le terme développement pour justifier l'aide aux « pays sous-développés », dans le cadre de la guerre froide (doctrine Truman). Il y déclara être du devoir des pays du Nord capitalistes, qualifiés de « pays développés », de diffuser leurs « connaissances techniques » et assistance aux pays qualifiés de « sous-développés », pour qu'ils se rapprochent du modèle de société occidentale. Cette initiative marque le triomphe d'une vision économétrique du développement, mesuré par le PNB par habitant. En 1953, le président Eisenhower lance, en même temps un programme de dissuasion nucléaire, le projet *Atoms for Peace*, visant à exporter de la technologie nucléaire pacifique à plusieurs États ; à la suite l'Agence internationale de l'énergie atomique (AIEA) était fondée afin de favoriser le contrôle de la technologie nucléaire et son utilisation à des fins pacifiques (médicales, etc.). Le projet Truman, qui heurtait l'isolationnisme américain, fut relancé par le président John F. Kennedy, à travers l'Alliance pour le progrès (1961), à destination de l'Amérique latine. Ses effets furent néanmoins très modérés.

L'enjeu du développement était, en effet, au cœur de la rivalité entre l'Ouest et l'Est, chaque bloc promettant d'aider ses alliés en échange de leur soutien politique. Ainsi, lors de la révolution cubaine de 1959, l'expropriation par le régime de Fidel Castro des compagnies américaines (l'International Téléphone and Telegraph Company et l'United Fruit Company, en 1959) ainsi que la mise en place d'une réforme agraire, heurte de front les intérêts américains. Dès juin 1959, le département d'État américain envisage de ne plus acheter le sucre cubain. Devant cette menace, Cuba se tourne vers l'URSS, ravie de signer un accord commercial avec ce dernier (février 1960). La crise continue, jusqu'à la rupture complète des relations avec Washington, menant à l'embargo contre Cuba (1962) pratiqué par les États-Unis. Cette crise majeure de la guerre froide montre à quel point le développement économique et social, ainsi que les relations commerciales interétatiques, sont instrumentalisées par les deux superpuissances.

Les divergences d'approches sur le développement économique et social entre le « monde libre » et le bloc de l'Est ont été illustrées par l'affrontement au sujet des diverses conceptions possibles des droits de l'homme. Aussi, pendant que les pays de l'Ouest signaient plus volontiers le Pacte international relatif aux droits civils et politiques de 1966, les pays de l'Est préféraient le Pacte international relatif aux droits économiques, sociaux et culturels (également de 1966). Cette divergence d'approches tend aujourd'hui à s'estomper, les droits sociaux étant généralement considérés comme intrinsèquement liés à l'exercice effectif des libertés politiques.

c. Emergence du Tiers-Monde : la CNUCED, le Nouvel ordre économique international (NOEI) et la convention de Lomé

A la même époque, la décolonisation bouleverse le monde et les rapports de force au sein de l'ONU. En 1964, les pays du Sud, nouvellement indépendants, créent la Conférence des Nations unies sur le commerce et le développement(CNUCED), et revendiquent des échanges commerciaux rééquilibrés, en particulier l'accès des pays du Sud aux marchés du Nord et l'amélioration des termes de l'échange. En effet, les pays du *Tiers Monde*, qui se rassemblent autour du Groupe des 77, considéraient que les principes libéraux fixés par le GATT ne répondaient pas à leurs problèmes spécifiques. La CNUCED facilite l'élaboration de nombreuses règles de droit international, même si son rôle s'amoindrit à la fin des années 1980. En 1966, l'Assemblée générale de l'ONU crée l'Organisation des Nations unies pour le développement industriel (ONUDI), qui devient une institution spécialisée de l'ONU. Quelques années plus tard, en 1971, le Groupe des 77 s'organisent en

G24 afin de pouvoir émettre des revendications communes face au G8, qui regroupe les principales puissances mondiales. Enfin, le 1[er]mai1974, l'Assemblée générale de l'ONU vote une résolution visant à instaurer un Nouvel ordre économique international (NOEI), favorable aux États du Sud. C'est à ce moment que la Communauté économique européenne (CEE) signe avec 46 pays d'Afrique, des Caraïbes et du Pacifique (les pays ACP) la convention de Lomé (1975), qui a pour objectif de favoriser l'adaptation des pays ACP à l'économie de marché de la BERD (Banque Européenne pour la Reconstruction et le Développement, créée en 1990) par le biais d'une coopération entre la CEE et les pays ACP.

Les divers accords de Lomé sont ainsi la marque d'une politique de développement spécifique de la CEE (puis de l'Union européenne) envers ces États. On met en place dès Lomé I (1975), le STABEX, le système de stabilisation réparti par le Fonds européen de développement (FED), qui vise à compenser la perte des recettes à l'exportation subie par tous les pays ACP. Lors de Lomé II (1979), c'est le SYSMIN (Système de Développement du potentiel minier) qui est mis en place. Il couvre 8 produits miniers et intervient si la baisse des cours menace l'outil de production. Le protocole sur le sucre, de Lomé III (1984), prévoit l'importation de 1,3 million de tonnes de sucre de canne aux prix européens. Il aide ainsi au « décollage » des pays fournisseurs de sucre de canne comme l'île Maurice, les îles Fidji ou la Guyane.

On doit relever en définitive que l'histoire du développement est une succession des luttes, des conflits et de la volonté des nations à mettre en place des organisations, des institutions chargées d'encadrer et d'assurer le financement du processus à travers la stratégie dite de l'aide au développement. Cette stratégie est aujourd'hui sujet des critiques à cause de l'incapacité de la dette à pouvoir développer les Etats et le poids de la dette sur les économies des pays en développement, principalement ceux de l'Afrique subsaharienne, embourbés dans la pauvreté rampante. La question du développement de l'Afrique demeure ainsi au centre des préoccupations des populations et des débats récurrents sur les origines intrinsèques du sous-développement du continent noir.

Les lignes qui suivent évoquent la culture, le mode de production et de domination.

1.3. Culture, mode de Production et Domination

Pendant longtemps, l'on consacre très peu d'efforts pour savoir ce qui est commun à des sociétés africaines du sud du Sahara, ce qui constitue la soudure collective à la fois entre elles, et entre ces dernières et les générations successives et qui structure leur identité particulière. L'attention de l'Afrique, des africains et des différents acteurs intéressés au développement de cette partie du continent noir est longtemps restée focalisée sur la question de l'industrie et de la croissance économique, de la modernisation des infrastructures, de la rationalisation des pratiques de production, sans chercher à comprendre la façon dont sont traités les facteurs de production, les moments historiques de production sociale et son organisation associée. La culture offre entre autres, le moyen d'exprimer sa créativité, de se forger une identité propre, de renforcer et de préserver les sentiments d'appartenance à la communauté. Les expériences culturelles offrent des occasions d'apprentissage et de partage d'expériences avec d'autres individus et communautés. La culture englobe donc de très larges aspects de la vie en société : techniques utilisées, les mœurs, la morale, le mode de vie et de production, les systèmes de valeur, les croyances, les rites religieux et autres, l'organisation de la famille et des communautés, l'habillement, etc. qui permettent à l'individu et à la communauté de s'adapter à toute situation et/ou affronter les nouvelles réalités qui s'offrent à leur milieu naturel. Elle structure au niveau individuel et collectif la construction des connaissances et affine l'identité d'un peuple. Donc, dans un sens plus large elle est considérée comme l'ensemble des traits distinctifs, spirituels et matériels, intellectuels et affectifs qui caractérisent un groupe social ou une société.

Dans les systèmes d'organisation sociale et matérielles, les différentes sociétés structurent la façon dont les différents facteurs de production (ressources matérielles ou non, utilisées dans le processus de production) sont organisés et traités pour réaliser la production des biens et des services. La production, marchande ou non, génère des rapports sociaux qui concourent à la domination, nœud gordien des modes de production. En Afrique subsaharienne, seule une véritable étude des dominations est capable de rendre compte des systèmes d'organisations et non seulement d'énoncer le mode de production dominant pris isolement. C'est seulement lorsque l'analyse de ce mode dominant est de plus en plus poussée qu'on se rend compte du procès de domination. L'analyse profonde du mode production lignager met en évidence le fait les dispositifs fonctionnels de ce mode se structurent dans le système patriarcal auquel la domination, base du pouvoir, est fondée sur les hiérarchies (âges, sexes, traditions et prestiges particulières). Dans ce système, le pouvoir de l'ainé se transforme en pouvoir d'exploitation, dès lors que la réciprocité qui lie l'ainé à d'autres ainés permet aux ainés de reproduire à leur profit la structure de dépendance en passant par le consensus des cadets.

Cette réciprocité porte sur les biens, les femmes, les hommes, les connaissances, éléments déterminants du mode de production lignager, supérieur en Afrique subsaharienne. Le lignage se segmente et essaime ; de la sorte que l'organisation de la société se charpente sur la conservation d'une généalogie unique, embrassant l'ensemble de la société dans laquelle tous les groupes qui la constituent sont placés de façon précise. Ainsi, en tant qu'unité sociale, le lignage combine quatre segments fondamentaux d'articulation du mode production lignager dans vie collective en Afrique subsaharienne : la résidence, la filiation, l'autorité et le patrimoine. Dans cette Afrique, on constate que même dans les systèmes politiques modernes aux pouvoirs centralisés, la généalogie qui définit les lignages détermine l'organisation de production ainsi que les comportements politiques et économiques des individus et des communautés. Ainsi par exemple les types de solidarités lignagères orientent les comportements des individus dans l'attribution des avantages, des ressources et des responsabilités. Ceci admet que dans les sociétés lignagères, la propriété est plus nette, plus permanente que l'appropriation est absente. En d'autres termes, loin d'être la propriété dans les sociétés lignagères est la réalisation de l'absence de l'appropriation.

Dans ces sociétés dites traditionnelles, la famille y apparait au premier plan de l'organisation sociale, économique et politique ; la parenté domine comme champ d'alliances, des filiations et des rapports économiques, même s'il est admis notoirement l'existence combinée en leur sein d'autres rapports culturels qui les structurent dans leurs ensembles. Emmanuel Terray écrit : « Si trois systèmes de rapports de production structurent la même collectivité, il faut d'abord trouver nous faut d'abord trouver leurs frontières et comprendre leur liaison, puis inventorier les modifications que leur coexistence entraîne au sens de chacun d'eux, enfin découvrir parmi eux quel est le système donc le mode de production dominant ». Le problème essentiel est celui des relations entre les rapports de production fondé respectivement sur la coopération complexe et sur la coopération simple : entre le système tribal villageois, le système lignager et le capital ; entre les niveaux idéologiques, politiques, culturels et le niveau économique. C'est-à-dire à quel moment le mode de production lignager dominant avec ses dispositifs fonctionnels agit sur les modes dominés, dans la structuration des sociétés que sa propre structuration. Il s'agit de mettre en évidence que le procès de cette domination se produit et se reproduit car, si le mode de production lignager intervient dans la structuration des sociétés lignagères africaines, c'est que sa propre structuration n'est qu'un simple regroupement d'unités déterminées.

Le mode de production lignager, au centre du débat sur le développement des sociétés traditionnelles africaines mérite d'être analysé avant de comprendre le vocable développement lui-même. Globalement, ce mode de production supérieur dans les sociétés lignagères segmentaires ou étendues, incarne certains dispositifs fonctionnels dont notamment la domination, comme cela a été dit ci-haut. L'on doit donc affirmer en définitive que le lignage et sa structure d'hégémonie joue le rôle dominant dans le procès de production et de reproduction de l'ensemble des formations sociales lignagères en Afrique subsaharienne. Il est évident que cette domination ait déterminé la structure des forces productives et généré des oppositions avec les structures des modes dominés, notamment le mode de production capitaliste libéral avec qui, il coexiste et est en confrontation permanente. Par domination, on entend deux types : la domination économique et la domination sociale. La dernière est directe lorsque dans un ensemble quelconque, un système impose aux autres son propre caractère et ses propres rapports. Au contraire, des systèmes entre lesquels il n'existe qu'une relation de domination indirecte, conservent leur spécificité et leur autonomie. Pour comprendre ce qu'est la domination indirecte il suffit de représenter la formation sociale comme un ensemble de mode de production au sens large. L'articulation des dispositifs du mode de production lignager à éléments d'un autre mode de production, notamment basé sur le capital et le libéralisme génère des contradictions qui inhibe la coopération entre les modes coexistant. En effet par exemple, dans le rapport entre le mode de production tribal-villageois et le mode de production lignager, les rapports de production du premier sont déterminés par le second, donc, le mode de production lignager domine indirectement le mode villageois. Cette contradiction est importante car, elle atteste l'impossibilité d'abandonner la conception qui est celle de Marx, de la domination comme un procès.

Dans une note du capital (Le capital I, 93, Note), Marx écrit au sujet d'une objection qui lui a été faite par un journal à propos de la critique de l'économie politique : suivant lui, mon opinion est que le mode déterminé de production et les rapports sociaux qui en découlent, en un mot, que la structure économique de la société est la base réelle su laquelle s'élève ensuite l'édifice juridique et politique, de telle sorte que le mode de production de la vie matérielle domine en général le développement de la vie sociale, politique et intellectuelle. Cette opinion de Marx est explicative du monde moderne dominé par les intérêts matériels, mais non pour le moyen-âge où régnait le catholicisme, ni pour l'Athènes et Rome où régnait la politique. Tout d'abord il est étrange qu'il plaise à certaines personnes de supposer que quelqu'un ignore ces manières de parler vieillies et usées sur le moyen-âge et l'antiquité. Ce qui est claire c'est que ni le premier ne pouvait vivre du catholicisme, ni la seconde de la politique. Les conditions économiques d'alors expliquent pourquoi le catholicisme et ici la politique jouait le rôle principal. La moindre connaissance de l'histoire de la République Romaine par exemple fait voir que le secret de cette histoire, c'est l'histoire de la propriété foncière.

D'un autre côté personne n'ignore que déjà Don Quichotte a eu à se repentir pour avoir cru que la chevalerie errante était compatible avec toutes les formes économiques de la société. Cette compréhension nous permet de mettre en évidence la détermination par l'économique qui n'est pas transitive mais structurale : l'économie est déterminante en ce qu'elle détermine les instances de la structure sociale qui occupent la place déterminante. Le retour de cette analyse dans le mode de production lignager lui-même amène à découvrir la matrice qui fait transformer l'instance économique en la forme transformée et une matrice unité qui transforme l'économique en l'économie : l'extériorité de la production, le mode de circulation, qui n'est autre que la culture. Pour gagner sa vie, l'individu se trouve dans les conditions telles qu'il a pour but non pas l'acquisition des richesses, ma sa propre subsistance, sa reproduction comme membre de la communauté, la reproduction de lui-même comme propriétaire de la force productive, en tant que membre de la société.

A chaque période correspond un mode spécifique d'exploitation des ressources matérielles de la vie et une ou des façons particulières de s'organiser pour le travail de production et de se répartir celle-ci. Ce mode s'adosse de tout temps sur la conservation d'une généalogie unique embrassant l'ensemble de la société, dans laquelle tous les groupes qui constituent celle-ci sont placés de façon précise. La prise de conscience progressive de la complexité du phénomène à la suite de plusieurs ratés des processus engagés en Afrique, nous impose de nos jours à s'interroger sur le sens et le contenu de ce concept populaire qu'est le développement dont la conception dominante a été réduite à la croissance économique, occultant ainsi le social, son bras séculier. Aussi, la nécessité de comprendre les relations qui unissent les différents dispositifs fonctionnels de la modernité néo-libérale, notamment l'industrie, l'innovation technique, le capital social, le bien-être, la gouvernance, etc., s'impose aujourd'hui aux acteurs car, l'industrie ne peut fonctionnement efficacement sans personnel qualifié et sans relation avec le milieu social, physique et culturel ainsi que les besoins qui justifient son implantation. Aussi, l'industrie ne peut être isolée de la moule des dispositifs fonctionnels de la culture africaine qui s'adossent sur le mode de production lignager dominant dans les sociétés et des politiques auxquelles elle participe et dont elle est une manifestation. L'innovation technique échoue si le milieu culturel traditionnel et lignager ne s'y est pas préparé. Le regard croisé de cette complexité des relations et des contradictions ci-haut relevées assure que le phénomène développement attaché à la modernité néo-libérale possède ses propres dispositifs fonctionnels qui déterminent son identité. Dans ce sens, le développement serait-il compris au sens du progrès ? Si c'est le cas, le progrès entendu comme substratum serait-il immédiatement possible, dans une situation de confrontation avec le mode de production lignager au sens des attentes africaines ? Serait-il lointain, hors de portée comme impossible à certaines communautés ? Si l'on s'en tient à la première compréhension, le bénéfice de la technologie nous servirait de guide des stratégies et d'options politiques, auxquelles se servent des gouvernants africains dopés par le rêve de l'avancée rapide du modernisme.

Le monde est entré dans une vaste aventure de la technologie à laquelle l'Afrique devra s'aligner avec détermination pour recevoir le plein bénéfice du capital, des investissements et d'organisation. La grande crainte de cette tendance est que l'humanité ne rentre dans la même course ou les plus forts pourront écraser les faibles. S'en tenir à la deuxième compréhension implique la prise en compte du rôle fondamental de l'homme comme acteur et à la fois seul impulseur et également bénéficiaire du développement dans ses nombreuses dimensions. Ces attitudes à la fois contradictoires, complémentaires et interdépendantes qui, tour à tour et presque simultanément, viennent se proposer aux chercheurs, experts et acteurs du développement, méritent d'être analysées avant tout engagement dans l'action. La compréhension du phénomène partant de la prise en compte de toutes ses dimensions holistiques incluant à la fois les aspects technologiques, économiques, sociales et culturelles s'impose à tout penseur comme voie idoine pour solutionner les problèmes fondés sur le cheminement vers le qualitatif commun à tous les individus et toutes les communautés d'Afrique subsaharienne.

Comprendre le développement comme une culture implique non seulement de penser les mécanismes de la transposition des dispositifs fonctionnels de la modernité économique néo-libéral dans un système traditionnel lignager, mais également l'appréhension de ses principes, de ses démarches, de ses normes, de ses stratégies ; donc de ses substratums assurément compris comme sa culture spécifique. On peut toutefois se demander si l'accent que l'on voudrait mettre sur la culture spécifique ne sert pas à occulter les problèmes économiques et sociaux majeures pendant cette période qui marque l'échec des projets politiques du développement des Etats subsahariens d'Afrique et où l'ordre néo-libéral s'installe progressivement comme horizon indépassable de l'économie mondiale. Indubitablement, l'analyse de la culture du développement ne vise pas l'identification des contraintes et des résistances au changement, mais bien de faire de ce nouvel objet une fenêtre pour le changement des politiques publiques, sociales et morales des sociétés d'Afrique subsaharienne. Cela revient à choisir des focales d'analyses pertinentes en fonction de l'objet qu'on s'est donné, de retracer les interactions sociales au sein d'une même configuration, de comprendre les ressources dont les acteurs disposent, les contradictions qui facilitent la disjonction des systèmes et de reconstruire la perception qu'ils se font du jeu auquel ils participent. Il s'agit aussi d'inscrire la question de l'analyse du phénomène de développement dans une conversation plus large avec la sociologie des cultures des sociétés et d'affirmer que les outils de l'analyse des politiques publiques, de la sociologie de l'expertise ou des problèmes publiques par exemple, apportent des regards heuristiques sur la culture du développement dans les sociétés spécifiques. Il ne s'agit donc pas de la revendication d'une nouvelle discipline scientifique. C'est pourquoi il est indispensable de comprendre aussi la signification sémantique réelle ou la construction grammaire propre de ce vocable aujourd'hui populaire qu'est le développement.Les lignes qui suivent portent sur la structure africaine du mode de production lignager.

1.4. Structure africaine du mode de production lignager

J'évoque Procès dominant dans les sociétés segmentaires africaines, les réciprocités et les pulsions économiques, les fonctions de la surproduction, la classe sociale et l'exploitation.

1.4.1. Procès dominant dans les sociétés segmentaires africaines

L'analyse du processus par lequel le mode de production lignager produit et reproduit sa domination sur les autres modes de production dans les formations sociales africaines subsahariennes permet de mettre en évidence l'agencement de celui-ci. Ainsi, la reproduction de toute propriété lignagère implique avant tout la reproduction du lignage lui-même et de ses membres. Ainsi, dans ces types de formation sociale, la notion de la propriété individuelle des moyens de production n'a pas le même contenu qu'en mode occidental. Dans ce dernier, l'individu a moins de chance de perdre sa propriété, sauf s'il intervient des circonstances tout à fait extérieures, puisque les membres de la commune, par exemple n'entretiennent pas avec elle un rapport de liberté de manière à encourir le risque de perdre son bien objectif et économique. Au contraire dans le mode lignager cette notion est relative et aléatoire car, les dispositifs font qu'à un stade, l'individu soit contraint de coopérer avec d'autres, notamment pour le cas de propriété foncière où l'exploitation reste commune au lignage, nonobstant l'occupation aléatoire des lopins de terre par les membres de la communauté.

La gestion communautaire de propriétés terriennes par les membres du lignage astreint à une éthique rationalisée de coopération, de sorte que les exploitations sont limitées aux stricts besoins de survie des individus et de la communauté. Le contrôle social est structuré et rigide. Alors que pour le cas du mode occidental, la propriété individuelle est strictement protégée par des règles dynamiques des libertés qui renforcent la concurrence et l'émulation entre les propriétaires des moyens de production et qui régentent le marché où s'affrontent l'offre et la demande. En revanche, dans la forme orientale, cette perte de propriété a moins de chance de se réaliser car dans le mode Asiatique par exemple, l'individu ne devient jamais propriétaire, mais seulement possesseur, il est au fond la propriété et l'esclave de celui qui incarne l'unité commune. L'esclave ne modifie ni les conditions du travail ni les rapports fondamentaux.

Ainsi que l'affirme Marx, « le travailleur lui-même fait partie des conditions naturelles de production d'un autre individu ou d'une commune », même si cette situation ne peut s'expliquer qu'en Europe. Cependant, l'unité qui possède ce terroir n'est pas une unité réalisée comme l'Etat l'est dans l'idée et l'existence de ses besoins. Nous avons d'une part, une unité floue, la tribu, propriétaire d'un territoire permanent et bien limité et d'autres part des unités plus nettes, les villages et surtout les lignages, possesseurs des territoires qui ne sont définis que pour la durée pendant laquelle ils sont objets ou moyens de travail, les seules limites bien connues dans l'exercice de ce travail étant pour les membres de toute la tribu, le territoire tribal lui-même. Il ne s'agit ici d'évoquer la tribu dans la perception de Meillassoux et de Marx qui analysent les tribus dans le seul sens des organisations guerrières, car dans les formations segmentaires congolaises par exemple, la plus petite unité susceptible de faire la guerre c'est le segment de lignage. Les guerres communautaires qui ont eu lieu au Congo Kinshasa depuis des générations l'ont été entre les lignages, c'est le cas des *Enyele* et les *Monzaya*, de Kungu dans la province du Sud-Ubangi et encore plus récemment les lignées Batéké et *Bayaka*au territoire de Kwamouth dans le *Maindombe*.

Par ailleurs, la guerre menée entre les tribus revêt généralement un caractère réglé. Elle n'a pas pour but ni la conquête du territoire de l'autre tribu, ni l'asservissement d'une tribu entière, mais simplement la récupération de quelques esclaves ou simplement l'anéantissement de quelques membres supposés puissants de la tribu adverse. Evans Pritchard à propos des *Nuers* a montré comment l'hostilité de telles manifestation augmentait graduellement fonction directe de la distance sociale dans les sociétés segmentaires et *Sahlin* dans son cours sur l'EPKE parle au sujet de ce genre de réciprocité négative. On peut certes concevoir des guerres de conquêtes menées par des sociétés segmentaires telles étaient le cas de guerre menée par les Fangs du Gabon ou de celle menée par les *Bakota* dans la vallée de Niariau Congo, notamment contre les *Bakugni*.

Mais, ces genres de guerre de conquête ne peut avoir lieu qu'entre des populations qui n'ont aucun rapport antérieur et elles excluent pour très longtemps toute réciprocité entre elles. Au contraire, les guerres qui opposent les lignages, des villages, des clans, des tribus insérées dans un réseau d'échanges réciproque portant sur les hommes, les femmes, les biens de prestige, les services de nature politique, etc., apparaissent comme une simple manifestation inversée de la responsabilité fondamentale qui lie ces unités. La limitation soigneusement réglementée de la durée de ces conflits et de leurs effets permet à la réciprocité de leur assurée la survivance. Cependant, si les buts fondamentaux de ces guerres sont bien connus comme le dit Terray : « restaurer un équilibre démographique ou d'accroitre le potentiel des forces de travail disponible, les conflits ouverts ne sont ni la voie fondamentale pour arriver à des tels résultats, ni la plus employée ». La guerre ne saurait donc apparaitre comme le procès dominant pour définir n'importe quelle unité, du lignage à la tribu, mais comme un procès dominé du lignage à la tribu. En effet, comme l'implique la formulation même de Gahlins, le procès dominant est la réciprocité. C'est pourquoi d'ailleurs les biens que permet d'approprier une telle guerre, sont les biens qui circulent dans l'échange réciproque. Ainsi, la forme de la guerre la plus répandue qui inspire Meillassoux ne peut servir en aucun sens l'appropriation du sol ni de le défendre parce qu'elle n'est pas l'objet de convoitise. Il n'y a donc pas de lien direct entre la guerre, activité économique et la propriété tribale ou villageoise. On ne saurait d'ailleurs opposer l'hostilité qui se manifeste dans la guerre et la réciprocité comme deux variables indépendantes et complémentaires : toutes les unités d'une société segmentaire sont à priori hostiles, du lignage à la tribu et c'est seulement au niveau des aînés que cette hostilité se transforme en réciprocité ;

cette dernière conserve elle-même la plupart du temps un caractère d'hostilité prononcée : de l'échange antagoniste des *Enyele* et des *Monzaya*de *Kungu*au nord-ouest du Congo-Kinshasa, à la joute oratoire (*bilaba*) des Fangs du Gabon ou celle à caractère juridico-politique des *Bayombili* chez les *bangabi* du Congo.

Mais, pour les chefs lignagers, dans cet échange qui est la forme la plus fréquente d'affrontement entre deux groupes distincts, l'hostilité se transforme souvent en solidarité. Il ne peut être de même pour les membres de leurs groupes de dépendance que de façon seconde, étroitement définie et déterminée par l'échange entre les chefs de lignages comme le montre bien G. Balandier dans ses analyses du *bilaba* des Fangs. Si nous attendons par propriété du sol l'existence d'un lien permanent et direct dans le temps entre une unité et un territoire bien délimité, nous devons constater que dans les sociétés segmentaires, les limites de cette propriété apparaissent été directement déterminées par les limites du fonctionnement de la réciprocité des aînés des lignages et par elles seules. Ainsi que l'écrit Meillassoux, « la terre tribale apparait essentiellement comme territoire, ses limites permettent d'éviter les frictions entre groupes différents, notamment pour la chasse et la cueillette qui s'exercent sur des vastes espaces. » Car, selon lui, la terre doit être considérée comme un objet du travail, plutôt qu'un moyen du travail pour les communautés lignagères.

Il faut signaler les réciprocités et les pulsions économiques dans les pages suivantes.

1.4.2. Réciprocités et les pulsions économiques

Les sociétés lignagères d'Afrique subsaharienne possèdent des dispositifs fonctionnels communs sur le plan de leur organisation économique. Il s'agit des méthodes et stratégies de production, d'échange et de consommation des biens matérielles. Comme nous avons affirmé ci-haut, l'organisation économique des formations lignagère commence par la gestion des terres qui, en général n'appartiennent pas aux individus membres, mais à la tribu et aux lignages qui les gèrent à travers les aînés, possesseurs du pouvoir lignager sur les territoires, les membres travaillent dans les limites bien connues des espaces à la limite du travail, en vue d'assurer la survie des individus enserrés dans un réseau d'échanges réciproques en vue de la survivance des communautés, de la tribu et celle du territoire tribal lui-même. Ces échanges portent sur les hommes, les femmes, les biens, les connaissances et les services de nature politique et apparaissent comme une simple manifestation inversée de la réciprocité fondamentale qui lie ces unités sociales et dont la gestion politique des conflits et des heurts par les aînés assure la survivance des réciprocités, restaure l'équilibre démographique et accroit le potentiel des forces de travail disponibles.

La réciprocité apparait comme le procès dominant pour définir l'unité du lignage et de la tribu dans les formations lignagères. C'est pourquoi les biens qui pourraient être appropriés par les rixes et les guerres, sont les biens qui circulent dans l'échange réciproque entre les unités y compris les hommes et les femmes, mais pas la terre qui, demeure inaliénable en tant que bien commun de la tribu placée sous l'exploitation économique du lignage. Ainsi, s'explique le fait que la tribu dans les sociétés segmentaires ait des limites territoriales les mieux délimitées, puisque c'est au-delà de la tribu que la réciprocité s'affaiblit dangereusement. Ce qui rend menaçant les empiètements, alors qu'au contraire les liens entre les villages voisins sont si multiples que les limites du territoire concédé à chaque lignage n'ont pas besoin d'être précisées au-delà du temps d'exploitation proprement dite de ce territoire. Il s'agit bien de la réciprocité entre les ainés des lignages puisque les unités plus vastes ne suscitent des hiérarchies permanentes et que toute affaire est toujours traitée par les aînés qui, s'occupent également de la reproduction des unités lignagères. G. Balandier a démontré à propos des Fangs du Gabon quelle pouvaient être l'anxiété des aînés dans une société segmentaire, d'avoir le réseau d'alliances matrimoniales le plus étendu possible, anxiété qui s'atténue grandement dans une société la plus hiérarchisée comme celle des Bakongo. Il a démontré également comment le jeu des aînés dans le *bilaba* peut déterminer la place de leurs groupes dans un ensemble plus vaste.

Enfin, si les aînés des villages contrôlent la reproduction de leurs groupes de dépendance, ils contrôlent par la même occasion de façon duale la reproduction des cadets comme membres des groupes « individus objectifs » : au contrôle de la reproduction démographique du groupe par l'accès aux femmes corresponds comme Meillassoux a bien démontré, un contrôle de la reproduction « dynamique » du cadet qui implique l'accès aux femmes à un certain âge et rejette le célibataire d'âge mur au bas de la hiérarchie des cadets. Mais, ce n'est qu'une des formes les plus bénignes de contrôle des aînés sur les cadets non pas comme l'a prétendu Terray, parce que le cadet est toujours libre de quitter son aîné pour rejoindre sa famille naturelle. Il existe cependant un moyen de contrôle beaucoup plus définitif de la reproduction des cadets comme membres du groupe : de même que l'aîné est susceptible de transformer le cadet en cadet à vie. Aussi, l'aîné qui détient les biens de prestige peut accepter ou refuser de les fournir et ne les fournira qu'au cadet respectueux et rarement récidiviste.

Cette structure est bien déterminée fondamentalement par la nature de la seule activité économique permanente dans la plupart des sociétés lignagères segmentaires qu'est l'agriculture et par le mode de coopération qu'elle implique. Il est évident que la reproduction de la structure soit assurée par des mécanismes tout différents dans une société à classes d'âges où la coopération définit des groupes plus que le lignage comme groupe de travail. Mais, une fois cette détermination acquise, il y a bien causalité structurale et non causalité transitive. C'est-à-dire le niveau politico-juridique dominant qui se manifeste dans les différentes formes de la réciprocité ne se contente pas de transmettre les impulsions données par la base économique. Terray nous en donne écrit à ce propos (étude sur les Gouro de la savane) : « la substitution du *klala* à la coopération lignagère ne modifie pas la distribution du produit. Le *klala* ne s'accompagne ni du festin, ni des cadeaux ni l'appropriation des moyens de production qui continuent l'une à l'autre à s'effectuer dans le cadre lignager ». Ainsi, la détermination en dernière instance par le niveau des forces productives ne signifie pas la simultanéité de cette détermination en dernière instance et de son effet, c'est-à-dire, de la détermination de la structure sociale y compris les rapports sociaux de production par le niveau qui a été déterminé comme déterminant. On peut même penser que cette détermination peut s'affranchie non seulement de la coïncidence dans le temps, mais également dans l'espace.

Il convient d'évoquer les fonctions du surproduit dans les lignes qui suivent.

1.4.3. Fonction du surproduit

Dans l'analyse des sociétés segmentaires, nous pouvons relever le fait qu'il ne semble pas que le système d'échanges généralisées entre les aînés de groupes par ailleurs hostiles puisse fonctionner sans porter essentiellement sur un surproduit dégagé par la société. Un échange qui ne fait pas intervenir le surproduit est concevable abstraitement et peut être rencontré, c'est le cas des échanges des femmes et des jeunes enfants Tiv (indépendants) du Nigeria, décrit par *Bohanan*. Mais, un tel échange ne peut lier une sphère des biens de prestige qui s'échangent les uns contre les autres et éventuellement contre les dépendants eux-mêmes. Si ces biens circulent et ne sont pas consommés, ceux d'entre eux qui ne sont périssables ont tendance à s'accumuler puisqu'ils continuent à être produits. Pour qu'ils continuent à jouer leur rôle, ils doivent être consommés d'une façon ou d'une autre : par destruction comme couverture ou les plaques de cuivre qui les représentent.

Ces destructions qui ont frappés si fort les premiers anthropologues ne sont que la manifestation des limites que la structure de la reproduction impose à l'économie de la société. La production des biens de service n'est souvent pas le fait des cadets, mais soit des groupes castés (forgeron, Tisserant), soit des clients directs de l'aîné ou soit des aînés eux-mêmes. Mais, du moins pour certains cas, le véritable surplus est dégagé par les cadets qui doivent travailler pour nourrir soit les gens castés ou soit les aînés occupés à tisser ou à forger en ne reçoivent rien en échange puisque les biens produits pendant ce temps reste la propriété exclusive des aînés pendant ce temps. Aussi, la fabrication de ces biens met souvent en jeu les techniques les plus complexes connus par la société. (Forge, tissage) et les seuls dont ils soient possibles de différer pendant longtemps l'apprentissage (avec possibilité d'employer les femmes et les enfants). Lorsque le fer intervient parmi ces biens de prestige, la hiérarchie de ces biens à l'intérieur de la sphère de la reproduction sociale peut redoubler comme c'est le cas dans toute la zone Congo-Gabon. Ici, la hiérarchie des biens de prestige est occupée par les outils du forgeron, marteau et l'enclume, indispensables pour la production des biens de l'agriculture : haches et machettes, bien de production masculine de défrichage dans l'agriculture. Le contrôle des aînés apparait ainsi déterminé. Il est évident dans tous les casque le contrôle exercé par les aînés sur la reproduction détermine celui qu'il exerce sur la production et non l'inverse.

Que dire de la classe sociale et de l'exploitation ?

1.4.4. Classe sociale et l'exploitation

La domination du mode de production lignager sur les autres modes de production présent dans les formations sociales lignagères se confond avec la domination de la collectivité des aînés sur cette société. Dans les formations lignagères africaines au sud du Sahara, la constante est que c'est la collectivité des aînés qui est le véritable propriétaire des terres et des autres moyens de production. C'est elle qui est propriétaire des cadets eux-mêmes. On peut alors dire que cette relation de dépendance entre les cadets et les aînés est la préfiguration au sein de la société segmentaire. La domination des aînés sur les cadets apparait comme une espèce de l'esclavage généralisée des paysans. Cela veut dire que : tant qu'on reste à l'intérieur d'un groupe lignager isolé, le cadet ne possède aucun pouvoir décisif qui lui permet d'exercer un pouvoir d'exploitation ni un pouvoir de fonction. Mais, quoiqu'il en soit ce privilège de pouvoir des aînés sur les cadets, la vieillesse présente généralement dans les formations lignagères un facteur défavorable en ce qu'elle symbolise la perte progressive des prestiges et, est le moment privilégié de coopération intergénérationnelle, des transferts des forces symboliques de la société vers les cadets socialisés, anciens sujets dominés. Ceci atteste que dans les groupes segmentaires africains, les chefs ne sont pas des vieillards agriculteurs, cueilleurs ou éleveurs, mais des hommes dans la force de l'âge comme le cas chez les Ngombe, les *Lokélé* ou les *Babira* de Nord-Est du Congo-Kinshasa. C'est la « théorie circulaire du contrôle de la société et de la domination » dans le système lignager africain ou « la théorie de l'histoire des échanges ». Ce cadre théorique induit que le gouvernement par les aînés est donc tronquement déterminé par la structure de la reproduction elle-même. C'est parce que la réciprocité entre les aînés, comme dans tout système de type cooptatif, ne s'éteint qu'à la mort d'un aîné donné. Les chefs ne sont pas éliminés après l'âge mûr, tout cadet est appelé à devenir aîné et tout vieillard est remplacé à sa mort par un autre vieillard, autrement dit, le mode de production lignager détermine l'unité, le lignage qui doit servir de base à la structuration de la société. Il existe donc une hégémonie permanente des fonctions. La reproduction déplace en quelque sorte le pouvoir de fonction des adultes vers les aînés.

La question que l'on peut se poser à ce stade c'est celle de savoir : est-ce que le groupe des aînés dans les sociétés segmentaires africaines constitue une classe particulière ? Est-ce qu'il exerce à l'égard des cadets une exploitation ? Dans sa théorie d'opposition des classes, Terray affirme que celle-ci est manifeste « dans toute société où un groupe particulier contrôle la circulation d'un surproduit, de telle façon que la reproduction des rapports de dépendance soit assurée par la circulation de ce surproduit ». Même si la Théorie de Terray prêche par l'ambiguïté que fait peser l'emploi du terme « circulation » et, plonge des racines dans le mode de production féodal où le surproduit était malencontreusement utilisé pour entretenir des « gens d'armes » à la solde du seigneur, on peut toutefois améliorer en affirmant pour le cas des groupes segmentaires africains que l'opposition des classes en leur sein se manifeste dans la situation où « un groupe particulier contrôle un surproduit dont l'usage partiel ou total est de reproduire les rapports de dépendance entre les producteurs directs et ce groupe » car, aussi bien dans la théorie que dans l'usage marxiste, une classe se définit par sa position, non pas dans son système de circulation, mais dans le système de la production. Il est donc indispensable de faire intervenir conjointement la détermination de la base économique, de la superstructure juridico-politique et de la superstructure idéologique.

Pour comprendre la nature des formations sociales africaines subsahariennes, il est indispensable de faire intervenir la causalité structurale de trois niveaux de la société : l'économique, le politique et l'idéologique. Cette causalité structurale s'exerce sous la forme d'une conjonction. Le niveau politique qui se manifeste essentiellement dans la réciprocité entre les groupes lignagers joue le rôle dominant dans la définition de la classe des aînés. Mais ce rôle dominant, comme nous l'avons montré, s'exerce dans les limites imposées préalablement par le mode de production lignager. L'aîné est le chef du lignage, il est en d'autres termes, le chef du groupe de production permanent de l'agriculture, de la pêche ou de l'élevage.

Quant à l'exploitation et comme on l'a démontré ci-haut, dans les groupes segmentaires chez les Ngombe, les cadets ne participaient pas directement par exemple, à la fabrication des biens de prestige (forge ou *liboma*, activité réservée aux aînés), il lui avait été demandé cependant un surtravail pour débrousser le champ. Réparer la case pour fournir la nourriture à celui qui fabrique les biens de prestige, même si nous pensons que cela ne serait pas le cas général, la fabrication des biens de prestige demandait toujours un surtravail aux cadets, aux femmes et aux enfants du lignage. Bien sûr, le surtravail exigé aux cadets peut sembler bien faible par rapport à ce que nous connaissons en régime capitaliste. Cependant, il semble moins ridicule lorsqu'on connaît la faible quantité de bien de prestige qui étaient considérés dans les sociétés segmentaires comme équivalent de l'homme. Nous disons ici, l'exploitation c'est la partie du produit de son travail qui est éloignée du producteur et qui sert à renforcer la position de la dépendance de ce producteur. Ainsi, la collectivité des aînés constitue la classe qui exploite les cadets et les femmes.

Quelles sont les transformations structurelles à envisager ?

1.5. Transformations structurelles : *Analyses sociologiques de la structure sociale*

L'analyse sociologique de la structure sociale se doit de présenter des analyses d'auteurs anciens, Karl Marx d'abord qui a vu la société comme étant structurée fondamentalement sur la base du travail et des activités économiques. Ensuite Max Weber a insisté sur le caractère multidimensionnel de la stratification sociale, ne faisant de l'aspect économique qu'un des éléments de cette stratification. Toutefois, ces analyses qui datent du XIXe siècle et du début du XXe siècle sont-elles toujours pertinentes ? Nous verrons en quoi consistent leurs principaux prolongements à la fin du XXe et au début du XXIe siècle.

Sont évoquées les analyses de Karl Marx, de Max Weber, la sociologie anglo-saxonne comme prolongement de Max Weber, celles de

Pierre Bourdieu, le prolongement contemporains et les structures sociales en Afrique traditionnelle.

151 Analyse de Karl Marx repose sur une bipolarisation sociale conflictuelle

Karl Marx (1818-1883) a écrit pour l'essentiel dans la deuxième moitié du 19e siècle. Pour lui, les sociétés sont des sociétés de classes : des classes vivent du travail des autres. Dans notre société, dans le mode de production capitaliste pour reprendre le vocabulaire de Marx, il y a deux classes : la classe ouvrière (le prolétaires) dans laquelle le travailleur ne possède que sa force de travail et le capitaliste qui lui, possède les moyens de travail (les machines) et va acheter la force du travail du travailleur. En possédant aussi l'objet de travail (la matière à transformer) et le produit du travail (la marchandise réalisée), il va s'approprier le profit ainsi dégagé par le travail des ouvriers. Et, c'est en s'appropriant le travail de ses ouvriers et le produit de ce travail que le capitaliste les exploite : leurs intérêts sont donc totalement antagonistes. Ainsi, la baisse des salaires signifie plus de profit et plus de revenus pour le capitaliste. Donc la classe sociale se définit par la place dans le processus de production. Mais pour qu'il y ait réellement classe sociale pour Marx, il faut que l'opposition d'intérêt qui se manifeste dans les entreprises débouche sur des luttes sociales, qui font prendre conscience aux ouvriers qu'ils partagent les mêmes intérêts (même s'ils se font concurrence sur le marché du travail pour vendre leur force de travail aux capitalistes) et les mêmes objectifs.

En résumé, trois éléments fondamentaux sont nécessaires pour qu'il y ait des classes sociales pour Marx : la place différente dans le processus de production, des intérêts opposés (et donc des luttes de classe) et, enfin, la conscience de classe.

Que retenir de l'analyse de Max Weber sur la triple hiérarchisation sociale ?

152 Analyse de Max Weber propose une triple hiérarchisation sociale

Max Weber (1864-1920) quant à lui s'oppose à Marx en mettant en évidence la nature tridimensionnelle de la structure sociale. En effet, il met en évidence trois types de hiérarchie qui ne se recoupent pas forcément. La première hiérarchisation concerne le champ économique et définit des classes sociales. Elles reposent sur la même position économique qu'occupent les individus dans l'accès aux biens et les services. On voit tout de suite une première différence avec la pensée de Marx : ce n'est pas la position dans le mode production qui est déterminante mais la position dans l'accès aux biens et services offerts (en clair pour nous le niveau de revenu). Pour Marx, si les classes se voient en action et existent réellement : le sociologue ne peut que constater leur existence et elles sont deux, pour Weber, leur nombre dépend des catégories de revenu décidés par le sociologue car ces classes sociales ne se voient pas dans la réalité sociale.

La seconde hiérarchisation repose sur le statut social, le prestige. Elle a un aspect non pas économique mais social et se traduit par un style de vie spécifique. Dans les sociétés modernes, cette hiérarchie, repose sur l'instruction et la profession, ce qui peut s'illustrer par la place qu'occupait « Monsieur l'instituteur » dans les villages de la France sous la III° République. La troisième hiérarchisation repose sur un critère politique. Dans une société démocratique, c'est la proximité avec le ou les partis politiques au pouvoir qui détermine la hiérarchie politique. Le conseiller économique actuel du Président de la République a sans aucun doute plus d'influence sur les décisions à prendre que vous qui lisez ce texte ou moi qui écris. Nous sommes donc ensemble en bas de la hiérarchie si l'on considère ce critère politique. A travers ces trois échelles hiérarchiques, économique, sociale et politique, Max Weber propose donc une analyse multidimensionnelle de la structure sociale et introduit l'idée que des critères multiples différencient les individus sachant, on l'a dit, qu'il n'y a pas de correspondance mécanique entre ces trois échelles.

En quoi la sociologie anglo-saxonne constitue-t-elle le prolongement de Max Weber ?

153 Sociologie anglo-saxonne adopte une démarche dans le prolongement de Max Weber.

Cette sociologie développe des analyses mobilisant la notion de stratification au sens restreint du terme : l'expression « classes sociales » est utilisée au sens de strates sociales en s'opposant à la définition marxiste des classes sociales. Cette conception théorique fait de la société une simple superposition de strates ou couches sociales et les individus se différencient les uns des autres par de multiples critères comme le revenu, le diplôme, le prestige, le pouvoir, donnant naissance à des groupes multiples. Elle reprend l'approche nominaliste des classes sociales selon Weber : les classes ne sont pas des reproductions du réel mais des créations de l'observateur, des constructions intellectuelles opérées par le sociologue en retenant des critères de classement pour saisir le réel.

Quel est l'apport de Pierre Bourdier sur la question du développement durable ?

154 Pierre Bourdieu construit un espace social fondé sur la détention de différentes formes de capitaux

Ce sociologue français contemporain emprunte autant à Weber qu'à Marx. Au premier il reprend l'approche multidimensionnelle de la structure sociale, en particulier une hiérarchie de prestige qui se traduit par des styles de vie spécifiques ; au second, les rapports de classes fondés sur la domination. La position des individus dans l'espace social dépend du volume et du type de capital[1]détenu par chacun : un capital économique (revenus et patrimoine), un capital culturel[2], en particulier institutionnalisé à travers les diplômes obtenus et un capital social[3]c'est-à-dire, des relations de sociabilité et réseau social pouvant être mobilisé. Trois classes sociales se positionnent : la classe dominante, les classes moyennes, les classes populaires et déterminent celui des styles de vie. Prenons l'exemple de la consommation et montrons le rôle du capital culturel sur lequel Bourdieu a particulièrement insisté. La classe dominante se distingue des autres par la culture légitime, celle qualifiée de « bon goût » comme pratiquer le golf, jouer du piano, faire des tournois de bridge, aller à l'opéra et déguster du champagne… (exemples donnés par Bourdieu dans une étude réalisée dans les années 1970), alors que les classes populaires pratiquent le football, jouent de l'accordéon, préfèrent la belote, vont au bal public et boivent du vin rouge ordinaire. Ces différences ne proviennent pas essentiellement de différences de revenu mais de mode de socialisation différents : on n'en valorise pas les mêmes pratiques dans chaque classe sociale.

Si Bourdieu utilise la notion de classe sociale, c'est que comme chez Marx il y a lutte. Cependant, Bourdieu insiste sur la réalité d'une violence qu'il appelle symbolique : les classes dominantes imposent aux autres des pratiques, des jugements sur qui est beau ou non (le violon contre l'accordéon) bref un style de vie valorisé. Selon Pierre Bourdieu, les problèmes de

---

[1] Au sens économique, le capital est un ensemble des moyens durables permettant de produire des biens et des services. Il se constitue grâce aux investissements.

[2] Des ressources culturelles : savoir, savoir-faire ou compétence, maitrise de la langue et des arts, détenu par un individu et qu'il peut mobiliser.

[3]Un ensemble des ressources provenant d'un réseau des relations que peuvent mobiliser de individus ou des familles.

classification que connaît toute forme de production symbolique, surtout le mode de pensée scientifique, ne se posent jamais de manière aussi conflictuelle qu'à propos des classes sociales parce qu'ils donnent le mieux à voir les affinités entre les théories de la connaissance et les théories politiques. En effet, à une conception empiriste et réaliste des classes (les classes sociales existent dans la réalité, la science ne fait que les constater et les mesurer) correspond une théorie de l'action politique de type objectiviste et scientiste (les classes existent, le parti ne fait que révéler la masse à elle-même). À une théorie constructiviste des classes (il n'y a d'objets perçus que par un acte de construction) s'accorde une conception de l'action politique de type spontanéiste à forte coloration subjectiviste (la classe n'existe qu'à l'état mobilisé). La première conception, objectiviste, conçoit les classes en termes plutôt de condition, la seconde, volontariste, plutôt en termes de conscience de classe. La première sera plutôt une représentation de savant, la seconde plutôt une vision de militant. C'est dire que, pour Pierre Bourdieu, la position que l'on prend sur le problème des classes dépend pour une bonne part de la position que l'on occupe dans la structure des classes.

Ce point porte sur Propriétés de condition et propriétés de position dans l'espace social, la théorie des classes comme enjeu de luttes, la stratification sociale et la causalité structurelle, enfin la distinction entre espace sociale et classe sociale.

1541 Propriétés de condition et propriétés de position dans l'espace social

Avant de traiter ce qui importait le plus à l'auteur de *La Distinction*, les classes sociales comme dimension des luttes symboliques de classement, Bourdieu s'est d'abord intéressé moins aux propriétés de classe en tant que signes de distinction, sous la forme d'un capital symbolique capable d'assurer ce qu'il appelait une *rente de distinction*, qu'à ce que les classes devaient aux relations qu'elles entretenaient avec les autres classes dans l'espace social (effets symboliques qu'elles exercent). Dès ses premiers travaux il critique, en effet, l'appréhension « réaliste » des classes sociales. Il s'agissait de tirer parti du fait que toute classe sociale doit une partie de ses propriétés à la position qu'elle occupe dans une structure sociale (comme une partie dans un tout), ces propriétés devant, selon la logique structuraliste, que Bourdieu pousse jusqu'au bout, être relativement indépendantes de ses propriétés intrinsèques, celles que la classe tient à ses conditions matérielles. Cette opposition entre propriétés de position et propriétés de situation ou de condition, Bourdieu l'utilisera pour définir l'objet de l'ouvrage qu'il a dirigé, *La Misère du monde*, en distinguant la misère de condition et la misère de position sur laquelle les études qu'il a réunies alors mettront plus particulièrement l'accent.

Sans doute la distinction de ces deux types de propriétés de classe est-elle pour une part artificielle ne serait-ce que parce que la situation de classe, comme le fait la théorie marxiste, peut aussi se définir comme une position dans le système des rapports de production et surtout parce que, selon Bourdieu, la situation de classe définit la *marge de variation* généralement mais inégalement étroite, qui est laissée aux propriétés de position. Dès cette première esquisse systématique de ce qui constitue au début des années soixante une analyse structuraliste des classes sociales, Bourdieu met en cause la conception substantialiste de la notion de classe, tel qu'elle avait cours en France dans la plupart des travaux historiques et sociologiques alors dominés par le marxisme et la sociologie empirique. C'est par un recours systématique à la méthode comparative qu'il éprouve la fécondité heuristique de cette distinction qui vise à restituer à la notion de structure, c'est-à-dire de totalité hiérarchisée, toute sa force théorique et qui est au principe de la pertinence de toute comparaison entre systèmes sociaux. Le rapprochement de cas isolés du contexte historique et social dans lequel ils sont insérés, sans parler des appariements purement nominaux, sont un des dangers des transferts inconsidérés des schèmes descriptifs et explicatifs d'une société à une autre ou d'une époque à une autre de la même société. La comparaison ne peut s'effectuer qu'entre structures homologues ou entre parties structurellement homologues de ces structures.

A cet égard, Bourdieu critique aussi bien Karl Marx que Max Weber qui assignent à chaque classe ou à chaque groupe de statut, des propriétés transhistoriques ou transculturelles. Le fait d'ignorer qu'une classe reçoit du système de ses relations avec les autres classes une part de ses propriétés peut conduire à opérer de fausses identifications et à manquer des analogies réelles.

Selon Bourdieu, il ressort quatre propriétés générales qui découlent de l'approche structurale des classes sociales. D'abord, on observe des propriétés semblables entre des classes sociales qui occupent des positions homologues dans des structures sociales différentes. Bourdieu fait ici référence à des multiples travaux dont ceux de Max Weber et de Werner Sombart qui ont montré que le ressentiment, déguisé, sous des dehors de l'indignation morale, est historiquement associé à une position inférieure dans les structures sociales, notamment à l'appartenance à une position comme celle des classes moyennes dans un état déterminé d'une formation sociale. Ainsi, en France, la bourgeoisie est, sous ce rapport, à l'aristocratie au 17^{ème}siècle ce que sont les classes moyennes à la bourgeoisie au 20^{ème}siècle : ethos ascétique au moins dans leur phase ascendante.

De même, de nombreuses analyses établissent qu'à des situations de classes homologues correspondent des catégories sociales ayant des propriétés semblables alors que les structures sociales peuvent être différentes. Par exemple, l'insécurité économique, associée, entre autres choses, à l'irrégularité des revenus et à l'instabilité de l'emploi empêchent les sous-prolétaires de constituer un corps cohérent de revendications économiques et sociales (*La hantise du chômage chez l'ouvrier*). Ensuite, la force des propositions de type structural varie selon la position des classes sociales. Celle-ci définit la marge, généralement étroite, qui est laissée aux propriétés de position. À cet égard, les propriétés des classes moyennes, à l'inverse de celles des sous-prolétaires, sont moins complètement déterminées par la situation et plus par leur position entre classes dominantes et classes dominées (*Un art nouveau. Essai sur les usages sociaux*).

Enfin, la position d'un groupe dans la structure sociale ne peut être seulement définie d'un point de vue strictement statique car le point de la trajectoire, que saisit une coupe synchronique, enferme la pente du trajet social du groupe, c'est-à-dire du devenir de sa position. Il ne reste que les différences de fait, qu'elles tiennent à la position ou à la situation de la classe, se transmuent en signes distinctifs, en distinctions signifiantes, bref en distinctions symboliques, car la logique de la structure sociale est celle de la distinction et des luttes de classement qui lui sont associée et qui sera l'objet de *La Distinction*. Mais les observations évoquées jusqu'à présent rappellent que les conditions de possibilité économiques et sociales de la transmutation symbolique des différences de position et de situation de classe varient selon la position que les classes elles-mêmes occupent dans l'espace social.

En quoi la théorie des classes constitue un enjeu de luttes ?

1542. Théorie des classes comme enjeu de luttes : l'effet de théorie

Pierre Bourdieu disait souvent que la question des classes était traitée selon une opposition théologique entre les théories pures et totalement abstraites (« la grande théorie »), qui ne reposent sur aucune donnée empirique, et des théories de la stratification sociale, qui reposent sur des travaux empiriques mais qui n'ont de théorie que le nom (Question de sociologie Paris, Minuit, 1984). Pourquoi le débat sur les classes sociales est-il un débat interminable ? Parce qu'il y a trop d'enjeux : il est tellement central dans le cas de la sociologie que les intérêts stratégiques (intellectuels et politiques) associés à l'intention de s'approprier cet objet particulier qu'on appelle classe définie d'une certaine façon, rend comme impossible la constitution scientifique de cet objet qui est la lutte à propos de la définition de la lutte des classes. Car, avant tout, il y a une lutte entre spécialistes des sciences sociales à propos de la lutte des classes.

S'agissant de la lutte des classes sociales, Pierre Bourdieu se situe toujours par rapport à Marx. Selon lui, Marx, et en cela il est d'accord avec lui, dit que certains savants ne sont plus dans le monde social mais ne font que le regarder : le travail scientifique permettrait d'être à la verticale du monde dont on fait partie. Une des conditions de ce décollage à la verticale est bien, comme le pense Marx, de « prendre conscience ». Ainsi, le savant se donne des chances d'être en survol par rapport à la position à partir de laquelle il objective. Affirmer que le problème des classes sociales est un enjeu de luttes entre les spécialistes du monde social (tous les gens qui ont à faire avec le monde social) permet de construire les classes comme un enjeu de luttes, en particulier à l'intérieur du champ scientifique. Mais, pour que le travail sociologique ne s'arrête pas là, le sociologue doit aussi objectiver le travail d'objectivation (*Science et réflexibilité*).

Pierre Bourdieu observe le paradoxe suivant, qui le démarque de Marx : dans quelle mesure la théorie marxiste de classes ne fit-elle pas partie de la réalité objective des classes ? (*Capital symbolique et classes sociales*). Il est paradoxal que Marx ait créé la théorie des classes la plus puissante politiquement sans faire entrer dans sa théorie du monde social la politique, c'est-à-dire le pouvoir de la théorie. Le pouvoir de la théorie chez Pierre Bourdieu est le pouvoir de voir et de faire voir (*theorein signifie en grec ancien ce qui fait voir*). Il y a des choses qui n'existent activement que quand on possède la théorie : quand il s'agit du monde social, le fait d'avoir la théorie qui fait voir change ce qu'on voit. Aussi la théorie peut-elle devenir une force sociale entre les mains de gens qui ont le pouvoir d'imposer cette façon de voir. De sorte que faire une théorie des classes sociales sans y faire entrer la théorie des classes sociales comme constitutive de la réalité qu'on décrit, est incomplet.

A la fin du *Capital*, Marx cherche à appréhender les classes qui sont dans la réalité. Mais, en fait, sans le savoir, il ne fait pas, selon Pierre Bourdieu, que cela : les classes qu'il analyse ne peuvent exister comme telles dans la réalité que quand on réussit à transformer en force sociale une vision du monde constituée selon la théorie des classes, quand la théorie de la lutte des classes devient une force sociale à travers des partis qui en font leur ligne théorique, politique. Et quand la lutte politique est une lutte pour changer le monde social, en changeant la façon de penser le monde social, la théorie des classes devient une force réelle sous la forme de milliers de cerveaux structurés selon cette théorie et percevant la réalité à travers elle. Sans doute, la théorie de la lutte de classes ne peut exercer d'effet théorique que parce qu'elle est objectivement fondée dans la réalité. Elle pourrait être vraie, comme la théorie de la gravitation de Newton.

Mais, dans les sciences sociales le fait de dire la vérité de ce qui se passe fait, comme Pierre Bourdieu aimait le répéter, que ce qui est dit se passe désormais autrement, dès le moment où un ensemble de gens organisés pour ont la possibilité, grâce à la pédagogie, l'action et le pouvoir, de contraindre la conscience des acteurs sociaux, de savoir que le monde social est divisé en classes. À ce moment-là, il y a un *effet de théorie* qui fait qu'on peut dire que les classes sociales existent.

En ce sens, avant Marx, les classes n'existaient pas au sens où elles existent depuis Marx. De même que la notion de gravitation n'existait pas comme elle existe depuis Newton. Mais, à la différence que, dans le cas de la gravitation, ça ne change rien au mouvement des planètes, alors que dans le cas de la société, cela rend possible le changement social. C'est un paradoxe que la théorie marxiste ne fasse aucune place, à cet effet, que la pratique elle-même des partis qui se réclament du marxisme confirme. Autrement dit, il y a dans la pratique des partis qui se réclament du marxisme quelque chose qui n'est pas impliqué dans la théorie au nom de laquelle cette pratique se pratique, c'est-à-dire, la politique. Ainsi, la théorie marxiste ne fait pas de place à la politique, au moins dans ses formes les plus économistes. On l'aura compris, une classe, selon Pierre Bourdieu, est un groupe mobilisé par et pour la défense de ses intérêts et ne peut parvenir à l'existence sociale qu'au terme d'un travail collectif de construction inséparablement théorique et pratique. Mais, ceci n'est possible que si les agents qui se rassemblent sont proches dans ce qu'il appelle l'espace social.

Il faut à présent évoquer la stratification sociale et la causalité structurale dans les pages suivantes.

1543 Analyse de la stratification sociale et causalité structurale

Selon Bourdieu, la sociologie doit construire non des classes mais des espaces sociaux à l'intérieur desquels peuvent être découpées des classes, mais qui n'ont d'existence que sur le papier, même si les divisions opérées par le chercheur, comme c'est le cas dans *La Distinction*, correspondent bien à des différences réelles dans les domaines les plus différents. Toutes les sociétés peuvent être constituées comme des espaces sociaux, c'est-à-dire des structures de différences. La tâche du sociologue est de construire les principes générateurs qui sont au fondement de ces différences dans l'objectivité et qui peuvent varier selon les lieux et les moments. Quels sont ces principes ?

S'il y a des divergences, selon les théoriciens, sur le principe ou le critère de stratification, certains se fondant uniquement sur les revenus ou la catégorie socio-professionnelle tandis que d'autres ne prennent en compte que des indices de prestige de la profession, il existe, en revanche, un accord profond entre eux sur le fait que l'on puisse trouver un critère, un principe unique de hiérarchisation, et qu'il soit possible, de ce fait, d'établir une hiérarchie unique. Pierre Bourdieu trouve chez Weber une mise en question de l'ambition de découvrir un principe d'une hiérarchie sociale unique. Selon lui, l'opposition wébérienne entre classe et groupe de statut (stand) correspondait à l'opposition entre les sociétés traditionnelles ou préindustrielles dans lesquelles le principe de différenciation était plutôt de l'ordre de la qualité que de celui des différences économiques et les sociétés de type capitaliste dans lesquelles le principe fondamental de différenciation est plutôt à rechercher du côté des différences économiques.

Selon Pierre Bourdieu, l'analyse wébérienne ne prend toute sa force que si l'on considère qu'il ne s'agit pas simplement d'une distinction entre deux concepts, plus ou moins adéquats à deux types de sociétés, mais que cette distinction vaut inégalement pour toutes les sociétés et pour les différentes « couches » qui constituent les diverses sociétés ; autrement dit, la distinction wébérienne entre stand et classe est un des outils conceptuels les plus utiles pour penser tout principe de stratification sociale, le problème le plus difficile à résoudre étant celui de définir le rapport qui s'établit dans la réalité entre ces deux principes de stratification. Bourdieu se réfère ici aux travaux de Gerhard Lenski.

Dès que l'on prend en compte différents critères comme, par exemple, le revenu, la profession, le niveau d'instruction, l'ethnie, la religion, pour mesurer la position sociale d'un individu, d'une famille ou d'un groupe, se pose le problème de la cohérence entre les positions établies, selon les différents types de critères, un même individu pouvant occuper une position élevée sur une échelle et très basse sur une autre. L'interrogation fondamentale consiste alors à se demander dans quelle mesure et selon quel processus s'établit la compatibilité (ou l'incompatibilité) entre les différentes positions qu'un même individu occupe sur les différentes hiérarchies. À un raisonneme[12]nt en termes d'échelle verticale, Gerhard Lenski substitue une problématique de type horizontal afin de trouver les relations qui existent entre les différentes positions sur les diverses échelles, la question fondamentale étant l'analyse du degré de cohérence entre les différentes positions sur ces dernières. Ayant posé le problème en ces termes, Gerhard Lenski est amené à se poser des questions de structure. Ainsi, par exemple, un individu peut avoir un faible taux de cristallisation de deux façons ; il peut avoir de hauts revenus et un bas niveau d'instruction, ou, inversement, il peut avoir un haut niveau d'instruction et des revenus très bas. Lenski constate que, *grosso modo*, il y a un effet autonome du faible degré de cristallisation quel que soit le sens dans lequel se produit la dénivellation. Ce qui contredit l'intuition première : les individus à fort niveau de diplômes et à faibles revenus (les professeurs) n'ont pas une propension à la marginalité plus forte que les individus à très hauts revenus et à faible niveau de diplôme (« les parvenus »).

Le principe d'économie qui commande souvent la production sociologique conduit généralement à laisser échapper les phénomènes les plus importants. Ainsi, par exemple, l'idée qui vient à l'esprit pour économiser le grand nombre de colonnes utilisées pour coder les catégories socioprofessionnelles et les autres variables de base visant à caractériser la structure sociale est le plus souvent de construire un indice à la manière de

Williams Lloyd Warner qui est obtenu à partir des moyennes obtenues par des individus dans les différentes catégories (Williams Lloyd Warner (dir) *Democracy in Jonesville*). Pourtant, il suffit d'avoir l'esprit un peu « structuraliste » pour voir que ce type d'indice constitué par sommation de moyennes est peu satisfaisant dans la mesure où il laisse échapper la structure de la constellation des facteurs.

D'autres auteurs, comme Herbert Blumer, posent le problème de la recherche de relations de causalité entre variables dépendantes et variables indépendantes : l'analyse multivariée procède à une coupe synchronique et cherche les relations entre variables. À quelles conditions l'analyse multivariée est-elle possible et légitime et quelles sont les limites de sa légitimité, s'il est vrai qu'elle opère toujours ce type d'abstraction qui consiste à procéder par coupes synchroniques ? Ainsi, on se trouve fréquemment en présence du cas ou une variable x n'agit sur la variable y que si une variable z est présente : on dit alors que la relation entre x et y est conditionnelle. En réalité, ce type de réflexion est aussi opposé à une réflexion de type structural dans la mesure où, dans l'exemple cité, on considère trois variables pour poser la question de savoir si ce qui agit sur la variable dépendante est réellement une variable, oubliant du même coup que ce qui exerce son action peut être en fait une relation entre deux variables. Cependant l'analyse multivariée peut être utilisée comme un cas particulier d'un type d'analyse structurale qui chercherait non-l'efficacité de telle variable indépendante sur telle variable dépendante mais l'efficacité d'une constellation de variables sur une variable dépendante que par la médiation de l'ensemble des autres variables, *ex.* par la médiation de la structure de la constellation de variables. En fait, selon Pierre Bourdieu, il faut poser le problème de la causalité en termes de « causalité structurale » dans la mesure où c'est toujours une constellation de variables qui agit. Si l'on considère par exemple cinq ou six facteurs, on obtiendra chaque fois une constellation particulière de facteurs qui, tout en restant les mêmes, auront des poids relatifs différents : (*ex.* un même facteur dans deux structures différentes pourra avoir deux poids différents) : par exemple, le facteur « étudiant salarié » peut avoir des significations et des efficacités causales tout à fait différentes selon la constellation de facteurs dans laquelle il est inséré. Ce facteur n'a pas une efficacité causale « en soi » (substantialisme) mais possède une efficacité proportionnée à son poids dans une certaine structure.

L'efficacité explicative d'un facteur semble liée à la position que ce facteur occupe dans une certaine structure de facteurs (*ex.* au poids relatif qu'il a dans cette structure). Autrement dit, il existe toujours un facteur prédominant dans toute structure, ce qui ne signifie pas pour autant que ce facteur soit indépendant des autres facteurs qui constituent avec lui la configuration des facteurs agissant sur une variable donnée. Pour revenir à l'analyse de la stratification sociale, on pourrait dire, pour simplifier que deux types de représentations de la stratification s'opposent, une représentation horizontale et une représentation verticale et unilinéaire. Si ces deux représentations sont abstraites, c'est parce qu'elles refusent toutes les deux le schéma de type structural qui permet de raisonner dans l'ordre horizontal sans pour autant se condamner à un relativisme absolu (partir, au hasard, de n'importe quel facteur de la constellation). En fait, parce qu'il existe un facteur prédominant, on comprend que, contrairement aux interprétations configurationnistes, il n'est pas possible de mettre, par exemple, sur le même plan la façon d'emmailloter les enfants avec la culture du maïs.

Pierre Bourdieu prend le cas d'un Abram Kardiner déterministe et mécaniste pour qui la structure familiale puis la façon d'emmailloter les enfants et les idéologies se déduisent du mode de production et un Abram Kardiner relativiste et configurationniste pour qui tout est dans tout, la façon de cultiver le riz chez les Tanala et la façon d'emmailloter les enfants étant mis sur le même plan dans la mesure où ce qui était cause peut devenir effet. Parce que refusant l'analyse en termes de causalité structurale, il est amené simultanément à concevoir une causalité mécaniste et une causalité circulaire et généralisée. S'agissant de problème de stratification sociale, on retrouve cette alternative dans laquelle tombe toujours la sociologie parce que ce sont deux formes de sociologies naïves : l'alternative entre un schéma d'explication unidimensionnelle par la position dans une hiérarchie unidimensionnelle et une attitude relativiste vers laquelle tend une problématique de type warnerienne.

Une réflexion en termes d'analyse structurale permet de conserver ce qu'apporte la réflexion de type horizontal (*ex.* l'effet causal) propre tenant non pas à l'action de la somme des facteurs, ce qu'accorderait volontiers l'analyse multivariée, mais la structure des relations entre ces facteurs qui est irréductible à la somme de ces facteurs, tout en retenant de l'approche de type verticale que tous les facteurs constitutifs d'une constellation ne sont pas également efficaces pour l'explication dans la mesure où ils n'ont pas le même efficacité causale. En réintroduisant la notion de *poids fonctionnel*, on conserve à la fois l'idée que chaque facteur dépend de la structure des facteurs et que certains facteurs contribuent à la structuration de cette structure. Ce type de réflexion n'était pas nouveau dans le schéma général de la théorie de Pierre Bourdieu. On pense à celui que propose Maurice Merleau-Ponty dont le livre *La Structure du comportement* a beaucoup influencé Pierre Bourdieu, à propos de certains types d'explication réflexologique : la réaction d'un sujet ne peut s'expliquer par l'action d'une addition de *stimuli* mais par référence à la structure de la configuration concrète de ces *stimuli*. Les *stimuli* n'agissent pas coup par coup et chacun pour son compte. Il s'agit toujours d'un ensemble de *stimuli* entretenant entre eux un certain type de relations qui définit la structure de ces *stimuli*.

Comment comprendre la distinction entre l'espace social et les classes chez Bourdieu ?

1544 Espace social et classes sociales : la distinction

Selon Pierre Bourdieu, dans les sociétés les plus développées, deux principes permettent de répartir des groupes en fonction de leur position dans les distributions statistiques. Deux principes parmi les plus efficients – ils ne sont pas les seuls – sont le capital économique et le capital culturel. Ce sont des principes qui se veulent explicatifs en ce sens qu'ils s'attachent à des propriétés socialement déterminantes qui permettent de distinguer et de rassembler des agents aussi semblables que possible (et donc aussi différents que possible des membres des autres classes). De sorte que les agents, ainsi classés, ont d'autant plus en commun qu'ils sont proches selon leur position dans cet espace et d'autant moins qu'ils sont plus éloignés. L'espace des classes sociales est construit selon trois dimensions. La première est celle du volume global du capital que les agents détiennent sous ses différentes espèces. La seconde est la structure du capital, c'est-à-dire le poids relatif des différentes espèces de capital, économique et culturel, dans le volume total de leur capital. À chacun des pôles correspondant des catégories socioprofessionnelles, même si les positions ainsi définies par le diagramme que Pierre Bourdieu a construit, dans *La Distinction*, (pp. 140-141) ne s'y réduisent pas. Elles y sont à titre indicatif et à titre d'indicateurs. Dans la première dimension de l'espace social les détenteurs d'un fort volume de capital global, comme les patrons, les membres des professions libérales et les professeurs d'université s'opposent aux plus démunis des différentes espèces de capital comme les ouvriers sans qualification et les salariés agricoles. La deuxième dimension est le poids relatif du capital économique et du capital culturel dans l'ensemble du patrimoine : sous ce rapport, les professeurs, plus riches relativement en capital culturel qu'en capital économique, s'opposent aux patrons plus riches relativement en capital économique qu'en capital culturel. La troisième dimension est celle de la trajectoire sociale, c'est-à-dire l'évolution dans le temps du volume et de la structure du capital.

A ces positions dans l'espace social correspondent des pratiques que l'analyse des données permet d'établir de sorte que tout se passe comme si l'espace des positions sociales se retraduisaient sous la forme d'un espace de dispositions incorporées (de goûts, de désir, d'affinités, de biens possédés) et de prises de positions (opinions, représentations). À chaque classe est attachée une classe *d'habitus* produits par les conditionnements et les signaux sociaux associés à la condition correspondante. Selon Pierre Bourdieu *l'habitus* est le principe qui rend compte de l'unité de style qui unit des pratiques et les biens d'une classe d'agents ; qui retraduit en caractéristiques intrinsèques et relationnelles en propriétés attachées aux positions définies les unes par rapport aux autres. L'*habitus* est au principe d'un ensemble unitaire de choix de personnes, de biens, de pratiques dans tous les secteurs de la vie sociale. Derrière l'idée d'appartenance de classe (si cette expression a un sens), il y a, en effet, l'hypothèse de la cohérence des attitudes. Ainsi, les classes que l'on distingue en découpant des régions de l'espace social, rassemblent des agents aussi homogènes que possible non seulement du point de vue de leurs conditions d'existence mais aussi du point de vue de leurs pratiques culturelles, de leurs consommations, de leurs opinions politiques, etc.

L'espace social, tel que le conçoit Pierre Bourdieu, est ainsi un *système* de différences, c'est-à-dire un ensemble de propriétés structurellement définies, réparties différentiellement selon les classes. Dans cette logique, l'espace social est un espace construit comme une structure de positions définies par la place qu'elles occupent dans la distribution d'une espèce particulière de capital. La notion de « distinction », titre de l'ouvrage portant sur les principes de construction et les mécanismes de reproduction de la société française des années 1970, insiste sur la dimension *relationnelle* et non sur l'aspect substantif des catégories qui compose l'espace social : les différences, les écarts, les traits distinctifs sont autant de propriétés qui n'existent que dans et par la relation avec d'autres propriétés. On l'a compris, pour Pierre Bourdieu les classes sociales n'existent pas en soi. Ce que l'observation permet d'établir c'est un espace de différences dans lequel les classes existent en quelque sorte à l'état virtuel, compte tenu de la structure de distribution des différentes espèces de capital qui sont autant d'armes dans les luttes sociales, même si elle n'est pas toujours thématisée. Cette dimension fondamentale de la lutte des classes est la dimension symbolique, que Pierre Bourdieu a plus particulièrement étudiée.

Grâce aux enquêtes statistiques, on peut former des classes aussi homogènes que possible du point de vue des critères pertinents pour construire l'espace dans lequel elles se situent. De sorte que tous les agents qui se trouvent à l'intérieur de cette classe partagent un ensemble de propriétés qui sont prédictives de nombreux comportements et d'opinions. Mais ces classes statistiques ne sont pas des classes réellement mobilisées. Si bien que, selon Pierre Bourdieu, c'est seulement après Marx et même après la création de partis en mesure d'imposer une vision du monde social organisée selon la théorie de la lutte des classes, que l'on peut parler de classes et de luttes des classes. Les classes ne sont jamais mobilisées si elles ne sont pas aussi le produit de cette lutte de classements comme lutte proprement symbolique (et politique) pour imposer une vision du monde social et construire les classes selon lesquelles le monde social est susceptible d'être découpé. De sorte que l'existence des classes est un enjeu de luttes autant dans les représentations que dans la réalité. Une classe même mobilisée par et pour la défense de ses intérêts ne peut se constituer en tant que telle qu'au prix et à la suite d'un travail collectif de construction inséparablement théorique et pratique. Mais elle a d'autant plus de chance d'advenir à l'existence et de durer que les agents qui se rassemblent sont proches dans l'espace social. Le travail symbolique de consécration est nécessaire pour former une classe : imposition de noms, de sigles, de signes de ralliement, manifestations publiques, etc. (*L'identité et représentation*). Il a d'autant plus de chances de réussir que les agents sociaux sur lesquels il s'exerce sont plus enclins à se reconnaître dans un même projet du fait de leur proximité dans l'espace des positions sociales et des dispositions et des intérêts associés à ces positions.

L'ambition de Pierre Bourdieu est de construire un modèle universel de la différenciation constitutive des espaces sociaux, des principes de domination pouvant changer selon les rapports de forces entre les classes, la valeur relative des espèces de capital mais aussi selon l'état des mécanismes de reproduction de la structure sociale, c'est-à-dire de redistribution du volume et des différentes espèces de capital entre les générations. Pierre Bourdieu fait ici allusion aux espaces sociaux dans lesquels certains groupes s'approprient les biens et les services publics, si bien qu'il est conduit à inventer ce qu'il appelle le « capital politique » pour désigner cette forme de patrimonialisation des ressources collectives qui s'accumulent et se transmettent au travers des appareils des partis, des syndicats et des réseaux de relations, notamment familiales, comme dans les pays soviétiques, voire les pays scandinaves. Les systèmes de classements sont des produits et, à ce titre, sont des enjeux d'une lutte permanente, ce qui ne peut guère permettre de donner des définitions. En outre, le problème des classes sociales est un des problèmes les plus compliqués à penser puisqu'il s'agit de penser avec ce à quoi on pense, c'est-à-dire d'un point de vue déterminé par le point qu'on occupe dans l'espace social.

Comment envisager les prolongements contemporains ?

1.5.5. Prolongements contemporains

Sont évoqués ici la stratification et la moyennisation, la différenciation sociale dans les sociétés post-industrielles, la nomenclature des catégories socio-professionnelles, l'âge comme critère de différenciation et le genre comme celui de discrimination.

1551. Stratification et la moyennisation

Si l'on prend l'ensemble du 20ème siècle, on ne peut pas nier la réduction des inégalités économiques : les bas revenus ont progressé nettement plus vite que les hauts revenus, la consommation s'est beaucoup accrue (spécialement après la seconde guerre mondiale) pour toutes les catégories sociales, rendant possible l'accès quasi généralisé aux biens de consommation durables (automobile, réfrigérateur, télévision, lave-linge, etc.). Parallèlement, la sécurité devant les aléas de la vie a beaucoup progressé pour tous grâce au développement de l'État providence : la Sécurité sociale a permis à tous les Français de se soigner convenablement et de bénéficier de pensions de retraites permettant de vivre dignement la dernière partie de sa vie lorsque l'on ne peut plus travailler, ce qui était très loin d'être le cas auparavant. La très grande sécurité de l'emploi durant les Trente glorieuses a également permis à beaucoup de ménages de faire des projets et d'emprunter pour acquérir leur logement (l'accession à la propriété s'est développée dans toutes les couches sociales notamment les classes moyennes). Enfin, la scolarisation de tous les enfants s'est allongée. Résultat : on peut soutenir l'idée que les modes de vie se ressemblent de plus en plus, quel que soit le groupe social auquel on appartienne. Ainsi, l'habillement est beaucoup moins typé socialement qu'il ne l'a été (tout le monde porte des jeans), les départs en vacances concernent un nombre grandissant de français, on retrouve sur les bancs du lycée des enfants de tous les groupes sociaux qui ont donc un lieu commun de socialisation, etc.

Dans le monde du travail, les différences se sont aussi beaucoup atténuées : les agriculteurs sont de moins en moins nombreux et leurs tâches de gestion les font de plus en plus ressembler à des chefs d'entreprise de l'artisanat ou de l'industrie. Les ouvriers travaillent de moins en moins souvent directement la matière, ils ont le plus souvent des fonctions de contrôle sur des opérations de production de plus en plus souvent automatisées et surtout ils sont de plus en plus nombreux à travailler dans le tertiaire comme les chauffeurs routiers. Certains cadres doivent se passer de secrétaire et tapent eux-mêmes leurs rapports ou leur courrier, de même qu'ils gèrent seuls leur agenda. L'autonomie dans le travail est plus grande à tous les échelons de la hiérarchie. Donc, là aussi, les différences s'atténuent. De plus, durant la plus grande partie du XXème siècle, les droits des ouvriers et plus largement des salariés se sont étendues : outre la protection sociale déjà signalée au-dessus, mentionnons la durée du travail, les droits syndicaux, les conditions de travail (hygiène, sécurité, etc.). Bref, le statut de salarié est devenu un statut protecteur. On comprend ainsi la diminution de la conscience de classe et des affrontements de classes. La constitution d'une vaste classe moyenne, regroupant les professions intermédiaires, certains cadres, les ouvriers qualifiés, une bonne partie des employés (notamment les plus qualifiés), serait la conséquence de cette réduction des inégalités, mais aussi de l'uniformisation des modes de vie.

Quelles sont les différenciations sociales dans les sociétés post-industrielles ?

1552. Différenciation sociale dans les sociétés post-industrielles

Depuis 1945 et le tournant des années 1960, le changement social a été d'importance : transformation de la stratification sociale, urbanisation, tertiarisation, bouleversement des valeurs (pensez, par exemple, à la transformation des croyances religieuses), massification scolaire, émancipation des femmes, et on pourrait ajouter bien d'autres exemples. Tous ces changements font que les critères de différenciation sociale se sont multipliés.

Il convient d'évoquer à présent la nomenclature des catégories socioprofessionnelles.

1553. Exemple de la nomenclature des catégories socioprofessionnelles

L'INSEE[4] propose un classement de la population afin de décrire la société. Pour cela, il a créé un certain nombre de grandes catégories socioprofessionnelles ayant une certaine homogénéité sociale. C'est-à-dire qu'à l'intérieur de ces groupes le style de vie sera à peu près le même ; le niveau de vie sera proche de même que les modes de vie et l'identité sociale. Pour établir ce classement, l'INSEE utilise les critères suivants : le type de métier (classer les actifs d'après leur profession), le statut professionnel (salarié ou non), la place dans la hiérarchie professionnelle associée à la qualification[5] : celle-ci appliquée au travailleur se mesure généralement par le diplôme, la taille de l'entreprise (de 0 à 9 salariés ou 10 salariés et plus), la nature de l'employeur (entreprise ou État), le secteur d'activité (agriculture, etc.). Cela lui permet de construire une nomenclature socioprofessionnelle avec six grandes catégories socioprofessionnelles (voir pour cela la notion « catégorie socioprofessionnelle »).

---

[4]Institut National de la Statistique et des Études Économiques. Il est un organisme public qui dépend du Ministère de l'Économie et qui est le fournisseur des statistiques économiques officielles en France

[5]Désigne la capacité d'exercer un métier ou un poste de travail déterminé.

Le système français des PCS[6] se veut ainsi une approche des groupes sociaux (un groupe social est une unité sociale durable, caractérisé par des valeurs communes, des liens plus ou moins intenses, une situation sociale identique et/ou des activités communes, une conscience d'appartenir au groupe et par la reconnaissance des autres groupes, de son existence), avec comme particularité de ne pas se présenter la forme d'une simple échelle unidimensionnelle. Cette nomenclature permet, les enquêtes le montrent, de saisir des différences de comportements ou d'attitudes : la PCS résumant souvent un style de vie particulier et des valeurs (idéaux auxquels les membres d'une société adhèrent particulières.

Il est important d'envisager l'âge comme un critère de différenciation.

1554. Age comme critère de différenciation.

L'âge est devenu un critère important pour différencier les styles de vie et des groupes spécifiques, notamment dans les pratiques culturelles, même s'il reste traversé par des conditions matérielles et culturelles de vie très différentes. D'autres comportements que les comportements strictement culturels sont liés à l'âge : que ce soit bien sûr dans les pratiques et l'organisation familiale (entraide familiale de la part des grands-parents, volonté d'autonomie chez les adolescents et les jeunes, etc.) ou dans le rapport au travail[7] (avec des périodes spécifiques d'entrée et de sortie du monde du travail chez les jeunes et chez les personnes ayant l'âge de partir à la retraite) par exemple. Il se peut aussi que chaque classe d'âge ait connue les mêmes

[6]Profession et catégories socio-professionnelle, dont les membres présentent une certaine homogénéité sociale, c'est-à-dire, même genre de comportement par exemple vis-à-vis de la fécondité.

[7]En économie, le travail désigne toute activité rémunérée, en vue de produire un bien ou un service. Il est l'un des deux facteurs de production avec le capital.

événements économiques (Trente glorieuses ou chômage[8] de masse par exemple) ou sociaux (Guerre d'Algérie, événements de mai 1968, etc.) et que, par cela, ils forment une génération à part qui a des rapports à l'économie, à la politique, à la morale différents.

En quoi la question de genre constitue-elle un critère de discrimination sociale et désavantage la condition féminine ?

1555. Genre différencie et discrimine : la situation sociale des femmes

Tout comme l'âge, le genre détermine des pratiques sociales le plus souvent différentes. On peut ainsi revenir sur le mode d'entrée dans la vie adulte des jeunes et remarquer que le modèle féminin est plus précoce d'environ deux ans que celui masculin dans les étapes de ce processus : quitter ses parents, prendre un emploi[9], fonder une famille[10]. En particulier la décohabitation familiale survient plus rapidement après la fin des études chez les filles et elle est plus nettement dissociée de l'emploi à l'accès stable que chez les garçons.

Restons dans le domaine familial et professionnel pour montrer l'importance des différences entre hommes et femmes. On le sait sans doute, les femmes assurent plus des 2/3 des tâches domestiques et ont un temps de travail plus faible que celui des hommes (du fait de l'importance du travail à temps partiel chez les femmes). Dès lors l'accès au temps libre, ressource rare et valorisée bien sûr, est plus faible pour les femmes que pour les hommes : on peut parler d'inégalités entre hommes et femmes. Cela est d'autant plus vrai que dans le monde du travail, les inégalités de salaire[11] et d'emplois

[8] Effet de ne pas avoir de l'emploi, d'en rechercher un et être disponible pour travailler
[9] Une activité professionnelle rémunérée, une place dans la production
[10]Groupe de personnes ayant des liens biologiques ou pas, reconnus par la société
[11]C'est un revenu du travail. Il est fixé dans le contrat du travail par lequel le salarié loue sa force du travail à un employeur sous l'autorité duquel, il se place.

existent aussi : à travail égal, les femmes en France ont un revenu (sommes d'argent perçu par un individu au cours d'une période donnée plus faible (sans compter l'importance du temps partiel pour elles) et à qualification égale, elles accèdent moins souvent que les hommes à des postes de responsabilité. On pourrait compléter évidemment ces analyses dans le domaine politique et dans d'autres domaines sans doute. Quoi qu'il en soit, le genre reste un marqueur et implique souvent des différences de pratiques voire des inégalités entre individus.

En conclusion, la diversité des causes de différenciation, l'âge, le sexe, etc., montre qu'un même groupe socioprofessionnel peut être traversé de diverses inégalités[12]. Cela contribue à ce que les inégalités soient davantage vécues sur le mode individuel que collectif. La frontière des groupes sociaux est de ce fait beaucoup moins claire. Cela ne signifie pas pour autant que la hiérarchie entre les groupes n'existe plus. La réduction des inégalités devient également moins simple dans la mesure où celles-ci ne sont pas clairement attachées à tel ou tel groupe. La question centrale devient, plus que jamais, celle de l'égalité des chances.

Comment se présentent les structures sociales en Afrique traditionnelle ?

1.5.6. Structures sociales en Afrique traditionnelle

Les transformations structurelles qui se sont faites sur une période de deux siècles dans les autres régions du monde, notamment en Europe, l'Afrique doit les faire à marche forcée en quelques décennies, dans un contexte mondial mouvant, en relevant simultanément le défi inégalé des

---

[12]Les inégalités sont les différences entre les individus ou les groupes sociaux qui se traduisent en termes d'avantages ou des désavantages et qui fondent une hiérarchie entre les individus et groupes.

diverses transitions (démocratique, économique, démographique, épidémiologique, alimentaire, urbaine, écologique).

Je parle de la diversité culturelle comme un levier catalyseur de l'identité, des valeurs collectives, des comportements individuels et le développement social, la socialisation et la construction identitaire, enfin les traditions africaines, modernité et égalité du genre, la croissance démographique, la structure d'âge et le développement des états.

1561. Diversité culturelle : levier catalyseur de l'identité

Ces transformations structurelles concernent notamment toute une philosophie construite autour des grands pivots de la culture des sociétés traditionnelles d'Afrique, notamment, les valeurs collectives, l'âge et le sexe. La culture participe à la fois à la construction de l'identité de l'individu, détermine les modes de production des comportements sociaux et économiques des individus et montre que l'identité de chacun dépend de son environnement social, mais aussi de la position qu'il se donne dans une société aux références culturelles multiples. L'incidence de la culture sur les modes de production et d'expression des comportements humains ne pas à démontrer, car dans ce continent, les rapports de production sont plus fondés sur la superstructure sociale (l'âge et le sexe) qui régente les relations entre l'individu et la communauté qu'à l'infrastructure économique, dont les différentiations relèvent plus des relations socio-professionnelles ou de production.

La superstructure sociale détermine l'organisation de la société sur base des liens de parenté à la fois consanguine et sociale dont l'âge et le sexe jouent un rôle pivot dans l'exercice du pouvoir et dans l'organisation économique. Ici, les liens de parenté (ou de descendance) entre les individus jouent un rôle fondamental dans l'acquisition des moyens de production et l'exploitation économique. Chez les riverains Lokélé du fleuve Congo, les pêches sont organisées en familles et les déplacements sur les eaux se font par des pirogues organisées par les membres de famille. Il ressort dans ce cas, le caractère collectif des moyens de production (pirogue, les filets) et le produit de la pêche (poissons pêchés à l'occasion) sont une propriété de la communauté. Il en est de même chez les *Budja* et les *Ngombe*[13] où les étendus des terres agricoles, des forêts, mais aussi les ruisseaux et les rivières sont une propriété des clans et placés sous l'autorité du chef de clans et des familles.

La culture est un élément d'équilibre qui place l'individu en confiance vis-à-vis de sa communauté. Les valeurs collectives agissent sur les performances économiques d'une nation non pas parce qu'elles modifient le contenu des règles morales, autrement dit qu'elles favorisent le travail et la frugalité contre le loisir et la prodigalité, mais parce qu'elles créent une cohésion morale (Casson, 1993). Cette cohésion crée une homogénéité culturelle qui favorise la confiance et minimise les coûts. Toutes ces dimensions de la culture se définissent comme des institutions informelles au sens de North (1990). Ce sont des règles qui ne prennent pas la forme de lois garanties par l'État, c'est-à-dire par l'organisation qui possède le monopole légitime de la violence, mais agissent, façonnent et remodèlent l'individu. Ce remodelage social dans un environnement globalement marqué par la diversité culturelle ne se fait pas sans poser des problèmes dans les actions à entreprendre pour le développement des communautés et des Etats. Le nombre d'ethnies, de religions et de langues existant dans chacun des pays de l'Afrique ou spécifiquement celle au sud du Sahara.

Certains pensent à tort ou à raison que la diversité culturelle nuirait au développement ou serait à l'origine de la stagnation de l'Afrique, car dans

---

[13] Deux des grandes sociétés agricoles du Congo Démocratique.

ce continent, l'individu n'existe pas en dehors de son groupe, il est enraciné dans son groupe ethnique. Celui-ci le conduit à s'identifier à ses membres et à se différencier des membres des autres groupes. Les individus utilisent l'existence de leurs groupes ethniques comme instrument pour réaliser leurs plans individuels. Le groupe est porteur de biens qui pallient les défaillances des institutions formelles. Ensuite, le groupe est porteur d'une culture, c'est-à-dire d'une langue, d'une religion, de rituels, d'habillements, de choix alimentaires, de valeurs, d'éthiques et de normes sociales. Vu sous cet angle, la diversité culturelle apparait comme un élément de blocage et d'insécurité car, elle contribue à la défaillance institutionnelle et à l'insécurité des systèmes politiques et économiques.

La principale défaillance institutionnelle est l'insécurité contractuelle. Cette insécurité serait typique des pays en développement et trouverait son origine dans l'opportunisme et les ruptures des contrats. Easterly et Levine (1997) trouvent sur la base de leur indice ELF que la diversité ethnique a un effet négatif sur la croissance économique. Ils retrouvent à cette occasion les résultats d'Adelman et Morris (1967) obtenus grâce à une analyse multicritère sur les seuls pays en voie de développement, de Haug (1967) et de Reynolds (1985) toujours pour les pays en voie de développement (37 pays) sur la période 1950-1980. La Porta et *al.* (1999) et Bluedorn (2001) proposent de montrer que la diversité culturelle comporte un effet négatif sur la croissance *via* un effet négatif sur la démocratie.

Ces différentes recherches sont contredites par Lian et Oneal (1997), dans un article où ils ne constatent aucune corrélation significative entre diversité culturelle et taux de croissance économique et instabilité politique. Lian et Oneal font un test sur 98 pays sur la période 1960-1985 en mélangeant les pays en développement et en voie de développement, et en utilisant comme mesure de la diversité culturelle le nombre d'ethnies, de langues et de religions pratiquées à partir des bases de données de *PC Globe, World Atlas, Chicago* et comme mesure de l'instabilité politique l'index d'instabilité de Gupta et de Barro. Ils concluent que la diversité culturelle n'est ni néfaste ni souhaitable (Lian et Oneal, 1997, p. 73). Elle est neutre. L'article d'Isabelle Beaulieu (2006) montre, pour le cas de la Malaisie, qu'il est possible d'avoir de forts taux de croissance et un régime politique stable sans que la communauté nationale soit ethniquement homogène et qu'il y ait une démocratie. Une économie de rente et un État rentier seraient les conditions d'existence d'un système politique stable, ce qui n'a rien à voir avec la fragmentation ethnique.

Tavares et Wacziarg (2001) étendent ensuite l'analyse à l'explication des régimes politiques et ne trouvent aucun effet de la fragmentation religieuse sur la démocratie. Alesina et *al.* (2003a) soutiennent que, à l'inverse des indices de diversité ethnique et linguistique qui ont un effet négatif sur la qualité du gouvernement, les indices de diversité religieuse n'ont aucun effet. Dans le même ordre d'idée, Collier et Hoeffler (2002) trouvent un résultat similaire sans utiliser l'index ELF. Ils n'arrivent pas à distinguer de corrélation entre un indice de guerre civile fondé sur les données de Doyle et Sambanis (2000) et une mesure de fragmentation religieuse. Montalvo et Reynal-Querol (2005, p. 317) concluent à un effet négatif de la fragmentation ethnolinguistique sur la croissance, mais ne mettent en évidence aucun argument en faveur de la thèse selon laquelle cet effet négatif serait dû aux conséquences de la fragmentation sur les conflits armés. Norton (2000, p. 329) estime de son côté que les résultats de son étude sur les relations entre mesure de la diversité, mesure de la sécurisation des droits de propriété (index de liberté économique) et croissance sont difficiles à interpréter. La nature des relations causales en jeu reste ambiguë (Norton, 2000, p. 331). Si on regarde, par exemple, l'indice de fragmentation ethnique de l'Inde, on s'aperçoit qu'il est très élevé alors que le taux de croissance du pays est fort.

L'ensemble de ces différentes études présente l'intérêt de proposer une analyse économique des effets de la culture qui n'a encore jamais été développée. Ces résultats restent, comme souvent, très dépendants de la composition des échantillons et du mélange ou non des pays développés et en voie de développement. Il semble que sur le continent africain, par exemple, les études s'accordent à dire que la fragmentation ethnolinguistique est à l'origine d'instabilité politique. Hormis ce résultat, les résultats sont contradictoires. Face à cette situation on peut avoir deux attitudes. La première consiste à attendre que les indices se stabilisent et que la littérature réussisse progressivement à converger vers des résultats plus robustes. La seconde est de remettre en cause la théorie. La théorie de l'unité ethnique décrit une société fermée et non la société ouverte qui s'est progressivement imposée avec l'échange. On peut se convertir dans le domaine religieux parce que ce n'est pas le sang qui unit le groupe, mais les croyances religieuses basées sur une unité autour de valeurs collectives, alors qu'il est impossible de changer d'ethnie qui, elle, est fondée sur les relations de consanguinité.

L'appartenance à un groupe ethnique profite à chaque membre. Chaque membre est, pour cette raison, garant des règles de conduite qui soudent le groupe, car chacun bénéficie des biens produits par l'ensemble. La théorie de l'unité ethnique répond ainsi directement à la question de savoir pourquoi les individus engagent des ressources pour faire respecter les droits de propriété des autres membres du groupe. La théorie des jeux sert à montrer les raisons qui poussent les individus à agir pour faire respecter les règles du jeu et identifier les opportunistes, les passagers clandestins (AOKI, 2006). L'autocensure, les règles de confiance et de solidarité, l'ostracisme, la réputation et les normes sociales servent à stabiliser les règles et par voie de conséquence l'unité ethnique. La culture favorise donc l'exécution des contrats, fait respecter ou non les droits de propriété privée ou d'autres formes de droit de propriété (*commons*). Elle agit comme un mécanisme d'*enforcement*, de mise en conformité de la parole donnée et de l'action (Casson, 1993, p. 418). Elle se substitue à la supervision et au contrôle d'un tiers. Il est facile, alors, de comprendre comment on passe de la théorie de la réussite des groupes ethniques à la théorie de l'homogénéité.

La réussite des groupes ethniques s'explique par la minimisation des coûts de transaction que provoquent des normes sociales partagées, des emblèmes claniques facilement identifiables, des prescriptions alimentaires, une même langue ou une même religion. Ce qui l'emporte c'est l'identité et non l'altérité. Le commerçant chinois limite le risque de rupture de contrat inhérent à l'insécurité typique des pays en voie de développement en privilégiant des relations marchandes. L'échange à l'intérieur d'une même communauté est moins risqué que l'échange avec l'étranger. La théorie des jeux permet de généraliser ce résultat en affirmant que l'opportunisme des passagers clandestins sera d'autant plus facile à contrôler que le groupe est stable, de petite taille et homogène. La stabilité développe l'efficacité des mécanismes de réputation en empêchant les individus d'être déloyaux vis-à-vis des autres sans que cela se sache.

Toute la théorie des jeux est construite pour expliquer la coopération, alors que la concurrence entre les organisations politiques et légales, et plus généralement la concurrence entre les systèmes institutionnels, peut être pensée comme une condition primordiale de l'innovation et de la croissance (Bernholz, Streit et Vaubel, 1998 ; Facchini, 2008). L'homogénéité est source de monopole culturel. L'avènement d'une culture unique mettrait l'ensemble de l'économie monde sur un même sentier culturel. Elle déterminerait les chemins d'expérimentation et limiterait ainsi l'innovation, la surprise et la mise en place de nouvelles manières de penser et de vivre. Elle réduirait les mondes des possibles. L'idée, par exemple, qu'une langue commune réduit les coûts de transaction est logiquement correcte, mais néglige le fait qu'une langue n'est pas qu'un instrument de communication, c'est aussi une manière de penser. L'homogénéité linguistique est porteuse alors d'un plus, mais aussi d'un moins. D'où, peut-être, les résultats contradictoires observés. Le même raisonnement vaut pour une nation. Une nation qui ne serait pas traversée par des manières de penser différentes serait moins innovante qu'une nation unie autour d'un système de valeur unique. Les différences et leur mise en concurrence sont des sources de production de connaissance et *in fine* de croissance par l'innovation. Il est constaté, par exemple, que la concurrence à l'intérieur d'une même nation entre les religions est plus favorable à la pratique religieuse que le monopole légal (North et Gwin, 2004).

Le génie du développement économique est l'entrepreneur (Facchini, 2007). La diversité culturelle n'est pas un obstacle à la recherche de profit. Elle est, au contraire, une condition favorable à son développement (Harper, 2003 ; Lavoie et Chamlee-Wright, 2000; Chamlee-Wright, 1997). C'est parce que les hommes n'ont pas les mêmes connaissances et la même manière de voir le monde qu'ils ne perçoivent pas les mêmes opportunités. Chaque société peut prospérer sur la base de sa propre culture ; les avantages comparatifs étant plus une histoire de diversité que d'homogénéité. Chaque société peut alors prospérer économiquement en prenant avantage de sa propre tradition culturelle et de son héritage.

Les avantages comparatifs de Ricardo sont ainsi définis comme le résultat d'une diversité historique. Si un Chinois donne à ses cochons des truffes et qu'il apprend que les Européens les achètent à des prix plus élevés que sur les marchés chinois, il va détourner la production de truffe de son usage initial pour l'orienter vers l'exportation. Il va saisir ainsi une opportunité de profit. Dans cet exemple, la diversité culturelle est plutôt un facteur de création de richesse qu'une cause de conflit. La multiplication des restaurants asiatiques ou indiens dans les capitales européennes en est aussi une preuve. Il n'y a pas de raisons, alors, que dans le cadre d'un même pays les individus ne réussissent pas à exploiter leurs différences pour prospérer. La cohabitation des juifs, des chrétiens et des musulmans en terre d'Islam a, de fait, fonctionné sur une sorte de partage des possibles, réglé par le droit islamique et la sacralisation d'une inégalité entre les musulmans et les non-musulmans, les juifs se spécialisant dans des tâches interdites par les textes sacrés musulmans. À la faveur de ces arguments la culture de la diversité apparaît comme une condition favorable à la recherche de profit et *in fine* au développement économique. Je rappelle les valeurs collectives, Comportements individuels et Développement social.

1562 Valeurs collectives, Comportements individuels et Développement social

Sous l'hypothèse de l'unité ethnique ou religieuse et de ses développements, la culture joue sur les performances économiques non par le contenu des valeurs collectives qu'elles suscitent, mais par leur plus ou moins grande diversité. Cela signifie que des valeurs collectives anti-économiques et favorables à une mentalité rentière peuvent avoir des effets bénéfiques sur le développement économique et l'activité productive des entrepreneurs uniquement parce qu'elles sont partagées par tout le monde. Lorsque l'argument est présenté de cette manière, on comprend, d'une part, qu'il demande à être mieux explicité et, d'autre part, que les économistes s'interrogent sur le contenu des normes sociales, des valeurs collectives, et des croyances des individus. La culture ici est définie comme un système de « croyances et de valeurs habituelles qu'une ethnie, une religion et un groupe social transmettent de génération en génération à tous ses membres de manière équitable » (Guiso, Sapienza et Zingales, 2006, p. 2).

L'analyse entre dans le contenu des valeurs et des croyances de chaque groupe. Elle différencie les pays en fonction de ce que la majorité des individus d'un pays pense sur des sujets divers. Il est supposé que la culture a des conséquences directes sur les performances d'un pays parce qu'elle agit sur le sens du travail, le niveau de l'épargne (frugalité/prodigalité), sur le sens de l'innovation, sur le niveau de confiance et/ou sur le niveau de fertilité. Toutes ces propositions sont testables si on dispose d'enquêtes d'opinion sur les valeurs des individus et les différences culturelles entre les pays. C'est pourquoi certains militent en faveur de l'introduction de la culture dans les modèles macroéconomiques de croissance (Guiso, Sapienza et Zingales, 2006).

Quoi qu'il en soit, la culture est favorable au développement économique si elle est favorable à l'innovation. Elle n'est favorable à l'innovation que si elle entretient un rapport favorable à la science. Ce rapport à la science joue directement sur le prestige de l'innovateur. En différenciant les sciences de la morale, certaines sociétés débouchent sur la route du développement à travers l'innovation technique. Le rapport à la science influe sur la dynamique du progrès technique parce qu'il donne aux scientifiques un prestige social plus ou moins grand.

La culture comme corps de connaissance va être plus ou moins perméable aux résultats de la science, à sa méthode et à son esprit. La culture doit préparer les hommes à aimer la réussite matérielle, le travail, l'épargne et assure la promotion du progrès social. Elle oblige à réintégrer dans le raisonnement l'effet du groupe social dans sa totalité et à repenser les rapports de l'individu aux relations interpersonnelles, aux valeurs, aux croyances, aux normes et aux styles de vie. A côté de la diversité culturelle, l'âge (pivot de la gérontocratie) et le sexe (matrice de la division sexuée du travail) interviennent aussi comme élément de différenciation sociales dans les communautés.

Les lignes suivantes portent sur la socialisation et Construction identitaire.

1563 Socialisation et Construction identitaire

La construction identitaire de l'homme africain peut être conçue comme un processus dynamique oscillant entre deux pôles contradictoires, celui de la conformité à l'ordre institutionnel traditionnel, le monde social intériorisé, d'une part, et celui de la différenciation, plus ou moins prononcée, vis-à-vis d'un tel ordre et d'un tel monde, affirmation d'un sujet, qui tente de s'arracher aux déterminations multiples qui fondent l'être social, d'autre part. La notion d'ordre s'inscrit volontiers dans le contexte de la société traditionnelle, marquée par une hiérarchie bien ordonnée dont l'âge est un élément déterminant dans les relations de pouvoir et de production. Ainsi, les individus des mêmes classes d'âges forment de tradition des générations fondées souvent sur l'expérience de vie commune dans leurs sociétés (avoir vécu ensemble les événements politiques, économiques et sociaux).

La plupart des Etats d'Afrique subsaharienne sont formés à base des sociétés traditionnelles de types segmentaires où le principal et parfois l'unique moteur socio-économique est la grande famille patriarcale à patronyme commun rassemblée en général dans une cour commune. Plusieurs clans liés en général par la communauté de langues constituent une ethnie. Celle-ci est donc déjà à un niveau élémentaire une communauté de culture et de destin, dont l'autorité repose encore jusqu'aujourd'hui entre les mains des aînés. La détermination de la séniorité est facilitée par la coutume de consacrer les promotions de jeunes à la fin d'une période d'initiation sociale et d'éducation sexuelle, matérialisé souvent par des marques corporelles. Les membres des classes d'âge, après avoir subi une série d'épreuves d'initiation, accèdent à la vie d'homme et de femmes et ont voix au chapitre dans la communauté.

Même si l'on peut observer une évolution actuelle des pratiques et des comportements due aux chocs des cultures, les gérontocraties persistent, bien qu'elles soient tempérées dans la plupart de cas par des assemblés à caractère démocratique qui assistent le chef de famille, le chef de village ou de canton, avec un rôle consultatif mais souvent aussi pleinement délibérant. Ces sociétés sont essentiellement rurales. La terre est en général objet d'appropriation collective. Elle est travaillée selon des méthodes rudimentaires et souvent très élaborées, en matière culturales et de sélection de graines ou des boutures, avec un outillage technique judicieusement adaptée aux conditions écologiques. Le travail en commun avec ses multiples formes locales est une des méthodes employées pour lutter contre l'impuissance individuelle devant les forces négatives de la nature.

Dans les différentes sociétés africaines, les bases de la hiérarchie sociale sont classes d'âges formées des générations structurées par le principe de proximité spécifiquement social, proximité de caractéristiques (ressemblances ou similitudes) ou proximité relationnelle. Le pouvoir des aînés et/ou des chefs des clans sont étendus à la socialisation, c'est-à-dire, ils veillent tant au bon apprentissage et observance des normes et valeurs sociales de la communauté, à la coutume, à la parenté, qu'à la bonne exécution de la socialisation primaire des individus jeunes aux savoirs de base.

C'est ce processus de suivi qui permet aux moins âgés d'acquérir l'habitus communautaire, de construit sa personnalité et de se doter de l'identité. La socialisation n'est pas que l'éducation : c'est l'éducation par la famille et l'école, mais c'est aussi leur socialisation silencieuse et la socialisation des autres instances. Dans la socialisation, on intériorise tellement un certain nombre de comportements, que certains nous semblent « naturels » (des « habitus »). On distingue la socialisation primaire de la socialisation secondaire : La socialisation primaire désigne le processus de socialisation qui se déroule pendant l'enfance (socialisation par les parents et par l'école surtout), alors que la socialisation secondaire correspond à la socialisation à l'âge adulte. Il faut retenir cependant qu'il arrive que les enfants socialisent aussi les parents (ex. téléphones portables).La socialisation est très différente selon la position sociale et en particulier, selon les conditions matérielles d'existence. Par exemple, certains enfants peuvent apprendre dès le plus jeune âge qu'il est « normal » de voler ou de tricher pour survivre. Du coup, les normes de comportement, le cadre de vie, les modèles d'identification construisent des goûts distincts, une identité différenciée selon le milieu social. On peut par exemple remarquer qu'aux extrémités de l'échelle sociale on peut reconnaître des pratiques sociales distinctes en matière de pratiques alimentaires mais aussi de pratiques sportives ou culturelles. Ces différences de pratiques sociales engendrent des inégalités sociales : tout d'abord des inégalités de réussite scolaire, puis professionnelles.

En Afrique subsaharienne pluriethnique, la socialisation primaire est une charge collective du clan, du lignage c'est-à-dire de la communauté. Ici, l'individu n'existe que par sa formation sociale qui lui confère l'identité. Il a une mission biologique essentielle (la procréation), indispensable pour la survie du groupe (unité ethnique), mais également une mission économique, celle de produire des ressources en vue de la survie matérielle et/ou économique de la communauté. Une unité ethnique se signale par des traits physiques objectivement identifiables où tous les membres de la lignée assurent chacun un rôle dans la socialisation de l'individu, de la naissance à l'âge adulte.

La socialisation primaire permet à l'individu membre de la société d'acquérir l'habitus acquis et la socialisation secondaire, scolaire ou professionnelle affine et enrichie le patrimoine culturel acquise par l'individu (habitus) et améliore son identité. Dans les sociétés africaines, l'âge est à la fois l'élément déterminateur des positions ou statuts, de catégorisation des individus et le pivot des différences au sein des communautés. La problématique pendante ici c'est celle de comprendre la relation entre un certain type de structure de la constellation de positions et le développement socio-économique des communautés ou des Etats africain, surtout ceux du sud de Sahara où la structure sociale pivote ses racines non seulement sur la parenté et l'identité de l'individu, mais aussi sur la socialisation de celui-ci par la communauté. La réflexion de type structural ne vaut pas seulement pour une analyse de la causalité et de l'explication, mais plus généralement, on constate qu'un même facteur peut avoir des sens différents dans des structures sociales de facteurs sociaux différents.

Partant de la constatation suivant laquelle, selon le critère de stratification en Afrique, la position dans la hiérarchie sociale varie (c'est-à-dire l'idée que les individus se font de leur position dans la hiérarchie sociale, prestige, revenu, mode de vie, etc.), William Lloyd Warner est conduit, non pas à dire que la stratification n'existe pas, mais que c'est tellement compliqué qu'il vaut mieux considérer que toutes les hiérarchies possibles se valent au sein de l'espace social global. Et, George Condominas défini l'espace social comme "l'ensemble des systèmes de relations caractéristique d'un groupe". Comme un "fait social total». Il s'agit d'un espace abstrait dont les éléments sont des entités sociales, acteurs individuels en général, mais éventuellement organisations ou autres collectifs, structurés par un principe de proximité spécifiquement social, proximité de caractéristiques (ressemblances ou similitudes) ou proximité relationnelle. L'espace social correspond à l'imbrication des lieux et des rapports sociaux qui leur sont associés, ce que

Frémont appelle « l'ensemble des interrelations sociales spatialisées ». Il manque la dimension psychologique et la charge imaginaire de l'espace vécu mais il revêt davantage de signification sociale et collective. Il se teinte aussi d'une réalité matérielle plus sensible.

La problématique ici c'est celle de savoir si les positions des individus et des groupes dans l'espace sociale en Afrique sont des facteurs favorables à la croissance économique. Dans quelle mesure la concentration par exemple du pouvoir et des décisions entre les mains des seuls aînés du lignage ou du clan, c'est-à-dire la gérontocratie, contribue-t-elle à l'induction des performances économiques d'une unité ethnique. Les difficultés rencontrées par l'économie et la sociologie des religions pour expliquer l'essor du Sud-Est asiatique ou le sous-développement relatif de l'Amérique du Sud ou de l'Inde sur des bases religieuses sont éloquentes dans la problématique de l'interrelation entre la culture et le développement de l'Afrique. Berman (2002,), Novak, (1987) et Stark (2007), affirmaient chacun que le bouddhisme serait défavorable au développement parce qu'il inciterait les individus à se désintéresser du monde présent, à s'en échapper. Le bouddhisme inciterait les hommes à se détacher du monde. Le confucianisme, en revanche, serait plus favorable au développement lorsqu'il est associé à une philosophie conquérante et nationaliste comme le shintoïsme. Morris David Morris (1963) s'est aussi intéressé aux liens entre religion, culture et développement économique. Il a critiqué à cette occasion la thèse selon laquelle l'hindouisme serait une religion et une culture défavorables au développement économique. Il doute, tout d'abord, qu'il existe un système de valeur hindouiste unifié, car l'hindouisme possède une grande diversité de sources philosophiques. Il doute, ensuite, que les Indiens aient produit du coton pour des raisons culturelles. Ce n'est pas parce que les Indiens étaient adverses à l'innovation qu'ils n'investissaient pas dans le chemin de fer, mais parce que le commerce du coton n'était pas l'objet de barrières douanières.

L'orientation entrepreneuriale des Indiens s'explique mieux, pour lui, par la colonisation britannique et sa distribution des pouvoirs et des ressources que par un obstacle culturel. L'essor économique contemporain de l'Inde tend d'ailleurs à confirmer sa thèse.

La contribution à la compréhension du développement s'inscrit dans les analyses de Max Weber sur le processus qu'il considère être à l'œuvre dans toute société : le processus de rationalisation où il démontre dans *L'éthique protestante et l'esprit du capitalisme* (1905) comment les actions guidées par une rationalité en finalité prennent une importance croissante au fil de l'évolution sociale. Si la religion est au centre du processus décrit par Weber, c'est aussi et surtout, pour l'auteur, un moyen explicatif en terme épistémologique. Autrement dit, ce ne sont pas les valeurs protestantes, telle que l'ascétisme, qui expliquent l'avènement du capitalisme ; il y a simplement une proximité entre ces valeurs religieuses et celles propres au capitalisme. Ce qu'explique Weber, c'est qu'à une certaine forme d'ordre social correspondent certaines valeurs, une certaine culture qui, en conférant un sens aux actions humaines, les oriente. Pour lui, le développement est accompagné par une transformation des manières de faire, de sentir, d'agir, de penser des membres de la société. À l'inverse, l'absence d'évolution des valeurs peut bloquer le processus de développement, ou du moins le compromettre.

La thèse de Weber est plus connue et reste l'objet d'importantes controverses. Dans cette thèse la culture joue sur les performances économiques *via* la doctrine religieuse. Pour s'affranchir de l'explication causale de Sombar, Weber utilise un principe de causalité circulaire du type « A cause B qui cause A ». « La conduite de vie est elle-même à son tour profondément influencée par des facteurs économiques et politiques à l'intérieur de limites géographiques, politiques et sociales et nationale donnée » (Weber, 1996, p. 333). Le religieux dépend des rapports sociaux qui dépendent du religieux. Cette causalité circulaire est présente dans la dialectique marxiste et dans les travaux de Troeltsch (1991). Il n'y a pas une cause et un effet, mais une interaction qui donne selon les époques et les lieux plus de poids à la religion comme cause ou à la religion comme effet. L'ensemble de ces travaux et controverses se caractérisant par des reconstructions historiques fondées sur des raisonnements discursifs, attestent la complexité de la question de détermination de la relation de causalité entre la culture et le développement économique, la difficulté de la transformation structurelle de l'Afrique traditionnelle et la résilience de l'Afrique à l'adoption du modèle du développement occidental.

La question fondamentale est celle de savoir dans quelle mesure une culture agit sur les performances économiques d'une unité ethnique, d'un pays et/ou de l'économie mondiale. Hirschman (1965) soutient l'idée qu'à côté des barrières politiques au développement se trouveraient des barrières culturelles (Hirschman, 1965). Il ne s'agit pas simplement de passer par des déductions telles que, « de mauvaises valeurs causent le sous-développement », mais il faut encore saisir les contours de chaque culture nationale et les différencier par pays afin d'en faire des variables explicatives. Il convient ici de rappeler que selon Hoselitz, une culture est favorable au développement économique si elle permet, premièrement, de diffuser le progrès technique et l'esprit d'innovation, deuxièmement, de favoriser la mise en place d'institutions politiques et sociales qui encouragent un haut degré de mobilité sociale et, troisièmement, si elle crée un environnement social qui génère les techniques et les institutions nécessaires à la modernisation de la société et à son refus des routines. L'Afrique doit inventer, à la lumière de sa diversité ethnique, religieuse, économique, son propre modèle de développement, reflétant son environnement et ses espaces sociaux pour introduire les variables culturelles (diversité ethniques, culturelle, l'âge, socialisations, division sexuée du travail, etc.) dans leurs modèles économétriques. Elle doit saisir de l'opportunité de sa démographie jeune et constamment en croissance pour en faire une ressources miracle au développement.

Que dire sur la tradition africaine, modernité et égalité du genre?

1564 Tradition africaine, modernité et égalité du genre

La marche de la tradition africaine vers la modernité se heurte au phénomène de l'assimilation qui met cette tradition sous la menace de la phagocytose. La réaction contre ce phénomène a donné naissance aux mouvements d'ordre littéraire que nous avons connu entre deux guerres (négritude et tigridie) et philosophique, par certains écrivains français, pionniers de la résilience comme Aimé Césaire, Léopold Sédar Senghor, Jacques Rabemananjara, Léon-Gontran Damas, Guy Tirolien, Birago Diop et René Depestre, dont le but visait la défense et la réhabilitation des valeurs culturelles noires. Si dans la perspective césarienne cette réaction oppose un refus radical au phénomène de l'assimilation, elle s'est faite plutôt chez Senghor au moyen d'un dialogue, sous la catégorie d'un rendez-vous du donner et du recevoir. Bien que cette démarche de Senghor soit parfois mal comprise, son mérite est d'avoir mis à découvert une autre manière d'aborder la réalité : l'immédiateté de la tradition africaine, contrairement à la médiation du raisonnement en vigueur dans le monde occidental.

Le dialogue entre les valeurs de la tradition africaine et celles de la modernité, abstraction aux éléments qui répondent aux critères de compétitivité, d'efficacité et d'innovation que requiert l'accès à la modernité en contexte de la mondialisation. Ce qui nécessite alors l'exigence d'une critique mutuelle qui s'attaque à la figure de l'individu moderne marquée par l'hypertrophie de ses droits ; d'autre part au modèle de communauté en vigueur dans la tradition africaine notamment sa propension à se replier sur elle-même à la recherche des recettes ancestrales (Fabien Eboussi Boulaga).

La question idoine ici est celle d'opposer à la culture africaine une critique épistémologique qui vise à élaguer toutes les lourdeurs qui pèsent sur elles et qui entravent son ascension vers la modernité, à la croissance économique et au développement. Pour que l'Afrique parvienne à engager avec le monde des rapports décomplexés, qui favoriseront son décollage, Daniel Etounga Manguelle, Mamadou Ablaye N'diaye et Alpha Amadou Sy ont tour à tour fait appel au « plan d'ajustement culturel » et à la « thérapie de la pensée », comme solution. Mais, cette solution porte en elle des germes d'une implosion du modèle communautaire africain qui enfermerait l'individu et découragerai l'esprit d'initiatives.

L'une des voies de la modernité africaine, affirme Eboussi Boulaga, consiste à la libération de l'individu, à sa responsabilisation et à la prise du risque. Ceci pour explorer dans sa tradition les ghettos culturels mis en jachères, et en tirer une nouvelle interprétation qui répond aux défis qui interpellent l'Afrique actuelle : défi de l'organisation démocratique, défi du développement, défi de la bonne gouvernance. Car, le modèle du développement (modernité) jusqu'ici proposé en Afrique et celui d'une modernité qui se confond à un processus mimétique et d'importation des modèles venus de l'Occident, et qui malheureusement restent incompris sinon inadaptés. C'est ce processus que Jean Copans appelle *une modernisation* pour dire un processus infini qui ne semble aboutir à aucun résultat concret en Afrique.

La modernité véritable de l'Afrique s'entend donc comme un processus de transformation qui se vérifie concrètement au plan économique par l'amélioration des conditions de vie matérielles des peuples, au plan politique par l'application des principes que régit la bonne gouvernance et du point de vue moral par le respect des valeurs qui conduisent à la dignité humaine. Pour y parvenir, nous pensons que l'éducation doit jouer un rôle inducteur dans l'expansion d'esprit d'initiatives et de risques. Si jusqu'ici, celle-ci a surtout visé la réduction du taux d'analphabétisme en Afrique, il est temps d'étendre les objectifs de la formation scolaire, en encourageant la formation professionnelle, au cours de laquelle tout candidat apprend le sens du risque et de l'initiative, sans attendre tout l'Etat. Il est clair que l'Etat providence est en passe de disparition. Il s'agira aussi d'encourager l'éducation à la citoyenneté, pour permettre l'émergence d'une société civile entreprenante et responsable. L'éducation doit aussi s'orienter du point de vue moral, pour former la conscience des peuples au respect du bien commun, à l'amour de la patrie et à une volonté de bâtir une Afrique debout et prospère. Celle qui entretient avec les autres continents des rapports égaux et respectueux. C'est cette Afrique qui sera dite moderne et développée. L'un des points décisifs qui caractérise les revendications des auteurs du siècle des Lumières est sans conteste le libre exercice de l'entendement. Cette revendication répond à l'injonction de la devise même de la philosophie des Lumières formulée par Kant en ces termes : « *sapere aude* » (aie le courage de te servir de ton propre entendement). Cette préoccupation doit apparaitre comme une réaction partagée contre la lâcheté et la paresse des peuples d'alors et d'aujourd'hui qui se complaisent à vivre dans une situation de minorité, c'est-à-dire sous la tutelle d'un pouvoir extérieur à soi-même. L'Afrique doit être l'artisan de son propre développement et non une caisse de résonnance de l'occident.

Par ailleurs, l'égalité de genre demeure un des défis culturels majeurs à relever par les sociétés traditionnelles africaines. Ainsi, la socialisation différenciée à l'œuvre dans ces différentes sociétés, a un impact sur la reproduction sociale des inégalités de réussite dans la vie. Elle consiste en la transmission des normes et des valeurs différenciées au sein des groupes sociaux, par ex, entre les filles et les garçons. La socialisation transmet aux filles et aux garçons des normes et des valeurs différenciées : les jeux, les danses, les jouets, les livres, les films, les médias, qui en général associent des normes et des valeurs différentes en fonction des sexes. Cela se traduit par des attentes différentes selon le sexe de l'enfant et cela assigne des rôles sociaux différents à l'homme et à la femme. Les différentes instances de socialisation contribuent à fabriquer l'identité féminine ou masculine : le terme de « genre » est ainsi préféré car il montre que l'identité liée au sexe est une construction sociale, plus qu'une nature biologique : « on ne naît pas femme, on le devient »affirme Simone de Beauvoir. Le fait que les hommes et les femmes n'intériorisent pas les mêmes normes et valeurs ou habitus d'ordre a des conséquences en matière d'inégalités économiques et sociales. Les femmes ayant intériorisées le fait qu'elles doivent s'occuper des tâches domestiques et des enfants, vont choisir des études moins prestigieuses et moins se consacrer à leur carrière professionnelle, ce qui va générer des inégalités au niveau des revenus.

Que retenir sur la croissance démographique, la structure d'âges et le développement des états ?

1.5.65. Croissance démographique, structure d'âges et développement des Etats

L'Afrique, particulièrement celle du sud de Sahara est une terre de contrastes. Elle comprend outre ses matières premières abondantes, une démographie en forte croissance. Elle connaîtra dans les décennies à venir une croissance démographique spectaculaire, affirment plusieurs recherches. Alors que sa population totale est estimée à près de 1,17 milliards d'habitants en 2015, elle devrait pratiquement doubler en 35 ans et atteindre près de 2,4 milliards en 2050 (UN, 2013 ; scénario médian), abritant alors un humain sur quatre (contre moins d'un sur six aujourd'hui). Cette forte croissance démographique globale sera concomitante de modifications notables dans la structure par âge de la population du continent. Dans le cadre des réflexions sur les stratégies de développement à mettre en œuvre ou à poursuivre, l'accent est souvent mis sur l'importance des jeunes dans la population africaine actuelle et à venir. Cela se justifie pleinement lorsque l'on considère que les moins de 15 ans et les 15-24 ans représentent aujourd'hui respectivement 40,6 % et 19,4 % de la population africaine et en représenteront encore 32,2 % et 18,3 % en 2050, selon le scenario médian des Nations Unies. En termes d'effectifs, les moins de 15 ans verront leur nombre augmenter de 50 %, passant de 474 millions à 711 millions de personnes, et les 15-24 ans de plus de 90 %, de 226 à près de 437 millions. La configuration démographique actuelle et les évolutions à venir rendent incontournable la recherche d'investissements adaptés permettant d'accroître les opportunités offertes aux jeunes (UNFPA, 2014 ; UNICEF, 2014).

Toutefois, un autre défi démographique se profile pour ce continent : le vieillissement de sa population. La part relative des aînés, entendus ici comme l'ensemble des personnes de 60 ans et plus, devrait passer de 5,5 % en 2015 à 8,9 % en 2050 et ainsi rester globalement faible en comparaison des autres régions du monde. Derrière ces chiffres relatifs se profile une forte gérontocroissance : le nombre de personnes de 60 ans et plus devrait plus que tripler en 35 ans, passant de 63,8 millions d'individus en 2015 à 211,8 en 2050 (soit une augmentation de plus de 230 %). Quant aux grands aînés, âgés de 80 ans et plus, leur nombre devrait presque quadrupler, passant de 5,3 millions d'individus en 2015 à 20,4 millions en 2050 (soit une augmentation de 285 %). Des travaux de recherche montrent depuis quelques années les limites des solidarités familiales face aux besoins de personnes âgées dans des contextes particuliers de vulnérabilité, comme l'épidémie de sida (Knodel et *al.*, 2003) ou l'urbanisation rapide (Aboderin, 2006). Les familles africaines, ainsi que les États, doivent gérer les besoins de leurs aînés en même temps que ceux de leurs enfants et de leurs jeunes (Golaz, 2013). Face à l'ampleur des changements démographiques à venir, il serait illusoire de penser que les solidarités familiales seront en mesure de mieux faire face aux besoins de leurs personnes âgées, si elles ne sont pas secondées par des politiques sociales efficaces (Sajoux et Lecestre-Rollier, 2015 ; Sajoux et Amar, 2015).

Même s'il est admis que les projections des populations à l'horizon 2050 même dans le cas de scénario médian, reposent sur des estimations de la situation actuelle et sur de nombreuses hypothèses qui sont susceptibles d'être révisées (Schoumaker, 2000), la question de la croissance rapide des populations africaines et en particulier celles de l'Afrique subsaharienne mérite une attention particulière tant par les dirigeants des Etats que par différents partenaires de l'Afrique, compte tenu du lien entre la démographie, la production et le développement. De plus, la structure par âge, sur laquelle nous devons nous reposer pour estimer la part de la population active à la production, des âgés et des très âgés est sensible aux problèmes de déclaration des naissances qui a des répercussions à la fois directes et indirectes sur la déclaration d'âges en Afrique. Ce qui augmente sans doute des marges d'erreur relativement importantes (Randall et *al.* 2015).

Selon les estimations des Nations Unies (UN, 2013), en 2015, c'est l'Afrique centrale qui apparaît la plus jeune avec 44,6 % de sa population âgée de moins de 15 ans et l'Afrique australe la moins jeune avec seulement 30 % de sa population âgée de moins de 15 ans. Les différences sont encore plus fortes entre pays : les moins de 15 ans représentent 23,2 % de la population en Tunisie contre 50,1 % au Niger. C'est dans ce pays que l'âge médian est le plus bas en 2015 : 15 ans seulement. Et c'est en Tunisie, à l'île de La Réunion, aux Seychelles et à l'île Maurice qu'il est le plus élevé, au-dessus de 31 ans. Ces forts contrastes reflètent des situations opposées en termes d'avancée dans le processus de transition démographique, alors que sur la période 2010-2015, l'indice synthétique de fécondité s'établit à 2 enfants par femme en Tunisie (contre 6,7 en 1950-1955), il s'élève à 7,6 enfants par femme au Niger (contre 6,9 en 1959-1955 et 7,5 en 1970-1975).

L'hétérogénéité des importances relatives des différentes tranches d'âge s'explique aussi par des situations contrastées en matière d'espérance de vie. La forte augmentation de l'espérance de vie à la naissance au cours du dernier demi-siècle témoigne du recul de la mortalité sur le continent. Elle est passée de 37,4 ans sur la période 1950-1955 à 55,6 ans sur la période 2005-2010 ; elle est estimée à 58,2 ans sur la période 2010-2015. Néanmoins, ces évolutions se sont déclinées de manière différenciée suivant les pays, avec des niveaux de mortalité dans l'enfance et à l'âge adulte qui demeurent élevés dans certains pays, nombreux en Afrique centrale et de l'Ouest. Le Sierra Leone est ainsi le pays présentant l'espérance de vie à la naissance la plus basse, estimée à 45,3 ans sur la période 2010-2015. Elle est de plus de trente ans plus élevés dans quelques pays comme en Tunisie, où elle s'établit à 75,8 ans. L'augmentation de l'espérance de vie à 60 ans traduit, quant à elle, le fait que la période de « vieillesse » s'allonge : pour l'ensemble du continent elle est passée de 12,5 ans sur la période 1950-1955 à 16,4 ans sur la période 2010-2015 et devrait atteindre 18,9 ans en 2045-2050. Les disparités entre pays restent, pour l'heure, très marquées : pour la période 2010-2015, l'espérance vie à 60 ans est estimée à 12,5 ans au Sierra Leone et à 20,2 ans en Tunisie.

Dans tous les cas, les perspectives indiquent que d'ici 2050, l'hétérogénéité démographique de l'Afrique ira en s'accroissant, affirment des nombreux chercheurs et les Nations-Unies, dans la mesure où les parts relatives des plus jeunes seront toujours assez différenciées, tout en se situant à des niveaux nettement plus bas qu'aujourd'hui, et où les parts relatives des plus âgés s'échelonneront sur un éventail particulièrement large. Au niveau des grandes régions, la population d'Afrique septentrionale devrait alors compter 17,3 % de plus de soixante ans, suivie par l'Afrique australe (14,9 %). Pour les trois autres régions, ces parts relatives devraient être inférieures à 8,5 % : 8,2 % pour l'Afrique orientale et seulement 6,9 et 6,4 %, respectivement pour l'Afrique de l'Ouest et l'Afrique centrale. En prenant en compte les différences nationales, d'importants contrastes apparaissent une fois de plus : le Niger devrait compter en 2050 seulement 4 % de personnes de plus de 60 ans, alors que la Tunisie devrait en compter, en termes relatifs, sept fois et demie plus, soit 30,1 % ; l'âge médian de chacun de ces pays devrait alors s'élever respectivement à 17,5 et 43,4 ans. Entre ces deux situations extrêmes, se situeront, par exemple, le Burkina Faso et le Sénégal (6,8 et 7,6 %), le Gabon (10,3 %), le Botswana (12,6 %), l'Afrique du Sud (15,6 %) et le Maroc (21 %).

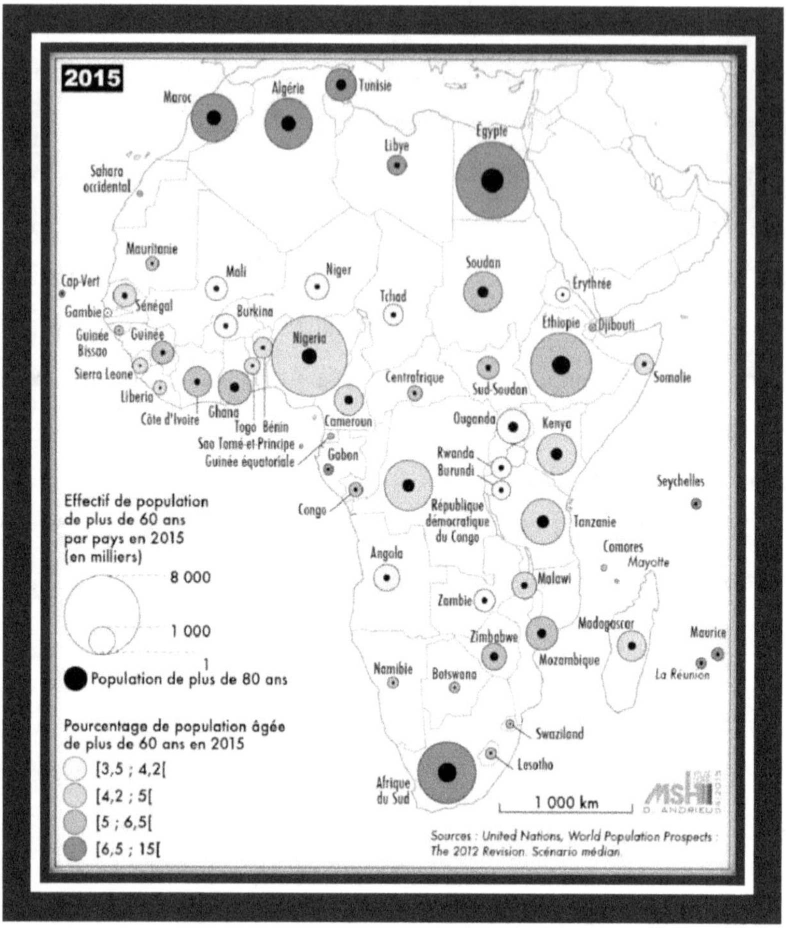

Figure 4 : Effectifs des populations africaines en 2015.

Source: United Nations, World population prospects the 2012, Révision scenario median

La croissance exponentielle des populations en Afrique doit être capitalisée comme dans un sens positif. Car la population active est une source d'énergie durable pour la transformation qualitative des sociétés. Il faudrait une interaction positive de cette ressource avec l'environnement globale. L'accroissement de la population et de sa densité sont considérés par des sociologues comme une réalité dans le processus du développement des sociétés. A l'issue d'un certain seuil de densité, les communautés traditionnelles laissent place à la société moderne où les humains choisissent de coopérer, de commercer entre eux, plutôt que de se combattre. Ce système de production sociale œuvre sans cesse à trouver une place aux nouveaux arrivants qui sont intégrés dans un tissu productif de plus en plus complexe. La division du travail serait la réponse de la société à l'accroissement du volume et de la densité sociale qui implique une « intensité plus grande de la lutte ». Dans *la division du travail sociale* (1893), Durkheim explique ce phénomène à travers une vision holistique du développement se basant sur deux aspects étroitement liés : population et subsistance. Le passage d'une société traditionnelle à une société moderne tient se fait à travers le dépassement de l'équilibre population-subsistance. Pour lui, la division du travail social est « un résultat de la lutte pour la survie, mais elle en est un dénouement adouci, parce que grâce à la division du travail, les rivaux ne sont pas obligés de s'éliminer mutuellement, mais peuvent coexister les uns à côté des autres ». Ces deux aspects sont essentiels au développement qui, se conjuguent dans le phénomène de transition démographique. Or, celui-ci est, ou a été observé, dans toutes les sociétés. Durkheim en est le témoin dans les pays occidentaux au dix-neuvième siècle.

Plusieurs défis sont à relever concernant la dynamique démographique de l'Afrique. Le premier est double : répondre aux besoins d'aînés dont le nombre va croître de manière spectaculaire en moins de quatre décennies dans un délai bien plus court que celui dont ont disposé les pays du Nord, et répondre aux besoins croissants des générations des jeunes toujours (très) nombreuses, en matière d'éducation, de santé et d'insertion professionnelle, afin de tirer profit de la force productive de cette jeunesse nombreuse, indispensable pour booster la production, la croissance et le développement économique. Un autre défi à relever c'est celui de la transformation de cette donnée démographique, biologique (âge) en une donnée sociale et économique en créant des jeunesses actives, capables de faire face à des défis socio-économiques, culturels et environnementaux. La jeunesse ne doit pas se définir uniquement par la seule variance âge, mais beaucoup plus par son rôle dans le système de production des richesses et dans l'impulsion de la croissance. Ce qui implique des jeunesses laborieuses capables de jouer leur rôle de forces productives, ingénieuses, familiarisées aux risques et aptes en innovation. Nous parlons des jeunesses car, le continent africain n'est pas un bloc homogène, mais est constitué d'une large mosaïque de pays d'une grande diversité, du fait de plusieurs facteurs incluant la situation géographique, le climat, la population, la langue, la croissance, les ressources naturelles, la gouvernance, les contextes politique, socio-économique et culturel, les ressources naturelles, etc. Malgré le poids démographique de cette jeunesse qui est révélateur de l'importance de ses besoins et de ses droits, les jeunesses africaines offrent de solides possibilités d'innovation et d'accélération de la croissance économique sur le continent.

Cependant, cet atout démographique constitue également un défi économique et social, avec des incidences sur la paix et la sécurité dans le continent africain. La jeunesse africaine fait face au quotidien à de nombreux défis, notamment la pauvreté. Les gains de croissance ne profitent pas équitablement à la population, entrainant de grandes disparités entre rural et urbain, entre urbain et péri-urbain, entraînant ainsi dans la cohorte des mouvements, notamment l'exode rural massif, l'urbanisation exponentielle et anarchique, avec le développement des bidonvilles, dépourvus des infrastructures et services sociaux de base, tels que l'accès à la santé, à l'eau potable, à l'énergie, à l'assainissement (une couverture en termes d'assainissement de moins de 36 %), à la gestion des déchets. Les inégalités flagrantes entre villes et campagnes, entre garçons et filles, entre sédentaires et nomades, se conjuguent avec des disparités entre la qualité de l'enseignement public et celle du privé. Sans oublier l'inadéquation entre les formations dispensées et les compétences exigées par le marché du travail. Ce qui alimente les taux élevés de chômage en terres africaines, condamnant ainsi cette force productive à l'émigration, notamment vers l'occident où ils estiment offrir pleinement leurs forces du travail à la recherche d'une vie meilleure. Les taux de chômage des jeunes en continent africain sont les plus élevés du monde, la Banque mondiale l'estimait en 2018 à plus de 60%.

L'accès des jeunes à l'emploi représente un grand défi. Ceci prédispose les jeunes à des emplois précaires ou au sous-emploi dans le secteur informel. Selon un rapport de la Brookings Institution, « Les jeunes trouvent du travail, mais pas à des rémunérations correctes et sans la possibilité de perfectionner leurs compétences ou d'avoir une certaine sécurité de l'emploi ». Dans ce calvaire, les jeunes femmes sont plus durement touchées car victimes des préjugés des cultures qui les considèrent tout simplement comme naturellement moins dotées d'aptitudes professionnelles que les jeune-hommes. Le Rapport mondial de suivi sur l'Éducation pour tous de 2013-2014, prévoit qu'il faudra attendre le siècle prochain pour que toutes les filles des familles les plus pauvres en Afrique subsaharienne achèvent le premier cycle de l'enseignement secondaire. On doit également relever un autre défi pour les jeunes africains, c'est celui du changement climatique. Cela affecte la jeunesse, et doit être traité avant que nous perdions une génération et toutes ses ressources. Les effets du changement climatique posent certains des plus grands défis pour le développement du continent africain, et s'ils ne sont pas correctement gérés, ils pourraient créer un immense problème de l'équité en favorisant un sentiment d'injustice chez les jeunes et les générations futures d'aujourd'hui qui hériteront de la totalité de la charge des impacts des modifications du système climatique, malgré la responsabilité non partagée. La combinaison de tous ces facteurs a comme effet la déstabilisation des plusieurs pays africains, grossissant ainsi les rangs des jeunes désenchantés et laissés pour compte qui deviennent alors des puissants acteurs du banditisme et des recrues potentielles pour les groupes extrémistes armés.

Conclusion

En conclusion de ce chapitre, il y a lieu d'affirmer quoi qu'il en soit le débat sur le vocable développement, que sa compréhension universelle demeure toujours une tâche inachevée, à cause de sa nature complexe et de la difficulté de l'appliquer en tous lieux. Chaque courant idéologique, chaque acteur social, économique ou politique, chaque individu lui ajoute toujours un contenu qui élargi son champ sémantique. Ce qui en perspective rend difficile l'impulsion d'un consensus méthodique autour des stratégies. Aussi, le développement doit être pensé comme une culture qui a ses fondements idéologiques propres, ses principes, ses normes spécifiques, ses fondements pratiques, bref son substratum adapté au milieu social et physique auquel il est destiné à servir. Le comprendre comme une réalité isolée de son contexte physique et social, c'est semer à tout vent, donc créer à coups sûre, les conditions de sa non-existence. Cela peut justifier les nombreux ratés auxquels les pays de l'Afrique subsaharienne ont subi tour à tour dans leur quête pour le développement, depuis la décolonisation à la suite du mimétisme. Penser le développement comme culture c'est mettre en énergie le capital culturel des communautés afin de booster la structure sociale, ce dernier étant fondé sur le travail et les activités économiques.

Le chapitre suivant évoque les paradigmes comme noeuds gordiens de la stagnation dans les sociétés subsahariennes.

Chapitre Deuxième

Paradigmes : nœud gordien de la stagnation

Dans les sociétés subsahariennes

Ce second chapitre a pour pierre de touche les paradigmes comme nœud gordien de la stagnation dans les sociétés subsahariennes. Sont traités l'africanité des modèles sociaux collectifs, la faillite de la science en Afrique et la responsabilité des élites, les séquelles matricielles de la structure sociale, la vocation expansionniste du capitalisme occidental, la situation coloniale, la frénésie vers les approches stériles du développement, la crise de modernité et des perspectives culturelles particulières, l'émergence des démocraties de façade et la mauvaise gouvernance des états africains, mes aides économiques au développement, la filiation forcée dans la mondialisation néo-libérale, l'aliénation sociale ou mentale, le libre exercice de l'entendement et quelques scénarios du développement du capitalisme périphérique en Afrique.

2.1. Africanité des modèles sociaux collectifs

La mutation des sociétés subsahariennes est tributaire à l'évolution des modèles sociaux avérés, de penser et des manières collectives d'agir des individus et des communautés. Ces modèles déterminent les pratiques sociales des collectivités, forment les champs d'actions et d'interprétation des réalités sociales, économiques et politiques, en tant que représentation de celles-ci, par quoi ils se justifient, se dissimulent, se dérobent de façon ou d'une autre, mais pour l'avantage immédiat des sociétés. Considérés comme un ensemble des questions et des réponses en relation avec les sujets qui se posent dans chaque société et dont la résolution s'impose à ses individus et communautés comme modèles spécifiques africains. Ces modèles spécifiques agissent sur les modes de productions des collectivités et organisent la vie sociale, économique et politique. Berceau de l'humanité, l'Afrique et ses sociétés construisent de tout temps des paradigmes sociaux, économiques, politiques spécifiques, indispensables à l'agencement des cadres pratiques des modes de production et assurent la survivance des organisations et/ou des collectivités. La question qui revient de tout temps c'est celle de la convergence de ces modes spécifiques de penser avec ceux du développement socio-économique des collectivités africaines, surtout si l'on sait que les pratiques sociales dans ce continent se caractérisent par l'immobilisme des coutumes, des traditions, bref des cultures.

En tant que cadre d'action permanent et toujours inachevé des transformations qualitatives des individus et des collectivités, le développement assure le progrès social durable, en s'appuyant sur le changement permanent des modes de vie, des traditions, des méthodes d'action et de travail, de manière d'être et d'agir des communautés. C'est souvent la conséquence d'une interaction avec les sociétés occidentales et la transposition des modèles économiques, techniques, politiques et sociaux, construits comme référence.

Nous employons le vocable paradigme pour désigner l'ensemble d'expériences, de croyances et des valeurs qui influencent la façon dont les individus et les collectivités africaines perçoivent les réalités économiques, sociales et réagissent activement à cette perception. Les paradigmes africains évoluent entre deux pôles principaux : le déterminisme et l'interactionnisme.

Chacun des paradigmes (déterministe ou interactionniste) propose un regard sur la réalité sociale, privilégiant la structure sociale (paradigme déterministe) ou sur l'individu (paradigme interactionniste), dans l'entre deux (centre) se meut les conflits dans les rapports sociaux. Les paradigmes déterministes reposent sur deux postulats : les faits sociaux ne s'expliquent que par des phénomènes qui leurs sont antérieurs ou préexistants. Ces phénomènes sont extérieurs aux individus qui les intériorisent et dont l'action est orientée. On retrouve ici les perspectives des contraintes sociales qui pèsent sur les personnes et les poussent à agir dans un sens ou dans l'autre.

Par ailleurs, en tant qu'acteur social, l'individu africain n'est pas autonome, son action est toujours déterminée par l'interaction des conduites, des comportements et des fonctions, elles-mêmes déterminées par des faits antérieurs, historiques, extérieurs et contraignants. En Afrique, l'individu est un acteur qui agit sous l'autorité permanente de la communauté dont il appartient et qui exerce un contrôle sur son action. De la cueillette à l'activité agricole, en passant par la pêche et la chasse collectives, la production appartient à la communauté qui, sur base des traditions héritées des ancêtres, régule les systèmes et les modes de production et de consommation. C'est le système lignager qui assure la régulation. Dans le système africain, les lopins de terres, les rivières et les eaux, appartiennent à des communautés qui organisent, selon l'ordre lignager les systèmes d'exploitation. L'individu est un élément de la communauté. Il ne s'exprime qu'à travers l'interaction de ses conduites, des comportements et de ses fonctions sociales. Ainsi que le disait Durkheim, « qu'on prenne les uns après les autres, tous les membres dont est composée la société, ce qui précèdent pourra être répété à propos de chacun d'eux. » Voilà donc des manières d'agir, de penser, et de se sentir qui présente cette remarquable propriété qu'elles existent en-dehors des consciences individuelles. Non seulement ces types de conduites ou de penser sont extérieurs à l'individu, mais ils sont doués d'une puissance impérative et coercitive en vertu de laquelle ils s'imposent à lui, qu'il le veuille ou non. Des paradigmes particuliers (paradigme fonctionnaliste, paradigme structuro-fonctionnaliste, paradigmes structuro-constructivistes, etc.) découlent de ce paradigme général.

Les paradigmes interactionnistes africains reposent eux aussi sur deux postulats : les actions des acteurs sont constitutives des faits sociaux, c'est-à-dire, chaque action est posée en fonction des actions des autres. Le conflit occupe une place centrale et est inhérent aux institutions, aux organisations et aux rapports sociaux. Ceci induit qu'il faut comprendre les actions des hommes, des communautés, c'est-à-dire, comprendre le sens que chaque acteur investis dans son action qui se construit dans l'intersubjectivité. L'action devient signifiante lorsque sont prisent en considération les réactions des partenaires sociaux.

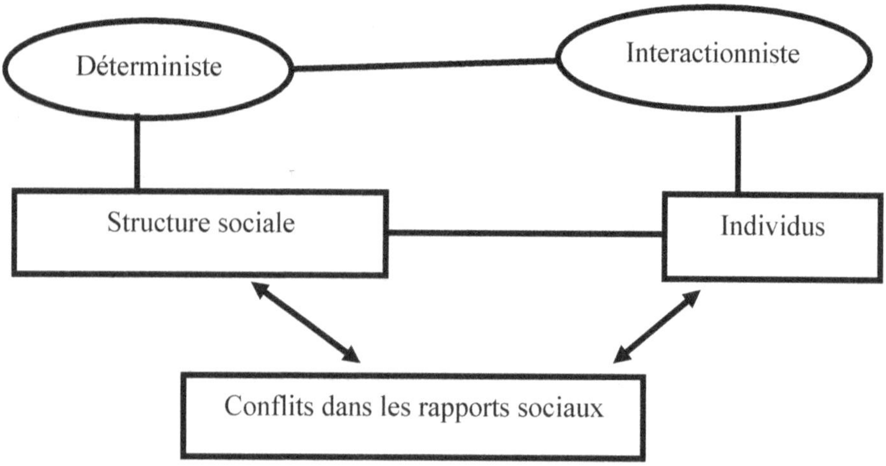

Figure 5 : Paradigme interactionniste africain

Quatre groupes des paradigmes particuliers se construisent à partir de ce cadre. Le premier, reconnait aux acteurs les libertés d'action. Les acteurs ne sont jamais contraints totalement. Chacun peut développer une stratégie spécifique, le jeu des acteurs est imprévisible et les règles du jeu se modifient constamment. Dans les communautés lignagères africaines, même si le droit de propriété de la terre, pour le cas de l'exploitation agricole, appartient aux lignages, le cultivateur agricole a la liberté de la gestion de son champ, de sa production et l'orientation de sa consommation. Il en est de même pour le produit de vente de sa production agricole. De même, dans son activité, il peut faire interagir d'autres membres de la communauté et/ou de la collectivité, en vue d'atteindre les résultats visés. C'est le cas des pratiques des travaux collectifs de ristournes dans chez les Gombe Bokutu ou le cas de la pêche collective chez les Lokélé en République Démocratique du Congo. Les acteurs se mettent en interaction en vue d'atteindre par la mutualisation des efforts, les objectifs économiques individuels. Ainsi, même si l'individu acteur dépend pour sa survie de l'organisation des ressources par la communauté, c'est lui qui incarne la force de production, met en place les stratégies et assure la survie économique et donne le sens à la collectivité. Il faut inscrire ici dans cet ordre les approches stratégiques de Michel Crozier et de Erhard Friedberg.

Le deuxième groupe est constitué des paradigmes qui soutiennent que chaque acteur social agit et se comporte en fonction de l'interprétation qu'il se fait du comportement de l'autre. Les structures sociales doivent être comprises comme des microstructures, c'est-à-dire, les interactions. L'individu agit toujours en réciprocité aux partenaires acteurs. L'identité personnelle est toujours menacée et exige des stratégies particulières. (C'est ici qu'on peut inscrire les théories d'Erving Goffman). Plusieurs antagonismes qui ensanglantent l'Afrique subsaharienne s'adossent sur des réactions partant des comportements et attitudes des communautés qui interprètent les faits des autres formations sociales partageant le même environnement et la proximité. Les Batéké et les Bayaka qui avaient vécu ensemble durant des décennies s'empoignent à la suite de la gestion du système d'exploitation agricole de fermage et métayage des lopins des terres téké, instauré par les deux communautés à Kwamouth depuis plusieurs décennies. Les conflits communautaires présentent des variations significatives de types et d'échelles. Ils causent des morts et atteignent dans nombre de cas, le niveau de guerre qui, enfreint les efforts de développement des Etats subsahariens. Les facteurs politiques, sociaux et économiques sont souvent sous-jacents dans les causes des conflits communautaires en milieux africains.

La troisième perspective des paradigmes c'est celle qui met l'acteur au centre. C'est le groupe des paradigmes qui mettent l'accent sur les négociations. Car, l'ordre social n'étant pas figé, mais en reconstitution permanente. Ici, la règle n'est pas antérieure à l'action, mais elle est créée, voire contestée et modifiée par l'action. L'ordre émane des conflits de pouvoir et des transformations culturelles. C'est la conception d'Alain Touraine. Pour Anselm Strauss, c'est à partir de l'analyse du terrain observé qu'émergent des théories explicatives.

Ces différents paradigmes sont autant de regards posés sur les réalités sociales et économiques africaine, accordant des importances variables à la structure sociale et aux individus dans l'explication du social. Si les paradigmes peuvent s'opposer, on comprend aussi qu'ils contribuent à complexifier les interprétations du social en Afrique. Ils sont forcément multiples et jamais univoques. En Afrique subsaharienne, beaucoup des modèles de penser et/ou des perceptions des réalités sont généralement peu dynamique à long termes. C'est dire que pour ces communautés, il n'y a eu ni expérience de chaque jour, ni réflexion, ni repli de la pensée sur les faits. Cet état de chose ressemble à une eau stagnante ou à un arbre mort. Et, comme le disait Victor Hugo, « Mauvais éloge d'un homme que de dire : son opinion n'a pas varié depuis quarante ans (…) ».[14]

---

[14] Victor HUGO, *1802-1885, Littérature et Philosophie mêlées*, octobre 1830.

Les paradigmes sont les représentations du monde, les manières de voir les choses, les modèles cohérents de pensée, des visions du monde qui reposent sur des bases définies et sur un système de valeurs. C'est donc un ensemble d'éléments épistémologiques, théoriques et conceptuels, cohérents, qui servent de cadre de référence à la communauté. Le paradigme agit comme un mécanisme perceptif et cognitif qui transforme la réalité en représentation. Il se construit autour des expériences, des croyances et des valeurs. L'expérience implique la connaissance des choses et des êtres, acquise de manière volontaire ou non, par l'usage de la vue, la confrontation avec la réalité ou par longue pratique d'une activité. C'est donc un enrichissement du savoir. Elle a en son sein un aspect formateur, en ce sens qu'une situation vécue est considérée comme marquante, exceptionnelle, dont on peut tirer une leçon.

L'acquisition des connaissances à partir du vécu des choses et de l'environnement à l'aide des facultés sensorielles ou de la conscience, comporte trois parties : la préparation, l'expérimentation et l'évaluation. La croyance est une façon de penser qui permet d'affirmer sans esprit critique, des vérités ou l'existence des choses ou d'êtres sans avoir à fournir la preuve et indépendamment des faits pouvant l'affirmer. Les valeurs sous-tendent les croyances, les convictions, les attitudes, les habitudes généralement associées à une culture. Ce sont des croyances profondes sur lesquelles on s'appuie pour déterminer ce qui est acceptable, souhaitable, bon, juste, et ce qui est inacceptable, indésirable, mauvais, erroné. Les valeurs sont acquises généralement dès l'enfance, imprègnent les vies des individus, des communautés et donnent du sens dans les différents contextes. A travers l'interaction entre les individus et communautés, en élargi les connaissances par la compréhension des perspectives culturelles.

Les paradigmes comportent notamment des modes de production des connaissances, des pratiques, des systèmes d'alliances, des types de solidarités, des organisations spécifiques, des modes des croyances, des stratégies de subsistance des individus et des communautés, bref les manières d'être et de s'organiser propres à des formations sociales africaines. Ces différentes manières déterminent les comportements sociaux, économiques et politiques des acteurs au sein des collectivités spécifiques et agissent sur la dynamique des sociétés ou des Etats. Ainsi, dans une formation sociale, l'acteur pris isolément ou en communauté n'a que rarement des objectifs clairs et encore moins des projets cohérents. Ceux-ci sont multiples, plus ou moins ambiguës, plus ou moins explicite, plus ou moins contradictoire. Il en échange en cours d'action, en rejette certains et en découvre d'autres chemin faisant ne serait-ce, parce que les paradigmes l'obligent à reconsidérer sa position et à réajuster son tir. Ce qui est moyen à un moment sera donc finalité à un autre, et *vice-versa*. Il s'en suit qu'il serait illusoire et faux de considérer son comportement comme toujours réfléchi, lucide, stable et définitif, calculant le mouvement en fonction d'objectifs fixés au départ. Pourtant, son comportement est actif s'il est toujours contraint socialement et limité. Ainsi, même la passivité est toujours d'une certaine manière, le résultat d'un choix. Et, c'est un comportement qui a toujours un sens. Le fait qu'on ne puisse à le rapporter à des objectifs clairs, ne signifie pas qu'ils ne puissent être rationnel, tout au contraire. Au lieu d'être rationnel par rapport à des objectifs, il est rationnel d'une part, par rapport à des opportunités et à travers ces opportunités, au contexte qu'il définit.

Le comportement a toujours deux aspects : un aspect offensif ; la saisi d'opportunités en vue d'améliorer sa situation ; et un aspect défensif, consistant au maintien et à l'élargissement de sa marge de liberté, donc de sa capacité à agir. Cette opposition et dualité se trouve dans la nature même des paradigmes et leurs manières de conduire les collectivités. Mais comment pouvons-nous aborder la réflexion systématique de ce que nous appelons en fonction des perspectives, les paradigmes en tant que construit organisationnel, c'est-à-dire des visions actives des collectivités. On conçoit dès lors qu'il s'agira principalement dans ce chapitre de chercher à comprendre et à expliquer l'origine, la nature et les contraintes de ces rationalités qui déterminent l'organisation des collectivités africaines, notamment subsahariennes.

En Afrique subsaharienne comme partout ailleurs, chaque formation sociale a construit depuis des temps immémoriaux des paradigmes qui, régentent les comportements et orientent les actions des individus et des communautés. En tant que manière, ces construits des sociétés orientent au plan économique les modes de production des ressources, d'échange des biens, de consommation. Ils sont déterminants dans la dynamique des structures et des collectivités. En effet, les comportements des acteurs sociaux en milieux subsahariens ne peuvent se concevoir en dehors du contexte d'où ils tirent leur rationalité. Celle-ci les oblige à comprendre le construit organisationnel dans leurs vécus quotidiens. Bref, rien en principe n'est laissé à l'arbitraire des individus et à la négociation interpersonnelle.

Ainsi par exemple, dans l'exploitation agricole, le travail se fait selon les rythmes des saisons, la division et la répartition des tâches sont sexuées. Les hommes dans la plupart des milieux africains s'occupent en amont des grandes décisions économiques : le choix des étendues à cultiver, la défriche et l'incinération. Tous les restes des activités en aval, allant du semi à la récolte et la consommation, passant par le sarclage, le transport, sont du domaine réservé à la femme. Ce sont des activités considérées socialement comme féminines. La séparation entre les fonctions est très nette, le contenu de la fonction de chacune des catégories est claire, profondément distincte de celle des autres et ne porte ni aux échanges ni à la coopération au sens strict des coutumes. Cela d'autant moins que personne dans l'une ou l'autre catégorie ne peut espérer ou craindre d'être empiétée de ses fonctions.

L'organisation technique du travail agricole renforce la fixité et l'impersonnalité du contexte structurel. La rationalisation et la spécialisation sexuée des tâches sont très poussées. Des normes de production établies de manière objective prévoient en effet une solution à tout problème qui pourra se poser. Derrière une telle rationalité, se construit autant des paradigmes à la fois sociaux, économiques et politiques qui, orientent les modes de production et de vie des individus et des communautés. Aussi, le paternalisme qui prédomine la répartition des ressources économiques dans le système lignager en Afrique, attribue à l'homme l'ensemble des pouvoirs. Ces pouvoirs instituent et consolident la division sexuée du travail dans tous les secteurs de la vie sociale, masculinisent les droits de propriété des moyens de production et de la jouissance des produits tirés de l'activité économique. Les femmes subsahariennes sont les plus touchées par des effets de la masculinisation des pouvoirs économiques et subissent les affres de la pauvreté.

La vulnérabilité conséquente à ces modes de production et types de rapports sociaux institués par les communautés, renforce la vulnérabilité et la dépendance économique quasi-totale des femmes subsahariennes. L'égalité des sexes et l'autonomisation des femmes restent un défi important à relever pour éradiquer la violence, l'injustice institutionnalisée et promouvoir un leadership économique féminin. Il y a lieu de noter en effet qu'aucun développement ne peut être envisagé sans l'implication de cette catégorie du genre dont le rôle social et économique reste prépondérant dans les différentes communautés subsahariennes.

En Afrique subsaharienne, la plus courante des pratiques agricoles est celle qui s'adosse sur la division sexuée du travail agricole. Ce mode de production implique des traitements conventionnels discriminatoires et inégalitaires des pratiques, à partir des considérations biologiques que présente la société. Au-delà d'être néfaste pour l'augmentation de la production et le progrès économique, ce mode de production sexué a un véritable impact négatif sur le développement des individus et des collectivités. Il concentre l'attention des communautés sur les divisions biologiquement fondées sur les sexes, au lieu de concevoir des systèmes de production visant l'amélioration de la qualité, de la santé et de l'environnement. Des productions qui témoignent les besoins réels des consommateurs de se tourner vers une alimentation plus durable, plus responsable et plus saine. Cela ne se traduit pas par des techniques d'agriculture, mais plus sur des principes et des valeurs qui permettent aux agriculteurs de développer leurs exploitations sans nuire à la santé, au progrès et à l'environnement.

L'égalité des genres et l'inclusion sociale demeurent des priorités intersectorielles pour les femmes subsahariennes et les groupes socialement exclus, pour accès aux opportunités économiques qu'offrent les milieux africains. Il faut pour ce faire, l'adoption des pratiques inclusives de la question du genre et de l'inclusion sociale, notamment par la prise en considération par les formations sociales, du rôle économique des femmes et de l'égalité du genre dans l'environnement général des connaissances et d'exploitation des ressources. Par ailleurs, les techniques culturales simplifiées utilisées par les communautés subsahariennes sont symboliques des méthodes limitantes du travail, initialement développé par les sociétés traditionnelles africaines. Ces techniques et méthodes s'avèrent moins adaptées au fur de l'évolution et aux exigences d'une production à l'échelle que demandent les sociétés actuelles confrontées à des demandes des populations.

Que dire sur la faillite de la science en Afrique et la responsabilité des élites : une nécessité de changer des paradigmes ?

2.2. Faillite de la science en Afrique et la responsabilité des Elites : nécessité de changer les paradigmes

La sociologie comme toute science, vise à rendre intelligible les phénomènes qui rentrent dans son champ d'analyse. L'intelligibilité scientifique est essentiellement faite de sens partagé. Or, le sens nait toujours d'un rapport à quelque chose, c'est-à-dire, de la confrontation de la réalité à un certain nombre de références servant de projets. Un des principaux référents constitutifs de cette appréhension de la réalité pour la transformer en représentation, c'est le paradigme. Celui-ci est un ensemble d'éléments épistémologiques théoriques et conceptuels, cohérents, qui servent de cadre de référence à la communauté. C'est donc un ensemble de croyances, des mythes, des spéculations métaphysiques réussies, des standards, des nouvelles manières de voir, des principes organisateurs qui déterminent la perception, des cartes routières ou ce qui définit une grande partie de la réalité. A cela, il faut adjoindre les résultats des recherches, des expériences, des croyances et des valeurs partagées par des groupes des communautés. Dans ce sens, les paradigmes agissent comme des mécanismes perceptifs et cognitifs qui transforment la réalité en représentation et qui interagissent sur l'action humaine.

La science étant considérée en effet comme un mécanisme de sélection et de recomposition destiné à rendre intelligible une réalité, le paradigme lui sert de processus transformateur que le chercheur met en œuvre dans son effort de construction de l'objet scientifique. Dès que la réalité est complexe, le paradigme est forcément réducteur. Si ce transformateur est mécanique, les représentations seront mécaniques et s'il est systémique, les représentations seront systémiques. D'où l'importance accordée à l'explication des paradigmes dans l'analyse contemporaine de la dynamique des sociétés. Aucune analyse d'un phénomène ne peut se faire sans qu'il soit fait appel à un paradigme. Il apparait intéressant, pour comprendre comment une science appréhende un domaine d'étude, d'expliciter d'abord le cadre référentiel qui guide les chercheurs.

Par ailleurs, le développement en tant que conception particulière de l'être humain, implique à côté de ses dimensions matérielles et technologiques, le changement dans les structures, c'est-à-dire, des finalités existentielles spécifiques. Il symbolise un processus fondé sur la révolution des modèles rationnels et d'actions. C'est à ce niveau que se noue la relation ombiliquée entre le processus et l'univers des paradigmes qui, sert de cadre structuré à la compréhension du monde et de l'être humain, acteur et bénéficiaire de toute action de transformation des sociétés. Forgé par Thomas Kuhn (1962) dans son célèbre ouvrage « *La structure de l'évolution scientifique* », les paradigmes impliquent des théories, des ensembles, des cadres conceptuels, des à priori méthodologiques et métaphysiques qui assurent l'action et le regard de l'homme dans la société. Ce sont donc des schémas, des comportements construits qui alimentent les systèmes de pensée et qui agissent en cordes de vibration collective des communautés, auxquelles repose toute action de changement ou de réaction aux évènements extérieures. Dans cette perspective et dans un sens plus pratique, on peut penser que le paradigme fonctionne même lorsqu'il n'y a pas des théories.

En tant que cadre précis de compréhension du monde et de l'homme, les paradigmes induisent des perspectives culturelles particulières aux modèles de pensée et d'action. Ils sont dynamiques et leur force repose dans leur capacité de formater la théorie en tant que lunette de la domination sociale et d'impulser le changement. Comme représentation, les paradigmes reposent sur des principes, notamment : la *modularité*, c'est-à-dire la répartition des opérations en modules afin que leurs cycles de vie soient indépendants les unes des autres ; *l'abstraction* ou la fonction représentative de l'élément conceptuel et qui assure les détails de l'élément logiciel et invisible correspondant ; *l'encapsulation* ou l'interface du contrôle d'accès aux données ; la *cohésion* ou le couplage qui sert de guide de réalisation de la modularité, de l'abstraction et de l'encapsulation afin de rentabiliser les modèles. Il apparait donc évident que les paradigmes jouent le rôle déclencheur dans le processus de développement des sociétés humaines, à travers leur puissance décisionnelle sur la mutabilité des modèles rationnels.

Ainsi, à l'instar de l'évolution scientifique qui lui sert de pivot, le développement constitue un processus qui consacre le passage d'un cadre paradigmatique traditionnellement dominée par une théorie générale (macro théorie) structurée des modèles cohérents d'un monde qui repose sur un fondement défini (matrice disciplinaire, modèle théorique, courant de pensée), vers un autre cadre nouveau, forgé des théories nouvelles (des micros théories), des schémas, des comportements, alimentés par un autre système de pensée construit sur une autre manière de voir le monde et qui fait bouger les lignes des idées, des traditions, par la vibration de l'émotion collective, des circuits et des polarités. Une telle perspective culturelle particulière et nouvelle, fait du changement la mesure du progrès. Ainsi, par exemple dans le domaine de la dynamique des sciences, l'on est parti de la *loi universelle de gravitation* ou loi de *l'attraction universelle* (Isaac Newton)semblablement ancien paradigme surplombant, à la loi de la *relativité générale* qui tient à son tour compte des *relativités restreintes* (Albert Einstein 1907-1915), comme nouveau paradigme qui en boule de neige, génère en son sein des contradictions dont les solutions toujours inachevées, matérialisent le circuit dynamique des paradigmes, juxtaposant ainsi sur l'axe, idées et actions.

Je parle de la science comme instrument de transformation des sociétés, de la théorie, du modèle ou schéma, enfin de l'hégémonie des théories centrales.

2.2.1. Science comme instrument de transformation des sociétés

La science se fonde principalement sur deux pivots majeurs, à la fois complémentaires et interdépendants : les théories et les modèles ou les schémas. Ces derniers renforcent le caractère universel de la science comme instrument utilisé par l'homme pour le développement de sociétés. Mais, si dans plusieurs horizons cet instrument a fait preuve de son efficacité, beaucoup de questions peuvent encore être posées sur son opérationnalité dans le continent noir qui, n'a pas encore su dépasser son sanglot de continent pauvre qui parait avoir autant de mal à revendiquer la modernité et dont les populations sont largement persuadées que leur destin doit être pris en charge par l'occident. Analysons ainsi ces pivots pour s'en convaincre de leurs modes opératoires.

J'évoque dans les lignes qui suivent la théorie, le modèle ou le schéma.

222 Théorie, le modèle ou le schéma

Talcott Parsons définit la théorie au sens usuel du terme comme étant un système de lois (Parsons, 1964, p.485). En ce sens, il se situe dans la perspective des sciences de la nature. Robert King Merton considère que la théorie sociologique est constituée des conceptions logiquement reliées entre elles, et d'une portée non pas universelle mais volontairement limitée, d'où l'on espère tirer un grand nombre de régularités du comportement social accessible à l'observateur » (Merton, 1965, pp. 3-14).

Pour Galtung, « une théorie est un ensemble d'hypothèses structurées par une relation d'implication ou de déduction » (Galtung, 1970, p. 451). Alors que pour Watt et Van Den Berg, « une théorie est un ensemble de concepts inter reliés par des propositions hypothétiques ou théoriques énonçant ce qui devrait logiquement se produire » (Watt, Van Den Berg, 1995, p. 6). Boudon estime que « la notion de théorie dans les sciences sociales comporte un sens large et un sens étroit. Au sens étroit, elle correspond à la notion de système hypothético-déductif de propositions. Au sens large, elle recouvre, outre la notion de théorie au sens étroit, au moins trois catégories distinctes de paradigmes, à savoir des paradigmes théoriques ou analogiques, les paradigmes formels et les paradigmes conceptuels » (Boudon, 1971, pp. 174-175).

Little john considère quant à lui toute tentative d'explication ou de représentation d'un aspect de la réalité comme constituant une théorie. Une théorie est à la fois une abstraction et une construction de l'esprit. Le but d'une théorie est de découvrir, de comprendre et de prédire les événements. Dans les études en communication, les théories sont générales ou contextuelles. Les « théories générales » (théories des systèmes, théories des signes, théories du langage, théories cognitives, théories de la culture et de la réalité sociale, théories interprétatives, théories critiques, etc.) conviennent à l'étude du processus de communication dans toutes ses manifestations. Les « théories contextuelles » traitent de la communication dans des situations spécifiques comme, par exemple, les relations interpersonnelles, les groupes, les organisations, les *mass-médias,* etc. (Littlejohn, 1989, p. 10).

Une théorie est une manière de concevoir et de percevoir les faits et d'organiser leur représentation. Elle sert à conceptualiser et à expliquer un ensemble d'observations systématiques relatives à des phénomènes et à des comportements complexes. Elle sert aussi à découvrir un fait caché. Il s'agit donc d'une construction de l'esprit élaborée suite à des observations systématiques de quelques aspects de la réalité. La formulation d'une théorie comporte l'énoncé d'un enchaînement de propositions interdépendantes tirées de déductions et faisant appel à la logique intuitive. Ces propositions servent à formuler des hypothèses vérifiables en utilisant la méthode scientifique. Cette méthode permet de faire des mesures rigoureuses dont les résultats constituent la source de prédictions scientifiques, ou encore de susciter de nouvelles observations ou de nouvelles hypothèses.

Une théorie sert donc à définir, décrire, comprendre, expliquer, représenter et prédire un phénomène particulier et un ensemble de relations propres à ce phénomène suite à la vérification d'un certain nombre d'hypothèses. Elle sert aussi à poser de nouvelles questions, à structurer en partie les observations, à porter un jugement sur la réalité et même, dans certains cas, à prendre des décisions qui influencent le cours des événements quotidiens. La formulation d'une théorie est un processus systématique et contrôlé mais néanmoins adapté aux conditions restrictives de son contexte de production.

Cela signifie donc que les théories sont toujours partielles car, en mettant l'accent sur une partie du réel, elles ignorent donc tout le reste. De plus, elles ont des limites qui doivent être précisément décrites par le chercheur. Une théorie n'est pas la réalité ni un moyen pour révéler la vérité. Toutefois, une théorie crée une réalité qui permet de concevoir, de percevoir, de comprendre et d'expliquer un aspect du réel de manière logique et formelle. Il est donc plus fécond de se demander si une théorie est utile plutôt que de se demander si elle est vraie. Les concepts et les explications sont les éléments fondamentaux d'une théorie. « De façon générale, un concept n'est fondé que lorsqu'il est défini à l'intérieur d'un langage scientifique ; tant qu'il dérive de la seule expérience, il ne peut que prêter à la controverse, même si on prend soin de l'introduire dans le cadre d'un système conceptuel *a priori* » (Boudon, 1971, p. 245).Le concept scientifique a des caractéristiques particulières et opposées à celles du concept d'usage courant. Pour satisfaire aux règles de la science, un concept doit être précis, clair, monosémique, c'est-à-dire qu'il ne peut avoir qu'un seul sens, et univoque, c'est-à-dire qu'il ne peut être interprété que d'une seule manière. Le concept scientifique résulte donc d'un effort de clarification systématique de la définition, de la compréhension, de la représentation et de l'explication de ce qui existe. C'est pourquoi le concept scientifique est une construction de l'esprit isolant certains aspects particuliers des réalités étudiées.

En science, il y a des concepts théoriques et des concepts opératoires. Les premiers sont des définitions abstraites et provisoires qui seront précisées et corrigées par les résultats de recherches à mesure que la complexité du phénomène étudié sera mieux comprise. Les seconds sont issus d'un énoncé théorique et servent à l'observation empirique et à la mesure des faits. Selon Little john, il ne faut pas dissocier les concepts et les définitions. C'est par l'intermédiaire de ces dernières qu'il est possible de comprendre ce qu'observe un théoricien et ce qu'il considère comme important dans sa recherche. Une bonne théorie doit faire état non seulement des concepts et de leurs définitions. Elle doit aussi préciser et expliquer les relations entre les concepts et le pourquoi de ces relations. L'explication est le deuxième élément fondamental d'une théorie. Expliquer ce n'est pas définir. Expliquer c'est répondre à la question « pourquoi ? » Cette réponse doit identifier et représenter, d'une part, les régularités dans les relations entre des variables et, d'autre part, les forces ou les facteurs qui influencent nécessairement ou probablement ces relations ou qui sont à l'origine d'événements subséquents à l'existence de ces relations. L'explication est généralement fondée sur le principe de nécessité. La nécessité peut être causale, pratique ou logique. Elle est causale lorsqu'elle explique un événement ou un comportement en termes de relation de cause à effet.

Ainsi, ce qui est observé est interprété comme résultant d'une ou de plusieurs causes antérieures à l'observation. La nécessité pratique explique un événement ou un comportement en termes de relations d'acte à conséquence. Ce qui est observé est donc le fruit d'une volonté, d'une action intentionnelle pour atteindre un but ou un état spécifique. Quant à la nécessité logique, elle est fondée sur la cohérence des relations entre des éléments. Cette nécessité fait référence à l'enchaînement de propositions interdépendantes qui structurent l'énoncé des différents aspects d'une théorie. Traditionnellement, la conception hypothético-déductive de la recherche scientifique comporte l'énoncé d'une problématique où sont établies les questions à examiner, la formulation rigoureuse d'hypothèses, la vérification d'hypothèses et l'énoncé d'une théorie. Il est donc indispensable de définir des variables et leurs relations pour vérifier des hypothèses.

Cette perspective signifie que la meilleure façon de comprendre les phénomènes complexes, c'est d'en faire une analyse fine des parties. La formulation rigoureuse d'une hypothèse sur les relations entre des variables est habituellement fondée sur l'intuition, l'expérience personnelle ou, préférablement, sur des recherches et des théories antérieures. Cette formulation rend une hypothèse vérifiable, et permet à d'autres chercheurs de l'infirmer ou de la confirmer. La vérification d'une hypothèse est souvent précédée d'un processus inductif qui permet d'établir le degré de généralisation de la théorie. Mais, avant de vérifier une hypothèse faut-il encore opérationnaliser les variables retenues. L'opérationnalisation de chaque variable exige une définition rigoureuse de celle-ci afin d'en rendre possible l'observation et la mesure. Une définition opératoire permet donc de saisir, par l'intermédiaire des indices retenus, comment un concept doit être conçu et compris. Elle permet aussi de choisir la mesure appropriée. La mesure permet de détecter les variations d'une variable ou des relations entre des variables. La mesure doit satisfaire aux critères de validité et de fiabilité. La validité correspond au degré avec lequel ce qui est mesuré mesure bien ce qui devait être mesuré. La fiabilité fait référence au degré d'exactitude de ce qui est mesuré.

Quant au contrôle et à la manipulation des variables, ils permettent de démontrer les liens de causalité. En maintenant constante une variable et en faisant varier une autre variable, il devient alors possible de détecter l'effet de la variable manipulée sans avoir à se demander si cet effet dépend d'une variable non observée. Le contrôle et la manipulation s'obtiennent par l'expérience ou la manipulation des mesures et des statistiques. Ce processus peut parfois mener à l'énoncé d'une loi scientifique. Une loi scientifique est un énoncé théorique à propos de relations de cause à effet entre des variables. Ces relations doivent être observables dans un grand nombre de situations. Le pouvoir explicatif et prédictif d'une loi est Puissant.

Par ailleurs, les prédictions donnent un pouvoir sur l'environnement et permettent le contrôle de différents types de relations. L'approche interprétative et critique met en cause ce paradigme de la recherche. Les chercheurs qui utilisent cette approche croient que le comportement humain n'a pas une structure statique singulière qui peut être découverte et représentée par une théorie. Ils doutent que le comportement humain puisse être fragmenté en un ensemble de variables qui sont déterminées par des forces causales. Il serait donc impossible de découvrir des lois explicatives des comportements humains et même de formuler des prédictions. Puisque la réalité change et peut être représentée utilement de différentes manières, les analyses fondées sur cette approche portent sur l'observation et l'interprétation du monde symbolique qui oriente les comportements et les interrelations humaines. En conséquence, les interprétativistes cherchent à établir des cadres très précis d'interprétation qui permettraient de mieux comprendre les transformations incessantes des comportements humains et des événements.

Little John attribue neuf fonctions à la théorie. La fonction d'organisation et de synthèse permet de cumuler, de structurer et de synthétiser les connaissances. La fonction d'intérêt attire l'attention sur les variables et les relations entre les variables importantes. La fonction de clarification aide à comprendre différents types de relations et balise l'interprétation, la compréhension et l'explication de divers aspects de la réalité. La fonction d'observation précise ce qui doit être observé et comment le faire. La fonction de prédiction est utilisée pour contrôler, anticiper et même transformer certains aspects de la réalité. La fonction heuristique favorise l'émergence de nouveaux concepts et de nouvelles recherches dans un domaine particulier, suggère de nouvelles hypothèses ou crée une réalité anticipée. La fonction de communication permet au chercheur de rendre compte de ses observations, ce qui facilite la discussion, le débat et l'analyse critique indispensables à l'évolution des connaissances. La fonction de contrôle sert à juger, à partir de valeurs et de normes, la performance, l'efficacité et les propriétés de certains comportements. Enfin, la fonction de générativité, qui s'applique surtout aux théories interprétative et critique, consiste à mettre en cause la vie culturelle et ce qui est tenu pour acquis, à générer de nouveaux styles de vie, à soulever des questions fondamentales sur la vie contemporaine et à proposer des alternatives pour l'action sociale. D'après Little John, cinq critères permettent d'évaluer une théorie. Ce sont les critères d'envergure, d'opportunité, de valeur heuristique, de validité et de simplicité.

L'envergure d'une théorie fait référence à son domaine d'application et se fonde sur le principe de généralité. Une théorie doit être assez générale pour s'appliquer, d'une part, à plusieurs phénomènes ou, d'autre part, à un petit nombre d'événements dans plusieurs situations. L'opportunité d'une théorie signifie que la perspective théorique utilisée est appropriée aux questions théoriques posées. Ce critère implique l'examen des suppositions épistémologiques qui fondent la perspective théorique. La valeur heuristique d'une théorie permet de vérifier si celle-ci peut déclencher l'émergence de concepts inconnus, de recherches inédites ou de nouvelles théories. Une théorie satisfait le critère de validité lorsqu'elle est généralisable. Dans les approches interprétatives et critiques, la validité dépend de l'importance et de la valeur utilitaire d'une théorie. Elle dépend aussi de la correspondance entre la réalité et les définitions des concepts et de leurs relations. La pratique scientifique traditionnelle n'admet qu'une seule correspondance alors que l'approche interprétative et critique estime qu'un certain nombre de théories correspondent à la réalité. Enfin, le critère de simplicité signifie qu'entre deux théories également valides il faut choisir celle dont la logique d'explication est la plus simple. Il n'y a pas que les termes paradigme et théorie qui posent certains problèmes. Parfois, un modèle est perçu et compris comme étant une théorie. Pourtant, il n'y a pas d'équivalence entre ces deux termes comme l'illustrent les propos suivants.

Un modèle est généralement développé dans le prolongement d'une théorie, dont il est en fait une projection. Parce qu'il fait référence à une gamme plus limitée de situations que la théorie dont il est issu, le modèle est habituellement d'application plus réduite. Le modèle n'est pas un outil explicatif et de généralisation mais il joue un rôle important dans la formulation des théories. Le modèle apparaît donc comme une partie concrète de la théorie qui est directement en rapport avec un ensemble de comportements. Une théorie devient un modèle à propos d'un phénomène particulier lorsque ses concepts et son point de vue spécifique sur les faits observés ou les résultats d'expériences enrichissent la compréhension de ce phénomène en rendant possible une analyse plus approfondie de ce dernier et une interprétation plus rationnelle et cohérente de ses caractéristiques essentielles. L'origine de la notion de modèle est technologique et renvoie à l'idée de maquette, de reproduction miniaturisée d'un objet ou d'un processus.

C'est dans cette perspective que le terme « modèle » a commencé à être couramment employé en méthodologie scientifique et qu'il désigne les différents moyens de représentation et les schémas utilisés pour décrire et expliquer divers phénomènes. Aujourd'hui, la notion de modèle renvoie d'abord à la réalisation concrète de quelque chose plutôt qu'à une théorie à propos de cette chose. Le modèle sert, d'une part, à clarifier et à transposer mathématiquement ce qui est décrit de manière diffuse dans les sciences empiriques et, d'autre part, à représenter par des figures géométriques ou par différents types de symboles les diverses propositions ou groupes de propositions d'une théorie. Le modèle n'est donc pas une théorie bien que, parfois, il est erronément perçu et compris comme étant une théorie.

Dans les études en communication, la modélisation des phénomènes très complexes demeure très ouverte. Il y a multiplication de modèles partiels et provisoires, qui servent néanmoins d'assise à différents types d'études et de moyens d'analyse et de réflexion. Compte tenu de cette situation, on a tendance à considérer les modèles, dans ce domaine, comme étant d'abord de l'ordre de la représentation schématique pour décrire et illustrer de manière réductrice, simplifiée et fonctionnelle les traits essentiels d'un objet, d'un système ou d'un processus. Les caractéristiques d'un modèle sont les suivantes. Un modèle ne représente que certaines caractéristiques de l'objet ou du phénomène étudié. Ces caractéristiques sont énoncées sous la forme d'un ensemble de propositions systématiques relatives aux observations et aux mesures faites sur certains aspects d'un objet ou d'un phénomène. Un modèle est toujours plus simple que l'objet, le phénomène ou le processus qu'il est supposé représenter et expliquer. C'est un moyen servant tant à la représentation qu'à l'étude d'un phénomène. C'est également un outil intellectuel ou concret. Un modèle est provisoire en ce sens que l'évolution des connaissances et de la compréhension de ce qu'il représente mène à sa transformation ou à son rejet. Il ne faut jamais oublier qu'un modèle est toujours nettement plus pauvre que la réalité représentée. Le modèle scientifique est fondé sur trois principes permettant d'établir méthodiquement des faits au moyen d'observations et d'expériences. Le principe d'objectivité stipule que ce qui constitue la réalité ne correspond pas nécessairement à la manière dont nous la percevons. Le principe d'intelligibilité précise que la réalité est compréhensible dans la mesure où l'on recherche des relations déterminées entre les faits. Quant au principe de rationalité, il suppose que les relations entre les faits peuvent s'exprimer de manière cohérente par un raisonnement structuré suivant des règles logiques. Ainsi, un modèle scientifique doit comporter un ensemble de concepts explicitement définis et ayant des relations déterminées entre eux. Le respect de ces exigences fait du modèle un moyen de rendre comparables des objets, des comportements et des situations.

Le modèle permet de préciser les aspects du réel à propos desquels on peut repérer des ressemblances et des différences importantes et significatives. Le modèle, comme outil de description, de représentation et d'analyse, constitue donc un moyen de découvrir de nouvelles relations, d'établir de nouveaux faits, d'énoncer de nouvelles hypothèses, de définir des méthodes novatrices d'intervention, de corriger certaines erreurs ou insuffisances par rapport à la perception et à la compréhension d'une partie du réel, et enfin de prévoir, si cela est possible, le cours des événements. On attribue généralement quatre fonctions aux modèles. Ce sont la fonction organisatrice, la fonction heuristique, la fonction de prédiction et la fonction de mesure. La fonction organisatrice sert à la structuration et à l'établissement de relations entre des concepts, entre des observations ou entre des données pour constituer une représentation significative et explicative d'un phénomène ou de l'un de ses aspects. La fonction heuristique consiste à faire découvrir de nouveaux faits, de nouvelles relations, de nouvelles explications, à énoncer une nouvelle théorie ou à découvrir les failles d'une théorie. La fonction de prévision permet de prédire avec une plus grande probabilité et une meilleure certitude différents comportements ou différentes situations.

Un modèle a une fonction de mesure, comme celle de la courbe normale par exemple, lorsqu'on se sert de sa structure pour mesurer un phénomène et que les résultats issus de son application sont utilisés comme données prévisibles relativement au phénomène étudié ou à la théorie énoncée. On classe généralement les modèles selon quatre types. Il y a des modèles cognitifs, prévisionnels, décisionnels et normatifs. Le modèle cognitif sert à représenter un système existant et à mettre en évidence ses propriétés structurelles ou fonctionnelles jugées comme étant les plus importantes et les plus intéressantes. C'est le cas des modèles de communication. Le modèle prévisionnel permet de prédire le comportement d'un système dans une situation nouvelle à partir des connaissances que l'on possède sur ce système dans une situation donnée. La construction de ce modèle nécessite préalablement la connaissance des éléments qui peuvent être considérés comme invariants dans des situations qui ne servent de points de repère et qui sont proches de celles où il sera testé. C'est notamment le cas des modèles tirés des sondages d'opinion.

Quant au modèle décisionnel, il fournit des informations utiles pour prendre des décisions optimales et atteindre ainsi les objectifs visés. La construction de ce type de modèle exige la capacité d'anticiper ainsi que des connaissances sur les situations futures et sur les moyens d'action pertinents dont peut disposer un décideur. Il peut s'agir, par exemple, du modèle d'un système de télécommunication devant assurer, au moindre coût, la circulation de messages de toutes sortes. Enfin, le modèle normatif indique comment faire quelque chose, ou comment se comporter pour atteindre un but. Il peut aussi représenter de la manière la plus précise possible les propriétés souhaitées d'un nouveau système. Un tel modèle doit être techniquement réalisable et cohérent. Il devrait aussi être socialement acceptable.

En sciences sociales, les modèles servent à créer un certain ordre entre les éléments d'un tout complexe et à représenter les liens, les liaisons et les relations qui existent entre ces éléments. C'est de cette manière qu'on parvient à produire une image d'une partie du réel qu'on ne pourrait probablement pas percevoir autrement comme, par exemple, les habitudes de lecture chez les jeunes ou les variations, selon différents médias, de l'importance accordée aux événements ayant une portée internationale. Les modèles ont aussi l'avantage de faciliter l'explication, et particulièrement la vulgarisation, d'une théorie, en fournissant d'une manière simple un savoir qui demeurerait, autrement, compliqué ou ambigu. Ce savoir suscite et oriente l'attention sur les aspects fondamentaux et les éléments majeurs d'un processus ou d'un système.

Les modèles permettent d'anticiper et de prédire des événements ainsi que leur déroulement. En ce sens, ils rendent possible l'attribution de probabilités différentes à divers événements. Dès lors, on peut formuler des hypothèses de recherche, modifier les composantes et les modes de fabrication d'un objet ou d'une machine, ou énoncer une nouvelle problématique d'intervention sociale. Aucun modèle n'est sacré. Un modèle n'est qu'une représentation simplifiée, relative, incomplète et temporaire d'une partie du réel ou d'un phénomène. Ce n'est jamais ni le réel, ni le phénomène étudié. Ce n'est pas non plus l'explication, car celle-ci sert à faire comprendre à la fois le modèle et la partie du réel qu'il représente. Certains modèles, ou encore une série de modèles, peuvent cacher et perpétuer des erreurs ou des inexactitudes fondamentales, ce qui retarde le développement des connaissances. Ce n'est qu'en confrontant ces modèles à des observations systématiques et à des modèles concurrents qu'on arrive à déceler ces erreurs. Souvent, les modèles comportent des suppositions, des hypothèses, des croyances et des valeurs cachées.

Il est donc important de toujours chercher à saisir les intentions, les motifs et les objectifs de l'auteur d'un modèle afin de pouvoir en évaluer correctement le contenu et la portée. Aucun modèle ne peut s'appliquer à tous les niveaux d'analyse et à tous les objectifs de recherche. Les modèles doivent toujours être vérifiés et confrontés aux circonstances, aux situations et aux cas auxquels ils s'appliquent, et ils doivent être transformés en conséquence. Tous les modèles sont énoncés dans un langage formel plus ou moins abstrait. On peut construire un modèle en utilisant plusieurs langages tels que les langages littéraire, iconique, pictographique ou logico-mathématique. On construit un modèle en spéculant sur les processus qui peuvent avoir contribué à produire les faits observés. Dans la représentation d'un aspect du réel, tous les détails ne sont pas utiles. Toutefois, un modèle doit être assez spécifique pour représenter correctement certains aspects de son objet ; mais il ne faut pas qu'il soit trop détaillé, car il doit être généralisable à plus d'une seule situation observée. Lorsqu'on construit un modèle, il faut donc chercher à satisfaire aux exigences de l'art, procéder de façon systématique et, enfin, se conformer à certaines règles.

L'art de la modélisation exige des habiletés telles que l'abstraction, la déduction, l'évaluation, et, enfin, une connaissance approfondie des modèles déjà connus. Pour élaborer un modèle, il faut être capable d'abstraire les aspects les plus importants du réel étudié, c'est-à-dire de les former intellectuellement. Ces aspects peuvent être constitués d'éléments tels qu'un émetteur, un message et un récepteur, et de relations, telle une boucle de rétroaction allant du récepteur vers l'émetteur, par exemple. Il faut être capable de déduire ou d'inférer des conséquences et des prédictions à partir du modèle proposé. Les déductions qui peuvent être tirées d'un modèle dépendent du contexte général de la situation analysée et représentée, et de l'énoncé théorique qui en constitue le fondement. La richesse de la signification d'un modèle dépendra de la pertinence des déductions, hypothèses et prédictions auxquelles celui-ci aura donné lieu. Il faut aussi être capable d'évaluer un modèle. On évalue un modèle par rapport à sa capacité de prédire correctement d'autres faits. Certains modèles n'ont aucun intérêt parce que leurs prédictions sont inexactes. D'autres modèles sont à rejeter parce que leurs conséquences sont immorales.

Enfin, certains modèles ne font aucunement progresser les connaissances parce qu'ils sont compliqués, demeurent incompréhensibles et indéchiffrables et permettent difficilement de faire des prédictions. Aussi, lorsqu'on spécule à propos des comportements humains pour construire un modèle, il faut procéder de manière systématique et rigoureuse. Pour expliquer un fait observé, il faut essayer d'imaginer, de comprendre et de représenter les processus qui témoignent de son existence. On peut alors construire un premier modèle représentant ce fait. Ensuite, en supposant que le fait observé est exact et que les processus retenus et représentés sont valables, on recherche d'autres faits observables qui soient semblables au premier. Enfin, la comparaison des différents faits observés permet de tirer des conclusions quant à la validité du modèle : si l'on constate que l'un ou l'autre aspect du modèle est indémontrable, inexact ou faux, il faut alors recommencer les étapes antérieures. En plus de suivre la démarche énoncée ci-dessus, il faut aussi se conformer à trois règles : penser en fonction des processus, faire des prédictions intéressantes et cultiver la généralisation.

Un bon modèle est presque toujours un énoncé à propos d'un processus. Lorsqu'on construit un modèle, il faut se demander si l'on y a représenté au moins un processus. Un modèle qui représente un processus doit toujours permettre de déduire un énoncé général dans une perspective relationnelle. L'un des plaisirs de la construction d'un modèle est de réussir à faire des prédictions intéressantes à partir de celui-ci, ce qui implique évidemment un jugement de valeur. Toutefois, la meilleure stratégie pour faire de telles prédictions est d'abord de penser aux processus que comporte le modèle, puis de rechercher, dans la réalité, les variations des principales caractéristiques de ces processus et leurs conséquences. Plus un modèle s'applique à un grand nombre de situations, meilleur il est et plus grandes sont ses possibilités de prédiction.

Pour atteindre ce but, il est préférable d'utiliser des expressions générales pour représenter les différents aspects d'un modèle. De ce fait, pour réussir à généraliser, il faut se demander constamment pourquoi le processus représenté est valable. Il faut aussi se demander s'il existe déjà un modèle qui, s'il est exact, peut inclure, en tant qu'hypothèse ou en tant que prédiction, le modèle que l'on veut proposer. Autrement dit, il faut toujours rechercher un modèle général qui soit capable de prévoir le modèle que l'on souhaite construire. Pour évaluer un modèle, on peut poser les questions suivantes : Le modèle est-il original ? Apporte-t-il une nouvelle compréhension du réel ? Quel est son degré de généralité ? Combien d'éléments et de processus structure-t-il de manière efficace ? Permet-il de découvrir de nouveaux faits, de nouvelles relations ou encore de nouvelles méthodes ? Les prédictions qu'il permet de faire sont-elles importantes pour la recherche et l'évolution des connaissances ? Quelle est l'importance stratégique de ces prédictions ? Permet-il de développer des mesures et des résultats exacts ? En plus de ces questions, trois critères permettent d'estimer la valeur d'un modèle. Ce sont les critères d'exactitude, de beauté et de justice.

Tous les modèles sont potentiellement vérifiables. Le critère d'exactitude nécessite la comparaison entre des modèles. Avant d'accepter ou de rejeter un modèle, il est préférable de le comparer à des modèles concurrents. Ainsi, en comparant différents modèles relatifs à un même fait ou à une même situation, on devrait être en mesure de trouver de nouvelles questions auxquelles chaque modèle apporte des réponses différentes. Ce sont ces questions et leurs réponses qui permettent de choisir, parmi différents modèles, celui qui semble le plus pertinent et à partir duquel il devient possible de faire des prédictions intéressantes. Le critère de beauté est fondé sur trois aspects : la simplicité, la fécondité et l'imprévisibilité. Un beau modèle est simple. Un modèle qui fait état d'un petit nombre d'éléments est plus attrayant qu'un autre qui en représente plusieurs. Mais, il n'est pas toujours facile de formuler des modèles simples en communication. Cette situation s'explique par le fait que l'être humain et ses comportements sont complexes, et qu'il est difficile de s'en distancier.

Pour accroître la simplicité d'un modèle, il ne faut pas essayer de dire tout ce que l'on connaît, même si cela signifie que certaines choses seront omises. Il faut choisir entre le détail superflu et une trop grande généralité. De plus, il ne faut pas s'inquiéter des exemples ou des situations qui vont à l'encontre des postulats énoncés. L'objectif d'un modèle, c'est de représenter et d'interpréter, et non pas de décrire un comportement ou une situation. Un beau modèle est fécond. Il produit un nombre relativement important d'hypothèses et de prédictions. En substituant un concept général à des concepts spécifiques, on peut construire un modèle plus général et plus fertile en prédictions. Un beau modèle donne lieu à l'imprévisible. Il permet de faire certaines prédictions intéressantes et surprenantes qui n'étaient pas immédiatement évidentes. L'absence de surprise tient au fait que la formulation du modèle manque de précision. Précision et surprise vont de pair.

C'est par l'intermédiaire d'outils analytiques puissants et rigoureux qu'on parvient à découvrir des résultats ou à faire des prédictions.

Les modèles ne sont pas neutres. Ils fondent bien souvent notre perception du monde et conditionnent nos manières d'agir et nos comportements. Comme l'exactitude et la beauté, la justice est un idéal plutôt qu'un état de fait. Néanmoins, la justice est un aspect important de la construction des modèles et des théories en sciences sociales. Un modèle peut être exact et beau, mais avoir des conséquences injustes lorsqu'il est utilisé sans discernement et sans considération des mythes sociaux et des idéologies qui orientent les comportements et fondent parfois la construction d'un modèle. Ceux qui conçoivent des modèles doivent donc toujours être conscients des conséquences liées à l'utilisation de leurs modèles. Tout modèle comporte, implicitement ou explicitement, différentes valeurs de justice. Ces valeurs orientent les actions de différentes personnes, dont les conséquences sociales ne dépendent pas seulement du degré d'exactitude du modèle. Deux modèles rigoureusement exacts peuvent avoir des conséquences radicalement opposées quant aux décisions prises par ceux qui s'en servent pour déterminer, par exemple, les orientations futures d'une société ou encore les activités de communication d'une entreprise ou d'un groupe.

Retenons donc qu'un modèle est une représentation systématique, simple et provisoire relative à des observations et à des mesures. Cette représentation est faite de signes, de symboles, de formes géométriques ou graphiques, et de mots. La production d'un modèle est fondée sur le principe d'objectivité, celui d'intelligibilité et celui de rationalité. Le modèle a quatre fonctions : la fonction d'organisation, celle d'heuristique, celle de prédiction et celle de mesure. Trois critères servent à l'évaluation d'un modèle. Ce sont les critères d'exactitude, de beauté et de justice. Une théorie ou un modèle peuvent être illustrés par un schéma. Examinons donc les principales caractéristiques qui définissent le terme schéma.

Un schéma est un moyen de représentation simplifiée, figurée, symbolique et fonctionnelle de réalités perceptibles ou non perceptibles et de relations (Schmid, 1954 ; Zeisel, 1957 ; Duchastel, 1979 ; Hawk, 1985 ; Juneau, 1987). En fait, le schéma est une représentation logique d'aspects essentiels d'une réalité. Il exige donc un choix d'éléments appropriés et une synthèse de ces éléments et de leurs différents niveaux de relations. Un bon schéma doit permettre au lecteur de comprendre les principes logiques qui ont déterminé, d'une part, le choix des éléments pertinents et leurs relations et, d'autre part, la structuration des informations représentées. Cette compréhension, essentielle à l'interprétation d'un schéma, permet de reconstituer le contexte qui justifie son existence et, par le fait même, détermine son sens. Le but, les circonstances, les particularités (type de schéma, grandeur, forme, proportion, épaisseur des lignes, police, couleur, etc.), l'usage, la valeur implicite ou explicite, les modes d'appropriation possibles sont quelques-uns des facteurs qui déterminent le contexte d'un schéma.

Le schéma réduit à l'essentiel ce qu'il représente. C'est une technique très utile qui facilite l'illustration, la présentation, la description, l'explication et même l'analyse de différentes réalités au moyen de points, de lignes, de barres, de courbes, d'aires, de couleurs, etc. Ce qui est au centre du schéma, ce sont les formes et les symboles géométriques ainsi que les couleurs. La construction d'un schéma s'appuie sur plusieurs principes de la géométrie analytique. Bien que s'attachant à l'essentiel, le schéma permet une représentation claire, simple et efficace de certains aspects d'une théorie ou d'un modèle. En traduisant visuellement ce qui est énoncé dans un texte, il permet d'en comprendre mieux et plus rapidement la signification. Il rend possible et facilite les comparaisons entre des réalités différentes et permet de visualiser des tendances et divers types de relations. Le schéma suscite l'intérêt et l'attention. Il facilite la mémorisation de ce qui est expliqué dans un texte. Il peut faire émerger des faits, des tendances ou des relations non immédiatement perceptibles. Il peut aussi provoquer des interrogations, interpeller, être le point d'ancrage d'analyses et de comparaisons. Il peut aussi donner l'illusion d'avoir compris. Représentant l'essentiel, le schéma est évidemment réducteur de la réalité et ne s'y substitue point. Un schéma doit représenter adéquatement, mais aussi de manière esthétique, les faits ou les idées énoncés. Son décodage et sa compréhension doivent être faciles. Il doit aussi déclencher et maintenir l'attention tout en étant concis, logique et simple. Il doit permettre la comparaison et souligner les relations les plus significatives entre les éléments.

Il y a trois types de schémas : le graphique, l'organigramme et le tableau. Le graphique représente au moyen de signes graphiques les relations entre des variables. Parfois, le mot diagramme est utilisé au lieu du mot graphique. Le diagramme est habituellement constitué de formes géométriques qui représentent des parties d'un ensemble en les disposant de telle sorte à faire ressortir les rapports entre ces parties. Dans un graphique, l'information textuelle fait référence à une catégorie, par exemple un cercle dans lequel on peut lire le mot émetteur. Si le graphique contient un cercle avec le mot émetteur, un rectangle avec le mot message, un carré avec le mot canal et un autre cercle avec le mot récepteur et que toutes ces formes géométriques sont reliées par des flèches, nous avons un schéma qui illustre une séquence, un processus et des liens de causalité.

Les diagrammes à barres horizontales, à barres comparatives ou à secteurs circulaires ou encore les courbes constituent un type de graphique permettant d'illustrer et d'intégrer un nombre élevé de variables. Dans les diagrammes à barres horizontales, les variables sont habituellement présentées sous la forme d'une liste, et chaque barre peut être caractérisée par une texture et une couleur particulière. Il est plus difficile de comprendre rapidement et correctement les données représentées par des diagrammes à barres comparatives ou à secteurs circulaires. La proportion de chaque variable n'est pas immédiatement évidente, et il est plus difficile d'y inclure du texte. Si l'on veut suggérer la comparaison entre plusieurs diagrammes, ceux-ci doivent être de mêmes dimensions. Les courbes sont un bon moyen de représenter des variations. Toutefois, leur nombre doit être limité à 5 car au-delà, même en variant le type de lignes utilisé, il est plus difficile de lire et de comprendre correctement l'information. L'organigramme ne sert pas qu'à représenter les différentes parties d'une organisation ou d'une entreprise.

Dans ce cas, il sert à illustrer les strates hiérarchiques, les lignes d'autorité, les responsabilités et l'amplitude des différentes parties de l'entreprise. C'est le meilleur moyen de représenter une structure d'autorité, de prise de décisions et de fonctions. L'organigramme est aussi le meilleur moyen de structurer clairement les différents aspects d'un problème en représentant tous les facteurs pertinents à la compréhension. Un algorithme est une forme d'organigramme qui permet de visualiser les différentes options possibles, les résultats de chacune de ces options et même les conséquences. Parfois, il vaut mieux produire un organigramme ayant la forme d'une liste de branchements, c'est-à-dire une séquence numérotée de courtes phrases, lorsque le nombre trop élevé de formes géométriques et de lignes risque de provoquer une perturbation visuelle.

Quant au tableau, il peut être de type alphabétique ou numérique. Le tableau de type alphabétique permet, par exemple, de hiérarchiser des concepts en les positionnant dans des cases à dimension variable et en utilisant des polices et des styles qui constituent des indices significatifs quant au sens attribué à chaque concept. Dans un tableau numérique, il faut que la surface des cases et la disposition de l'information favorisent la comparaison. En insérant des moyennes, le lecteur peut facilement repérer et déduire les écarts entre ce qui est en haut et en bas de la moyenne. Les chiffres les plus élevés devraient être en début de liste. L'aménagement de l'espace, c'est-à-dire la taille des cases, l'épaisseur des lignes, l'utilisation d'un espace blanc, l'alignement de l'information dans les cases et les retraits, doit toujours faciliter le repérage dans la lecture des données. La lecture d'un tableau devrait toujours pouvoir se faire de haut en bas plutôt que de gauche à droite. La structure d'un tableau doit tenir compte du type d'informations à représenter et de l'usage de celles-ci. Elle doit favoriser le regroupement d'informations et permettre de déterminer le degré de redondance nécessaire à la compréhension de ce qui est représenté.

Retenons donc qu'un schéma est un outil de traduction et de représentation logique d'aspects essentiels d'une réalité. Le schéma suscite l'intérêt et l'attention. Il aide à comprendre, à comparer, à interroger et à analyser. Ce doit être un objet esthétique dont la configuration est celle d'un graphique, d'un organigramme ou d'un tableau. Toutes les théories de la communicologie semblent bonnes de même que tous les modèles. Étant donné la vitesse actuelle de la circulation de l'information dite scientifique et la scolarisation croissante d'une partie importante des décideurs, plusieurs décisions sont prises à partir de théories et de modèles de communication douteux. Cela a pour conséquence de réduire considérablement, à cause de l'obsession organisationnelle de plusieurs décideurs, la richesse et la variabilité des comportements humains de communication qui, pourtant, sont marqués du sceau de la spontanéité.

Il découle de l'analyse de ces pivots de la science que celle-ci est source de production des connaissances et constitue de ce fait, un créneau pour les paradigmes et la transformation intégrale de l'homme et des collectivités. Elle agit sur l'évolution des techniques et des modes de production des communautés et assure le progrès des formations sociales en tant qu'instrument des sociétés. Il suffit d'observer notamment l'évolution technologique, la transformation radicale des milieux, le progrès extraordinaire de la médecine, en Amérique du Nord, en Europe et en Asie occidentale pour se rendre compte de l'évidence de la science comme instrument révolutionnaire au service des sociétés. Dans ces espaces, la science s'invite au quotidien en tant que guide d'actions, des projets et constitue de tout temps l'élément principal des cultures, étant elle-même une culture.

Contrairement à l'occident, la science apparait globalement en Afrique comme un instrument étranger à la société, et se heurte de ce fait, à la résistance des cultures locales qui lui opposent par leurs coutumes et traditions, un affront cinglant à la fois contre son intégration comme mécanisme de solution à des problèmes de la collectivité, et contre les théories occidentalisées d'une élite africaine humiliée par son incapacité à transformer la société et honteuse de son « *occidentalité* » acquise par le mécanisme de science qui, l'assigne à la dépendance culturelle ombilicale vis-à-vis de l'occident, source de ses théories. Le sous-développement de cette partie du monde n'est pas essentiellement dû au manque des capitaux comme l'affirment certaines d'études, car aucune interprétation économique ne permet de rendre compte de cette situation. Il est aussi lié à la persistance des comportements et attitudes qu'on peut assimiler à la persistance des cultures traditionnelles qui ne permettent pas à l'africain de dépasser son fameux « *sanglot de l'homme noir* » et d'éternelle victime où la traite, la colonisation, l'échange inégal et les termes de l'échange sont considérés comme les seules causes des difficultés qui l'enferme dans l'auto-marginalisation et qui l'empêche de revendiquer une modernité. L'Afrique reste largement persuadée que son destin doit être pris en charge par les étrangers, l'occident. Ceci sous-tend que les prétentions civilisatrices de l'occident ne s'arrêtent pas avec les indépendances. Et, comme l'affirme Axelle Kabou, « l'Afrique noire reste profondément humiliée par l'idée même du développement, considérant que c'est une tâche qui relève légitimement des obligations du colonisateur. »

En Afrique subsaharienne, la technologie ou mieux les procédés intensifs de travail et/ou moyen de production reste perçue comme la chose du blanc, que l'africain utilise sans chercher à s'en emparer. Dès lors, l'on n'est pas loin de ressentir le développement comme une injonction, les efforts de développement sont perçus comme des aveux d'impuissance ou d'infériorité culturelle. Ceci renforce la conviction de la faillite de l'élite africaine qui s'affirment comme *des bons sauvages* et, la faillite de la science qui leur a fourni le prêt-à-penser idéologique, qui les barricade derrière les valeurs culturelles occidentales. Les systèmes de formation mises en place depuis plus de 70 ans n'ont fait que renforcer cette tendance qui consolide le rapport de dépendance culturelle et idéologique de l'élite africaine. La Question est ainsi clairement posée : devant le constat de la faillite de la science en Afrique et de l'incapacité de l'élite africaine à impulser les transformations des collectivités, le développement serait-il consécutif à la dynamique des paradigmes ? Certes, si l'on admet que les idées sont les préceptes de l'action, alors il faut induire que l'univers dynamique des paradigmes détermine la nature et le modèle de changement spécifique à chaque société. Dans ce cas, le sous-développement de l'Afrique, en particulier celle au sud du Sahara serait-il lié à la stagnation des systèmes de pensée dans le temps et au maintien de l'ordre colonial dans un environnement postcolonial. En tout cas, René Dumont qui observait le mouvement des pays d'Afrique subsaharienne depuis les indépendances avait déjà fait observer que cette partie du continent était mal partie. Car, dans la plupart de ces Etats nouvellement indépendants à l'époque, la science était restée au contrôle et au service du maître où la dépendance surplombe la souveraineté. L'accession à la souveraineté internationale n'avait pas modifié les lignes des conceptions, des systèmes de pensée et par conséquent le regard ou la vision du monde par les africains.

Le manque d'éclosion attendue d'une décolonisation mentale et/ou d'une science spécifiquement dotée des modèles de pensée et d'actions véritablement africaines aux côtés de celle de l'occident, de l'Asie et de l'Amérique latine, a certes porté un coup fatal au développement socio-économique des Etats subsahariens, laissant ainsi libre court à l'hégémonie des modèles coloniaux de pensée, des théories centrales, ainsi que la croyance à des solutions placébos, importées, ayant renforcées la dépendance mentale et idéologique perceptible dans la dynamique actuelle des Etats africains visiblement embourbés dans les approches non innovantes qui les enferment davantage dans le cercle débridé du sous-développement.

Que retenir sur l'hégémonie des théories centrales ?

223. Hégémonie des théories centrales

On ne peut trouver meilleure introduction au débat sur le sous-développement de l'Afrique subsaharienne et le déclin des paradigmes sociétaux que dans le traitement intéressant que nous faisons sur l'afro mimétisme comportemental qui enrobe l'intellectuel africain, authentique ou non, dans son vécu et comportement quotidien. En effet, dans sa vie quotidienne, l'africain considère que le développement consiste en un apprentissage par la reproduction mécanique des gestes, la mémorisation des techniques des occidentaux, représentés comme utiles et prépondérants. C'est en reproduisant les gestes que l'on découvre sa difficulté, et que l'on se forge un souvenir de l'enchaînement d'actions élémentaires nécessaire à son accomplissement. Le mimétisme des africains intervient pour toutes sortes d'apprentissages : l'utilisation de leur corps, l'utilisation d'outils et l'acquisition de techniques ; l'acquisition du langage ; l'acquisition de mécanismes mentaux (déduction, résolution de problèmes), etc.

La tentative d'imitation par les intellectuels africains des modèles, des comportements, des techniques sans les concorder avec les impondérables réalités du terrain, conduit dans nombre de cas à l'impossibilité physique et matérielle de réaliser l'imitation parfaite. Ces modèles se transformant souvent en *obstacle* à l'imitation parfaite. Aussi, les tentatives de contournement des échecs qui en découlent conduisent à des destructions substantielles des modèles imités. Ce qui perpétue le sous-développement et renforce la conviction des individus et des communautés à considérer que l'intellectuel africain est un véritable destructeur des modèles sociaux, économiques, politiques et, par ce fait, serait indigne de conduire les collectivités vers le mieux-être. Plusieurs voix s'élèvent dans toutes les collectivités subsahariennes pour déplorer l'incapacité de la science africaine et ses fruits que sont les intellectuelles, à trouver des solutions aux problèmes fondamentaux des sociétés auxquelles elle est pourtant sensée être au service de leur développement. Ceci conduit à conforter l'affirmation devenue populaire, du rôle de la science africaine dans le déclin des paradigmes anthropologiques qui soutiennent la vie, les questions agraires ; qui donnent le fondement à des pratiques, et qui forment la base des traditions spécifiques dans les sociétés africaines.

Par ailleurs, la capacité de l'élite intellectuelle africaine de reconstruire l'unanimité, implique son ignorance et sa répétition. Tandis que sa répétition entraîne sa révélation progressive, le caractère réel des pouvoirs du sacrifice apparaissant de plus en plus douteux. Les conséquences peuvent être diverses, certaines synchronisant la réminiscence de la culture par des sophistications rituelles, les autres la complexifiant et la faisant avancer par des acceptations collectives progressives des grands corps sociaux ou par des implosions sociales tirant parti des structures qui résultent du processus du développement.

Les africains attendent de la science des épisodes de remous "révolutionnaires" au cours desquelles des nouveaux paradigmes luttent pour émerger et booster le changement intégral des collectivités. La survenance des comportements mimétiques qui décrivent l'hégémonie des théories centrales constitue un frein au développement de l'Afrique, dans le sens qu'elle renforce la stagnation des économies et la pauvreté rampante dans les collectivités subsahariennes. Au lieu d'accorder la prééminence aux modèles positivistes et universalistes de la science comme l'idéal à atteindre dans toute investigation ou explication, la science et les intellectuels africains devraient plutôt s'emparer de la multiplicité que comporte des paradigmes en Afrique, dont aucun n'a jusque-là réalisé le statut hégémonique des théories centrales ou de paradigme universel, s'en servir en les améliorant pour la transformation des milieux, des individus et des communautés. Par conséquent, bien que des théories ou des images particulières des sociétés puissent être considérées à certaines périodes comme plus crédibles que d'autres, à cause du soutien qu'elles reçoivent de la part de savants ou d'institutions académiques, les vents du changement ne tarderont pas à souffler. Cela se produira, essentiellement parce que les théories et les métaphores en sociologie sont surtout ancrées sur des épistémologies opposées, voire incompatibles ; c'est-à-dire que leurs conceptions des phénomènes sociaux sont très différentes.

L'incertitude intellectuelle actuelle assortie de remous politiques et économiques dans plusieurs pays subsahariens ne doit pas être considérée comme une fatalité pour la science dans le continent noir, elle a cependant l'avantage de nous permettre de corriger la « vision du tunnel », de proposer le changement des paradigmes existants et d'offrir des alternatives bien élaborées qui devront s'exprimer dans une vision holistique des connaissances ou de l'épistémologie des paradigmes en sociologie du développement. Il est possible de dépeindre la montée et le déclin des paradigmes donnés à travers le temps et d'identifier des périodes au cours desquelles certaines images et certains types d'analyse ont prédominé sur les autres. Peu de spécialistes contesteront par exemple l'observation selon laquelle le cours général des débats et des interprétations sur les processus de développement depuis la seconde Guerre Mondiale est passée des perspectives basées sur le concept de modernisation (les années 1950), pour se concentrer par la suite sur celui de la dépendance (les années 1960), puis sur celui de l'économie politique (les années 1970) et enfin sur une sorte de « post-modernisme » mal défini au milieu des années 80. Cette dernière phase est décrite dans beaucoup de milieux, même parmi certains marxistes structuralistes inconditionnels, comme entraînant une déconstruction des orthodoxies précédentes et peut-être même un agnosticisme sur le plan théorique que certains chercheurs situent à la lisière de l'empirisme.

Au-delà de l'évolution tant décriée du mimétisme dans la pensée scientifique africaine, diverses conceptions idéologiques populaires aux accents parfois charismatiques et/ou ethnocentrique ont caractérisé et orienté l'action des africains notamment des formations sociales et politiques africaines. Il s'agit notamment des conceptions engendrées par le dualisme tradition-modernité, la colonisation et d'autres qui appréhendent la problématique du développement soit sous l'angle des équilibres dont le décalage explique le sous-développement (les équilibres concernant l'aspect sanitaire, alimentaire et éducatif) ou soit ceux qui concernent les questions liées au revenu par habitant, à la distribution de la population par secteur d'activités et à l'investissement. Pour ces derniers ; l'instrument emblématique qui focalise les analyses économiques au niveau des relations entre Etats est celui d'aide économique. Il est à noter que les différentes théories centrales ont eu un impact majeur à la fois sur les études du phénomène développement et aussi la dynamique socio-politique des Etats d'Afrique et des communautés. Leur action sur les recherches sociologiques, anthropologiques, économiques et politiques reste déterminante à travers les différentes approches en interrelation et qui constituent des repères dans l'étude du phénomène développement. Il s'agit notamment des approches statistiques, structuralistes, libérales, sociologiques, celles fondées sur des acteurs et celles basées sur le genre.

Le point suivant porte sur les séquelles matricielles de la structure sociale.

2.3. Séquelles matricielles de la structure sociale

La cause fondamentale du développement n'est pas extérieure au système, mais intérieure, elle tient dans les contradictions internes à l'intérieur même dudit système. Ses interrelations avec d'autres système (sociaux, économiques, politiques…) sont les causes secondaires (Mao Zedong). Aussi, la dialectique matérialiste combat la théorie des causes externes, ou d'une force motrice externe, avancé par un matérialisme métaphysique, mécaniste et un évolutionnisme vulgaire. Est-ce que la dialectique matérialiste exclu les causes externes ? Non, pas du tout car, elle soutient que les causes externes sont les conditions du changement et que les causes internes en sont les fondements. Les causes externes ne sont opératives qu'au travers des causes internes. Cette leçon de la dialectique, chère à Mao Zedong, réconforte notre détermination à rechercher l'explication du développement du sous-développement des pays subsahariens dans leurs propres matrices socio-économique traditionnelle.

L'histoire nous renseigne que la matrice socio-économique des pays d'Afrique subsaharienne a subi des transformations significatives susceptibles d'entraîner des changements dans les systèmes de pensée et d'actions des communautés. Cette évolution est perceptible à travers l'histoire de chacun de ces pays singulièrement et celle de toute la région subsaharienne en générale. Le recours à l'histoire est un moment important car, il permet de dégager les responsabilités de l'africain lui-même dans le développement de son sous-développement. Une vue rétrospective des structures des sociétés africaines nous permet en perspective, de mettre en évidence la nature et les motivations de l'exploitation des ressources économiques. En effet, longtemps morcelées en petites unités politiques, se fusionnant et se déchirant au gré des conquêtes et des défaites, tantôt clans, tantôt hameaux ; tantôt royaume, tantôt empire, l'Afrique noire n'a connu d'une manière générale d'équilibre relatif qu'à partir de la colonisation européenne.

Certains auteurs européens pensent que l'Afrique était avant la colonisation, un vaste continent où vivaient des peuplades qui s'ignoraient les unes des autres et qui ne connaissaient aucune forme d'organisation dépassant le cadre clanique. C'est le cas M. Cattier (*Droit et Administration*, 1904) qui ne voyait dans cette organisation des communautés africaines que des tribus dispersées dans des forêts inhospitalières. Affirmant par la suite que « *leurs organisations ne s'élèvent point encore jusqu'a la forme de l'Etat* ». Mais, il faut opposer à cette affirmation des réserves car, si toutes les sociétés africaines n'avaient pas atteint un haut niveau d'organisation, certaines présentaient des formes qui n'avaient rien à envier l'organisation de certaines villes européennes de l'époque. Le prêtre catholique Belge, Père A. Vermeersch dans « *La question congolaise*, cité par Mupapa Say (in, *Le Congo et l'Afrique, pathogénie d'un sous-développement*, 2004), avait écrit : « *lorsqu'au 16ème siècle les missionnaires catholiques pénètrent dans le bassin du Congo, ils y trouvèrent des Etats et des Rois* ».

Une carte publiée en 1733 à Amsterdam, montre le bassin du grand fleuve découpé en deux Royaumes : sur la rive droite, le Royaume de Loango (correspondant au Congo français), les Royaumes d'Anzico, de Fungeno et de Matamba ; sur la rive gauche, le grand Royaume Kongo, borné au Sud par le Royaume d'Angola, au Sud-Est par le Royaume Dongo, détruit par les portugais. Vers 1880, poursuit le père Vermeersch, le Bas-Congo reconnaissait la suzeraineté de l'empereur (Ntontela) de San Salvador. Pour sa part, M. Dhanis soutient que le Kwango (République Démocratique du Congo) était sous la domination d'un chef puissant, Mwune-Putu Kasongo dont l'autorité était reconnue sur un territoire s'étendant, en longitude, de trois jours à l'Ouest du Kwango jusqu'au Kasaï et, en latitude, du 4ème degré et demie au 7ème degré. G. Balandier semble en savoir davantage sur le Royaume Kongo pour lequel il a consacré plusieurs travaux.

On peut lire dans un de ses ouvrages que *les faits relatifs au Royaume du Kongo paraissaient plus nombreux et surtout plus précis... A l'arrivée de Diego Cao, le royaume franchissait le fleuve et comprenait déjà six Régions appelées Provinces* (subdivision administrative). Il est utile de souligner qu'on Afrique, les nombreux autres Royaumes et/ou Empires avaient des formes d'organisations semblables, sinon très avancées que celle du Royaume Kongo. On peut citer le Royaume Zulu en Afrique du Sud, celui d'Abomey dans l'actuel Benin, les Ashantis au Ghana, etc. L'attitude qui consiste à minimiser les formes d'organisation traduit ce manque d'esprit de détachement qu'on appelle ethnocentrisme qui nuit considérablement à l'explication, à l'objectivité.

Quoiqu'il en soit, de l'instabilité des organisations sociales et politiques africaines, découle l'organisation économique des communautés ou des sociétés africaines, l'acquisition des biens, d'équipements et des moyens de production, embryon du capitalisme africain. On doit affirmer en effet que l'immensité des richesses naturelles contenues dans les sols, les sous-sols, des forêts et des eaux des territoires occupés par les communautés a toujours suscité des convoitises, des conflits, des expéditions et des hostilités. Bien que les impératifs économiques n'aient pas été les seuls à commander l'organisation socio-politiques des sociétés africaines et l'évolution des systèmes de pensées et d'actions, ceux-ci ont joué un rôle prépondérant à côté d'autres impératifs stratégiques comme l'étendue de la zone d'influence des communautés. Aucune société africaine ne pouvait rester indifférente devant l'extension de ses rivales.

Mais, la question prépondérante ici c'est celle de savoir comment l'organisation socio-politiques des communautés africaines, rudimentaire ou extensive qu'elle soit, n'a-t-elle pas pu impulser des modes de production susceptibles de booster un système économique africain (capitalisme africain) productif et compétitif, fondé sur des matériaux culturels, idéologiques propres aux milieux africains ? L'absence ou mieux le manque du repère culturel propre dans le système social de production des ressources économiques n'y est-il pour quelque chose dans la situation actuelle du développement du sous-développement en Afrique ?

Il est bien connu que le système qui a dominé le mode de production des économies des pays de la région subsaharienne de l'Afrique pendant plusieurs générations était la cueillette, mais aussi le ramassage. L'agriculture n'est apparue que plusieurs siècles plus tard, notamment avec la sédentarisation des communautés, la découverte et l'utilisation des métaux. Ce mode de production originel était adapté à l'environnement économique de la région, marqué par l'abondance des ressources disséminées dans les vastes forêts tropicales humides, arrosées par d'innombrables cours d'eaux. La subsistance était la seule préoccupation économique des communautés qui s'en servaient gracieusement dans la nature généreuse qui les entourait. L'accessibilité facile aux ressources a certes influencé les modes de vie, la nature et les motivations des systèmes économiques, les systèmes des pensées, ainsi que les cultures des sociétés africaines. Cela dit, la question qui demeure c'est celle de la nature de l'influence et de la survivance de celle-ci dans les comportements actuels des individus et des communautés, remodelés par le procès de la socialisation.

J'examine la vocation expansionniste du capitalisme occidental dans les lignes qui suivent.

2.4. Vocation expansionniste du capitalisme occidental

La vocation expansionniste du capitalisme européen naissant entre 16ème et 18ème siècle, est fondamentalement à la base de l'extraversion des économies africaines. Cette nature extravertie de l'économie demeure très largement semblable dans presque tous les pays de l'Afrique subsaharienne où il n'existe pratiquement aucune industrie de transformation des matières premières qu'ils produisent. Même si leurs dirigeants le voulaient, ils auraient eu peu de chance d'obtenir des bailleurs de fonds des financements nécessaires à l'industrialisation.

La division du travail instituée depuis le 20ème siècle dans le procès de la mondialisation n'est donc pas près de disparaître si tôt, dans l'état actuel des choses. En République Démocratique du Congo, le cuivre extrait du Katanga sera pendant longtemps encore transformé en occident (Hoboken, Belgique), le diamant du Kasaï et d'ailleurs à Anvers, le bois tropical prendra les bateaux pour les pays du Nord. Une guerre larvée entre la Chine et les occidentaux se dessine à cause de l'intérêt qu'affiche la Chine et l'Asie à ces ressources dédiées. Même l'agriculture qui, pour plusieurs pays, aurait pu assurer la sécurité alimentaire, n'est financée par les bailleurs des fonds que dans les domaines des cultures d'exportation (pérennes) : le café, le cacao, le caoutchouc, le thé, noix de cajou, etc., tandis que le riz et parfois le maïs demeurent importés, même dans les pays d'Afrique centrale qui sont loin des zones désertiques et dotés des fortes potentialités de production. Qu'est-ce qui explique cette soumission facile des africains à ce nouvel ordre économique mondiale ?

Les 15ème, 16ème et 17ème siècle correspondent à des périodes de structuration et de consolidation des pouvoirs politiques et de création des Etats. C'est également la période des grandes rivalités territoriales et des guerres hégémoniques en Afrique et les flux migratoires des populations des différentes communautés ont été la conséquence. Les rivalités entre les monarchies ont grandement contribué à faciliter l'œuvre des négriers et des aventuriers à la recherche d'esclaves pour le nouveau monde de Christophe Colombe (Amérique) et les plantations agricoles des compagnies européennes, montées pour la plupart dans les îles.

Consistant à prélever les éléments jeunes, actifs et dynamiques dans les communautés africaines subsahariennes, la traite des noirs a été une véritable saignée humaine dans les vastes régions du continent négro-africain. Dans les territoires ainsi ravagés, il ne pouvait y subsister que des invalides ou des éléments qui ne répondaient pas aux exigences économiques des négriers : survivre aux épreuves des longs voyages aux rigueurs des climats et plus d'efficacité dans le travail. G. Balandier affirme à ce sujet que les négriers cherchaient surtout « *les pièces d'Inde* », c'est-à-dire des beaux adolescents pour les plantations des cannes à sucre, les régresses aux formes généreuses pour la reproduction ou le plaisir des maîtres et les enfants pour la domesticité. Par cette exportation massive des populations jeunes, saines, productives et dynamiques vers l'occident, la traite a donc contribué à la réduction des populations active africaine. Elle a conduit à la régression de l'activité économique par le bouleversement de tous les systèmes de production, des structures économiques et sociales, et à enrayer les systèmes d'organisation (ruine de grand nombre des régimes politiques), perturber les superstructures idéologiques et annihiler l'infrastructure économique des communautés africaines.

En outre, en attisant la convoitise des chefs locaux des communautés, les poussant à vendre leurs propres sujets et ceux des communautés voisines, la traite se trouve être au centre de la matrice des nombreuses guerres entre les communautés africaines qui désolent l'Afrique jusqu'à ces jours et qui ont accentué les mouvements migratoires des populations et des conflits communautaires, contre-productifs des économies africaines au sud du Sahara. Bugeaud déclarait en 1847 que : « *des vieux empires y agonissaient, d'autres y renaissaient à la faveur des conquêtes éphémères, qui remettent en mouvement les migrations tribales et ajoutent à l'instabilité naturelle des genres de vie, celles des cadres territoriaux sans cesse remaniés (...) l'Afrique offre l'image d'un corps exsangue, dont la traite esclavagiste disperse la substance (...) d'une proie inerte pour les conquérants du dehors comme pour les aventuriers de l'intérieur*». L'on se retrouve ainsi devant une Afrique déchirée, déstructurée, dégonflée, exsangue, agonissant, sous-développée et aux populations malnutries et de l'autre une Europe révolutionnaire, bénéficiant grandement de la gratuité de la main-d'œuvre d'esclaves noirs. Ainsi, comme on peut le penser, le combat économique, philosophique et/ou idéologique ne peut qu'être inégal.

Quoi qu'il en soit, l'on doit donc affirmer que les ponctions humaines opérées à travers la traite des africains noirs ont eu certes des effets néfastes dans la formation des structures matricielles qui devaient poser les bases solides et compétitives des productions, susceptibles de faire face à la percée expansionniste du capitalisme européen, déterminé à coup sûr d'assurer l'extraversion des économies africaines, d'institutionnaliser la dépendance et d'imprimer l'hégémonie occidentale sur la région subsaharienne. Le fait de priver malicieusement l'Afrique noire de ses ressources humaines actives, ouvre la voie à l'assujettissement de la région, à l'imposition sous prétexte de la mondialisation d'une division de travail inégale, d'un nouvel ordre mondial, à l'exploitation et la domination capitaliste.

Il est important de rappeler la situation coloniale.

2.5. Situation coloniale

La colonisation est une expression utilisée dans différents contextes. Mais toujours dans le sens du peuplement et de l'occupation d'un espace. En tant que processus historique, elle désigne la conquête et l'occupation de territoires et son peuplement par un pays, généralement dans le but d'en exploiter les richesses économiques réelles ou supposées. Ce phénomène qui a marqué l'histoire des actuels pays d'Afrique subsaharienne, excepté des rares pays comme l'Ethiopie et le Liberia, était accompagné des pratiques de marginalisations et des dominations économique, politique, culturelle et voir religieuse. La situation coloniale se réfère à des pratiques fondamentalement instituées par ce processus historique des relations entre les Etats occidentaux naissants et des formations socio-politiques africaines. Il s'agit notamment de la domination, de l'assujettissement et de l'exploitation. Dans *Sociologie actuelle de l'Afrique*, G. Balandier définit la situation coloniale comme « *une domination imposée par une minorité, racialement et culturellement différente, au nom d'une supériorité raciale (ou ethnique) et culturelle, dogmatiquement affirmée, à une majorité d'autochtones matériellement inférieure* ».

Cette définition est spécifique car elle est inspirée de l'expérience de l'Afrique subsaharienne, où la domination des colonisés par les colonisateurs constitue l'instrument-clé ou la pierre angulaire à partir de laquelle se profile l'assujettissement des individus, des communautés en vue d'assurer l'exploitation des ressources économiques, motivation primaire de la colonisation. Le fondement économique de la colonisation ne fait aucun doute lorsqu'on considère les liens étroits qui existent entre le capitalisme montant en Europe à cette époque et la nécessité d'en étendre le champ d'approvisionnement en produits manufacturés de base, comme celui d'écoulement des produits transformés.

Dans le système colonial, la domination constitue l'aspect principal dans la relation avec le maître, c'est-à-dire le colon, car la stratégie de base est de faire des autochtones (africains) une main d'œuvre gratuite ou à faible coût pour l'exploitation des ressources économiques à exporter vers les métropoles. L'instrumentalisation des noirs constitue l'essentiel de son être tant en situation coloniale que postcoloniale. Mais, cette situation est différente pour les déportés qui, eux sont soumis à un régime très sévère d'instrumentalisation, du fait de leur déracinement de leurs milieux naturels (territoire, support ethnique), renforçant ainsi la dépendance. Ainsi, dans son fondement comme dans sa pratique, la situation de domination renforce le rôle d'instrument auquel est condamné le groupe dominé. Il est donc important de connaître cette situation fondamentale, car elle est le terrain où ont pris les racines de toutes complexités que revêtira la personnalité des africains, même après la colonisation. On doit donc retenir que c'est dans cet ensemble politique, philosophique et économique qu'a été conçue l'incorporation des colonies dans l'expansion des métropoles où s'instituent les théories centrales. Que dire de la frénésie vers les approches stériles du développement ?

2.6. Frénésie vers les approches stériles du développement

J'évoque les approches statistiques, libérales et les tendances néocoloniales.

261. Approches statistiques

Ces approches chères à *Albertini* décrivent les facteurs du développement (ou du sous-développement), considérés souvent comme des conséquences apparentes. Elles comprennent toutes les conceptions sociologiques qui expliquent la problématique du développement et/ou du sous-développement des pays ou des communautés par des éléments démographiques, économiques et sociaux. Du point de vue démographique, on estime que la structure des populations des pays renferme des renseignements et indicateurs qui rendent compte de leurs états. La vision pessimiste soutient par exemple que l'augmentation de la population peut constituer un problème nutritionnel, s'elle n'est pas suivie d'un correspondant dans la production. Ce qui provoque l'inadéquation entre le volume de production et les moyens de subsistance. Par contre, d'un point de vue le taux de croissance des populations peut être un facteur de production le plus efficace si les mesures et les programmes de formation sont appliqués et orienté vers les populations jeunes (les résultats sont le plus souvent à long termes).

Les approches statistiques appréhendent et analysent la question du développement sous trois volets : démographique, social et économique et les approches structurales.

2611. Volet démographique

L'approche part de l'idée selon laquelle la structure des populations des pays sous-développés renferme des renseignements et indicateurs qui rendent compte de leurs états. Il s'agit notamment du taux de croissance très élevé. Ceci est rendu possible par la diminution significative de la mortalité ces 50 dernières années à la suite du progrès de la médecine moderne, l'absence quasi-totale des programmes éducatifs fiables des populations sur le contrôle des naissances et l'aspect culturel des progénitures. Sous l'angle pessimiste, l'augmentation de la population peut constituer un problème nutritionnel s'elle n'est pas suivie d'un correspondant dans la production. Ce qui provoque l'inadéquation entre le volume de production et les moyens de subsistance. D'un point de vue optimiste, le taux de croissance des populations peut être un facteur de production le plus efficace si les mesures et les programmes de formation sont appliqués et orienté vers les populations jeunes (les résultats sont le plus souvent à long termes). A l'instar de R.T Malthus, Albertini propose les politiques de limitation des naissances. Il avance à la suite que « dans certains pays, le sous-développement est la cause du sous-développement lui-même. La régression de la population est causée par le sous-développement ».Nous pouvons reprocher à cette vision démographique :

1. La parcellisation : le progrès de la médecine et les programmes de limitation des naissances ne peuvent expliquer en eux-mêmes l'étouffement de la mortalité ;
2. Les populations nombreuses ne constituent pas le problème quand le pays regorge des ressources suffisantes et d'espaces. Il importe de mettre ces populations au travail afin de se prendre en charge ;
3. On ne doit pas expliquer le sous-développement par le sous-développement ;
4. La proposition de limitation des naissances chère à Malthus et reprise par Albertini entame le respect de la vie humaine. On ne doit sous prétexte de faire vivre des hommes, préconiser l'élimination des autres peu importe les moyens.

Les arguments néo-malthusiens sont fréquemment évoqués dans le cas africain. Ils ne portent pas seulement sur la limite alimentaire, mais également sur la capacité d'absorption du marché du travail. Ils peuvent être regroupés en trois rubriques :

1. Une « *pression destructrice* » s'exerce sur des ressources limitées. A une échéance plus ou moins lointaine, l'espace et l'eau constituent des contraintes incontournables. La projection en 2050 des terres cultivables par habitant au Burundi et au Rwanda sera réduite à 0,09 et 0,07 hectares. Déduction faite des terres consacrées aux cultures d'exportation, les deux pays devront se contenter de 500m^2 des terres cultivables par tête pour répondre aux besoins de leur marché intérieur. Ce décalage foncier est pour partie la cause de l'insécurité chronique qui règne dans les Grand Lacs.
2. La croissance démographique induit des coûts élevés en investissements humains nécessaires pour satisfaire une pyramide des âges très évasée à la base. Les pays africains ne parviennent déjà que difficilement à assurer le maintien de leurs services éducatifs et de santé, on voit difficilement comment ils pourraient absorber un doublement en un quart de siècle des charges de leurs équipements.
3. Les effets sur la répartition doivent être pris en considération. Si les familles les plus pauvres sont celles qui ont le plus d'enfants et qui contribuent le plus à la croissance démographique, les inégalités dans la répartition des revenus vont mécaniquement s'accentuer. Il aura de plus en plus des pauvres relativement.

La thèse de surpeuplement potentiel de l'Afrique qui trouve diverses illustrations est-elle une idée trompeuse ? Sous une apparence de scientificité, elle présuppose que l'on puisse mesurer sans erreur la densité démographique qu'un espace peut supporter. La « charge supportable » est en réalité une notion relative, dépendant des capacités productives et au moins autant des capacités d'organisation et d'un savoir-vivre en commun. La plupart des cultures africaines revendiquent l'adage Wolof : « *Dieu met une graine dans chaque bouche qu'il crée* » (Jacquemot, 2013), qui trouve son équivalent dans la formule des mercantilistes : « *il n'est de richesses que d'hommes* » (Bodin,

1576). En affirmant qu'il y a excès d'hommes, l'optique malthusienne suggère le nivellement par le bas. La *« théorie de la pression créatrice »* d'Ester Boserup (1965) lui oppose un démenti fondé sur l'observation. La croissance démographique à laquelle correspond une densité très forte serait en fait un puissant facteur de changement dans les techniques de production dans l'agriculture, en particulier en faveur d'une plus forte intensification des cultures. Le rythme de récoltes s'accélère (jachères plus courte) ; la productivité s'améliore avec des nouveaux équipements agricoles (charrue) et des nouvelles méthodes culturales (abandon de la culture itinérante, irrigation, semences améliorées, phytosanitaires, etc.).Pour Boserup, l'effet est toujours positif, même s'il peut y avoir un décalage de dix ans entre la variable démographique explicative (hausse de la densité) et la variable expliquée (hausse de la productivité). Appliqué au contexte du Sahel, on estime qu'une densité de 40 à 50 habitants par km^2 constitue un seuil contraignant poussant à des mutations Boserupiennes, dans les modes de production et des technologies.

Il est important de traiter le volet social dans les lignes suivantes.

2612. Volet social

Ce volet concerne l'aspect sanitaire, alimentaire et éducatif du sous-développement. Albertini affirme que dans les pays sous-développés, l'alimentation des populations est très faible en calorie et en protéines. Les régimes alimentaires y sont les moins diversifiés. On y trouve une dominance ou mieux une exclusivité en céréales moins élaborés, consommés presqu'à l'état brut. En République Démocratique du Congo par exemple, on y trouve un régime mono-alimentaire quasi-journalier de feuilles de manioc au « chikwangues » ou au manioc dans les milieux ruraux et même dans nombre de ménages urbains. On y voit également se développer en villes des nouveaux modes de précarité alimentaires : l'on se nourrit un jour sur deux ou soit l'on déleste certains membres au profit d'autres dans le ménage, faute de revenu suffisant. Ce qui expose des populations à des problèmes récurrents de malnutrition et des maladies, souvent endémiques.

Il faut aussi envisager le volet économique dans les pages qui suivent.

2613 Volet économique

Ce volet concerne les questions liées au « revenu par habitant », à la « distribution de la population par secteur d'activités » et à « l'investissement ». Le revenu par tête ou par habitant est un indicateur économique important pour le développement des sociétés ou des Etats. En 1960, les pays qui avaient un revenu par habitant de plus de 500 dollars américains par mois, ont été considérés comme développés, ceux qui en avaient entre 100 et 500 étaient sur la voie de développement et ceux qui en disposaient moins de 100 dollars étaient rangés sur la liste des pays sous-développés ou dénantis. Les structures d'économies de ces derniers pays sont marquées par une concentration des populations ou de la main-d'œuvre dans le secteur primaire, contrairement aux pays développés où la main-d'œuvre est généralement concentrée dans le secteur de l'industrie ou des services. Cette tendance s'observe dans la structure de la balance commerciale. Les exportations des pays sous-développés sont constituées généralement de matières premières brutes, tandis que les importations sont constituées des produits manufacturés, des produits d'industrie à forte valeur ajoutée, occasionnant ainsi un flux de transfert des valeurs vers les pays du centre. Il convient de souligner que les investissements dans la périphérie représentent 15% du revenu global, alors qu'ils sont de 85% pour les populations du centre.

Quoi qu'il en soit, le caractère arbitraire de ces indicateurs de revenu par habitant ne reflète pas la réalité sociale. Aussi, la répartition des populations par secteur d'activités comme indice du niveau de développement n'est pas assez convaincante dans la mesure où une grande population dans le tertiaire est un signe de développement au centre, alors qu'elle ne l'est pas en République Démocratique du Congo (par exemple). Enfin, si les échanges dans les pays sous-développés sont constitués généralement des matières premières, c'est en partie à cause du régime du commerce international et des limites dans les systèmes de productions des pays dominés par l'économie de rente (division internationale du travail). Mais, cette question est étroitement liée aux modes de production en place dans les différents Etats, notamment les systèmes d'entrepreneuriat. Sans nul doute, les analyses que nous faisons dans le volet économique du sous-développement de l'Afrique concernent le rôle de l'entreprise et de l'entreprenariat ; la défaillance de l'industrie, l'émergence des technologies de l'information et de communication, l'effondrement de l'agriculture, base de l'économie africaine.

Le point suivant tourne autour des approches structurales.

2614 Approches structurales

Les faiblesses des approches statistiques et les critiques qu'elles ont suscité dans la définition et la compréhension du phénomène sous-développement ont conduit Albertini à proposer une approche structurale. Celle-ci permet de dépasser la simple description des facteurs du sous-développement, considérés comme des conséquences que des causes. Les approches structurales assurent la comparaison entre les économies des pays développés et celles des pays sous-développés et dégagent les différences. Il se dégage de cette comparaison que les économies des pays sous-développés souffrent de la désarticulation dans tous les secteurs, les conduisant ainsi à la dépendance chronique, base de la domination qui gèle le progrès. Selon *Albertini*, la désarticulation vient du fait que les économies de la périphérie sont du secteur traditionnel. Elles sont essentiellement urbaines et l'essentiel de leurs activités est exercé par des grandes firmes internationales, spécialisées stratégiquement dans les exportations. Elles sont traditionnelles puisque dépourvues d'infrastructures, elles se replient sur elles-mêmes et s'adossent sur l'autosubsistance. Ces économies sont urbaines car, la grande partie d'activités est basée en ville et sont tributaires d'importation et de la conjoncture internationale pour leur fonctionnement. La domination est effective à travers un endettement chronique et caractérisé, une dépendance en pièces de rechange et d'équipement, poussant ainsi certains penseurs à préconiser le libéralisme économique comme voie de sortie du tunnel.

Un coup d'œil sur la littérature d'après-guerres mondiales sur le développement et le changement social montre clairement une division nette entre d'une part, les travaux traitant de structures et de tendances globales, souvent décrites comme « macro » par nature et d'autre part, des études qui caractérisent la nature des changements au niveau des unités d'opération et d'action, souvent décrites comme « micro ». Les premières situent généralement leurs analyses dans le cadre de concepts tirés de la théorie de la modernisation ou bien adoptent une perspective structurale néo-marxiste. Le deuxième groupe d'études, bien qu'il puisse également mettre en lumière des dimensions pertinentes pour ces mêmes théories générales, est plus susceptible de fournir une description détaillée des réponses différentielles aux conditions structurelles, et d'explorer les stratégies et les dispositions culturelles des acteurs sociaux impliqués. A un certain niveau, cette différence d'analyse coïncide en gros avec la division entre l'économie, les sciences politiques et la sociologie en opposition à l'anthropologie et l'histoire ; ou plus précisément entre les chercheurs préoccupés par la vérification de modèles structuraux et ceux qui cherchent à dépeindre la manière dont les gens se débrouillent face à des changements structuraux. Il existe quelques études remarquables qui ont réussi à combiner ces niveaux avec assez de bonheur, mais dans l'ensemble elles constituent des cas rares et dispersés. Une des raisons principales qui rend difficile l'intégration des perspectives structurales et de celles basées sur les acteurs résident dans le fait qu'elles impliquent des postulats épistémologiques opposés (ou tout au moins divergents), semblables aux paradigmes de Kuhn qui demeurent incompatibles jusqu'à ce qu'une « révolution scientifique » confirme la suprématie de l'une d'elles.

❖ *Convergence entre les modèles structurels du développement*

En dépit des différences évidentes dans leurs harnachements idéologiques et théoriques, les modèles de la modernisation et ceux néo-marxistes contiennent des similarités sur le plan paradigmatique. Ces similarités donnent des indices sur certaines faiblesses analytiques communes. La théorie de la modernisation comprend le développement en termes de mouvement progressif vers des formes de société « moderne », technologiquement et institutionnellement plus complexes et plus intégrées. Ce processus est mis en marche et maintenu grâce à une série d'interventions impliquant le transfert de technologies, de savoir, de ressources et de formes d'organisation des parties du monde ou du pays plus « développées » vers les moins « développées ». Ainsi, la « société traditionnelle » est propulsée dans le monde moderne graduellement, non sans quelques soubresauts institutionnels (les obstacles sociaux et culturels au changement), son économie et ses structures sociales acquièrent l'accoutrement de la "modernité ».

Les théories néo-marxistes quant à elles, mettent l'accent sur la nature exploiteuse de ces processus, en les attribuant à la tendance expansionniste inhérente au monde capitaliste et à son besoin constant d'ouvrir de nouveaux marchés, d'augmenter le niveau d'extraction du surplus et d'accumuler du capital. Ici c'est l'image des intérêts capitalistes, étrangers et nationaux, qui subordonnent et probablement détruisent à long terme les modes et les relations de production non capitalistes et qui ligotent les pays du Tiers-Monde et leurs populations pauvres dans un filet de dépendance politique et économique. Bien que la période et le degré d'intégration des pays dans l'économie politique du monde aient varié, le résultat est structurellement similaire : ils sont forcés de rejoindre la fraternité des nations selon des termes définis non pas par eux-mêmes, mais par leurs « partenaires » industriels plus riches et politiquement plus puissants. Même si cette théorie néo-marxiste comporte une variété d'écoles de pensée, au fond le message central demeure fondamentalement le même ; à savoir que les schémas de développement dans le Tiers-Monde peuvent mieux s'expliquer dans le cadre d'un modèle générique du développement capitaliste à l'échelle mondiale.

Ces deux perspectives représentent des positions idéologiques opposées, la première épousant un point de vue dit « *libéral* » et croyant en dernière analyse aux effets bénéfiques de l'extension progressive du développement, et la seconde qui prend la position dite « *radicale* » et voit le « développement » comme un processus inégal par essence impliquant l'exploitation continue des sociétés « périphériques ». Pourtant à un autre niveau, les deux modèles sont similaires au sens où tous les deux voient le développement et le changement social comme émanant principalement des centres du pouvoir sous la forme d'une intervention de l'Etat ou des intérêts internationaux et suivant une piste de développement dont les grandes lignes sont déterminées et jalonnées par des « stades de développement » ou par une succession de « modes dominants de production ». Ces forces externes cernent de toutes parts les populations du Tiers-Monde, réduisent leur autonomie et à la fin sapent toute forme de coopération et de solidarité endogène. Ce qui aboutit à une différentiation socio-économique et à un contrôle centralisé accru par des groupes, des institutions ou des entreprises économiques ou, politiques puissants.

A cet égard, il semble peu importer que l'hégémonie de l'Etat soit basée sur une idéologie capitaliste ou socialiste : il se produit des tendances similaires vers une incorporation et une centralisation de plus en plus grande. Les deux modèles sont par conséquent entachés de vues *déterministes*, *linéaires* et *externalistes* du changement social. Le résumé que nous venons de faire de leurs points de vue simplifie et caricature peut-être leurs arguments, mais une lecture attentive de la littérature sur le Tiers-Monde mènera, nous croyons, à la conclusion qu'elles ont en commun un ensemble de croyances paradigmatiques. Cet argument est également soutenu par une comparaison analytique récente des écoles de la commercialisation (la modernisation) et de la « marchandisation » dans l'étude du développement agraire. (Vandergeest, 1988 ; Long et van der Ploeg, 1988).

Il y a aussi des approches libérales à signaler.

1. Approches libérales

Ces approches se développent sur le socle de liberté : la libre entreprise ou le libéralisme économique où la loi du marché, la concurrence et le rôle régulateur de l'Etat en sont les piliers. Dans les pays qui l'appliquent, la part du capital privé dans les investissements publics est importante. Les unités économiques fonctionnent sur pied des obligations (les titres représentants des prêts de capitaux à intérêts) et des actions (les parts « en nature ou en numéraire » mises à la disposition de l'entreprise et qui forme le capital). L'approche libérale est le fruit d'un long processus qui se consolide dans le temps. Elle comporte deux tendances : la tendance pessimiste et la tendance libérale.

Je parle des tendances pessimistes et évolutionnistes ou historiques et des étapes des sociétés traditionnelles

2621Tendance pessimiste

Cette tendance est élucidée par Hagen qui distingue en son sein deux thèses : la thèse du cercle débridé et celle de la grande poussée. La première thèse atteste l'existence des rapports entre le revenu et la taille du capital, entre l'étendue du marché et l'investissement. Ainsi, la modicité des capitaux dans les pays sous-développés entraine ipso facto la faiblesse des revenus. Cette faiblesse de revenu impacte l'épargne et anéantis les investissements. Cette réalité caractérise les économies des pays sous-développés qui n'arrivent toujours pas à briser les barrières érigées entre le capital et le revenu, afin d'impulser les investissements, base de toute production. Ceci induit à la rupture d'effets multiplicateurs, à la persistance de la précarité chronique des populations.

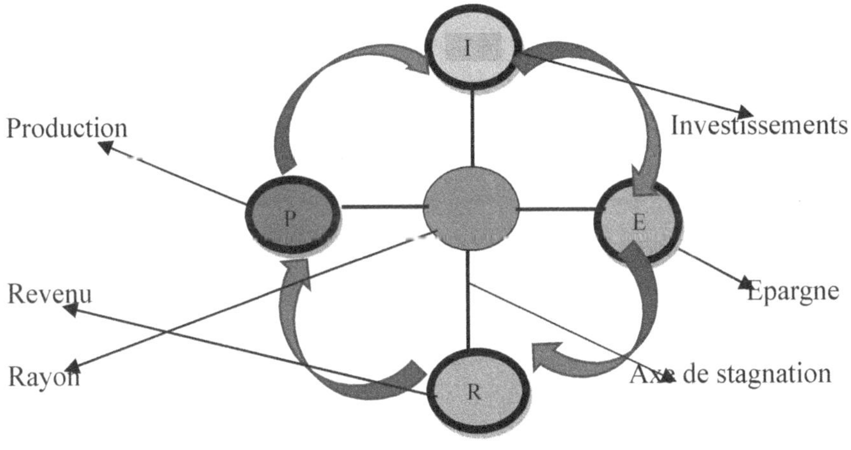

Figure 6 : Le cercle débridé des économies des pays subsahariens

Le cercle débridé de pauvreté est un indicateur important de la précarité des investissements dans les différents secteurs productifs des économies des pays subsahariens. Il explique comment l'insuffisance chronique de la production dans ces pays est une conséquence de la faiblesse chronique des revenus des populations et de l'absence des possibilités d'épargne. Cette corrélation négative a de l'incidence sur la pauvreté des individus, des communautés et assombris le cadre de vie. La précarité des infrastructures qui caractérise ces pays du continent noir ainsi que les modes de vie de leurs populations, entraînent les communautés à la mamelle des pays développés et les enferment dans une dépendance souvent sans issue réelle à court, à moyen et à long termes. Cette situation retient l'Afrique subsaharienne dans le carcan de la boussole de précarité aux enjeux inégalitaires, au lieu d'une véritable dépendance réciproque, dans un jeu à somme positive où le dogme du relativisme culturel conduit chaque partenaire à s'assumer comme responsable de sa propre destinée, de ses ressources, de ses succès comme de ses échecs. Le complexe d'infériorité technique, matérielle, culturelle, etc., hérité de la colonisation a laissé certes des séquelles au plan entrepreneurial chez les africains qui, ne pouvant prendre des risques pour la résilience de leurs économies, n'espèrent que sur la marge de manœuvre provenant des acteurs étrangers, de la dépendance ou du couplage Nord-Sud. Pourtant, l'opacité de ces acteurs et les montages, conduit à des interrogations sur l'impact réel de leurs investissements sur le développement des pays africains. Les bilans et surtout les perspectives ouvertes par ces relations économiques polarisées sont souvent ambiguës.

Le cercle débridé de la pauvreté ou la roue de misère est un ensemble d'interactions entre les variables économiques de base ou les indicateurs de base du développement socio-économique des pays ou des communautés. En effet, en dépit des multiples potentialités naturelles dont regorgent les pays sous-développés en général et ceux d'Afrique subsaharienne en particulier, les économies du continent africain souffrent à la fois de la précarité et d'instabilité, s'érigeant en verrou pour leur développement socio-économique.

- *Faible production (P) chronique des unités économiques*

Les économies précaires et instables sont caractérisées par une production (P) continuellement en baisse, à cause notamment de la dépendance technique, financière et intellectuelle desdits pays vis-à-vis des économies développées de l'Occident, considéré comme *centre* d'*impulsion* du développement où sont organisées des initiatives. Il apparait donc clairement que les enjeux présents et futurs, nationaux, sous régionaux et régionaux sont stimulés par des dynamiques externes qui engendrent en conséquence l'extraversion de l'économie et sa dépendance chronique des centres d'impulsion.

S'il est vrai que l'absence des moyens de production consolide non seulement la tendance chroniquement baissière des productions, mais assigne des populations dans une situation générale de pauvreté ou de manque des revenus (R), leur exclusion de fait du circuit de l'épargne (E), constitue une des redoutables contraintes qui entravent les investissements (I). L'absence d'investissements constitue la cause directe de la sous-production des économies africaines. C'est dans cette logique d'agencement des agrégats que se referme et se perpétue le cercle dont les boucles d'interaction lui transforment en roue.

Ainsi, nonobstant les efforts déployés dans quelques pays d'Afrique engagés dans la gouvernance du développement notamment le Botswana, la Zambie, le Rwanda, le Benin et au de-là des effets d'annonces et quelques statistiques qui n'empêchent pas des critiques, la faible production des économies africaine constitue un défi auquel les efforts devront être engagés avec détermination pour déclencher la résilience desdites économies. Les pays africains disposent en général d'un potentiel agricole inestimable, indispensable pour nourrir des milliards des populations du monde. Mais, ce potentiel n'est toujours pas exploré et soumis à la production. La seule République Démocratique du Congo par exemple, dispose d'environ 80 millions d'hectares des terres arables, deuxième au monde après le Brésil. Si cette terre est bien cultivée, le pays pouvait être en mesure de devenir un exportateur net des produits alimentaires et pourrait nourrir jusqu'à trois à cinq milliards de personnes avec des stratégies optimales d'utilisation des terres. Cependant présentement, le secteur agricole est languissant, le pays ne cultive que seulement 10% des terres et est parmi les grands importateurs des produits alimentaires d'origine agricole, assignant ainsi ses populations dans une pauvreté générale. Pourtant, l'augmentation de la production dans le secteur agricole conduirait à une expansion spectaculaire de l'emploi, une réduction de la pauvreté, une base d'exportation plus diversifiée et une position de change plus fiable. Ce qui implique d'investir dans le capital et la mécanique, dans l'objectif d'augmenter la productivité et la récolte des nouvelles terres. Mais, il est regrettable que la population dépendante de l'agriculture en République Démocratique du Congo a tendance à être la plus pauvre et vivant bien en dessous du seuil de pauvreté.

Depuis l'indépendance du pays en 1960, le secteur de l'agriculture en République Démocratique du Congo se contracte doucement et la productivité agricole diminue de façon constante. La valeur ajoutée réelle par travailleur a diminué de plus de 50% entre 1960-2005 (Amadou Bachiri Diallo et al., 2012), tandis que ses concurrents internationaux sont de plus en plus concurrentiels. Par exemple dans le secteur de l'huile de palme, la productivité actuelle des plantations à la fois grandes et petites échelles, est extrêmement faible. En République Démocratique du Congo, les rendements moyens sont estimés à moins de 5 tonnes de FFB/ha pour les plantations industrielles et encore plus bas pour les petits exploitants, contre 12 tonnes/ha en moyenne en Côte d'Ivoire (industriels 15-20 tonnes/ha plantation et 5-10 tonnes/ha pour les petits exploitants) et plus de 25 tonnes/ha en Malaisie ou en Indonésie (25-

35 tonnes/ha industriels, plantations et 15 tonnes/ha pour les petits exploitants). L'accès ou l'amélioration en intrants, la modernisation des techniques de production, l'accès aux financements, à la terre, le transport et la sécurité, représentent des principales contraintes qui forment le goulot d'étranglement.

Peu d'investissements ont été réalisés dans le secteur agricole en Afrique, depuis 1960, et la production a considérablement diminué. Le sous-investissement peut aussi être expliqué par la conjonction des quatre facteurs fondamentaux, déterminant la réponse aux incitations du marché : le potentiel agricole, l'hydro-géographie, l'accès aux marchés et la densité de la population. Ces éléments s'érigent en contraintes ou obstacles à l'investissement dans le secteur agricole, considéré comme porteur du développement dans les nombreux pays africains. L'accès au marché aux marchés, à la fois en termes d'infrastructures de transport et d'accès à l'information, mais aussi à l'avenir en termes de qualité et de sécurité sanitaire ; l'accès et la gestion des ressources foncières ; la disponibilité et la productivité de la main-d'œuvre active ; l'accès aux technologies (équipement et intrants), l'accès aux crédits, le climat des affaires et les entraves administratives, la faible structuration du milieu agricole, l'absence d'appui des services de l'Etat, etc. peuvent influencer la productivité agricole sur une longue durée.

- *Faible niveau des Investissements (I)*

Les différentes contraintes à la production font que le secteur agricole africain n'exerce pas une forte attraction des investissements étrangers. En République Démocratique du Congo par exemple, les flux des investissements directs étrangers principalement Belge, Portugais et Français se sont poursuivis jusque vers les années 1974, année de la zaïrianisation. Les investissements qui se sont suivis sous l'action principale des États-Unis, de la Chine, mais aussi des autres pays tels que l'Allemagne, la Suède, la Hollande, l'Angleterre, la Bulgarie et le Luxembourg se sont plus focalisés dans d'autres secteurs (mines, hydrocarbures, le commerce général, etc.) que celui de l'agriculture. En pratique, chaque pays investisseur intervient dans le domaine où il a développé une spécialisation, c'est-à-dire, exporte son savoir-faire acquis. Ainsi, la Turquie par exemple, offrant des standards occidentaux mais à des coûts plus compétitifs à ceux de la concurrence européenne, intervient-elle dans les nombreux contrats : barrage en Angola, ponts au Soudan, complexes immobiliers en Guinée équatoriale ou hôteliers en Afrique du sud, route au Nigéria.

Il faut relever la dernière offensive de la Chine en Afrique ces dernières décennies. Certains pays notamment le Congo Brazzaville ont tiré profit de cette offensive ou regain d'activités. L'on estime que le pays a pu bénéficier en 2016 de 2 milliards de dollars américains d'IDE, soit une hausse de 8 % par rapport à 2015. Mais ce chiffre contraste bien entendu avec le constat général de baisse observée dans la région. Selon le rapport publié le 7 juin 2017, la Conférence des Nations-Unies sur le commerce et le développement (CNUCED), les flux d'IDE vers les pays en développement ont connu un recul de 14 % pour se situer en 2016 à 646 milliards de dollars. Si l'on prend en considération l'ensemble de l'Afrique (Afrique du Nord et Afrique subsaharienne), ces investissements extérieurs ont réussi à s'établir globalement à 59 milliards de dollars, soit une baisse de 3 % en 2016.Ce rapport a signalé une réduction de 28 % des Investissements directs étrangers(IDE) enregistrés par le pays au cours de l'exercice 2016, soit une injection extérieure représentant seulement 1,2 milliard de dollars américains. À l'instar d'autres pays miniers et pétroliers de la région, la République Démocratique du Congo est concernée par l'effondrement général des IDE provoqué par la chute des cours mondiaux des matières premières.

Paradoxalement, certains pays pétroliers dont le Congo-Brazzaville ont enregistré une hausse des investissements.

Par ailleurs, l'étude de la Conférence des Nations-Unies sur le Commerce et Développement (CNUCED) a permis de confirmer une présence déterminante de l'Asie en Afrique, malgré la forte baisse des investissements extérieurs. En effet, les investisseurs asiatiques continuent à se rendre massivement vers les pays de la région. Cette nouvelle tendance à la coopération économique asiatique est motivée par le fait qu'elle perçue comme la plus avantageuse et la moins entravée des conditionnalités et de lourdeur administrative que celle des pays de l'OCDE. En 2016, l'Afrique a représenté la moitié des 10 premières destinations des investissements asiatiques. Au total, 5 pays africains ont réussi à capter ces IDE. Il s'agit de l'Angola, de l'Égypte, du Nigéria, du Ghana et de l'Éthiopie. Ensemble, ces pays ont drainé 57 % du total des investissements. Quant aux perspectives d'avenir, la Conférence des Nations-Unies sur le Commerce et le Développement (CNUCED) se veut rassurant en projetant une progression de 5 % des IDE qui devraient atteindre les 1 800 milliards de dollars américains USD en 2017 et une nouvelle progression de 2 % en 2018, pour dépasser le cap des 1 850 dollars.

Cette perspective des investissements étrangers augure l'espoir d'un redressement économique qui pourrait amener les économies africaines à endiguer le goulot d'étranglement des investissements et à relever le défi pessimiste du cercle débridé pour un horizon vertueux et optimiste. C'est dans cette perception que *Rodan* estime que la thèse de cercle débridé (ou *roue de misère*) semble être dépassée. C'est la structure d'information entre les pays développés et pays sous-développés qui fait défaut. Il propose que ces derniers mettent en place un système d'information des productions orienté vers le centre en vue d'articuler les relations d'échanges et générer les revenus nécessaires à l'épargne et à l'investissement. Les motivations à l'appui de ces investissements sont principalement au nombre de trois : l'approvisionnement stable en ressources naturelles, ce qui explique une forte concentration de ceux-ci dans le secteur minier et énergétique ; l'enjeu dans le foncier : achat des terres cultivables pour la fourniture des biens alimentaires et agrocarburants ; l'enjeu des nouveaux marchés comme celui de la construction et des infrastructures.

Point d'angélisme, le principal objectif de ces investissements étranger est de garantir la sécurité de leurs approvisionnements en matières premières essentielles, celles qui viendraient à leur manquer pour soutenir leur essor. Ils perpétuent le *modèle asymétrique de l'extraversion primaire* en vigueur en Afrique depuis plusieurs décennies. Terre des convoitises pour ses mines, son pétrole, ses tourbières, ses forêts et ses terres, mais aussi pour le marché potentiel de ses classes moyennes, l'Afrique se trouve engagée dans les mutations de l'ordre mondial. La question souvent posée est celle de savoir si cet engagement qui renforce la dépendance inégalitaire n'a pas imbriqué l'Afrique dans une voie ambiguë et sans issue, c'est-à-dire, la voie perpétuant le sous-développement.

Le faible niveau chronique des investissements en Afrique constitue à la fois le goulot d'étranglement du système économique étant donné ses conséquences sur la production, le revenu et l'épargne. Il est connu que l'Afrique en général et subsaharienne en particulier a le taux d'épargne financière le plus bas du monde. Selon l'estimation de la Banque mondiale l'épargne intérieur brut de la région se situait en moyenne en 2012 à 18% du PIB. Ces taux d'épargne ne sont pas compatibles avec les besoins d'investissement nécessaires estimés quant à eux à 25% du PIB pour réduire sensiblement la pauvreté. Seulement, 20% des familles en Afrique en moyenne ont des comptes en banque.

Le taux de bancarisation est singulièrement le plus faible en Afrique centrale et de l'Ouest. Il est de 10% dans les économies à bas revenus et de 15% dans celles à revenus intermédiaires. Si l'on peut attribuer ce faible taux d'épargne à la pauvreté, c'est-à-dire au manque de revenu, certains obstacles limitant l'accès aux services financiers peuvent également l'expliquer. C'est le cas notamment de l'éloignement physique des institutions bancaires qui exclues les populations rurales à l'accès ; les règles du dépôt préalable, les exigences de solde minimum, les frais élevés de tenue des comptes, le niveau de scolarisation, etc. Les expériences de bancarisation des salaires dans certains pays comme la République Démocratique du Congo ont étalé à la surface la modicité des revenus et des nombreuses contraintes à la constitution de l'épargne.

Concernant le crédit, l'on relève en Afrique que ni le secteur financier moderne, ni le secteur informel, ne sont en mesure de satisfaire les besoins de crédit. Trois domaines sont presque partout maltraités par le système financier : les micros et petites entreprises, l'habitat et l'agriculture vivrière. Pourtant, ces trois domaines occupent la majorité des populations d'Afrique. Pour relever le défi de l'épargne et des investissements, il est important de restaurer et d'assurer l'encadrement des collecteurs des ressources longues, les investisseurs institutionnels (assurance, caisses de prévoyance sociale et de retraites, loteries nationales) qui sont logiquement des bailleurs des fonds privilégiés pour le financement d'opérations de développement. La promotion des activités de type *capital-investissement*, en se servant du modèle Sud-africain post apartheid et de son extension dans certains pays comme le Botswana et le Nigéria peut servir du déclic des investissements et d'essor de l'entrepreneuriat.

Le capital-investissement reste encore modeste en Afrique et surtout subsaharienne au regard d'autres marchés. Plusieurs facteurs constituent des freins pour son essor, notamment : le manque des gestionnaires des fonds expérimentés, faible taille des opportunités d'investissement, coûts d'entrée élevés, conditions de sorties difficiles, cadre juridique et réglementaire inadapté, environnement opérationnel difficile. Ce mode de financement est parfois accusé de contribuer à l'évasion fiscale, avec des montages souvent opaques, combinant les exemptions dans les pays d'accueil avec celles proposées par des juridictions offshores. Le capital investissement (Private-equity) est une activité financière consistant pour un investisseur à entrer au capital d'une entreprise non cotée en bourses et qui a besoin des capitaux propres. Il prend en Afrique plusieurs formes :

- Le capital-amorçage pour tester une nouvelle technologie ou un nouveau marché ;
- Le capital-risque pour apporter du financement mais aussi un réseau et une expérience au démarrage d'une nouvelle entreprise (*start up*) ;
- Le capital-développement pour financer une entreprise qui a besoin des financements additionnels pour supporter et accélérer sa croissance interne (besoin en fonds de roulement), soit sa croissance externe (acquisitions) ;
- Le capital-transmission ou LBO (*Leveraged buy-out*), destiné à accompagner la transmission ou la cession de l'entreprise ;
- Le capital-retournement pour aider au redressement d'une entreprise en difficulté.

Le but de l'investisseur, qu'il soit un particulier disposant d'une épargne ou un fonds d'investissement gérant des capitaux confiés par des investisseurs industriels, des banques, des compagnies d'assurances, est d'obtenir une rentabilité à la hauteur du risque engagé. Le taux de rentabilité interne peut se situer autour du 15 à 20% par an (moyenne 2011-2012) pour du capital développement et 40% pour du capital-risque.

- *Faible revenu (R) par tête d'habitant*

Les revenus par tête d'habitant en Afrique subsaharienne demeurent les plus faibles du monde, si bien que la région est classée parmi celles dont sévit la pauvreté et où les inégalités sociales ne permettent pas d'identifier avec facilité la lisière entre la petite classe des plus riches qui s'est créée, la classe moyenne ou intermédiaire encore fragile et la masse des pauvres, c'est-à-dire, la catégorie sociale indéfinie, écartée des biens et des services essentiels (alimentation, accès à l'éducation, à l'emploi, aux soins médicaux et au logement) dans un système dual. Le revenu par tête d'habitant ou revenu per capita, est défini comme le revenu national brut (RNB) pour une année, divisé par le nombre total d'habitants, ceci pour un pays ou une région donnée. L'analyse des variations des indicateurs de pauvreté en Afrique s'avère plus complexe, à cause de la difficulté de cerner les dynamiques et les facteurs qui engendrent la paupérisation ou qui, à l'inverse, facilitent la sortie de la trappe à pauvreté. Le seuil d'extrême pauvreté est fixé à 1,25 dollar par jour et par personne. Ce seuil est défini comme le niveau de revenu disponible au-dessous duquel les membres d'un ménage ne peuvent pas couvrir un niveau jugé minimal de consommation alimentaire.

En Afrique subsaharienne, la population totale s'accroit fortement et le nombre de personnes extrêmement pauvres augmente au jour le jour. Même si l'on considère que le niveau de pauvreté affiche progressivement un recul, passant en moyenne de 51,5% à 47,5% (en 2016), le revenu par tête affiche toujours une stagnation qui ne permette pas la sortie de la pauvreté. Les revenus mensuels bruts moyens par habitant constituent l'indicateur qui étale de manière claire la réalité du cercle débridé de pauvreté. Dans la compilation la plus récente de 2006, le Gabon, la Guinée équatoriale, le Botswana et l'Afrique du sud, occupent le 68ème, le 69ème et le 82ème rang dans le classement mondial des revenus mensuel brut moyen (en dollars) par habitant en 2016. Avec 600,8 dollars pour le Gabon, 598,3 dollars pour la

Guinée équatoriale, 562,5 dollars pour le Botswana et 456,7 dollars pour l'Afrique du sud. Le Rwanda, l'Ouganda et la République Démocratique du Congo occupent respectivement le 159ème rang (58,3 dollars), le 162ème rang (52,5 dollars) et le 169ème rang (35,8 dollars). Le Burundi occupe quant à elle le dernier rang (175ème), avec un revenu mensuel moyen de 23,3 dollars.

Tableau 1 : Revenu mensuel brut moyen (en dollars) par habitant en 2016

Rang	Pays	Revenu mensuel moyen
1	Norvège	6 865,8 $
2	Suisse	6 770,0 $
3	Luxembourg	5 965,8 $
4	Danemark	4 751,7 $
5	Etats-Unis	4 734,2 $
6	Island	4 732,5 $
7	Suède	4 540,0 $
8	Australie	4 519,2 $
9	Irlande	4 334,2 $
10	Singapore	4 323,3 $
11	Pays-Bas	3 884,2 $
12	Autriche	3 822,5 $
13	Finlande	3 754,2 $
14	Allemagne	3 661,7 $
15	Canada	3 640,0 $
16	Royaume-Unis	3 530,0 $
17	Belgique	3 488,3 $
18	Emirates Arabe Unis	3 373,3 $
19	Nouvelle Zélande	3 228,3 $
20	France	3 226,7 $
21	Japon	3 160,8 $
22	Koweït	2 907,5 $
23	Brunei	2 738,3 $
24	Italie	2 643,3 $
25	Corée du sud	2 300,0 $
26	Espagne	2 298,3 $
27	Bahamas	2 207,5 $
28	Chipre	2 026,7 $
29	Malthe	2 015,8 $
30	Arabie Saoudite	1 810,0 $

31	Slovénie	1 801,7 $
32	Portugal	1 656,7 $
33	Grèce	1 587,5 $
34	Estonie	1 480,0 $
35	Tchèque	1 460,8 $
36	Slovaquie	1 400,0 $
37	Trinité-et-Tobago	1 353,3 $
38	Saint Christophe-et-Névés	1 307,5 $
39	Seychelles	1 284,2 $
40	Uruguay	1 269,2 $
41	Barbade	1 267,5 $
42	Lituanie	1 230,8 $
43	Lettonie	1 214,2 $
44	Antigua-et-Barbuda	1 130,0 $
45	Chili	1 128,3 $
46	Pologne	1 056,7 $
47	Hongrie	1 047,5 $
48	Ile Palaos	1 027,5 $
49	Panama	1 011,7 $
50	Croatie	1 010,8 $
51	Argentine	997,5 $
52	Turquie	935,8 $
53	Costa Rica	903,3 $
54	Nauru	895,8 $
55	Maldives	865,0 $
56	Malaisie	821,7 $
57	Maurice	814,2 $
58	Russie	810,0 $
59	Roumanie	790,0 $
60	Grenade	758,3 $
61	Mexique	753,3 $
62	Brésil	736,7 $
63	Kazakhstan	734,2 $
64	Sainte-Lucie	700,0 $
65	Chine	687,5 $
66	Liban	665,0 $
67	Bulgarie	631,7 $
68	Gabon	600,8 $
69	Guinée Equatoriale	598,3 $
70	Monténégro	593,3 $
71	Dominique	592,5 $
72	Suriname	582,5 $

73	Saint-Vincent-et-les-Grenadines	564,2 $
74	Botswana	562,5 $
75	Turkménistan	555,8 $
76	République Dominicaine	532,5 $
77	Colombie	525,8 $
78	Pérou	495,8 $
79	Equateur	483,3 $
80	Thaïlande	470,0 $
81	Biélorussie	466,7 $
82	Afrique du sud	456,7 $
83	Iran	455,8 $
84	Irak	451,7 $
85	Serbie	442,5 $
86	Tuvalu	424,2 $
87	Macédoine	415,0 $
88	Bosnie-Herzégovine	411,7 $
89	Fidji	398,3 $
90	Azerbaïdjan	396,7 $
91	Namibie	386,7 $
92	Île Marshal	385,8 $
93	Jamaïque	385,8 $
94	Belize	363,3 $
95	Guyana	353,3 $
96	Algérie	351,7 $
97	Albanie	348,3 $
98	Samoa Occidentale	343,3 $
99	Paraguay	338,3 $
100	Tonga	338,3 $
101	El Salvador	326,7 $
102	Jordanie	326,7 $
103	Sri Lanka	320,8 $
104	Géorgie	319,2 $
105	Guatemala	315,8 $
106	Arménie	314,2 $
107	Tunisie	307,5 $
108	Mongolie	299,2 $
109	Philippines	298,3 $
110	Micronésie	295,8 $
111	Angola	287,5 $
112	Égypte	284,2 $
113	Indonésie	283,3 $
114	Palestine	269,2 $

115	Bolivie	255,8 $
116	Cap-Vert	247,5 $
117	Swaziland	246,7 $
118	Maroc	240,0 $
119	Papouasie-Nouvelle-Guinée	223,3 $
120	Bhoutan	209,2 $
121	Nigéria	204,2 $
122	Ukraine	192,5 $
123	Kiribati	189,2 $
124	Ouzbékistan	185,0 $
125	Honduras	179,2 $
126	Laos	179,2 $
127	Soudan	178,3 $
128	Moldavie	176,7 $
129	Nicaragua	175,0 $
130	Timor Oriental	171,7 $
131	Viêt Nam	171,7 $
132	Îles Salomon	156,7 $
133	Sao Tomé-et-Principe	143,3 $
134	Congo-Brazzaville	142,5 $
135	Inde	139,2 $
136	Cote d'Ivoire	126,7 $
137	Pakistan	125,0 $
138	Cameroun	116,7 $
139	Ghana	115,0 $
140	Kenya	115,0 $
141	Zambie	113,3 $
142	Bangladesh	110,8 $
143	Lesotho	105,8 $
144	Birmanie	99,2 $
145	Cambodge	95,0 $
146	Mauritanie	94,2 $
147	Tadjikistan	92,5 $
148	Kirghizistan	91,7 $
149	Yémen	86,7 $
150	Sénégal	79,2 $
151	Tanzanie	75,0 $
152	Zimbabwe	74,2 $
153	Bénin	68,3 $
154	Haïti	65,0 $
155	Comores	64,2 $
156	Mali	64,2 $

157	Népal	60,8 $
158	Tchad	60,0 $
159	Rwanda	58,3 $
160	Guinée	55,8 $
161	Ethiopie	55,0 $
162	Ouganda	52,5 $
163	Burkina Faso	51,7 $
164	Guinée Bissao	50,0 $
165	Afghanistan	48,3 $
166	Togo	45,0 $
167	Sierra Leone	40,8 $
168	Mozambique	40,0 $
169	République Dém. du Congo	35,8 $
170	Gambie	35,8 $
171	Madagascar	33,3 $
172	Centrafrique	30,8 $
173	Libéria	30,8 $
174	Malawi	26,7 $
175	Burundi	23,3 $

Si l'on considère l'Indice du Développement Humain (IDH) du PNUD qui intègre des indicateurs de santé et de l'éducation à ceux sur le revenu pour la période 2014-2015 publié le 14 septembre 2018, les performances en termes de lutte contre la pauvreté et d'efforts pour le développement au niveau des pays d'Afrique subsaharienne se présentent comme suit : la Guinée équatoriale a amélioré son IDH de 0,010 par rapport à la période précédente, le Congo Brazzaville, la Zambie, le Gabon et le Ghana ont aussi amélioré leurs IDH de l'ordre de 0,003 par rapport à la période référée (2014). L'Afrique du sud améliore son IDH de 0,001. Par contre, la République Démocratique du Congo a connu une contre-performance pendant la même période, avec la dégradation de son indice (0,400-0,499), la dégradation de la gouvernance économique, sociale, la recrudescence de la corruption et les crises politiques seraient des causes déterminantes de la dégradation de la situation et de l'augmentation de la pauvreté dans ce pays géant d'Afrique subsaharienne.

A l'exception de la République Démocratique du Congo, les pays de l'Afrique subsaharienne ont réalisé des progrès dans l'amélioration du bien-être social et économique des populations avec une augmentation moyenne de 22%. L'Indice de Développement Humain (IDH) est un indice statistique composite pour évaluer le taux de développement humain des pays du monde. L'IDH se fonde alors sur trois critères : le PIB par habitant, l'espérance de vie à la naissance et le niveau d'éducation des enfants de 17 ans et plus. En termes d'inégalités des revenus au sein des sociétés, l'Afrique du sud est de loin la plus inégalitaire avec un rapport de 1 à 44 entre les revenus de 10% les plus pauvres et de 10% les plus riches. La société Tanzanienne en revanche apparait comme l'exemple d'un pays où les écarts de revenu entre les groupes sociaux sont particulièrement resserrés et où la mobilité scolaire et professionnelle et l'égalité des chances devant le revenu et entre les différentes origines sociales sont les meilleures. Ce souci collectif de relever le défi de la pauvreté par la transformation en richesses, des multiples potentialités que regorgent le continent africain et améliorer ainsi les conditions sociales et économiques des populations, rend donc urgente la nécessité d'affronter les verrous qui bloquent l'essor économique et de jeter les bases d'un développement harmonieux des nations africaines en général et de l'Afrique subsaharienne en particulier. Verrous qui se sont consolidés au cours des décennies à travers une histoire marquée par une démission collective et l'absence des cadres fédérateurs des énergies du travail et de développement.

- *Faible taux d'épargne*

L'Afrique subsaharienne a le taux d'épargne en développement le plus bas du monde. Bien que les chiffres varient d'un pays à l'autre, selon les estimations de la Banque mondiale l'épargne intérieure brute de la région se situait en moyenne en 2005 à 18 % du produit intérieur brut (PIB), contre 26 % en Asie du Sud et presque 43% en Asie orientale et dans les pays du

Pacifique. Le taux d'épargne détermine la vitesse de croissance du stock du capital productif (Krugman et Obstfeld, 2006).Dans certains pays, ce taux est même à la baisse. L'Afrique du Sud représente à elle seule presque 40 % du PIB de l'Afrique subsaharienne, mais malgré cela en 2006 le taux d'épargne intérieure brute est tombé à 13 %, contre 26,7 % au début des années 1980. En Ouganda, le taux d'épargne n'est que de 10 % du PIB. Japheth Katto, directeur de l'Autorité des marchés financiers du pays, a déclaré récemment que ce taux ne s'améliorerait pas dans un avenir proche "à moins que des efforts concertés soient faits pour accroître le rayon d'action du secteur financier."

En République Démocratique du Congo, le taux d'épargne est très faible, il est de 9,66% du PIB (Banque Centrale du Congo, 2009). Outre ce faible taux d'épargne, la culture de l'épargne dans ce pays constitue aussi un vrai défi. Selon des statistiques relevées dans le cadre de la Journée mondiale de l'Epargne, moins de 4% des jeunes qui travaillent épargnent. Chez les autres couches sociales, le taux d'épargne demeure réellement très faible. Et pourtant, à l'époque coloniale, et plusieurs années après l'indépendance, des structures, comme la CADECO, avaient merveilleusement accompli leur rôle où les petits épargnants économisaient leur argent et cet établissement public était solidement implanté sur l'ensemble du pays. C'est pourquoi pour faire renaitre la culture de l'épargne, il faut que toutes les transactions s'effectuent sans problèmes, sur une base de confiance mutuelle, si bien que les épargnants ne doutent nullement de la crédibilité des institutions financières qu'ils choisissent pour placer leurs argents. Bien que quelques pays aient atteint des taux d'épargne plus élevés, le fonds de l'affaire est que le taux d'épargne de la région "n'est pas compatible avec les besoins d'investissement de 25 % du PIB nécessaires pour réduire la pauvreté", soutient Jean Thisen, haut responsable des affaires économiques à la Commission des Nations Unies pour l'Afrique (CEA), établie à Addis Abeba en Ethiopie.

- *Les obstacles à l'épargne*

Il y a de nombreuses causes à ce faible taux d'épargne en Afrique, dont des services financiers inadéquats. L'éloignement physique des institutions bancaires et des exigences de dépôt et de solde minimum élevés font que la majorité de la population n'ait pas accès aux services bancaires. En conséquence, seulement 20 % des familles africaines détiennent un compte en banque. En Afrique de l'Est, l'Ethiopie, l'Ouganda et la Tanzanie ont tous moins d'une agence bancaire pour 100 000 habitants. Le rapport est meilleur pour certains pays d'Afrique australe ; plus de 4 en Namibie, plus de 3 au Zimbabwe et presque 4 au Botswana.

Les exigences de solde minimum des banques et les frais de tenue de compte sont trop élevés pour de nombreux Africains. Selon un rapport de 2007 de la Banque mondiale, ouvrir un compte au Cameroun exige un dépôt de 700 dollars. C'est une somme supérieure au revenu annuel de nombreux Camerounais. De nombreuses banques requièrent également une importante documentation pour ouvrir un compte. Au Cameroun, en Sierra Leone, en Ouganda et en Zambie, les banques exigent au minimum quatre documents, dont une carte d'identité ou un passeport, une lettre de recommandation, un bulletin de salaire et une preuve de domiciliation. Même quand les gens disposent d'un peu d'argent, il peut n'y avoir qu'une faible incitation à épargner. Au Ghana, les intérêts rétribuant l'épargne sont négligeables, alors que les taux d'intérêts annuels sur les prêts vont de 23 à 25 %.Le faible niveau de l'épargne déposée dans le système bancaire fait que beaucoup de banques n'ont que des fonds limités à prêter. En conséquence, selon les estimations de la Banque mondiale, les entreprises de l'Afrique subsaharienne financent entre la moitié et les trois quarts de leurs nouveaux investissements sur leur épargne propre. Un tel "auto-investissement" peut être productif, mais les spécialistes jugent que les bénéfices non distribués ne sont pas normalement suffisants et que ceci restreint les activités de nombreuses entreprises.

- *Une épargne qui attend d'être mobilisée*

En Afrique, de nombreuses activités économiques se déroulent dans le secteur informel. De nombreux ménages ont des économies, mais "le problème est qu'elles sont conservées sous des formes non financières, a déclaré M. Gayi à *Afrique Renouveau*, elles ne sont pas suffisamment dirigées vers des investissements productifs." De nombreux Africains conservent encore la plus grande partie de leur épargne sous forme de bétail, de stocks de marchandises destinées au commerce, de céréales, de bijoux ou de matériaux de construction. Les données sont peu nombreuses, mais certains experts estiment qu'environ 80 % des avoirs détenus par les ménages ruraux d'Afrique le sont sous une forme non financière. Avoir accès à cette épargne nécessite "l'introduction de nouveaux produits ou instruments financiers qui répondent aux besoins d'épargne des ménages", estime M. Gayi de la CNUCED. Des produits qui "permettent un accès facile" à cette épargne et autorisent "de petites transactions à intervalles fréquents" encourageraient les ménages à passer au système bancaire conventionnel, rendant ainsi ces avoirs disponibles pour l'investissement productif, affirme-t-il.

En Ouganda, selon une enquête approfondie citée par le Fonds d'équipement des Nations Unies (FENU), au cours des 12 mois de l'étude, les détenteurs de comptes bancaires avaient épargné trois fois plus que ceux qui détenaient leurs avoirs dans les "secteurs semi-formel et informel." Le FENU notait dans son rapport 2004 qu'au Rwanda environ un demi-million de comptes d'épargne avec livret, dont le montant moyen de dépôts était de 57 dollars, avaient mis près de 40 millions de dollars en circulation en 2001. "Bien que cela puisse apparaître relativement insignifiant, expliquait le

FENU, la circulation appropriée de ces fonds sous forme de produits de crédit pourrait avoir un effet démultiplicateur important pour l'économie du Rwanda."

Réforme bancaire et élargissement de la clientèle

Dans de nombreux pays d'Afrique, gouvernements et banques changent la manière dont ils opèrent. Au Nigeria, une série de réformes du secteur bancaire lancées en 2004 a limité la participation de l'Etat dans les banques et introduit une plus forte concurrence, ce qui a mené au rachat des petites banques par des banques plus importantes et à des fusions.

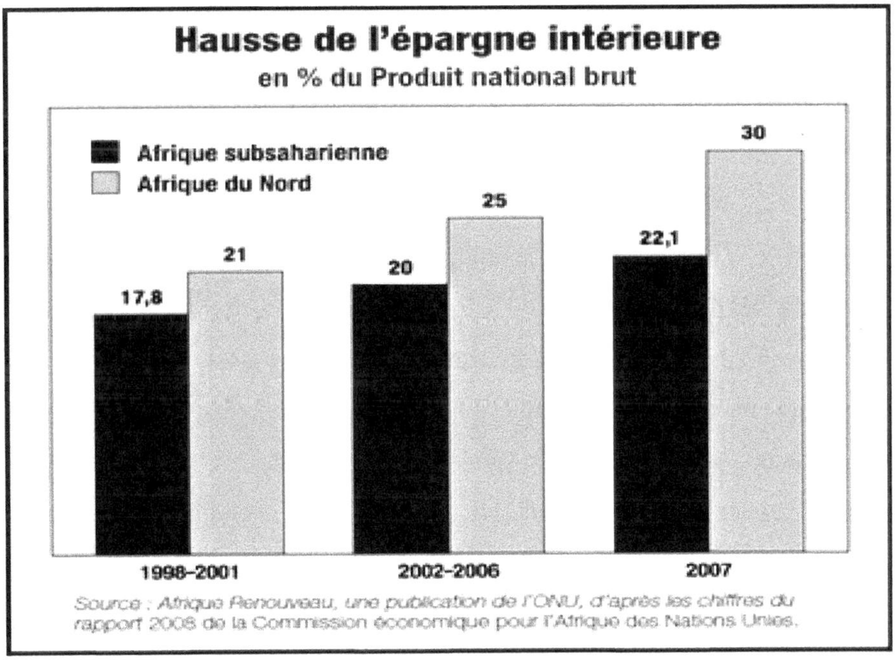

Figure 7 : Hausse de l'épargne intérieure en % du Produit national Brut

La filiale de la Standard Trust Bank au Ghana, aujourd'hui United Bank of Africa, a introduit un compte "zéro-dépôt" qui permet d'ouvrir un compte sans, dans un premier temps, déposer d'argent, ce qui a multiplié son nombre de clients. Au Ghana, la libéralisation du secteur financier a introduit une plus grande concurrence et forcé les banques à être plus novatrices et à faire des efforts pour attirer la clientèle. En 2006, Barclays Bank Ghana a commencé à travailler avec des agents susus qui déposent l'épargne collective de leurs mandants à la banque, qui les rétribue et leur accorde des facilités d'emprunt. Le susu est la plus ancienne forme de collecte de l'argent au Ghana.

Dans ce système, un groupe fait une contribution régulière à un fonds commun détenu par un agent percepteur susu. Chaque membre du groupe reçoit à tour de rôle à la fin d'un cycle le total des sommes recueillies pour les investir ou répondre à d'autres besoins. Dans certains cas, l'argent est remboursé aux membres tous les 31 jours, une contribution d'un jour étant perçue pour couvrir les frais du fonds. Beaucoup de commerçantes des marchés préfèrent confier leur argent à un percepteur susu que de laisser leurs marchandises sans surveillance sur le marché pendant qu'elles vont à la banque. A la différence des banquiers traditionnels, les percepteurs susus passent à l'étal ou à la maison de leurs clients pour recueillir leur contribution quotidienne, hebdomadaire ou mensuelle, suivant les circonstances. Il n'y a pratiquement pas de formalités pour le client. L'activité de ces agents percepteurs sur des marchés qui sont hors de la portée des banques traditionnelles est fondée sur les rapports personnels, la confiance et différentes formes de garantie. Le Ghana compte environ 5 000 de ces percepteurs qui ont plus de 2 millions de clients. La banque Barclays collabore aujourd'hui avec 100 de ces intermédiaires et espère en recruter d'autres.

Au Bénin, à la suite de la réforme du secteur financier opérée dans les années 1990, le gouvernement a introduit un programme de caisses d'épargne rurales pour mieux servir les plus pauvres. Le FENU notait dans son rapport 2004 que "l'économie a connu une croissance annuelle de 5 % au cours des cinq dernières années à la suite de ces interventions." Il ajoutait qu'une bonne politique financière et la mise en place de systèmes d'épargne sûrs et accessibles amélioreraient le taux d'épargne et que des investissements intérieurs accrus stimuleraient la croissance de l'économie. Pour accroître l'épargne, "la réglementation bancaire doit être adaptée pour encourager les institutions de microfinance qui ont les capacités de mobiliser légalement les économies de leurs clients ou du grand public", déclare M. Thisen de la CEA.

- *Réhabiliter des caisses d'épargne postales*

Pendant des décennies d'après les indépendances, les gouvernements africains ont utilisé leur réseau postal extensif pour mobiliser de petits montants d'épargne et fournir des services financiers de base dans les zones rurales et urbaines. Récemment, les réformes du secteur financier de nombreux pays africains ont élargi l'offre de produits présentés par ces banques postales.

La caisse d'épargne de la poste kenyane, fondée en 1978, fournit toute une gamme de services et constitue un système bancaire évolué. L'année 2009, la "Banque postale", nom qui lui est communément attribué, avait recueilli 12 milliards de shillings kenyans (1 dollar U.S. = 68,7 shillings kenyans) de l'épargne nationale et a réalisé des bénéfices de 174 millions de shillings, principalement par l'investissement des fonds ainsi recueillis. Les directeurs de cette caisse d'épargne pensaient que ces recettes pourraient encore être améliorées par la poursuite de l'expansion de la caisse et une diversification de ses produits et services. La caisse avait entrepris des démarches pour l'actualisation et la redynamisation des instruments juridiques pour pouvoir offrir des prêts et des facilités de crédit aux personnes à faibles revenus et aux microentreprises. L'Institut mondial des caisses d'épargne estime que le nombre de comptes d'épargne postaux dépasse dans certains pays celui de tous les comptes de dépôt détenus par les banques ordinaires. La caisse nationale d'épargne postale du Bénin gérait en 2001 environ 360 000 comptes d'épargne, par comparaison aux 162 000 des banques traditionnelles. Au Kenya en 2003, le nombre de comptes postaux atteignait presque celui des comptes de dépôt bancaires. Selon Hugues Kamewe, un conseiller financier de l'Institut, les caisses d'épargne postales ont un rôle vital à jouer dans l'infrastructure économique et sociale des pays d'Afrique où la majorité de la population économiquement active n'a pas accès aux banques traditionnelles.

- *Contribution des nouvelles technologies*

Les récents développements technologiques de la téléphonie mobile peuvent aider à améliorer l'accès des plus pauvres aux services financiers, et on l'espère, à mobiliser l'épargne. En Afrique du Sud, en République démocratique du Congo, en Zambie et au Kenya la téléphonie mobile a étendu les services bancaires à des régions éloignées où les banques traditionnelles étaient physiquement absentes ou trop chères. Les abonnés au téléphone peuvent ouvrir un compte, vérifier leur solde, régler des factures ou transférer de l'argent (cf. *Afrique Renouveau*, janvier 2008). Bien que peu d'africains aient un compte en banque, selon l'Union internationale des télécommunications, près de 80 millions ont un téléphone cellulaire. FinMark Trust, un cabinet d'études qui veut rendre les services financiers plus accessibles, rapporte qu'au Kenya et au Botswana 17 % de ceux qui n'ont pas de compte en banque ont néanmoins un téléphone mobile. Au Kenya, 1 million de personnes utilisent le système de paiement par téléphonie mobile M-Pesa.

- *Viser l'investissement*

"Développer l'épargne et s'assurer qu'elle est orientée vers des investissements productifs est essentiel pour la croissance économique", note le rapport 2005 du Département des affaires économiques et sociales des Nations Unies intitulé *Mobiliser les ressources financières nationales pour le développement*. Le rapport affirme que “ces objectifs devraient par conséquent être une préoccupation centrale des décideurs nationaux."

Actuellement cependant, les pays africains n’ont pas la capacité d’orienter efficacement l’épargne nationale vers les investissements productifs à cause de leurs “systèmes financiers peu diversifiés” et d’institutions financières peu performantes, note M. Gayi. Il suggère la mise sur pied de fonds d’investissements à long terme. “Les ressources nécessaires pourraient être mises en commun par un large rassemblement d’opérateurs financiers possédant d’importantes liquidités, comme les compagnies d’assurance, les banques privées ou les fonds de pension." Quand il y a un boom des matières premières ou des revenus d’exportation plus élevés que prévus, ajoute M. Gayi, “une partie de cette aubaine pourrait être allouée à ce fonds.” “Les politiques qui aident les pays africains à améliorer la mobilisation et l’utilisation de leurs ressources nationales pourraient ainsi profiter à l’économie en général.”

Quoi qu’il en soit les inquiétudes qui dominent le courant pessimiste sur le développement des économies africaines enfermées dans le cercle débridé de pauvreté, les perspectives s’annoncent parfois bonnes. Certaines thèses soutiennent que la production peut être boostée et désamorcer le piège d’encerclement des économies. En sus de la modernisation des moyens de production, il est important que les gouvernements africains mettent en place des systèmes d’information sur la production et les marchés, susceptibles d’inciter et d’encourager les tentatives de production intérieure qu’attestent la présence et le développement des marchés intérieurs. *Hagen* (tenant de la thèse de la grande poussée) soutient en effet que l’information sur la production doit être suffisamment apportée d’abord aux consommateurs des pays d'Afrique, avant de s'adresser à ceux des pays développés. Il s'agit là de la théorie de la grande poussé des marchés intérieurs, même si l'évolutionniste *Hirschman* insiste plus sur la création des aptitudes et la prise des bonnes décisions (allant à l'encontre de la dépendance).

Que dire de la tendance évolutionniste ou historique ?

2622 Tendance évolutionniste ou historique

Rostow explique le sous-développement par le retard ou l'avance dans l'évolution historique des sociétés. Pour lui, les sociétés sont soumises à un processus évolutif linéaire en cinq étapes: étape des sociétés traditionnelles ; étape des préalables au démarrage ; étape de décollage ; étape de progrès vers la maturité et l''ère de la consommation de masse.

J'évoque l'étape des sociétés traditionnelles.

2623Etape des sociétés traditionnelles

Dans cette étape, les sociétés se caractérisent par une faiblesse de revenu due au rendement potentiel ou l'état rudimentaire de la technologie. Il y a l'étape des préalables au démarrages, puis de décollage, de progrès vers la maturité et de la consommation de masse.

26231Etape des préalables au démarrage

Elle est caractérisée par la mise en place ou l'invention de la technologie et des politiques appropriées, susceptibles de provoquer l'éclosion de la croissance.

Vient ensuite l'étape de décollage.

26232Etape du décollage

Le décollage nécessite des infrastructures adéquates, des capitaux et des structures politiques capables de briser les obstacles traditionnels au progrès, notamment la monotonie dans le travail, le manque de diversité culturale, l'usage des technologies rudimentaires, la division sexuée du travail.

Il y a l'étape du progrès vers la maturité à signaler.

26233 Etape de progrès vers la maturité

C'est le stade auquel la société développe ses propres capacités en matière de technologie, de la métallurgie, de la chimie et de la science.

Que retenir de l'étape de la consommation de la masse ?

26234 Etape de la consommation de masse

C'est de changement dans la configuration des besoins, de la main-d'œuvre, de la population urbaine, de l'accroissement de la bureaucratie. Les fortes potentialités des ressources sont reconnues à des Etats pour la prise en charge des besoins de la société (éducation, nutrition, logement, déplacement, santé, loisir).Notons que la vision linéaire de Rostow empêche au développement son aspect relatif quant aux stratégies et des moyens à utiliser pour la bonne fin. Aussi, la distinction entre les étapes a un contenu limité et difficile à tracer les limites et l'histoire de développement des sociétés atteste des réalités qui n'ont pas suivi ce schéma. Les tenants de la théorie de la dépendance reprochent à Rostow d'avoir atomisé, cloisonner les économies mondiales et d'avoir à dessein négligé les rapports que ces économies entretiennent entre eux.

Que retenir des tendances néo-classiques ?

263 Les tendances néo-classiques

Ces sont constituées des visions des quelques économistes classiques dont les tenants sont : Adam Smith, Ricardo, Malthus et Schumpeter. Adam Smith (père de l'économie politique) stigmatise la théorie des avantages comparés et des coûts comparatifs dans les transactions ou commerce international. Il estime que les pays sous-développés sont appelés à se spécialiser davantage de l'économie où les coûts de production sont assez moindres et qu'ils se gardent de se lancer dans la production des biens qu'ils peuvent acquérir par importation à moindre frais par rapport à ce que cela aurait coûté si on l'avait produit soi-même localement. Le cas est illustratif en République Démocratique du Congo avec la par exemple de la SOTEXKI (Société textile de Kisangani) qui importe aujourd'hui les fibres du coton de la Chine, principal intrant dans la production des wax, au lieu d'en produire sur place. C'est aussi le cas de la BRALIMA qui importe du malt ou de MINOCONGO qui importe du blé. Ces principaux intrants de production peuvent être produits sur place, mais ces firmes optent pour l'importation dans le but de favoriser les échanges internationaux et les spécialisations. Chaque pays dans ce cas se spécialise dans la production des ressources qu'il échangerait avec d'autres, ce qui alimente le commerce international. Il en était aussi le cas pour la Sidérurgie de Maluku qui importait l'acier, alors qu'on pouvait en produire sur place. La SOCIR qui devait raffiner le brut des hydrocarbures produits à Moanda est restée à ses premiers pas, car contrainte de laisser cette activité à des raffineries installées en France, à Londres ou en Italie. La raison première c'est le coût comparé. On estime que le coût de raffinerie est plus important au République Démocratique du Congo qu'en Italie ou en France auquel cas, ce premier pays aurait l'avantage de se spécialiser uniquement à la production du brut.

Cette théorie des avantages comparés et des coûts comparatifs dans les transactions commerciales introduit l'idée de la division internationale du travail parce qu'elle repose sur la spécialisation et les rapports commerciaux internationaux. Son sous-bassement théorique c'est le libéralisme économique (théorie libérale du développement économique). Les pays sous-développés ont donc à se spécialiser dans la production des matières premières pour l'industrie des pays développés, au retour ils doivent importer les produits finis. Nombre de penseurs néo-libéraux soutiennent cette division qui constitue le socle des relations entre les Etats (relations internationales) et insistent sur le développement technologique. Dans sa critique sur les étapes du développement technico-économiques des nations, Ricardo situe les nations à la manière de Rostow dans une échelle de croissance appuyée sur le développement de la technologie. Il distingue les étapes suivantes :

- L'apparition du processus industriel autonome ;
- Le développement des relatons inter-entreprises initiales ;
- L'expansion de la petite mécanique ;
- La maitrise croissante de la qualité et des normes de tolérance ;
- L'élaboration du complexe industriel (étape des complexes industriels).

Dans sa vision comme chez Schumpeter, Ricardo met l'accent sur les entrepreneurs qu'il distingue bien des gestionnaires. Les premiers sont des initiateurs privés dotés du pouvoir de décisions dans le développement économique, tandis que les seconds sont les personnes auxquelles l'on lègue certaines prérogatives dans les entreprises.

Je signale les approches basées sur les acteurs, l'acteur social, connaissance et pouvoir, l'approche sociologique du développement et celle genre et développement.

2631 Approches basées sur les acteurs

Il a toujours existé une sorte de contrepoids à l'analyse structurelle, quoique moins bien articulé jusqu'à une période relativement récente, dans la littérature sur le développement. C'est ce que nous considérons comme approches basées sur les acteurs. Ce qui sous-tend implicitement cet intérêt pour les acteurs sociaux est la conviction que, même si certains changements structuraux importants peuvent résulter de l'impact de forces externes dues à la pénétration du marché ou de l'Etat, il est théoriquement peu satisfaisant de baser une analyse sur le concept de détermination externe. Toute forme de domination externe entre nécessairement dans les espaces de vie actuels des individus et des groupes sociaux qu'elle affecte, et est de ce fait transmise et transformée par ces mêmes acteurs et structures. De même, si des forces sociales « éloignées » et de grande envergure altèrent les trajectoires de vie et le comportement des individus, elles ne peuvent le faire qu'en façonnant, directement ou indirectement, les expériences quotidiennes et les perceptions des individus concernés.

Ainsi, comme l'exprime James Scott (1985) : C'est seulement en saisissant l'expérience d'un phénomène dans sa quasi-totalité, que nous pourrons être en mesure de dire quelque chose de significatif sur la manière dont un système économique donné influence ceux qui le constituent et l'entretiennent ou le remettent en cause. Et, bien entendu, si cela est vrai pour la paysannerie ou le prolétariat, cela est certainement vrai pour la bourgeoisie, la petite bourgeoisie, et même le *lumpenprolétariat*. On a donc besoin, pour comprendre le changement social, d'une approche plus dynamique qui mette l'accent sur l'interaction et la détermination mutuelle des facteurs et des relations « internes » et "externes", et qui reconnaisse le rôle central joué par l'action et la conscience humaines. On peut réaliser cela en conduisant des types d'analyses prenant en compte les acteurs, comme celles qui étaient populaires en sociologie générale et en anthropologie vers la fin des années 60 et au début des années 70. Les approches basées sur les acteurs varient des modèles transactionnels et de prise de décisions jusqu'aux analyses interactionnistes symboliques et phénoménologiques.

Un avantage de l'approche en termes d'acteurs est que l'on part d'un intérêt pour l'explication des réponses différentielles à des circonstances structurelles similaires, même si les circonstances semblent relativement homogènes. Ainsi, on admet comme postulat que les schémas différentiels qui apparaissent sont en partie la création des acteurs eux-mêmes. Les acteurs sociaux ne sont pas simplement vus comme des catégories sociales désincarnées, basées sur la classe ou tout autre critère de classification, ou comme des récepteurs passifs de l'intervention, mais plutôt comme des participants actifs qui traitent l'information et poursuivent des stratégies dans leurs relations aussi bien avec divers acteurs locaux qu'avec les institutions et le personnel extérieur. Les cours précis du changement et ce qu'ils signifient pour ceux impliqués ne peuvent être imposés de l'extérieur ni expliqués par l'application d'une certaine logique structurelle inexorable, comme celle qu'implique le modèle de la « périphérie désarticulée » (Janvry, 1981).

Les différents modèles d'organisation sociale qui émergent sont les résultats des interactions, des négociations et des luttes sociales qui ont cours entre les différents types d'acteurs. Ces derniers comprennent non seulement ceux qui sont présents dans un face-à-face donnée, mais également les absents qui influencent néanmoins la situation en affectant les actions et les résultats. Il est nécessaire de souligner les faiblesses des paradigmes orientés vers les acteurs qui ont été promues dans les années 1960 et 1970, particulièrement par les anthropologues (Long 1977 b), dans leur tentative de combattre les points de vue des culturalistes et des structuralistes.

Ces études se sont concentrées sur le comportement novateur d'entrepreneurs et d'opérateurs économiques, les processus de prise de décision individuelle ou sur la manière dont les individus mobilisent les ressources à travers l'établissement de réseaux sociaux. Pourtant beaucoup de ces études ne sont pas allées assez loin à cause de leur tendance à adopter une vue volontariste des prises de décision et des stratégies transactionnelles, sans accorder assez d'attention à l'examen de la manière dont les choix individuels sont façonnés par des cadres, des significations et d'actions plus larges, ou encore par ce que Bourdieu (1981) appelle *habitus* ou « histoire incarnée » par la distribution du pouvoir et des ressources dans l'arène plus large. Certaines de ces études se sont embourbées en adoptant une forme extrême d'individualisme méthodologique qui cherche à expliquer le comportement social essentiellement en termes de motivations, d'intentions et d'intérêts individuels.

Un autre type de recherche orientée vers les acteurs, qui prévaut surtout parmi les chercheurs en sciences politiques et en économie mais également utilisée par des anthropologues économistes comme Schneider (1974), est celui qui utilise un modèle généralisé du choix rationnel basé sur un nombre limité d'axiomes, tels que la maximisation des préférences ou de l'utilité. Alors que les types d'analyse fondés sur les acteurs mentionnés ci-dessus ont tendance à traiter la vie sociale, et particulièrement le changement social, comme pouvant se réduire essentiellement aux actions constitutives des individus. L'approche du choix rationnel propose un modèle « universel » dont les noyaux comportent les propriétés fondamentales du comportement humain. (Gudeman, 1986).

La principale objection à cette approche est qu'elle présente un modèle ethnocentrique occidental du comportement social basé sur l'individualisme de « l'homme utilitariste » qui ne tient aucun compte des spécificités de la culture et du contexte. Il est aussi possible d'introduire dans le cadre de cette approche rationnelle, la théorie des choix individuels en situation d'informations imparfaites et asymétriques. Lorsqu'il est confronté à l'insécurité, à la précarité, à l'imprévisibilité, tout agent tente de minimiser ses risques, lesquels dépendent de sa position sociale comme des contraintes de son milieu naturel. S'il développe une aversion aux risques, il trouvera alors son intérêt dans la diversification de son portefeuille d'options au lieu de se spécialiser. Le poids du quotidien le conduit aussi à la préférence pour le présent.

Par ailleurs, l'appartenance de l'individu à une communauté des liens lui donne des obligations, mais aussi lui permet de bénéficier d'une « protection sociale » et de jouir d'une responsabilité collective, et le conduit à rester attacher aux normes qui fondent l'existence de sa communauté. Elle lui donne un « assurance » réductrice des risques, contre les événements adverses. Ainsi, pour garantir la perpétuation de cette protection, pourrait-il décider de privilégier les investissements intergénérationnels au nom du sacrifice qu'il doit consentir pour la reproduction communautaire. Ceci induit que les choix individuels, les ambitions, les parcours sont ainsi inféodés à la logique collective. La coaction du groupe naturel (parenté) marque de sa présence la vie quotidienne de l'agent. « Le souverain libre arbitre cède devant l'impérialisme de la famille, même demeurée loin » (Jacquemot, 2013).

Mais, qu'elle est la place du genre dans ce paradigme de choix rationnelle ou de choix individuel ? La femme, tout comme l'homme est soumise aux mêmes préceptes psychologiques qui régentent l'individu comme agent économique, acteur du changement social, même si dans certains cas comme en Afrique traditionnelle, l'ordre social imprime un code de comportements spécifiques.

Dans l'ordre traditionnel, la femme est liée à la dot, constitué des biens, aliments, bétail et objets (pagne, objets usuels), apportés par le fiancé ou sa famille à la famille de la future épouse, destinés à compenser la perte que celle-ci représente comme ressource et dont ils bénéficient en la prenant avec lui, la faisant quitter la concession familiale. La femme, force de travail et force de reproduction des nouvelles forces du travail, est *marchandisée* et n'est plus que potentiellement libre. De son côté, la famille de la mariée ne dispose pas librement des biens constitutifs de la dot, car c'est souvent la même dot qui sera utilisée pour marier un de ses frères. Une dot, bien d'échange et élément de prestige, pouvant représenter plusieurs années de travail, peut circuler plusieurs fois. Ces considérations d'ordre socio-économique et cet ensemble de connaissance et pouvoir qui découlent du paradigme du choix rationnel, sont importantes pour la question du genre qui occupe le terrain du développement depuis plusieurs décennies. Il n'est de richesse que de femmes.

Que retenir sur l'acteur social, connaissance et pouvoir ?

2632Acteur social, Connaissance et Pouvoir

Dans le débat concernant les approches basées sur les acteurs et celles historiques ou structurales, il est important de prendre en considération les questions et les perspectives des acteurs. Le problème le plus important à cet égard est celui de la conceptualisation de l'acteur social (*agency*). Pour tenter d'améliorer des formulations antérieures, beaucoup d'auteurs sont revenus sur la nature essentielle et l'importance de *l'actant* (*human agency*). Cette notion se trouve au cœur même de toute revitalisation du paradigme de l'acteur social et constitue le pivot autour duquel tournent les discussions visant à réconcilier les notions de structure et d'acteur. Mais, avant de retracer ces discussions, il est important de souligner que la question *d'agency* n'a pas été confirmée uniquement dans le cercle des théoriciens et de leur audience sociologique, mais qu'elle a également pénétré le travail empirique en sciences politiques (Scott 1985), en analyse politique (Elwert et Bierschenk, 1988) et en histoire (Stem, 1987).

En terme général, la notion *d'agency* attribue à l'acteur individuel la capacité de traiter l'expérience sociale et d'élaborer des moyens pour se débattre dans la vie, même sous les formes les plus extrêmes de coercition. Dans les limites dues à l'information, à l'incertitude et aux autres contraintes (physiques, normatives, politico-économiques), les acteurs sociaux sont *compétents* (*knowledgeable*) et *capables*. Ils tentent de résoudre des problèmes, apprennent comment intervenir dans le flot des événements sociaux autour d'eux, et surveillent continuellement leurs propres actions, en observant comment les autres réagissent à leur comportement, en prenant note des circonstances du moment (Giddens, 1984).Pourtant, bien que la quintessence de l'action humaine puisse sembler se matérialiser dans l'individu, les simples individus ne sont pas les seules entités qui prennent des décisions et agissent en conséquence. Les entreprises capitalistes, les organismes étatiques, les partis politiques et les organisations, les églises sont des exemples d'acteurs sociaux. Ils ont tous les moyens d'atteindre, de formuler des décisions et d'agir au moins sur certaines d'entre elles (Hindess, 1986).

Mais, le concept d'acteur ne devrait pas être utilisé pour représenter des collectivités, des agrégats ou des catégories sociales qui n'ont pas une façon discernable de formuler et d'exécuter des décisions. Suggérer par exemple que la société dans le sens global du terme, ou les classes et autres catégories sociales basées sur l'ethnicité ou le sexe, prennent des décisions et essaient de les mettre en œuvre, c'est leur attribuer à tort la qualité d'actant. Cela tend également vers une réification des schémas classificatoires qui font partie de l'appareillage conceptuel qu'un individu ou une organisation utilise pour traiter les données du monde social ambiant et à partir desquels l'action est entreprise. Nous devons donc nous attacher à restreindre l'utilisation du terme "acteur social" uniquement aux entités sociales auxquelles on peut de manière significative attribuer le pouvoir d'agence.

Il importe également de souligner que *l'agency* ne se réduit pas tout simplement à l'aptitude à la prise de décisions. *L'agency* humaine, que nous reconnaissons quand des actions données résultent en un état d'affaires ou en une tournure des événements différents de ceux qui existaient auparavant, est composée de relations sociales et ne peut devenir effective qu'à travers elles. Une agence efficace requiert par conséquent des capacités d'organisation et ne découle pas simplement de la possession de certains pouvoirs de persuasion ou de formes de charisme. La capacité à influencer les autres ou à donner des ordres (ex. pour les amener à accepter un message de vulgarisation agricole donné) repose fondamentalement sur « les actions d'une chaîne d'agents où chacun les traduit en fonction de ses propres projets et le pouvoir est créé en enrôlant beaucoup d'acteurs dans un programme politique ou social donné (Latour 1986). En d'autres termes, l'action et le pouvoir dépendent de manière critique de l'émergence d'un réseau d'acteurs qui deviennent partiellement, et presque jamais complètement, engagés dans les projets d'un autre agent ou d'autres personnes.

L'efficacité de *l'agency* requiert donc la création et la manipulation stratégique d'un réseau de relations sociales et la canalisation de certains éléments spécifiques tels que les revendications, les commandes, les biens, les instruments et l'information, à travers certains points nodaux d'interaction. Pour réaliser une action stratégique, il faut réduire la liberté de manœuvre des autres actants. Dans le meilleur des cas, du point de vue du stratège, ces autres actants deviendront des relais autorisés, des extensions de l'actant stratégique.

Quels que soient les intérêts que ces actants-relais puissent avoir, ils seraient dans le cas extrême, entièrement ceux que l'actant stratégique subordinateur leur attribue (Clegg, 1989).

Il devient essentiel par conséquent que les acteurs sociaux gagnent les luttes qui se mènent pour l'attribution de sens sociaux spécifiques à des événements, des actions ou des idées données. Vus sous cet angle, les modèles particuliers (ou idéologies) d'intervention en développement deviennent des armes stratégiques dans les mains de ceux chargés de les promouvoir. Toutefois, la bataille n'est jamais terminée puisque tous les acteurs exercent une forme de pouvoir, même ceux qui sont dans des positions très subordonnées. Toute forme de dépendance offre des ressources permettant à ceux qui sont subordonnés d'influencer les activités de leurs supérieurs (Giddens, 1984). De cette manière, ils sont activement engagés, bien que ce ne soit pas toujours au niveau de la conscience discursive, dans la construction de leurs propres mondes sociaux, même si, comme nous le fait observer avec prudence Marx (1962), les circonstances qu'ils rencontrent ne sont pas toujours choisies par eux-mêmes.

Examinant les relations entre acteur et structure, Giddens soutient de façon convaincante que la constitution des structures sociales qui, à la fois limite et permet le comportement social, ne peut être comprise sans accorder une place à la capacité d'action humaine. Il écrit : « En suivant les routines de ma vie quotidienne, j'aide à reproduire des institutions sociales pour la création desquelles je n'ai joué aucun rôle. Elles ne sont pas seulement l'environnement de mes actions dans la mesure où... elles entrent de façon constitutive dans ce que je fais en tant qu'agent. De la même manière, mes actions constituent et reconstituent les conditions institutionnelles des actions des autres, tout comme leurs actions agissent sur les miennes... Mes activités sont ainsi intégrées dans les propriétés structurées d'institutions s'étendant bien au-delà de moi-même dans le temps et l'espace et en sont des éléments constitutifs. » (Giddens, 1987). Cette intégration de l'action dans les structures et les processus institutionnels ne signifie pas bien sûr que le choix d'un comportement est remplacé par une routine immuable. En effet, comme nous l'avons souligné plus haut, l'analyse orientée vers les acteurs suppose que les acteurs sont capables, même dans un espace social très restreint, de formuler des décisions, d'agir sur elles, et d'innover ou d'expérimenter.

Par ailleurs, un trait caractéristique de l'action est que l'agent, à tout moment, "aurait pu agir autrement : soit positivement sous forme d'une tentative d'intervention dans le processus des événements du monde, ou négativement par abstention" (Giddens, 1979). Hindess (1986) pousse l'argument plus loin en faisant remarquer que pour atteindre une décision, il faut utiliser explicitement ou implicitement des moyens discursifs dans la formulation des objectifs et dans la présentation des arguments en faveur de la décision prise. Ces moyens discursifs ou types de discours (les constructions culturelles utilisées pour exprimer soit verbalement soit par la pratique sociale, des points de vue ou des jugements de valeur) varient et ne sont pas seulement des traits inhérents aux acteurs eux-mêmes : ils font partie du stock différencié de connaissances et de ressources disponibles à différents types d'acteurs. Comme la vie sociale n'est jamais assez unitaire pour qu'on puisse la bâtir sur un seul type de discours, il s'ensuit que, quelles que soient les limites de leurs choix, les acteurs ont toujours devant eux quelques alternatives pour formuler leurs objectifs, déployer des modes spécifiques d'action et donner des raisons pour leur comportement.

Il est important de noter que la reconnaissance d'alternatives de discours utilisées ou susceptibles d'être utilisées par les acteurs, remet en cause, d'une part, la notion que la rationalité est une propriété intrinsèque de l'acteur individuel, et d'autre part, qu'elle reflète tout simplement la localisation structurelle de l'acteur dans la société. Toutes les sociétés renferment en leur sein un répertoire varié de styles de vie, de formes culturelles et de rationalités que ses membres utilisent dans leur recherche de l'ordre et du sens et ces membres jouent eux-mêmes un rôle (volontaire ou involontaire) dans leur confirmation ou leur restructuration. Ainsi, les stratégies et les constructions culturelles employées par les individus ne surgissent pas du néant mais sont tirées d'un stock de discours verbaux et non verbaux disponibles qui sont dans une certaine mesure, partagés par d'autres individus contemporains ou peut-être par des prédécesseurs. C'est à ce point que l'individu est, en quelque sorte, transmué métaphoriquement en un acteur social, ce qui signifie que l'acteur social est une construction sociale plutôt qu'un simple synonyme d'individu ou de membre de l'homo sapiens. On doit également distinguer deux types différents de construction sociale associés au concept d'acteur social. D'abord celui qui est culturellement endogène au sens où il est basé sur les genres de représentations caractéristiques de la culture dans laquelle l'acteur social particulier est ancré. Ensuite, celui qui naît des catégories et des orientations théoriques des chercheurs et des analystes eux-mêmes (culturel, car associé à une école particulière de pensée ou à une communauté de savants).

Cette construction sociale des acteurs touche crucialement le problème de *l'agency*. Nous pourrions certes prétendre savoir parfaitement ce que nous voulons dire avec compétence et capacité (knowledgeability and capacity), les deux principaux éléments de *l'agency* identifiés par Giddens. Mais, ces concepts doivent être traduits en fonction du contexte culturel de leur utilisation avant qu'ils ne prennent toute leur signification. On ne devrait donc pas présumer (même si l'on est en mesure de produire, par exemple, des évidences d'une marchandisation et d'une occidentalisation accrues) une interprétation constante, universelle et transculturelle du concept de *l'agency*. Il est condamné à varier dans sa constitution et dans sa rationalité culturelle.

Pour cela, nous avons besoin de découvrir ce que Marilyn Strathern (1985) appelle la « *théorie endogène de l'agency* ». Se basant sur des exemples africains et mélanésiens, Strathern montre comment des notions *d'agency* sont construites différemment dans différentes cultures. Elle démontre que des attributs tels que connaissance, pouvoir et prestige sont attachés différemment au concept de « personne ».

En Afrique, la notion de personnalité (*personhood*) est généralement liée à l'idée de « fonction ». Exemple : les gens occupent certaines positions, jouent certains rôles, subissent des rites d'initiation et d'installation en vue d'assumer ces fonctions, et sont perçus comme exerçant des influences sur les autres en vertu de leur position relationnelle par rapport à eux. Par contre, en Mélanésie, statut et autres attributs liés à la personne sont moins perçus comme attachés en permanence aux individus ou définis en relation avec une matrice de position donnée ; au contraire, ils font continuellement l'objet de transactions, de négociations ou de contestations. De même, l'on peut identifier des contrastes similaires entre les théories culturelles du pouvoir et de l'influence de différents segments des sociétés latino-américaines ; par exemple entre paysans et populations urbaines, ou au sein de la bureaucratie, de l'Eglise et de l'armée. Des telles différences renforcent l'importance que revêt l'examen des différentes manières dont les notions de personnalité et donc *d'agency* (compétence et capacité) se constituent selon les cultures et influencent la gestion des relations interpersonnelles et les types de contrôle que des acteurs peuvent chercher à exercer les uns vis-à-vis des autres.

Dans le domaine du développement rural, ceci revient à analyser comment des conceptions différentes du pouvoir, de l'influence, de la connaissance et de la capacité façonnent les réponses et stratégies de différents acteurs (par exemple paysans, agents de développement, propriétaires terriens, fonctionnaires locaux). On devrait aussi chercher à savoir à quel point la notion *d'agency*, qui varie en fonction du type de politique mise en œuvre, peut être imposée à des groupes locaux. Ici, nous pensons par exemple aux concepts de *participation*, *ciblage des pauvres* ou le rôle du *paysan leader* dans le développement planifié.

Par ailleurs, si nous considérons que nous avons affaire à des réalités multiples, à des intérêts sociaux et normatifs potentiellement conflictuels, et à des configurations diverses et discontinues de la connaissance alors, nous devons chercher à savoir quelles interprétations ou quels modèles (par exemple ceux des agronomes, des politiciens, des paysans ou des vulgarisateurs), dominent sur ceux d'autres acteurs et dans quelles conditions. Les processus de la connaissance sont intégrés dans des processus sociaux qui impliquent des aspects de pouvoir, d'autorité et de légitimation ; et ils sont tout autant susceptibles de refléter et d'alimenter le conflit entre groupes sociaux qu'ils sont supposés conduire à l'établissement d'intérêts et de perceptions communs.

Cette discussion fait ressortir certains parallèles entre les processus du pouvoir et ceux de la connaissance. Comme le pouvoir, la connaissance n'est pas simplement quelque chose qui est possédée et accumulée (Foucault, in Gordon 1980). Elle ne peut pas non plus être mesurée de manière précise en termes d'une quelconque notion de quantité ou de qualité. Elle jaillit des processus d'interaction sociale et est essentiellement un produit conjoint de la rencontre et de la fusion d'horizons. Elle devrait donc, comme le pouvoir, être abordée de manière relationnelle et non traitée comme si elle pouvait être épuisée ou comme si l'on pouvait en tirer parti. Le fait que quelqu'un ait du pouvoir et de la connaissance n'implique pas que d'autres en soient dépourvus. Un modèle à somme nulle est ainsi déplacé. Néanmoins, pouvoir et connaissance peuvent être réifiés dans la vie sociale. Souvent, nous les considérons comme étant des choses matérielles réelles possédées par les acteurs, et nous tendons à les considérer comme des données que l'on ne peut remettre en question. Ce processus de réification est, bien sûr, une composante essentielle des luttes courantes à propos du sens et du contrôle des relations et ressources stratégiques. Les rencontres relatives à la connaissance comportent la lutte entre des acteurs qui visent à en enrôler d'autres dans leurs projets, à les amener à accepter leurs schèmes particuliers de signification et à les convaincre de leurs points de vue. S'ils y réussissent, alors d'autres parties leur délèguent du pouvoir. Ces luttes se focalisent autour de la cristallisation de points clés qui permettent le contrôle sur les échanges et attributions de sens, y compris l'acceptation de notions réifiées telles que celle *d'autorité*. Cette discussion a clarifié, nous l'espérons, la raison pour laquelle le concept *d'agency* est d'une importance théorique centrale. Comme nous l'avons suggéré plus haut, une approche centrée sur les acteurs commence avec la simple idée que des formes sociales différentes se développent dans des circonstances structurelles identiques ou similaires. Ces différences reflètent des variations dans la manière dont les acteurs tentent de se saisir, de façon cognitive et organisationnelle, des situations qu'ils rencontrent.

Dès lors, une compréhension des différents modèles du comportement social doit être enracinée dans la connaissance des sujets actifs (Knorr-Cetina, 1981b), et non simplement vue comme l'impact différentiel de larges forces sociales, telles que la pression démographique ou écologique, ou l'incorporation dans le capitalisme mondial. La tâche principale pour l'analyse est d'identifier et de caractériser les différentes stratégies et rationalités des acteurs, les conditions dans lesquelles elles émergent, leur viabilité ou efficacité à résoudre des problèmes spécifiques, et leurs résultats structurels. Ce dernier aspect soulève deux autres questions clés que nous ne pourrons pas aborder dans cet ouvrage pour des raisons de temps. Il s'agit de l'étude des situations interactionnelles à petite échelle et de leur importance pour la compréhension des soi-disant macro-phénomènes ; et de la nécessité de la notion de structures et de contextes émergents qui prennent naissance en tant que résultats combinés de conséquences intentionnelles et non intentionnelles de l'action sociale.

Quoi qu'il en soit la dualité entre les approches structurales et celles basées sur la rationalité des acteurs sociaux, l'importance des approches intégrées et non sectorielles du développement s'impose comme antidote. Des innovations méthodologiques importantes associant les dimensions structurelles et des rationalités des acteurs engagés sont à mettre au crédit de la sociologie du développement qui, dans ses démarches, associe non seulement les dimensions économiques, mais aussi anthropologiques, culturelles, psychologiques et politiques. Tout changement part d'une vision et la décision d'agir pour la matérialiser.

Il convient de rappeler l'approche sociologique du développement dans les lignes qui suivent.

2633 Approche sociologique du développement

Avant d'être une affaire d'ordre politique mondial, d'aide et d'investissement économique, de progrès technique et culturel, le développement s'explique par le rôle des structures sociales, des catégories, des groupes, des classes, des genres et des individus, acteurs du développement, des conditions sociales de l'exercice du pouvoir et de la production économique (J. Copans 2006 : 9). Ce constat sonne comme un appel à repenser une approche sociologique dans l'étude du développement. Il s'énonce aussi comme un rappel salutaire alors que cet objet semble aujourd'hui davantage perçu par ses aspects économiques et politiques internationaux (voire transnationaux) où le *développement* devenant *coopération au développement* en viendrait à se dissoudre dans de vastes programmes normatifs au sein desquels la lutte contre une pauvreté multidimensionnelle ferait office de substitut aux macro-théories d'hier. Nous ne pouvons que souscrire à de tels propos au moment où le développement serait ainsi l'affaire de mesures, d'indicateurs, de flux financiers (publics comme privés), d'objectifs et de (cadres) logiques (s') articulant (à) des *buzzwords* (bonne gouvernance, décentralisation, participation, appropriation, société civile, etc.) empruntés pour certains avec régularité et tellement de latitudes aux disciplines des sciences sociales.

Nous voudrions ajouter que la revalorisation d'une sociologie du développement pourrait se produire en participant d'un nouvel équilibre méthodologique en faveur d'une analyse moins focalisée sur les effets des pratiques de la machinerie du développement sur les populations bénéficiaires. Nous privilégions ainsi une conception du développement comme un entremêlement de projets (et donc de réseaux sociaux) produisant des effets matériels et non matériels, désirés ou non parmi les bénéficiaires comme parmi l'ensemble des opérateurs de ces réseaux centrés sur les projets de développement (Cahiers d'Études africaines, LI (2-3), 202-203, 2011, pp. 473-490). Sur le plan des sciences sociales, cette crise du tournant 1970-1980 a eu des répercussions différentes. Le déclin du structuralisme et le reflux du marxisme ont sans doute été ressentis plus durement par la sociologie du développement privée à la fois d'un appareillage méthodologique et d'une grille de lecture des dimensions macrosociologiques du développement et des rapports Nord/Sud. Cela ne fit sans doute qu'accentuer le sous-développement de la sociologie du développement, rapidement dénoncé par André Gunther Frank (1967).

Dans la seconde moitié des années 1980, Yves Goussault (1987 : 774) distinguait encore trois approches de la sociologie du développement : l'étude des formations sociales et de leurs structures sectorielles dans le cadre d'une perspective socio-économique ; l'étude des dynamiques de mouvements et de changements sociaux dans la perspective Touranienne du retour de l'acteur; l'étude des significations que les acteurs du développement donnent à leurs activités car la conscience et l'imaginaire sociaux sont plus que jamais les médiateurs obligés et en partie souverains de l'action sociale. Ces trois dimensions de l'objet développement offraient des pistes d'études intéressantes, mais n'ont pas garanti pour autant le maintien d'une approche spécifiquement sociologique à l'étude du développement.

Ces crises du développement et les nouveaux questionnements qu'elles présentèrent furent sans doute plus profitables à la science politique (dans une perspective d'ailleurs proche de la sociologie politique) et à l'anthropologie. Bénéficiant du reflux des théories critiques de la modernisation (du courant réformiste de la CEPAL au marxisme radical) qui plaçaient partiellement les causes du sous-développement à l'extérieur du pays, le néo-libéralisme des années 1980 renoua avec les théories de la modernisation qui situaient les raisons du retard du développement à la présence d'obstacles au sein même des sociétés à développer. Sauf qu'à présent, l'obstacle n'avait plus forcément pour nom la « tradition » mais plutôt les dysfonctionnements de l'État.

Comme le souligne Jean-Philippe Peemans (1998 : 27-28), cette approche partage avec la tradition modernisatrice la même vision optimiste du changement et le même ethnocentrisme : l'État est réformable et peut être aligné sur les normes universelles de l'État de droit qui est un État minimal face au marché. La crise supposée de l'État développeur dynamisa la science politique, notamment à la faveur du débat sur la greffe d'un État moderne/modernisateur au Sud et singulièrement en Afrique subsaharienne (Badie 1992 ; Bayart 1989). De même, l'intérêt pour la « politique par le bas » et les modes populaires d'action politique dans la perspective bayartienne élargissait encore la fenêtre d'action du politologue au Sud.

Quant à l'anthropologie, l'étude du complexe développeur et, plus particulièrement, de ses acteurs, de leurs croyances, de leurs identités, de leurs représentations, des conflits qui les animent, ou encore des alliances qu'ils nouent a favorisé l'émergence d'une socio-anthropologie du développement très dynamique depuis le début des années 1990. L'objet *développement* y est ainsi appréhendé en se centrant sur la configuration *développementiste*, c'est-à-dire cet univers largement cosmopolite d'experts, de bureaucrates, de responsables d'Organisations non-gouvernementales, de chercheurs, de techniciens, de chefs de projets, d'agents de terrain qui vivent en quelque sorte du développement des autres et mobilisent ou gèrent à cet effet des ressources matérielles et symboliques considérables. (Olivier de Sardan, 1995 : 7).

Débarrassée des pesanteurs structuralistes et cherchant à fonder une approche scientifique rigoureuse fondée sur un vaste apport empirique, l'approche se veut résolument critique en dénonçant le double aveuglement altruiste et techniciste des pratiques habituelles des développeurs occidentaux, double aveuglement qui masque en partie le fait que le développement est à la fois un marché et une arène. C'est un marché où circulent des biens, des services, des carrières. Il s'agit d'y vendre des projets, des slogans, des politiques, du hardware, du software, des carrières, etc. Si la socio-anthropologie du développement a constitué une véritable avancée dans la compréhension des mécanismes en œuvre dans l'adoption/adaptation des projets de développement à un environnement particulier (en permettant de dégager, au-delà des habituelles explications culturalistes des échecs des projets de développement, l'existence de véritables stratégies d'acteurs), cette approche est héritière d'une lecture du développement centrée principalement sur les dynamiques locales (villageoises le plus souvent). En affirmant cela, on soulignera moins l'intérêt massif apporté au développement rural (alors que dans le même temps on assistait au Sud, Afrique subsaharienne comprise, à une accélération du processus d'urbanisation) que la prédilection pour des arènes locales dans lesquelles un projet de développement, dont les connaissances sur les conditions de production sont faiblement scrutées, va permettre de révéler les dynamiques profondes et surtout les capacités d'adaptation (d'absorption voire de manducation) des villageois, des injonctions modernisatrices versatiles et oublieuses de l'intelligence même des populations bénéficiaires.

L'approche socio-anthropologique classique a ainsi favorisé une perception plus fine et plus contrastée des pratiques et représentations des populations bénéficiaires qui nous semblent à présent loin d'être passives face aux projets initiés principalement au Nord. Mais on peut sans doute regretter que l'effort équivalent n'ait été opéré pour approfondir la connaissance des partenaires de l'aide. Et l'on demeure le plus souvent dans une perception globalisante et fixiste des développeurs biaisant au final l'analyse. Nous partageons ici le constat formulé par Philippe Lavigne-Delville (2007 : 3) qui souligne : Les développeurs en tant qu'individus concrets, leurs représentations, leurs pratiques, leur réflexivité, les configurations développementistes précises, et même les effets concrets des actions sur les populations : tout cela disparaît au profit d'un discours général sur l'action du projet où les schémas interprétatifs a priori sur les ambivalences de l'aide et ses effets pervers et déstructurant ou sur la méconnaissance des réalités locales, semblent remplacer l'analyse empirique.

Il convient donc de rééquilibrer le schéma analytique en prenant au sérieux les pratiques des développeurs. Si le développement est à la croisée des chemins c'est que son étude demeure aujourd'hui comme hier redevable d'une analyse des dynamiques du dedans et du dehors qui façonnent cet objet singulier. Certes, le développement impose une analyse précise des faits à l'intérieur des configurations développementistes » (Olivier de Sardan 1995) et l'on rappellera ici le constat formulé par Georges Balandier (1971 : 72) : «

(...) qu'aucune société ne peut être définie, déterminée, par ses seules caractéristiques internes ».

- *Le développement comme projet*

Les nouvelles configurations *développementistes* ne sont pas uniquement constituées d'acteurs, d'enjeux, de stratégies mais aussi de représentations, de croyances, de normes, de discours. En voulant insister sur les représentations et rationalités d'acteurs pour se dégager des biais altruistes et technicistes, l'approche socio-anthropologique met l'accent sur le local et peut peiner à connecter ces multiples arènes locales entre elles (provoquant une plongée dans un local irréductible). Elle peut également peiner à percevoir une amorce de cohérence là où les grandes politiques du développement, se dissimulant le plus souvent sous des slogans-programmes (le développement c'est lutter contre la pauvreté) ou des *buzzwords* des plus vagues (bonne gouvernance, société civile, appropriation, participation...), ont une prétention à dépasser tout localisme. Ces *buzzwords* sont le plus souvent dépréciés mais rarement pris pour ce qu'ils sont également des points de repères, des indicateurs comme l'étaient hier, par exemple, les étapes de la croissance selon W. Rostow pour la mise en route de programmes et de projets. On assiste aujourd'hui à une déconnexion entre l'étude des concepts-clés du développement, souvent marqués par des postures critiques et déconstructivistes de l'idéologie du développement comme source de l'hégémonie du Nord sur le Sud (Escobar 1995), et l'étude des configurations *développementistes* centrée sur des arènes locales et des jeux d'acteurs locaux.

Un chantier sociologique fécond s'ouvre alors en s'interrogeant sur les conditions de production, la mise en application puis l'adaptation et finalement la redéfinition de certains concepts qui orientent et impulsent par leur invocation quotidienne les pratiques contemporaines du développement.

Il importe ainsi au sociologue de comprendre le sens attribué par les différents acteurs du développement (développeurs comme développés) à ces mots valises et saisir comment, par-delà la polysémie des termes employés, l'action sociale se déploie dans cet espace social fait de réseaux, le projet rassemble temporairement des personnes très disparates et se présente comme un bout de réseau fortement activé pendant une période relativement courte, mais qui permet de forger des liens plus durables qui seront ensuite mis en sommeil tout en restant disponibles.

Les projets permettent la production et l'accumulation dans un monde qui, s'il était purement connexionniste, ne connaîtrait que des flux sans que rien ne puisse se stabiliser, s'accumuler ou prendre forme. Le projet est précisément un amas de connexions actives propre à faire naître des formes, c'est-à-dire à faire exister des objets et des sujets en stabilisant et en rendant irréversibles des liens. Cette conception rencontre bien les préoccupations d'une sociologie du développement où cet objet est apprécié sous l'angle d'une prolifération de projets impliquant des individus disparates, distanciés sur des plans culturel, géographique, social, économique. Un projet de développement est bien un amas de connexions qui permet de faire émerger des objets (comme par exemple, la société civile), des sujets (comme les Organisations non-gouvernementales) et des actions. Ce projet est à la base de liens sociaux entre les différents acteurs du projet dont les modalités expressives peuvent varier selon les espaces sociaux envisagés.

Le projet des sociétés civiles, développés depuis le début de la décennie 1990, dans la foulée de l'effondrement des régimes socialistes d'Europe centrale et orientale et des grands rassemblements d'Organisations non-gouvernementales en marge des Sommets internationaux tels que celui de la Terre à Rio, avait la mission de jouer le rôle de complexe développeur dans les pays sous-développés. Dans cette perspective, ces Organisations devraient faire face à des multiples *buzzwords*. Certains auteurs sceptiques à ce projet des sociétés civiles (Pirotte, 2002) s'interrogent comment cette option tellement décriée dans le champ académique principalement francophone (et notamment parmi les politologues africanistes, Haubert [2000] ; Chabal & Dalloz [1999]) s'est-elle retrouvée au cœur des activités, identités et discours des acteurs de configuration développementiste en Europe de l'Est (Roumanie) mais aussi au sud du Sahara (République Démocratique du Congo, Bénin). Le développement considéré sous l'angle du projet est donc une réalité fragile et évolutive du fait même des dissemblances entre acteurs, et permet de connecter dans l'analyse les dynamiques du dedans et du dehors.

Il convient de penser à l'approche genre et développement.

2634 Approche genre et développement

L'approche genre analyse les rapports sociaux de sexe et/ou les rapports de pouvoir entre les femmes et les hommes fondés sur l'assignation des rôles socialement construits en fonction du sexe. Les inégalités hommes-femmes dans le monde résultent en grande partie des rapports sociaux de sexe inégalitaires, c'est-à-dire des rôles assignés aux hommes et aux femmes par la société, et non par leur nature biologique. Ces rôles ont historiquement toujours été défavorables aux femmes. Leur répartition, tout comme celle des responsabilités, des activités et des ressources, est source d'inégalités et limite la liberté des femmes à jouir des droits humains. Dans cette approche sur le genre, il est donc évident que les sciences sociales ne peuvent se passer de cette frange qui fait la majorité de la population du monde ; cette masse silencieuse qui lutte sur tous les fronts de la production et de la reproduction de la vie : procréation, économie, éducation des enfants, agriculture, protection de l'environnement et la conservation de la nature, les services tertiaires, etc.

Les féministes soutiennent que l'analyse de genre introduit une nouvelle dimension des recherches en sciences sociales. C'est un champ qui faisait et qui fait encore défaut à la percée des sciences sociales africaines (la science politique, la sociologie, l'économie, l'histoire). Là encore un champ qui reste à travailler durement dans le sens de redresser les discours discriminatoires sexués du passé. En effet, dans les sciences sociales, il faut le dire encore, qu'elles se développent à partir des situations de crises qu'elles entendent résoudre ou dépasser. Ces crises multiformes peuvent se maintenir sous forme de carence ; la sous-estimation, la discrimination, la maltraitance, l'oppression. Parlant de la crise du développement et de paradigme de libération (Iman A. et al., 2004) souligne qu'intervient pour combler un manque (prise en compte de la variable sexe) et introduit une nouvelle dimension à la recherche en sciences sociales dominantes et endocentriques. Il va de soi que les statuts et les rôles sociaux des femmes en Afrique étant différents de ceux de l'Occident, puissent glisser vers des nouvelles approches épistémologiques thématiques et libératrices des sciences sociales africaines.

Dans certains pays, elles restent des *mineures juridiques*, ne bénéficiant pas des mêmes droits et subissant des discriminations liées aux coutumes et aux traditions, parfois renforcées par le rôle des institutions et politiques. Elles subissent des inégalités dans l'accès et le contrôle des ressources. Cette approche vise à rendre visibles ces inégalités pour leur prise en compte dans les politiques, programmes et projets de développement. L'objectif est de tendre vers l'égalité de genre pour offrir aux hommes et aux femmes le même accès aux ressources et les mêmes opportunités. Développement et genre forment un cercle vertueux, mais pas systématique. Il existe en effet un lien fort et bidirectionnel entre développement et réduction des inégalités de genre. Des politiques de lutte contre la pauvreté peuvent améliorer la vie des populations, mais encore plus celles des femmes et des filles.

Esther Duflo a démontré que le développement peut jouer un rôle majeur dans la diminution des inégalités homme-femme, même sans agir dans cet objectif spécifique. Le développement économique s'accompagnant le plus souvent d'une diminution du taux de fécondité, il en résulte, dans la plupart des pays, une diminution des inégalités de genre. Cela passe notamment par une plus grande participation des femmes à la vie économique. Le développement permet également parfois d'alléger leur charge de travail et, par conséquent, de faciliter leur accès à des activités rémunérées. En Afrique du Sud, par exemple, l'électrification en zone rurale s'est traduite par une augmentation de 9,5 % de l'emploi féminin, sans diminution du travail des hommes : le temps alloué au travail domestique étant réduit, elles pouvaient démarrer des micro entreprises.

Diminuer les inégalités de genre a un impact significatif sur le développement. Plusieurs études réalisées au niveau macroéconomique montrent que davantage d'égalité en matière d'accès à l'éducation, à la santé, aux ressources financières et aux opportunités économiques contribue indéniablement à la croissance (Elborgh-Woytek, K et al., 2013). Des recherches sur la productivité agricole en Afrique montrent que la réduction des inégalités de genre pourrait se traduire par une augmentation significative des rendements agricoles. Par exemple, donner aux femmes agricultrices du Kenya le même niveau d'intrants agricoles et d'éducation que les hommes augmenteraient la productivité des agriculteurs de plus de 50 %. Des recherches sur les inégalités sur le marché du travail ont également montré qu'éliminer la discrimination de genre dans l'accès et le maintien dans l'emploi pourrait non seulement augmenter les revenus des femmes, mais également le revenu national brut (RNB).

En Amérique latine, cela représenterait 50 % de salaire en plus pour les femmes et 5 % d'augmentation du RNB. Ces inégalités ne touchent pas que les pays du Sud : selon le dernier rapport de l'OCDE sur les inégalités homme-femme, si les pays de l'OCDE éliminaient complètement les inégalités hommes-femmes pour ce qui est du taux d'activité d'ici 2030, leur produit intérieur brut (PIB) progresserait de 12 %. Cependant, ce lien n'est pas automatique et des contre-exemples montrent que la modernisation, qui va souvent de pair avec la croissance d'un pays, peut être néfaste pour les femmes. Ainsi, en Chine, le nombre de naissances de garçons par rapport à celui des filles a été beaucoup plus élevé dans les années 1970 en raison d'un recours plus systématique aux échographes. Le développement économique, ou l'augmentation du revenu par tête, n'est pas une condition suffisante pour qu'il y ait réduction des inégalités de genre. La croissance économique ne supprime notamment pas les inégalités d'accès aux ressources et aux différents types de capitaux, et des inégalités de genre persistent dans plusieurs pays à fort revenu moyen par habitant (ex : Arabie Saoudite).

Le développement à lui seul ne suffit pas pour éliminer les inégalités : des changements législatifs ainsi que des interventions visant spécifiquement les femmes et les rapports sociaux de sexe sont parfois nécessaires. La prise en compte du genre dans l'élaboration des projets de développement nécessite cependant une analyse fine des rapports sociaux. Par exemple, installer une borne-fontaine au village allège le travail des femmes, qui ont moins de chemin à parcourir mais comme celle-ci est payante, elles doivent trouver un travail rémunéré. Dans le cadre d'un projet financé par l'Agence Française de Développement au Mali, les chefs de projets ont observé que si les maris payaient auparavant selon un système de cotisation, le paiement au volume à la borne-fontaine incombait aux épouses. Encore, faut-il que l'installation de ces fontaines puisse se faire après discussion avec des personnes représentant tous les membres du village, et pas uniquement les hommes. Si, traditionnellement, ils sont décisionnaires, ils ne sont pas les mieux placés pour discuter de l'emplacement des fontaines, utilisées par les femmes. Les intérêts des hommes et des femmes n'étant pas nécessairement les mêmes, il est primordial de prendre en compte les intérêts et le rôle économique de chacun ainsi que les rapports de pouvoir. L'approche genre nécessite de consacrer davantage de temps à la phase d'analyse d'un projet. Les bailleurs et les acteurs du développement, souvent très monopolisés sur l'exécution de leurs projets, devront prendre ce temps, nécessaire pour renforcer l'impact de leurs projets sur la condition des femmes.

Que dire de la crise de modernité et des perspectives culturelles particulières ?

2.7. Crise de modernité et des perspectives culturelles particulières

En Afrique, la tradition relève du domaine du sacré. Les représentants les plus attitrés de cette tradition, de la perpétuation du sacré, sont les coutumiers. Dans cette frange de la communauté, existent notamment des rois, des ministres, des chefs de guerre, des chefs des terres, des chefs des clans, des chefs des familles et des valets. En Afrique, plus particulièrement dans les cultures les anciennes, tout a un sens et comporte un instinct de sacré : du nom de l'individu au chant de l'oiseau de mauvais augure en passant par les tourbillons de vent, les danses et les rites initiatiques, la mauvaise récolte et les maladies, les incendies à répétition dans un domicile d'un membre de famille, l'échec et la réussite, rien ne se passe inaperçu, l'Afrique a une âme à spécifique.

La tradition africaine, peut être considérée comme la mère des traditions. En effet, Assata Fall disait dans son étude sur la tradition africaine que le monde s'en est inspiré pour créer ce qu'il contient aujourd'hui. « Cela fut le cas singulier des indoeuropéens et surtout des anciens grecs fondateurs de la civilisation dite occidentale, dont sont issues les cultures européennes d'aujourd'hui. Les ancêtres grecs des civilisations occidentales sont allés s'informer, se former et s'initier aux connaissances, au savoir-vivre et au savoir-faire de l'Égypte-africaine. Parmi ces fondateurs du *faux miracle grec*, on peut citer Hérodote, Aristote, Pythagore, Thalès, Platon, etc., qui ont tous puisé leur savoir en Afrique mère auprès des scribes, prêtres et savants qui les ont formés et inspirés durant des dizaines d'années. Ces Grecs eux-mêmes en ont témoigné. Ils l'ont écrit, les anciens Égyptiens aussi. D'autres chercheurs comme Cheikh Anta Diop et Théophile Obenga l'ont également confirmé : la tradition africaine tient une place primordiale dans le processus de connaissance du monde. La réussite des africains viendra de la valorisation du patrimoine traditionnel, car nier sa tradition, c'est nier son existence ; c'est donc perdre son âme.

En Afrique subsaharienne traditionnelle, la tradition est une richesse extraordinaire dont les plus grands dépositaires sont les chefs des terres. Ils sont distincts des chefs traditionnels, des mwamis ou des rois. Ils ne remplacent pas les mwamis ni leur pouvoir. Leur pouvoir est distinct de celui des chefs coutumiers ou des chefs des villages. Les chefs des terres ont un pouvoir plus sacrificiel tandis que les mwamis ou des rois ont un pouvoir tourné vers la gestion de la cité. Le respect des morts, la célébration des rites traditionnels ne peuvent se tenir sans le chef de terre qui, généralement, est l'autorité habilitée à exécuter la tâche. C'est lui le dépositaire de la religion des ancêtres. Il détient son pouvoir d'une autorité supérieure et l'exerce la plupart du temps après le décès de cette autorité. C'est un pouvoir qui se transmet de père en fils. Les dépositaires de ce pouvoir sont choisis parmi les hommes les plus intègres de la société. Ceux-ci sont destinés à conduire, avec courage, abnégation, respect des morts et des ancêtres tout ce qui touche au sacré. Avec la colonisation, l'africain qualifié de *sauvage*, a vu ses pratiques culturelles et sacrées foulées aux pieds, ses objets culturels extorqués, ravis et vendus dans des musées disséminés en occident, avec comme motivation : instaurer la modernité néo-libérale dominante.

Cette modernité dominante d'exportation occidentale introduit en Afrique subsaharienne contemporaine des multiples changements aujourd'hui relayés par des impératifs incontournables du développement économique et social, qui imposent jour après jour des valeurs et des normes nouvelles : rationalisation des techniques de production, mercantilisassions des rapports sociaux, bureaucratisation des modes de gestion, centralisation des décisions, construction nationale, unification des règles juridiques, homogénéisation des références spatio-temporelles, uniformisation des mots d'ordres (travailler, produire, épargner, investir),atomisation des rapports sociaux, fonctionnalisation des statuts et des rôles, production de l'individu comme unité de compte, engendrement du travail libre redevable de sa seule force du travail, introduction des nouvelles références hiérarchiques fondées sur la richesse, la compétence et la formation professionnelle.

Toutes ces normes et valeurs, transculturelles et planétaires, imposées par l'insertion des sociétés africaines dans la division internationale du travail, s'apprennent et se diffusent partout, mais de manière privilégiée au sein des nouvelles figures de la modernité : les administrations, les écoles, les bureaux, les banques, les usines, les maisons de commerce, les plantations industrielles, les chantiers, les usines, les maisons de commerce, etc., autant des lieux où le travailleur africain ici réduit à sa seule individualité de producteur anonyme et interchangeable, doit faire l'apprentissage de nouveaux modes de travail, des nouvelles pratiques du temps, de l'espace et des objets, des nouveaux types des rapports sociaux hiérarchisés en fonction des impératifs de la production et de la productivité, des nouveaux modes d'évaluation en fonction de la compétence, du temps et de rendement, bref doit assimiler et intérioriser des logiques sociales, économiques et culturelles (introduites par la colonisation et la mondialisation) les plus souvent radicalement étrangères à son univers culturel d'origine. Ces mutations considérables et d'un rythme inédit, si l'on songe qu'il a fallu trois ou quatre siècles aux occidentaux pour assimiler, avec des ratés ou des réticences que les multiples formes de la marginalité et de la défiance manifestent, en dépit des prédispositions héritées d'un patrimoine culturel favorable.

Établir un parallèle entre les concepts tradition et modernité est une entreprise très complexe. À nos yeux, cette complexité pourrait s'expliquer de prime abord par le caractère antithétique de ces deux notions. Ce qui généralement développe entre elles, une apparence conflictuelle. De plus cette difficulté serait également considérée comme la conséquence des problèmes sémantiques qui les entourent. Ainsi, pour mieux appréhender ces deux représentations, il conviendrait de les aborder en tenant compte qu'elles obéissent chacune à une acception plurielle. En ce qui concerne la tradition par exemple, on peut tenter de la saisir d'abord en rapport au temps. Dans ce sens, elle désignerait ce qui est de l'ordre du passé ; par opposition au présent et au futur. Il s'agirait de tout ce qui appartient à une époque révolue, et qui par conséquent, reflète une apparence dépassée. Par ailleurs, ce concept pourrait aussi être envisagé par rapport à la morale. Il aurait alors pour contenu, un ensemble de normes et de prescriptions destiné à la codification des attitudes et des comportements des individus dans une société donnée. Bien plus, de l'usage du concept tradition, on peut aussi entendre un état d'arriération qui se mesure au degré de la rusticité. On parlerait dans ce sens de l'état primitif pour ainsi dire, un état de développement encore rudimentaire.

Lorsqu'elle est ainsi considérée, la tradition semble développer à l'égard de la modernité une relation pour le moins antinomique. Car la modernité suivant les trois critères de définition que nous venons d'évoquer apparaît du point de vue temporel s'oppose au passé ou au dépassé, pour s'identifier au présent ou à l'actuel. De plus lorsqu'elle est envisagée du point de vue moral, elle s'opposerait à l'échelle de valeurs traditionnelles, généralement taxées d'obscurantisme. Du point de vue développement, la modernité correspondrait à un niveau de transformations scientifiques, marqué par une évolution technique très perfectionnée. C'est dire pourquoi au regard de ces trois critères, la modernité constituerait une rupture radicale par rapport à la tradition.

Malgré la complexité de cerner les différents contours de la tradition et de préciser la lisière entre celle-ci et la modernité dans le contexte africain, un recours à l'herméneutique ricœurienne nous permet de dégager une compréhension renouvelée du concept tradition, qui obéit au couple sédimentation et innovation, pour dire le caractère dynamique de la transmission de l'héritage traditionnel à travers l'histoire. Il en découle une critique du projet fondateur moderne qui fait de l'individu créateur des valeurs, et de sa confiance en une raison exclusive. Critique qui rend compte de son appartenance à la communauté et révèle en même temps l'importance de la dimension symbolique qui fait intervenir les autres facultés humaines. C'est dire pourquoi on ne peut construire entre les concepts tradition et modernité une barrière infranchissable. Car elles véhiculent toutes les deux des valeurs nécessaires à l'édification de l'Etat démocratique moderne et à la formation de la conscience morale du citoyen.

Bien plus, en ce qui concerne le contexte africain, nous disons que l'interrogation sur les rapports entre la tradition et la modernité requiert en premier lieu un effort de définition de ce qu'il faut entendre par l'expression tradition africaine. Elle se prolonge ensuite sur la manière dont s'est effectuée la rencontre entre cette tradition et les valeurs de la modernité occidentale, pour s'achever sur la recherche des voies de la modernité africaine. Ainsi, par l'expression tradition africaine, il faut entendre un ensemble de valeurs, d'attitudes et d'institutions qui structurent la conscience collective africaine et dont l'élément essentiel est la communauté. Au cours de l'histoire, la rencontre entre cet ensemble de valeurs et celles de la modernité occidentale a été soldée par un échec. De cet échec est née une littérature de complaisance ou apologétique dont les conséquences ont donné naissance à la doctrine de l'africanisme, qui malheureusement ne pouvait pas permettre à cette tradition de réaliser le rêve de la modernité africaine, partie consacrée au contexte occidental.

L'analyse des relations ou des rapports entre ces deux concepts dualistes a souvent été envisagée de manière divergente au cours de l'histoire. On peut dégager deux types de réaction : la première est celle soutenue par Voltaire qui, réagissant contre la tradition chrétienne a développé un ordre de la raison qui conduit à l'incompatibilité entre la tradition et la modernité. La première, accusée d'obscurantisme et d'infamie, tandis que la deuxième affirme l'autorité de la raison qui consacre le règne de la liberté et de la tolérance ; tel que le prescrit le programme des Lumières initié par Kant. En effet, Voltaire atteste une rupture radicale entre les concepts tradition et modernité. Cette rupture provient d'une part de la réaction que Voltaire oppose à la tradition (chrétienne), accusée d'infamie, pour mettre en place une nouvelle religion, la religion rationnelle qui affirme l'autorité de la raison dans tous les domaines. D'autre part, elle provient également d'une anthropologie de la dépendance de l'homme, initiée par Joseph de Maistre qui considère la raison humaine comme un facteur de destruction, qui ne peut malheureusement pas permettre à l'homme de s'organiser en société (au moyen des institutions étatiques) sans l'intervention divine. Joseph de Maistre, décrit quant à lui cette même incompatibilité en montrant le caractère destructeur de la raison moderne, et sollicite le retour à l'autorité traditionnelle. La deuxième réaction, c'est celle d'une rencontre entre ces deux concepts, éclairée grâce au débat qui a opposé Joseph Ratzinger et Jürgen Habermas et qui a mis en dialogue les valeurs de la tradition (chrétienne) et celles qui fondent l'Etat démocratique moderne. Ceci pour montrer tour à tour la vacuité de la théorie du défaitisme de la raison moderne et celle de l'obscurantisme de la tradition. Il se dégage alors une autre interrogation qui porte celle-là sur le caractère diachronique de ces deux termes, sur leur collaboration, et sur leur fécondité. Cette interrogation vise finalement à savoir le cas échéant, quels types de rapports établir entre la tradition et la modernité ?

Un regard attentif de la dualité nous permet de constater qu'entre ces deux réalités, il existe également des points de convergences. Ce qui veut dire qu'au de-là des apparences, il n'est pas possible d'ériger entre elles une cloison étanche. Nous pouvons une fois de plus réaliser la complexité de ces deux notions à la lecture de l'ouvrage d'Antoine Compagnon : *Les cinq paradoxes de la modernité*, dans lequel il entreprend de dénoncer entre autres la prétention de la nouveauté que revendique la modernité. L'auteur parle notamment de la superstition du nouveau, pour désigner cette propension au changement qui caractérise la modernité et qui la pousse très souvent au rejet de tout ce qui relève du passé pour ne considérer que l'actuel. Or l'expérience commune nous montre que ce qui est moderne aujourd'hui appartiendra au passé demain ; de même ce qui était déjà relégué au passé peut ressurgir pour faire partie du présent. Plusieurs illustrations s'offrent notamment dans le domaine artistique : certains styles vestimentaires jadis dépassés reviennent-ils à la mode au présent sans aucune difficulté. Cet exemple montre à suffisance la légèreté d'une rupture radicale entre les termes tradition et modernité.

En réalité, la rencontre entre la tradition africaine et la modernité occidentale et le choc qui en découle nous amène à nous poser la question de savoir comment l'Afrique envisage-t-elle le projet de sa modernité à partir de ses traditions ? L'histoire révèle en effet que la rencontre entre ces deux réalités est entichée d'incompréhensions, de violences, d'oppression et de soumission, qui ont abouti finalement à la négation pure et simple de la tradition africaine. Ce qui en raison de conséquence a nourri en Afrique la conscience de l'échec ou la théorie du défaitisme ayant donné naissance à la doctrine de l'africanisme, défendue et enseignée par Cheikh Anta Diop depuis 1954. Ce dernier relit l'histoire de la rencontre Afrique et Occident et les conséquences qui en ont suivi, dénonce la trahison et revendique les sources de la civilisation humaine en terre africaine, dans le but de restaurer l'antériorité et la supériorité des valeurs culturelles africaines. Malheureusement, cette démarche fait de la tradition africaine une structure immobile et fermée dans le passé. C'est contre une telle démarche que Fabien Eboussi Boulaga se soulève et critique la vision moralisante du monde qu'elle livre. On comprend pourquoi sa démarche aboutit à une ontologisation de la tradition africaine qui en fait une structure de groupe. Eboussi Boulaga entend faire de la tradition africaine le produit d'un agir-ensemble dans le présent qui s'oriente vers le futur. Bien plus, la marche de la tradition africaine vers la modernité se heurte au phénomène de l'assimilation qui met cette tradition sous la menace de la phagocytose. La réaction contre ce phénomène avait donné naissance aux mouvements d'ordre littéraire (négritude et tigritude) et philosophique '(ethnophilosophie), dont le but visait la défense et la réhabilitation des valeurs culturelles de la tradition africaine.

Si dans la perspective Césarienne cette réaction oppose un refus radical au phénomène de l'assimilation, elle se fait plutôt chez Senghor au moyen d'un dialogue, sous la catégorie du donner et du recevoir. Bien que cette démarche de Senghor soit parfois mal comprise, son mérite est d'avoir mis à découvert une autre manière d'aborder la réalité : l'immédiateté de la tradition africaine, contrairement à la médiation du raisonnement en vigueur dans le monde occidental. Le dialogue entre les valeurs de la tradition africaine et celles de la modernité, l'abstraction faite des éléments qui répondent aux critères de compétitivité, d'efficacité et d'innovation que requiert l'accès à la modernité en contexte de la mondialisation. Ce qui nécessite alors l'exigence d'une critique mutuelle qui s'attaque d'une part à la figure de l'individu moderne marquée par l'hypertrophie de ses droits ; d'autre part au modèle de communauté en vigueur dans la tradition africaine notamment sa propension à se replier sur elle-même à la recherche des recettes ancestrales. Il importe aussi d'envisager d'autres critères d'évaluation qui conduiraient à la rencontre entre la tradition africaine et la modernité.

A la lumière de ce qui précède, on peut affirmer que la tradition et la modernité en Afrique fonctionnent aussi bien tous les deux en ville qu'à la campagne (Issombo, 2009). L'emploi de ces vocables indique plutôt une certaine proportion. En ville, la vie fait de sorte que les aspects modernes y prédominent, alors qu'en campagne l'atmosphère et l'esprit passéiste prévalent. Donc, le traditionnel et le moderne sont relatifs, ce qui est moderne dans un milieu peut être ancien dans l'autre. Pour l'Europe occidentale, le moderne commence avec la révolution industrielle, alors qu'en Afrique c'est la colonisation qui sert de repère de clivage fondamental à l'acculturation. En ville comme en campagne, il y a coexistence des deux phénomènes en proportion inversée. Dans ces deux types de sociétés, il y a prédominance soit de l'ordre social où pèsent les valeurs traditionnelles rigides, notamment l'esprit communautaire, la prédominance du sacré et des émotions, l'empirisme et la technologie rudimentaire ; le conformisme, etc., comme l'affirme Balandier (Retel-Laurentin, 1987), alors que le modernisme marque la rupture de l'ordre traditionnel par la promotion de l'individualisme, la prédominance du séculier, de la rationalité, de la haute technologie…

Ainsi, pouvons-nous proposer à l'égard de la culture africaine une critique épistémologique qui vise à élaguer toutes les lourdeurs qui pèsent sur elles et qui entravent son ascension vers la modernité et qui l'empêche de définir un modèle « africain » qui tient compte des composantes des sociétés africaines. Car, confrontées à la modernité, ballotées par les courants de civilisations et d'idées, les traditions africaines semblent perdre pied devant l'avènement d'un village planétaire (mondialisation). C'est le sens des thèses de Daniel Etounga Manguelle, Mamadou Ablaye N'diaye et Alpha Amadou Sy qui tour à tour ont fait appel au « plan d'ajustement culturel » et à la « thérapie de la pensée », pour que l'Afrique parvienne à engager avec le monde des rapports décomplexés, qui favoriseront son décollage. Cette critique s'entend pour nous en termes d'une implosion du modèle communautaire africain qui enferme l'individu et décourage l'esprit d'initiative. L'une des voies de la modernité africaine consiste pour ce faire à la libération de l'individu, à sa responsabilisation et à la prise du risque. Ceci pour explorer dans sa tradition les ghettos culturels mis en jachères, et en tirer une nouvelle interprétation qui répond aux défis qui interpellent l'Afrique actuelle : défi de l'organisation démocratique, défi de la bonne gouvernance, défi du développement. La principale préoccupation à ce niveau critique devra être celle des limites du modèle de modernité jusqu'ici proposé en Afrique. Une modernité qui se confond à un processus de mimétisme et d'importation des modèles venus de l'Occident, et qui malheureusement restent incompris, mal compris sinon inadaptés. C'est ce que Jean Copans appelle une modernisation pour dire un processus infini qui ne semble aboutir à aucun résultat concret en Afrique. La critique se fonde également sur ce que nous avons appelé les impasses de la raison moderne. Ceci pour dire que la crise que traverse la raison à l'époque moderne semble prise au piège de ses propres inventions et ne contribue plus à l'épanouissement total de l'homme.

La modernité véritable de l'Afrique s'entend donc comme un processus de transformation qui se vérifie concrètement au plan socio-économique par l'amélioration des conditions de vie matérielles des peuples, au plan politique par l'application des principes que régit la bonne gouvernance et au plan moral par le respect des valeurs qui conduisent à la dignité humaine. Le projet de modernité du continent africain devra s'inscrire aux antipodes de deux attitudes erronées : l'attitude réactionnaire et l'attitude d'imitation ou d'assimilation, pour faire ressortir les jalons d'une modernité authentiquement africaine. Les traditions africaines doivent s'insérer dans le processus global de la modernité. Pour parvenir à cet objectif, nous pensons que l'éducation doit jouer un grand rôle. Si jusqu'ici, celle-ci a surtout visé la réduction du taux d'analphabétisme en Afrique, il est temps d'étendre les objectifs de la formation scolaire, en encourageant la formation professionnelle, au cours de laquelle tout candidat apprend le sens du risque et de l'initiative, sans attendre tout à l'Etat. Car aujourd'hui, il est clair que l'Etat providence est en passe de disparition. Il s'agira aussi d'encourager l'éducation à la citoyenneté, pour permettre l'émergence d'une société civile entreprenante et responsable. L'éducation doit aussi s'orienter du point de vue moral, pour former la conscience des peuples au respect du bien commun, à l'amour de la patrie et à une volonté de bâtir une Afrique debout et prospère. Celle qui entretient avec les autres continents des rapports égaux et respectueux. C'est cette Afrique qui sera dite moderne et prêt à se développer.

Que retenir sur l'émergence des démocraties de façade et la mauvaise gouvernance des Etats africains ?

2.8. Emergence des démocraties de façade et la mauvaise gouvernance des Etats africains

L'Etat colonial a légué à l'Afrique non seulement le mode de production capitaliste, et avec lui l'embryon d'un nouveau système de classes sociales, mais également, par le biais de l'information et de la scolarisation, un certain type de culture en même temps qu'une manière de concevoir l'appareil institutionnel et juridique. Cet héritage forcé c'est la dictature. Devant la nécessité de se doter de régimes politiques à même de porter leur mission de développement, le premier réflexe des dirigeants des Etats africains indépendants a été d'importer ce régime politique appliqué par les anciens pays colonisateurs. Si l'idée d'importation reste propre au vocabulaire de l'Economie et de la science politique, sur le terrain sociologique, l'acception qui lui est conférée s'accommode d'un transfert d'idées et non de marchandises.

La question de l'importation des objets juridiques vers le continent africain emporte souvent des clichés notoires. Bien nombreux sont les auteurs prompts à soulever le grief du mimétisme, d'imitation, d'emprunt, de décalque, de décalcomanie, d'import-export, de transplantation, d'effet de familiarité, etc. des règles et principes propres à d'autres univers juridiques. Ceci explique en grande partie, pourquoi les dirigeants actuels de l'Afrique, quelles que soient leurs options fondamentales, capitalistes ou socialistes sont aujourd'hui confrontés à une situation difficile qui se caractérise à la fois par la crise des institutions politiques et par une position de dépendance souvent accrue à l'égard de l'ancienne métropole. Même s'il est observé certains sursauts dynamismes dans quelques pays, on est en droit de poser clairement le problème de l'avenir et de se demander en particulier si le sous-développement condamne les africains à subir éternellement la loi des dictatures, civiles ou militaires, actuellement en place. Cependant, depuis le début des années 1990, les Etats africains, à la recherche d'un équilibre introuvable, traversent une série de crises politiques dont le peuple est pratiquement toujours absent. En effet, le droit de suffrage, par lequel devrait normalement s'exercer la souveraineté populaire, ne permet guère aux citoyens de se faire entendre : la survivance des systèmes du parti unique est presque partout présente, malgré la présence souvent théorique des multipartismes. Dans la plupart des cas, les élections ne sont qu'un moyen de légitimation formelle d'un pouvoir conquis et conservé par la violence. La signification d'une élection dépend, en effet, d'au moins deux conditions fondamentales qui, si elles ne sont pas respectées, ne peuvent que la transformer en plébiscite ou en mascarade : la détermination du choix des candidats et l'expression de la volonté des électeurs.

Or en Afrique, le choix des candidats est une opération qui ne fait intervenir qu'un nombre limité de privilégiés recrutés dans les rangs de ceux qui appartiennent à la classe politique, adhèrent au parti et possèdent à la fois une clientèle et une influence importantes. Quant aux élections proprement dites, elles se soldent généralement par l'existence de votes massifs en faveur du parti unique (solitaire ou dominant). De tels résultats seraient la manifestation massive de l'adhésion populaire à l'égard d'un parti ou d'un homme, si l'on en croit les dirigeants. En réalité, ils s'expliquent surtout par l'action conjuguée de la propagande et de la fraude électorales associées aux pressions plus ou moins occultes du pouvoir (promesses pour le citoyen pris individuellement, d'exprimer sa volonté, mais plutôt une occasion pour les dirigeants africains de démontrer à la face du monde (et plus particulièrement aux pays fournisseurs d'aide) l'excellence de leur politique et la cohésion de leurs peuples. Mais cet objectif est rarement atteint. Si l'ambition des partis politiques en Afrique était à l'origine de s'identifier au peuple politiquement organisé, il en va tout autrement dans la pratique. En théorie il n'y a, semble-t-il, aucune contradiction entre ce système et l'exercice de la démocratie, mais en réalité il existe actuellement un véritable divorce entre le peuple et les partis politiques. Les partis politiques africains tendent en effet à se constituer en partis de cadres, repliés sur les villes et principalement préoccupés de défendre des intérêts de classe.

En définitive, la situation politique des pays africains se caractérise par l'existence d'une domination de caractère charismatique assumée par le chef de l'Etat dont certains préfèrent s'appeler des autorités morales, assisté des partis constitués de cadres civils et militaires à sa dévotion (à moins qu'ils ne travaillent secrètement à sa perte...) avec toutes les conséquences inhérentes à un système quasi monarchique : culte de la personnalité (le président Ahidjo a été tour à tour qualifié de « Moïse du Cameroun » et de « Christ de l'Afrique », d'autres Présidents, même les plus jeunes n'ont pas hésité d'emboité les pas), problèmes de succession, confiscation des libertés fondamentales du citoyen. Même si diverses constitutions africaines consacrent de façon plus ou moins large les droits et libertés du citoyen, on sait que la mise en œuvre des principes proclamés se trouve toujours contrariée par un certain nombre de facteurs défavorables. Car, l'objectif c'est la concentration des pouvoirs entre les mains d'un seul homme, avec comme conséquences directes : arbitraire, répression, intimidation qui étouffent dans l'œuf toute velléité d'opposition.

L'état de sous-développement actuel de la plupart des Etats africains enlève aux notions mêmes de droit et de liberté tout contenu concret. L'affermissement du pouvoir personnel repose pour une grande part sur la politisation de la justice ordinaire et l'extension de la justice politique au détriment de la justice ordinaire, chaque fois que les « circonstances » l'exigent. En 1962 le président Modibo Keita n'hésitait pas à déclarer : *« Les juges de la République du Mali ne doivent pas être conduits, au nom de l'indépendance du pouvoir judiciaire et de la séparation des pouvoirs, à perdre de vue qu'ils sont d'abord et avant tout des militants du parti... »*. Dans ces conditions, on comprend que la tentation d'étendre la notion de délit politique à toute forme d'opposition conduise à l'instauration de juridictions d'exception dont la sévérité et l'iniquité n'ont pas échappé aux observateurs des grands procès. Dans un continent où rôde encore le spectre de la famine et où plus de 80 % de la population est analphabète, on voit mal en effet ce que peuvent bien signifier des expressions comme démocratie.

La question qui se pose est de savoir si les politiques pratiquées par les gouvernements africains depuis les indépendances nominales ont eu pour effet, sinon de réaliser une véritable révolution, du moins d'engager leurs Etats dans la voie du développement et de l'indépendance réelle. Aux plans économique et culturel, il faut bien reconnaître qu'on assiste un peu partout à un développement du sous-développement, qu'il s'agisse des pays néo-capitalistes ou de ceux qui prétendent suivre une voie africaine du socialisme, avec tous les aléas et les incertitudes attachés à cette formule. Alors que sous le couvert d'une apparente croissance (par exemple en Côte-d'Ivoire, République Démocratique du Congo, ...), la situation économique tend en réalité à se dégrader au détriment du plus grand nombre (en raison notamment du recul des cultures vivrières). Dans le domaine culturel, l'école et l'Université demeurent, comme l'économie, essentiellement extraverties. Actuellement, en effet, l'enseignement africain vise davantage à transmettre un modèle occidental qu'à faire des Africains des hommes de culture et des agents de développement. Créditant ainsi à raison la thèse selon laquelle l'indépendance est demeurée jusqu'à nos jours un véritable mythe plutôt qu'une réalité.

Par ailleurs, sur le terrain des politiques de développement, les institutions financières internationales ont apporté une réponse *de facto* en proposant un outillage opérationnel décalqué des institutions existantes dans les pays développés. Cet outillage, c'est la *« bonne gouvernance »*, présentée comme solution universelle permettant de générer la confiance nécessaire à la croissance économique. La « bonne gouvernance » (transparence de l'action publique, contrôle de la corruption, libre fonctionnement des marchés, démocratie, État de droit) est installée au cœur des politiques de développement que promeuvent les institutions financières internationales depuis maintenant quinze ans. Elle s'est imposée après que la politique d'ouverture et de libéralisation des marchés eut débouché sur des crises financières dans les pays émergents sans satisfaire la promesse d'un relèvement durable des régimes de croissance des pays en développement dans leur ensemble. Sur le terrain du développement réel, les pays d'Asie de l'Est ont initié depuis les années 1960 une accélération durable de la croissance économique, leur permettant de s'arracher, par vagues successives, du sous-développement : Hongkong, Singapour, Corée du sud, Taiwan, Malaisie, Thaïlande, Indonésie (partiellement), puis, aujourd'hui, le Vietnam, l'Inde et la Chine. Aucune autre région du monde depuis la fin de la Seconde Guerre mondiale n'a réalisé une telle avancée.

Or, ces pays ont adopté dès l'origine une stratégie qui n'a pas emprunté à la prescription standard des institutions financières internationales : ils ont combiné forces du marché et intervention de l'État, selon une recette propre à chacun d'eux et élaborée en leur sein. Cette stratégie, décrite et largement diffusée depuis le début des années 1990 notamment par le rapport sur « Le miracle asiatique » (Banque mondiale [1993]), n'a cependant pas infléchi l'axe principal des politiques de développement standard.

La bonne gouvernance est évaluée par rapport à un certain nombre d'indicateurs. Ils sont six : le niveau des libertés civiles et de fonctionnement des institutions politiques ; le niveau de stabilité politique ; la capacité de l'État à formuler et à appliquer sa politique ; la liberté de fonctionnement des marchés ; le respect des lois et règlements par les citoyens et l'État ; le contrôle de la corruption. Ainsi, le degré de dépersonnalisation des systèmes de régulation sociale et l'efficacité de la réponse apportée par les sociétés à travers la formalisation et le respect des règles constituent les déterminants fondamentaux des profils institutionnels des pays. Ces déterminants sont liés au niveau de développement des pays et au degré avancé de formalisation et d'application effective de telles règles formelles et universelles (détachées des personnes) qui, correspond pour l'essentiel à ce que les Institutions de Bretton Woods ont appelé « bonne gouvernance », caractérisant de fait les systèmes de régulation sociale des pays développés.

Les capacités de coordination-anticipation des États apparaissent donc comme un élément caractéristique des processus de décollage économique. Elles touchent aux fondements les plus politiques du fonctionnement des sociétés, rejoignant sur ce point les travaux de North *et al.* [2006 et 2007] pour qui les dimensions économiques et politiques du développement sont indissociablement liées dans l'explication du fonctionnement des sociétés et notamment du développement (ou du non-développement). La fonction de coordination-anticipation que l'État a su organiser dans les pays ayant connu une croissance rapide, avant même que les systèmes de régulation ne soient formalisés, relève d'une articulation étroite et singulière entre les sphères économique et politique, propre à l'histoire de chacun des pays. Elle concerne la capacité de l'État à proposer aux acteurs des formes crédibles de coordination, de gestion des divergences d'intérêts, d'entraînement de la société vers la prise de risque et la réalisation d'un bien commun supérieur à la somme des intérêts particuliers. En un mot, sa capacité à réduire l'incertitude et à diffuser de la confiance pour tous les agents économiques.

Ainsi, pour les pays d'Afrique en général et subsaharienne en particulier connaissant les croissances les plus faibles, la priorité concerne l'acquisition des capacités de coordination et d'anticipation, l'amélioration de la qualité des biens publics de base, et, dans le domaine juridique, sur un facteur de formalisation des règles essentiel pour des sociétés en majorité rurales, à savoir les droits de propriété fonciers agricoles. La *bonne gouvernance* est effectivement un facteur clé d'établissement de la confiance dans les pays développés, procurant, *via* le respect des règles formelles, un niveau élevé de sécurité des transactions et des anticipations à un niveau systémique. Cette sécurité procure *un avantage décisif* dans la capacité des sociétés développées à produire de la richesse. Cependant, les sociétés africaines fonctionnent depuis des milliers d'années, avec un mode de production de la confiance fondé sur les liens personnels. Mais, la transition démographique, l'urbanisation et la complexité croissante des relations économiques engagent inéluctablement ces sociétés dans un processus de dépersonnalisation des systèmes de régulation. Cette dépersonnalisation sape les facteurs traditionnels de production de confiance dans ces sociétés.

Les sociétés développées fonctionnent sur base d'un mode de production de confiance radicalement différent, puisqu'il est fondé sur des règles impersonnelles qui s'appliquent à tous en faisant abstraction des caractéristiques intrinsèques de chaque individu : les institutions sont ainsi détachées des personnes. Ce détachement, fruit d'une longue élaboration de règles formalisées, assure une confiance élevée *dans le* respect des règles et ce, à un niveau systémique. Les mesures de bonne gouvernance préconisées par les institutions financières internationales visent à instaurer le mode de production de confiance à l'œuvre dans les pays développés. Elles reviennent, de fait, à prescrire la formalisation des institutions (des règles) et leur application universelle (détachée des personnes). La transposition de cette démarche de formalisation impersonnelle des règles dans les pays à faible niveau de revenu n'a rien d'automatique : le mouvement de dépersonnalisation des règles n'entraîne pas spontanément le basculement vers le mode de production de confiance des pays développés. Au contraire, il se pourrait que la transition suscite la résistance des ordres sociaux aux risques de déstabilisation. Ceci pourrait expliquer que la relation entre « bonne gouvernance » et croissance soit si faible, et que les programmes de soutien à cette « bonne gouvernance » provoquent si peu d'effets.

Les pays en phase de décollage économique ont mis en place un autre dispositif de gestion de l'incertitude à l'échelle systémique, la plupart du temps organisé autour d'un État-stratège qui assure, sur un mode spécifique à chacun de ces pays, les fonctions de coordination des acteurs et de sécurisation de leurs anticipations dans le cadre du mode de production de confiance traditionnel. Ces pays parviennent à amorcer un changement institutionnel qui entraîne des ruptures profondes des modes de régulation des systèmes sociaux, économiques et politiques. Les pays qui ont expérimenté cette stratégie de décollage sur le moyen-long terme ont accumulé suffisamment de ressources et d'expérience économique, y compris sur les marchés mondiaux, pour s'engager dans un processus de rattrapage des niveaux de vie des pays développés. Leurs mutations institutionnelles portent alors sur l'acquisition, à leur rythme, des caractéristiques institutionnelles des pays développés : formalisation et ouverture des systèmes de régulation sociale, qui se manifeste par l'élargissement du nombre des acteurs économiques et politiques, l'ouverture de perspectives sociales aux individus méritants (indépendamment de leur statut personnel ou de leur appartenance aux groupes sociaux dominants), l'extension des espaces de liberté pour la société civile, et un fonctionnement plus démocratique des institutions politiques.

Une analyse du Programme des Nations Unies pour le Développement (PNUD) montre que les paramètres de gouvernance tels que les transitions démocratiques, la gestion des finances publiques et la stabilité, ont un impact beaucoup plus important sur la croissance que les prix des matières premières ou l'augmentation des revenus de la classe moyenne. En fait, la profondeur et l'ampleur de la participation ainsi que la qualité de la gestion publique (y compris la gestion budgétaire, la politique budgétaire, la mobilisation des recettes et la transparence), et une administration publique plus solide ont un fort impact sur la croissance. Une vision élargie impose *la gouvernance pour le développement*, afin d'englober les différents arrangements institutionnels produisant de la confiance selon le niveau de revenu des pays et la dynamique d'ouverture à de nouveaux acteurs. Les pays d'Afrique subsaharienne doivent, s'ils tiennent à sortir de la stagnation actuelle, s'approprier cet outil de gouvernance, formulé comme un ensemble de mesures à la fois politiques et techniques, pour que le processus de développement s'amorce. Pour ce faire, ces pays doivent s'investir stratégiquement à mettre en place les actions de gouvernance clés afin d'accélérer la transformation économique, structurelle et le développement humain progressif du continent. Ces mesures doivent prioriser :

- La gouvernance et politique institutionnelle : ceci inclut des initiatives majeures pour améliorer la participation de larges couches de la société à la gouvernance de leur pays et assurer des politiques de stabilité macroéconomique, des réformes du secteur public pour réduire la corruption, améliorer l'efficacité et assurer une offre efficace des services.
- La politique structurelle de transformation économique : il s'agit de promouvoir les investissements stratégiques dans la création d'un environnement propice à l'accroissement de la productivité, à la diversification des bases productives et à la compétitivité, y compris une coordination et un suivi institutionnel solides.
- La politique de développement social et humain : consistant à promouvoir des contrats sociaux solides pour renforcer la participation, l'autonomisation et la responsabilisation, conditions nécessaires pour exploiter la forte corrélation entre la gouvernance inclusive, les normes sociales favorables, la croissance et le développement humain.

Les données nationales présentées à la Conférence internationale sur l'émergence de l'Afrique tenue à Abidjan en février 2019, montrent que des réformes soutenues et la stabilité macroéconomique conduisent à une accélération de la croissance et à l'émergence d'un pays. Des pays leaders comme la Côte d'Ivoire, l'Éthiopie, Maurice, le Rwanda, le Sénégal, l'Afrique du Sud et les Seychelles ont démontré l'importance d'élargir la marge de manœuvre budgétaire pour la croissance. En dupliquant leurs meilleures pratiques en matière de collecte de recettes innovantes, de suivi budgétaire et de gestion financière intégrée, l'Afrique pourrait passer d'un ratio moyen – impôts/PIB- actuellement de 19% du PIB à 24%, soit le seuil fixé pour le financement durable du développement selon la CNUCED. Des pays exceptionnels comme le Cap Vert, l'Éthiopie, le Gabon, le Maroc, le Rwanda et Maurice ont démontré l'importance d'améliorer la gestion de l'inflation et de l'épargne nationale brute pour la croissance et la stabilité, même si le taux moyen d'épargne domestique brute (20-32%) reste inférieur à celui de l'Asie en voie de développement (41%). L'amélioration de la stabilité macroéconomique et de l'environnement des affaires en Côte d'Ivoire, à Maurice, au Rwanda et en Tanzanie est le principal moteur de l'augmentation des flux financiers intérieurs. En Afrique, les flux entrants d'IDE (Investissements direct extérieurs) et les investissements de portefeuille s'élevant à 63 millions USD dépassent maintenant l'APD (aide publique au développement) officielle de 61 millions USD en 2017, bien qu'ils soient légèrement inférieurs aux 66 millions USD reçus en transferts des ressortissants à l'étranger.

Kofi Annan, ancien Secrétaire général des Nations Unies, affirmait que *« la bonne gouvernance est le facteur le plus important dans l'éradication de la pauvreté et la promotion du développement »*. Des actions urgentes sont maintenant nécessaires pour transformer l'Afrique à l'Agenda 2063, une Afrique intégrée, prospère et pacifique, conduite par ses propres citoyens et représentant une force dynamique sur la scène internationale. Dès lors, les dirigeants, les économistes et les décideurs sont appelés à regarder au-delà des indicateurs standards de la bonne gouvernance pour explorer les liens complexes et la dynamique derrière l'interaction entre la gouvernance transformationnelle, la transformation économique structurelle et le progrès humain durable. Ce sera la clé pour libérer la force de l'Afrique subsaharienne et favoriser la prospérité d'une Afrique qui pèse sur la scène mondiale.

Quel est le sens de l'aide économique au développement ?

2.9. Aides économiques au développement

Depuis les années 1960, les analyses des situations économiques et du fonctionnement des Etats subsahariens, débouchent sur l'aide. Une réelle identité, considérée depuis des décennies comme la clé passe-partout que les gouvernements ont besoin pour activer le développement des Etats. Instrument emblématique de la coopération entre les Etats et de la dépendance, l'aide est à la fois liée à la solidarité et aux principes de la gouvernance qui, s'appuient généralement sur des stéréotypes péjoratifs. Ainsi par exemple, l'Etat africain est pensé en comparaison avec l'Etat occidental dont il ne serait qu'une imperfection, une importation non réussie. Il est un « *proto-Etat* » (Jacquemot, 2013) c'est-à-dire, il est tronqué et rudimentaire. La corruption est chronique et pathogène. L'ethnicité l'envahi et le corrode. La pauvreté devient le mode quasi-collectif de vie. Une telle approche pour le moins cynique, décrivant les tableaux sombres de ces Etats et scrute la réalité du sous-développement, débouche inévitablement sur l'imposante solution « *d'aide* ».

Il est impossible d'aborder le champ économique et l'émergence des pays d'Afrique subsaharienne, sans évoquer la notion d'aide publique au développement qui, se place de nos jours au centre des stratégies du développement. L'Afrique demeure globalement dans la catégorie des « pauvres » vers lesquels l'aide est indispensable pour la survie. D'un côté, elle est victime des externalités négatives de la globalisation. Elle supporte la perte de la biodiversité, l'expansion des grandes endémies, le réchauffement climatique, les inégalités. De l'autre, son rôle est crucial pour gérer les biens publics internationaux. La planète a besoin de sa biodiversité. Ses risques démo-économiques et donc migratoires doivent être prise en charge en amont. L'aide au développement s'impose comme solution idoine, indispensable aux grands défis de l'Afrique, notamment la croissance économique lente, le déficit de la productivité, la baisse tendancielle des termes de change, les économies largement rentières, des mutations démographiques de grande ampleur, le poids du secteur primaire, l'industrialisation bloquée, des marchés financiers fortement segmentés ; et est considérée comme une ressource vitale pour les pays africains vus comme fragiles. Les statistiques de l'aide recouvrent un ensemble relativement hétérogène du point des origines et des actions.

De par leurs origines, les pays *fragiles* d'Afrique du sud de Sahara bénéficient des aides provenant principalement des pays de l'OCDE, de la France, des partenaires émergents, de la Chine et de l'Inde. A titre d'exemple, en 2012, le volume de l'aide mise en disposition de l'Afrique subsaharienne uniquement par les pays de l'OCDE était de l'ordre de 40 milliards des dollars américains. A part ces canaux multilatéraux, l'aide bilatérale de la France à la même région pour la même période a été de 3,9 milliards des dollars américains. Les pays émergents ont apporté un quart des entrées. Selon l'Agence de notation Fitch Rating, le total des engagements commerciaux nets de la Chine en direction de l'Afrique subsaharienne entre 2001 et 2010 aurait été de 65 milliards de dollars, plus que la Banque mondiales (55 milliards). De même, les engagements et échanges commerciaux entre l'Inde et l'Afrique Subsaharienne ont accru pendant la même période : 26 milliards, la valeur des exportations vers l'Inde et 19.5 milliards des importations. La part relative de ces financements s'accroit sensiblement. Mais, ces ressources sont fortement concentrées sur un nombre restreint de pays, en particulier vers les économies de rente minière et pétrolière. Les investissements de portefeuille représentent une part minime des apports. Les apports de ces aides couvrent également les actions en faveur des infrastructures de santé, d'éducation, d'habitat, d'accès à l'eau, de lutte contre la pauvreté, donc des domaines visés par les ODD, mais également aux domaines de l'organisation de l'Etat 'gouvernance, justice, sécurité). Les principaux donateurs de l'OCDE sont les Etats-Unis, la France, la Grande-Bretagne, le Japon, l'Allemagne, le Canada et les pays scandinaves. Les justifications de l'aide par ces donateurs sont multiples et souvent croisées : réparation coloniale, altruisme, égoïsme intelligent, poursuite d'intérêt économique, recherche de rente politique, rayonnement culturel.

Certains pensent que les motivations de l'aide ne sont ni cyniques ni diabolique, elles sont dans une dialectique complexe de l'intérêt et de la solidarité. La Banque mondiale a codifié le langage du développement, mettant l'économisme en position hégémonique, normé les analyses, étalonné les mesures, fixé les règles de l'évaluation. Aujourd'hui, l'intérêt économique qui a toujours été présent est associé à d'autres considérations liées aux biens publics mondiaux : le changement climatique, déforestation, les ressources en eau, les grandes pandémies, la sécurité, les trafics des drogues, etc. (Jacquemot, 2013).L'Union Européenne émerge dans cet agrégat d'aide multilatérale qui transite par les institutions en direction de l'Afrique subsaharienne. Mais, le schéma théorique qui sert de justification de l'aide se heurte à moult objections ou critiques qui portent généralement sur le plan organisationnel. La gestion de l'aide est souvent inextricable : le bénéficiaire vit souvent le cauchemar du planificateur. L'on constate dans certains cas, le nombre élevé des donateurs qui contraignent au morcellement des projets, générant ainsi des charges récurrentes mal appréciées au départ et mal couvertes par la suite. Le cas parmi les plus édifiants est celui de la Tanzanie qui en 2002, avait préparé 2000 apports destinés aux bailleurs de fonds, mais avait reçu plus de 1000 délégations qui comptaient 600 projets de moins d'un million d'euros. Dans ce contexte de fragmentation, chaque donateur traite le budget national du donateur comme un pool des ressources à disposition pour le fonctionnement et la maintenance du projet, mais avec le risque de sombrer dans l'incohérence, quand par exemple, les routes sont construites mais pas entretenues, les écoles bâtis, remplies d'élèves, mais sans enseignants qualifiés, les écoles terminées, sans la dotation en pupitres et autres équipements indispensables, etc. Trop se fier à la prestation d'aide sous forme de projets peut conduire à une segmentation sectorielle fragmentée du développement, à un micro-management par des unités de projets en trop grand nombre ayant recours à des méthodologies et des modes d'administration différents.

Par ailleurs, le dogme libéral (Banque mondiale) qui sert de fondement à l'aide au développement, est une démarche souvent mal adaptée aux réalités des pays bénéficiaires. Ses cadres statistiques répondent moins à la nécessité d'une compréhension objective des économies des pays sous-développés (ou d'Afrique) qu'aux logiques de fonctionnement et aux registres de justification de ses programmes. La Banque mondiale s'immisce dans l'élaboration des politiques, se refusant ensuite de prendre en considération les conséquences non maîtrisées des mesures qu'elle impose. Comme sa tendance naturelle est d'uniformiser les modèles, de technocratiser le domaine social et de dépolitiser la politique, les reformes qu'elle finance sont souvent peu opérantes et suscitent parfois des réactions soit de rejet soit de contournement. Il est important de reconnaitre aujourd'hui que ce procès sur les pratiques de la Banque mondiale et aussi du FMI sur les conditionnalités et la philosophie de l'aide a été instruit et l'on doit reconnaitre que ces deux institutions de l'aide multilatérale de l'OCDE ont démontré une étonnante capacité d'évolution, faisant régulièrement leur autocritique pour opérer des changements tant dans leurs méthodes que de leurs conceptions. Au plan des méthodes, le cas apparent est le *consensus de Monterey* (2002). Ce nouvel accord ne renonce aucunement aux impératifs de la stabilité financière et à la nécessité de l'ouverture commerciale, mais apporte des nuances dans la stratégie de mise en œuvre des fonds par les bailleurs. Il insiste sur trois piliers : l'amélioration de la gouvernance ; la lutte contre la pauvreté et la résistance aux chocs externes.

L'accord de *Monterey* insiste sur le fait que l'aide se mérite à l'aune des réformes introduites et un nouveau partenariat doit s'instaurer entre les pays qui acceptent les devoirs de la bonne gouvernance et les pays de l'OCDE qui assument leur responsabilité financière. Au plan de la doctrine, l'analyse s'est également enrichie. D'abord avec *l'économie institutionnelle* qui montre comment les normes et les organisations hors marché peuvent impacter les coûts de transaction. Ensuite avec *la théorie de la croissance endogène* qui repose sur la mobilisation du capital humain (savoir et savoir-faire) dont les reflets se diffusent dans l'économie pour former des externalités positives par *effet de débordement* (*spillovereffects*) et qui surmontent sans cesse les handicaps qui bloquent la productivité. Enfin, les *théories sur la répartition*. Ces dernières ont fait émerger des nouvelles approches comme celle de la *croissance pro-pauvre* (*pro-poor growth*).

Les politiques dites pro-pauvres sont depuis une dizaine d'années au centre des nouvelles orientations basées sur l'élaboration du cadre stratégique de réduction de la pauvreté (CSRP) par les pays pauvres bénéficiant des facilités concessionnelles de la Banque Mondiale, ou des prêts du FMI, ou encore des programmes multi-bailleurs d'aide budgétaire. Il s'agit d'un document qui décline sur trois années les stratégies de développement d'un pays. Idéalement, il reflète l'appropriation nationale des politiques et fait la synthèse des préoccupations exprimées par les parties prenantes de la société civile. Les CSRP sont validés dans le fait, par les institutions de Brettons Woods. L'aide des pays de l'OCDE est intégralement déliée et la coordination entre les bailleurs de fonds constitue le nouveau paradigme depuis *la déclaration de paris de 2005*, sur l'efficacité de l'aide et son triangle vertueux harmonisation-alignement-appropriation. Cette aide des pays de l'OCDE a des implications pratiques :

- L'aide doit être plus ciblée sur la pauvreté et mieux coordonnée. Le gouvernement et la société civile doivent définir les programmes de développement.
- L'essentielle de l'assistance doit passer à termes par le budget national et respecter les procédures nationales.
- La conditionnalité sur les reformes doit évoluer vers une conditionnalité sur les résultats.
- L'attitude vis-à-vis de l'Etat doit changer. Ce dernier doit retrouver ses prérogatives en fournissant les services publics de qualité, mettre en place des infrastructures de base et favoriser l'accumulation du capital humain. De manière générale, l'on s'accorde que l'amélioration de la gouvernance est un prérequis pour l'ensemble des améliorations visées (un Etat plus efficace, plus soucieux du dialogue avec la société civile et moins corrompu).

De tout ce qui précède, on peut se demander si le débat récurrent sur l'aide publique au développement peut encore être d'actualité. Ses concepts, ses cibles, ses instruments et ses institutions sont ébranlés par les bouleversements survenus dans les relations internationales, sous l'effet combiné de la démographie, de l'évolution technologique et de la monté des nouveaux risques (climat, environnement, sécurité).La soutenabilité politique de la globalisation tient à sa capacité à entrainer l'Afrique dans un mouvement de développement. Or, l'aide classique essoufflée, ne répond que partiellement à cette préoccupation. J-M Severino (2007) propose une action de redistribution globale avec des *filets sociaux globaux*, à l'instar de ce qui existe dans la protection sociale et de redistribution dans les Etats industrialisés.

Les fonds dédiés (Fonds mondial pour l'environnement, Fonds mondial Sida, Tuberculose, paludisme, GAVI) comme les financements innovants (taxe sur les transactions carbones, sur les transactions financières, sur le transit international) constituent des embryons d'une fiscalité internationale qui établirait des péréquations partielles en faveur des pays sous-développés et particulièrement de l'Afrique, afin d'éviter de plus grands risques. La coopération pour le développement doit, outre la dimension économique, être portée par des conceptions de la dimension sociale et culturelle, considérant la pauvreté comme la résultante moins d'une inégalité des revenus, des capitaux que d'une inégalité dans l'accès aux capacités, aux actifs et aux droits qui déterminent les conditions d'existence et d'intégration sociale. Les obstacles du développement doivent être traité autant dans leurs dimensions institutionnelles, culturelle qu'économique.

Mais, plutôt que d'élaborer et de mettre en œuvre des stratégies pour accélérer la croissance et réduire les inégalités entre les individus et les communautés, de nombreux gouvernements subsahariens cherchent à maximiser l'aide, considérée comme une ressource permanente, alors que plusieurs études attestent que l'impact macroéconomique de l'aide est indécelable statistiquement. C'est pourquoi, Dambisa Moyo veut arracher les africains de l'accoutumance de l'aide qu'elle considère comme instrument des stars du show business. Pour créer un choc, elle démontre que l'aide est la cause de tous les maux de l'Afrique. Son efficacité est limitée, faible et difficile à prouver à ces jours. L'aide n'est pas la solution, c'est une partie du problème et, en fait l'aide est le problème car, coupable de la stagnation de l'Afrique, aux côtés des suspects habituels : la géographie, la malédiction des ressources, le partage colonial, l'ethnicité, la mauvaise gouvernance, la corruption, etc.

Ainsi, si l'aide au développement constituait la clé passe-partout du développement de l'Afrique subsaharienne, cette partie du monde ne se retrouverait pas à sa situation actuelle de pauvreté, car, l'Afrique qui a reçu des sommes d'aide très importantes depuis les indépendances, s'est au contraire enfoncée dans la pauvreté et la misère. Entre 1970 et 1998, quand le flux d'aide était à son maximum, le taux de pauvreté s'est accru de façon stupéfiante : il est passé de 11 % à 66 % et la corruption avait pris une extension jamais connue, décourageant ainsi la libre entreprise tant entendue par la mondialisation néo-libérale. Même si dans l'analyse globale des faits, plusieurs facteurs peuvent intervenir dans la justification de la défaillance, même si dans le processus de développement, certains Etats se sont servis de cette stratégie pour améliorer leurs économies, on est en droit de s'interroger sur l'efficacité de ce paradigme longtemps vantée et embellie par les Institutions de Breton Woods et les stars du show business, comme instrument miracle, indispensable pour le développement des Etats africains. Par ailleurs, bien que l'aide des pays de l'OCDE a réussi à réduire la prévalence de la pandémie du VIH Sida en Afrique subsaharienne, l'on constate tout de même que celle octroyée par la chine n'a pas les mêmes effets pervers ou négatif que celle offerte aux pays subsahariens par les pays occidentaux. Ceci pourrait nous obliger à nous infléchir sur la fongibilité de l'aide au développement comme défaut spécifique et de considérer cette aide comme un problème plutôt qu'une solution. Cette position a idéologiquement l'avantage de placer les dirigeants devant leurs responsabilités, tout en les rendant redevables vis-à-vis de leurs citoyens. La remise en question par les Etats subsahariens de la stratégie d'aide au développement, avant de poursuivre sur ce chemin des flux des ressources où les institutions des microfinances sont-elles-même subventionnées par l'aide, comme le note Hans Dembowski (2009, p. 306) s'avère nécessaire compte tenu du doute de son efficacité.

Dambisa Moyo soutient que les « donateurs, les décideurs, les gouvernements, les universitaires, les économistes et les spécialistes du développement savent, au fond de leur cœur, que l'aide ne marche pas, qu'elle n'a jamais marché et qu'elle ne marchera pas » (p. 46). Pour elle, si l'aide perdure, c'est uniquement parce qu'elle fait vivre une véritable industrie, ce qui lui permet de laisser complètement de côté l'analyse des efforts faits pour accroître l'efficacité de l'aide. L'aide est critiquée parce qu'elle perçue par d'aucun comme confortant une situation de stagnation, de passe-droits, d'inégalités, de népotisme, de flagornerie vis-à-vis des puissants, de non-reconnaissance des mérites, situation qu'un jeune diplômé africain ne peut que chercher à fuir. Et, il y a en Afrique des centaines de milliers de jeunes diplômés. La question récurrente c'est celle de savoir pourquoi l'aide au développement ne marche pas et comment mieux soutenir l'Afrique subsaharienne. Pourquoi, la majorité des pays subsahariens se débattent-ils dans un cycle sans fin de corruption, de maladies, de pauvreté et de dépendance en dépit du fait que ces pays ont reçu plus de 300 milliards de dollars d'aide au développement depuis 1970.

Il faut signaler une filiation forcée dans la mondialisation néo-libérale dans les lignes qui suivent.

2.10. Filiation forcée dans la mondialisation néo-libérale

La tendance actuelle vers le contrôle des marchés mondiaux met les Etats au-devant de la scène. On voit les chefs d'Etats se conduire les hommes d'affaires de leurs pays à travers le monde, dans leurs déplacements dans le cadre des missions officielles où ils créent des grands monopoles en suscitant des fusions des sociétés déjà des grandes tailles en vue de les placer en position de quasi-monopole. Aussi, le commun des citoyens a du mal à comprendre comment un français peut aller mourir au Mali, en Djibouti, au Rwanda ou en Lybie. Comment un Italien peut aller mourir à Kibumba, en République Démocratique du Congo. Comment un américain peut aller mourir en Irak, en Koweït, en Somali, au Panama, en Afghanistan ou au Viêtnam. Comment un Russe peut aller mourir au Centrafrique, en Angola ou en Syrie ; ou alors comment un Rwandais peut aller mourir en République Démocratique du Congo ou en Centrafrique, … au nom de la « liberté ».

Derrière ce vocable de liberté se cache toute une idéologie de domination impérialiste dans le sens de l'extension de l'influence politique pour le contrôle du marché mondial. Ce n'est que sous cet angle là que devient intelligible le rôle de gendarme du monde que jouent certains Etats occidentaux qui dans certains cas, organisent des réseaux-relais. Les nations faibles doivent de gré ou de force se ranger dans la position qui leur est assignée. De même, les courroux des « gendarmes » s'abattent impitoyablement sur quiconque ose toucher au « domaine réservé ». L'Irak, en sait quelque chose pour avoir voulu mettre la main sur un territoire qui était pourtant le sien quelque trente ans plus tôt, le Koweït, affranchi unilatéralement et gardé jalousement par un des « gendarmes » et le plus grand des pays capitalistes (les USA), en raison de ses fabuleux gisements d'hydrocarbures. Beaucoup des dirigeants des nations faibles ont été écartés du pouvoir dans des conditions parfois atroces pour s'être immiscer, sans avis préalable aux domaines réservés des « gendarmes ». C'est bien là la réalité éclatante du stade du développement socio-économique prévue par Karl Marx et Frédéric Engels, telles que décrite par Lénine, appelée capitalisme monopoliste d'Etat (M.A. Mupapa Say, 2004, p.44). Comme on le sait, celui-ci survient après le stade primitif ou manufacturier, caractérisé selon ces auteurs, par un mode de production féodal, relayé indubitablement par la libre concurrence (stade classique du capitalisme), avec l'essor prodigieux de la production industrielle, avant que le stade monopoliste ou l'impérialisme ne prenne logiquement la relève, avec le rôle de plus en plus décisif de l'Etat dans le développement de l'accumulation des richesses et dans la concentration du capital et de la production à l'échelle mondiale. Ainsi que le fait observer nombre d'analystes marxistes, l'Etat prend ici une place d'avant-gardiste dans la survie des rapports de production en régulant le marché général de l'emploi et en prenant toutes les mesures d'organisation de la formation, de l'immigration, etc.

La mondialisation de l'économie, mue par le progrès de la science et de la technologie, a bouleversé de nos jours les données anatomiques de l'économie classique ainsi que le mode de production capitaliste eu égard à une certaine déprolétarisassions des forces productives par l'action conjugué de l'accroissement de la dimension technologique dans les moyens de production et la scientisation subséquente des forces du travail. Tout ceci entraîne des requalifications et des changements radicaux dans les rapports de production qui ont pour effet de modifier la conscience des classes telle que l'avait prévu Marx et l'affaiblissement certes du mouvement syndical. On pourrait alors déduire aux vues des évolutions actuelles que le stade suprême du capitalisme ne déboucherait plus inéluctablement sur le socialisme comme l'ont prédit les pères du marxisme, du fait notamment que les nouvelles contradictions ne paraissent plus opposer, dans des sociétés davantage tournées vers la consommation, vers le bien-être et les loisirs (libéralisme sauvage et Etat social).

Par ailleurs, pour répondre à cette tendance nouvelle, des ensembles supranationaux prennent de plus en plus le pas sur les Etats dans l'organisation économique et la conquête des nouveaux marchés (le cas de l'Union européenne, la plus structurée qui est entré e dans une phase économique et politique intégrée avec des institutions et une monnaie unique). La mondialisation de l'économie est une dynamique induite du capitalisme monopoliste qui s'est profilé dans les cours de l'évolution suivant la règle de l'avantage absolu de l'élargissement de la division sociale du travail à une division internationale qui confine l'Afrique dans un rôle qui la condamne au sous-développement. Les réajustements du FMI ou de la Banque mondiale, les coup d'Etats, les éliminations des leaders, les sanctions économiques et diplomatiques ciblées, les embargos, etc., ne sont autre chose que les contraintes exercées par les « gendarmes » solidairement avec les puissances capitalistes et des structures supranationales qui les dominent, pour soumettre les nations pauvres d'Afrique au diktat du capitalisme monopoliste mondial.

Il y a une certaine aliénation sociale ou mentale qu'il faut bien reconnaître.

2.11. Aliénation sociale (ou mentale)

Le savoir-faire d'un peuple, sa manière d'agir, de réagir, de penser, se développe en subissant d'influences, d'échanges, de brassages et d'inflexions, dans un sens comme dans l'autre. Son vécu se développe en subissant l'interaction ou de la manière de vivre d'autres peuples ou d'autres communautés avec lesquelles il entre en contact. Il apparait de ce contact, un échange d'éléments culturels. C'est donc un ensemble d'attitudes, de modèles constitués qui préparent l'individu à agir et à réagir de telle ou telle manière et qui l'orientent également vers certaines réponses admises par les membres de la société. La culture exerce la pression sociale sur les individus. Elle maintien la formation des comportements individuels à l'intérieur des limites imposées par les modèles culturels.

Ce moulage de l'individu dans les normes de la société lui crée des habitudes semblables à celles que les autres membres auront constitué par des mécanismes semblables ou identiques. C'est sans doute cette idée de d'identité qui fait dire à R. Linton que la culture en tant qu'ensemble fournit aux membres de toute la société un guide indispensable pour toute circonstance de la vie. Il leur serait impossible, ajoute-t-il, aussi bien à la société elle -même, de remplir efficacement leurs fonctions sans cette culture. Ceci nous permet d'affirmer deux évidences :

- Toute société quel que soit son type d'organisation et son niveau technologique possède une culture sur base de laquelle elle fonctionne, organise les relations entre les membres et leurs confère une identité. C'est cette culture qui assure à la communauté la maîtrise de l'environnement naturel en vue de sa survie.
- L'individu est marqué du sceau de son environnement social et son héritage génétique porte celui de son ascendance. C'est-à-dire, l'individu n'acquiert la personnalité que si le milieu dans lequel il est appelé à vivre lui assure la possibilité.

Ce processus dialectique par lequel la culture agit sur l'individu et celui-ci, par son activité et ses capacités créatrices contribue à vitaliser la culture, donc à la développer. Car, la culture n'étant pas un héritage biologique, les mœurs et les habitudes, les pensées et les jugements, éléments basic de la culture ne sont pas non plus liés à des caractères somatiques. Ces éléments se modifient forcément, lorsque, d'une manière coercitive ou par une intégration harmonieuse, un événement bouleversant ou un apport d'un autre groupe social imprime la volonté d'en modifier l'orientation ou la nature. Pareil événement peut survenir de diverses causes. Il peut s'agir de domination comme le cas de la traite esclavagiste et de colonisation qui ont incontestablement bouleversé les sociétés africaines, des pratiques et gestes d'imitation qui traduisent des conduites d'aliénation mentale. Dans l'un ou l'autre cas, ces événements, pratiques et gestes se fondent sur les rapports sociaux basés sur la différence, l'assujettissement et l'imitation que Jung considère comme un « un copiage inconscient » ou que Pieron H. définit comme « une reproduction active des modalités perçue de comportement d'un autre être ». Dans le cas par exemple de défrisage des cheveux ou coiffure aux *mèches Kabelo* (pour les femmes africaines), l'élément essentiel et significatif est le résultat que l'on obtient : paraître comme un blanc. C'est un « désire d'être comme ». Ce qui suppose un modèle constitué, qui n'est autre que l'Européen, dans sa signification coloniale, le blanc. Ceci traduit la perte de la maîtrise de l'africain, de ses forces propres au profit d'un autre groupe racial qui le place en position d'inauthenticité de l'existence vécue par ce dernier. Donc une négation de son propre être comme l'affirme Hegel dans *la phénoménologie de l'esprit*. Une telle négation de soi, de son être immédiat n'est cependant pas sans soulever certaines difficultés, car elle conduit entre autres à ne plus pouvoir se reconnaître ou se sentir comme chez soi dans le monde de l'effectivité.

Dans le comportement actuel des africains noirs, son identification au blanc est semblable à celle du petit enfant à l'égard de son père. Comme jeune enfant, l'africain noir procède par une introjection des éléments qui caractérisent l'européen, le blanc et il en fait sien et acquiert en même temps le sentiment fantasmatique d'être l'objet désiré. Il présentera dans son paraître phénoménal un nombre des faits et gestes du père (européen). La multiplicité des phénomènes introjectifs et l'abondance du matériel qu'il se crée pour la mise en évidence d'une puissance phallique imaginaire, entraine chez les africains un vécu fantasmatique qui se traduit par une identification aux blancs. Dans cette tension idéative où profile son avenir, l'africain noir fait sien tout ce qui, jusque-là appartenait au monde des blancs (occidentaux), notamment l'adoption des postures qui ne leurs étaient pas habituelles : les cheveux, la couleur de la peau, la langue et les habitudes. On a vu après la colonisation beaucoup des noirs dits « évolués » adopter les habitudes comme le tracé de diamant (la raie qu'on se frayait dans les cheveux sur le côté avant gauche du haut du crâne, alors que les blancs l'utilisent par le souci de séparer les franges des longs cheveux pour mieux les contenir), mains aux hanches accompagnées d'un giron, etc., qui, rappellent à la condescendance. On doit cependant relever que l'aliénation des africains s'est développée et s'est consolidée à travers trois sources : l'acculturation, la déculturation et l'enculturation.

Il me semble important d'envisager un libre exercice de l'entendement.

2.12. Libre exercice de l'entendement

Le courage de se servir de son entendement est l'un des points décisifs des revendications des auteurs du siècle des Lumières (18ème siècle). Cette préoccupation est en principe une réaction partagée de l'homme libre, réfléchi contre la lâcheté et la paresse des peuples qui se complaisent à vivre dans une situation de minorité c'est-à-dire sous la tutelle d'un pouvoir extérieur à soi-même. Il est donc question de la lutte contre le fanatisme. Les auteurs de la philosophie des Lumières ont réagi chacun à sa manière contre cette situation, dans le but d'inciter leurs contemporains à se libérer de l'esclavage mental dans lequel ils se sont enlisés depuis bien longtemps. C'est dans cette perspective que s'inscrit la démarche de Voltaire notamment en France. Le champ de bataille que s'est donné l'auteur se dirige vers le milieu religieux où il va s'attaquer au phénomène du fanatisme religieux qui, à ses yeux constituait alors le symbole même de l'absence des Lumières. L'éloignement du libre choix de la pensée et de la liberté de conscience assure le développement d'un complexe de superstition et de fanatisme, éminemment dangereux qui nourrit l'obscurantisme et l'opacité qui enferme toute conscience individuelle et/ou collective dans l'immobilisme total dont les puissants récusent toute discussion et toute alternative. Il s'agit en clair d'une classe ou d'un groupe d'enthousiastes qui pensent posséder le monopole de la vérité et détenir l'autorité sur les autres.

L'obscurantisme développe dans l'homme l'attitude du fanatique. Il s'agit de la pulsion sur un individu qui, n'arrive plus à prendre du recul pour pouvoir réfléchir sur ce qu'il fait afin d'être capable de juger les conséquences de ses actes. Celui-ci est obsédé par une somme de vérités reçues et qu'il tient pour absolument incontestables. C'est des types d'hommes que Voltaire qualifie d'« enthousiastes», pour désigner ceux qui ne pensent pas par eux-mêmes, ceux qui ne choisissent pas à partir des critères personnellement évalués. Car ils sont plutôt dominés par un cercle de vérités préétablies, auxquels ils adhèrent aveuglement, c'est-à-dire sans possibilité de débat, sans possibilité d'un examen critique. L'enthousiaste représente donc aux yeux de l'auteur cet individu dont le comportement est aux antipodes de la devise des Lumières évoquée plus haut, laquelle recommandait à chaque individu d'avoir le courage de se servir de son entendement : attitude qui réclame l'entière possession de ses facultés naturelles au détriment de toute autre autorité qui viendrait de l'extérieur. Il s'agit bien de l'autonomie du sujet ; valeur devra être inscrite en grande ligne au nombre des paradigmes préalables du développement.

Au demeurant, on peut donc comprendre pourquoi les sociétés africaines se présentent actuellement comme des véritables organisations sociales marquées notamment par l'obscurantisme et l'immobilisme. De manière particulière, leurs attitudes et actions se caractérisent par l'absence de liberté en vigueur dans nombre de ces sociétés africaines et dont la manifestation criante se voit du point de vue politique et économique d'une part, par la domination des pays occidentaux et d'autre part, par l'intolérance institutionnelle locale qui instaure des législations autorisant l'usage de l'Inquisition contre tous ceux qui sont considérés comme des hérétiques. Aussi, du point de vue religieux, l'obscurantisme et l'immobilisme se meut par l'actuel envahissement et endoctrinement des sociétés, au nom d'une liberté tronquée des cultes, par des opérateurs religieux véreux et parfois intégristes qui exploitent aux longueurs des jours et nuits, la misère des individus et des communautés, détournant ainsi leur attention de la véritable bataille de l'Afrique, celle de l'indépendance et du développement.

La liberté de conscience qui reconnait aux individus et aux communautés le droit de s'autodéterminer et se déterminer librement par des choix des stratégies idoines pour leur développement, sans subir des contraintes et des pressions extérieures, constitue un des véritables défis à relever par les sociétés africaines. Ces dernières sont aujourd'hui enchaînées dans le mimétisme et dominées par l'esprit fanatique qui empêche de susciter auprès du peuple une prise de conscience sur l'horreur et les conséquences malheureuses de la dépendance, et qui retarde l'avènement d'un ordre économique, politique, moral et culturel nouveau. S'il est admis que la religion est une superstition utile à la condition de l'homme vivant dans une situation de faiblesse car, celui-ci a toujours besoin de quelque chose qui lui permet de comprendre sa situation, il est tout aussi absurde que cette utilité se constitue en un fléau aussi funeste et en opium qui renforce son obscurantisme et l'enfonce sans cesse dans le carcan du sous-développement.

En conclusion de ce chapitre, il y a lieu de relever que la question de l'évolution des paradigmes comme nœud gordien de la dynamique des Etats africains est indubitablement liée à l'histoire du développement économique international. En dépit des enjeux particuliers des Etats et de la mobilisation des ressources pour résorber les défis prioritairement liés à l'offre des meilleures conditions de vie à des populations, cette histoire est donc un mélange de volontés de États du Nord industrialisés, d'actions effectives de la communauté dite internationale (en particulier de l'ONU et de ses diverses agences), et des conflits entre les pays du Nord, eux-mêmes divisés, autour des intérêts économiques, culturels et politiques. Cette histoire qui s'est émaillée autour des intérêts principalement économiques et la nécessité de la colonisation des Etats naturellement fortunés, mais culturellement et politiquement faibles, s'écrit autour de la force et de la science dont la combinaison empêche aux Africains de réfléchir en faveur des horizons spécifiques liés aux défis prioritaires de leurs communautés. Dans cette scène d'intérêts où tendent à s'imposer dans les esprits, sinon dans les faits les paradigmes des plus forts et où s'interrogent des Etats sur différents modèles de développement possibles, se négocient les termes de l'échange international. L'Afrique, principalement subsaharienne, s'est emballée, résignée, ralliée et alignée dans la vision linéaire et progressive du développement, telle que conçue par la métropole à l'aube des indépendances. Cet emballement dans la logique de la science des plus forts n'a eu comme principal effet que de renfermer ces Etats dans la boucle de la stagnation, les mettant ainsi dans l'impossibilité chronique de proposer des thérapies spécifiques de choc ou de rupture, indispensables d'estomper son assujettissement idéologique et stratégique par les pays du nord.

La systématique des pensées telles qu'esquissée sommairement dans ce chapitre exprime clairement ce déficit théorique et confirme par ce fait l'engouffrement de la partie du continent au sud du Sahara dans l'immobilisme et la dépendance idéologique. Le manque de vision spécifique des Etats d'Afrique et leur vocation à demeurer comme berceau de consommation de masses dans une logique de division internationale du travail, y compris au niveau des paradigmes fondamentaux, justifie le devoir que s'octroient les pays du Nord capitalistes, qualifiés de pays développés, de diffuser leurs connaissances théoriques, technologiques et assistance pratique aux pays qualifiés de « sous-développés », pour qu'ils se rapprochent du modèle de société occidentale. Cette diffusion des connaissances et techniques marque le triomphe d'une vision économétrique du développement, mesuré par le PNB par habitant qui rappelle au quotidien les communautés de leur état permanent de pauvreté et les renferment ainsi dans un cercle débridé du sous-développement.

Pour sortir de ce cercle vicieux, l'Afrique subsaharienne devra faire émerger ses conceptions et modèles de pensée économiques spécifiques, qui intègrent à la fois les réalités géographiques, physiques, culturelles et politiques des milieux, ainsi que les facteurs extrinsèques à l'économie, tels que le capital humain constitué des compétences, des expériences, des relations et des savoirs. Car, à côté de ses dimensions matérielles et technologiques, le développement de l'Afrique devra se fonder sur la révolution ou la mutabilité des modèles rationnels et la dynamique d'actions qui, implique le changement dans les structures, c'est-à-dire, des finalités existentielles spécifiques. Les Etats africains du sud de Sahara doivent prendre leur responsabilité devant la complexité d'approches et la stagnation actuelle des paradigmes qui ouvre la voie à un mimétisme sans issue dans la dynamique de développement des sociétés. Le rôle de l'État est de créer les conditions de l'augmentation des compétences, afin que se développe un système efficace de production et distribution de biens et services.

Quels sont les scénarios de développement du capitalisme périphérique en Afrique ?

2.13. Quelques scénarios de développement du capitalisme périphérique en Afrique

Il se développe en Afrique depuis les indépendances un capitalisme périphérique articulé autour de quatre scénarios évolutifs Il s'agit des scénarios du chao, de la marginalisation, de l'intégration au marché mondial et celui du développement endogène.

Je parle de scénario du chao, de la marginalisation, de l'intégration au marché mondiale,

2131Le scénario du chao

Ce scénario catastrophe pour les pays fragiles, et *à fortiori* pour les pays faillis, se résume dans un enchainement régressif : chao économique, conflits et migrations massives, approfondissement de la pauvreté. La modernisation a échoué. La classe dirigeante est associée aux réseaux maffieux : drogues, armes, fausse monnaie, traite des humains. L'Etat de droit ne s'y enracine pas. Des graves conflits internes et aux frontières mettent en péril des lentes avancées démocratiques. Les risques de repli menacent. Dans certains cas, on a la crainte d'une menace à la criminalisation de l'Etat, associée à la monté de l'autoritarisme et à l'apparition d'un banditisme généralisé. Il s'agit alors d'une modalité meurtrière dans la mondialisation.

Il y a aussi le scénario de la marginalisation.

2132 Le scénario de la marginalisation

Il est fondé sur l'idée selon laquelle à long termes, des pans entiers des populations auront trouvé leur propre rythme d'évolution mais en marge, déconnectés des grands systèmes mondiaux. L'économie de la rente primaire reste le lien avec le marché mondial dans une spécialisation appauvrissante. Il s'agit d'un scénario de l'équilibre par le bas qui s'établit, vaille que vaille, autour du conservatisme patrimonial, de la dépendance primaire, d'une absence de la maitrise de la démographie et de la gestion spatiale, de l'insécurité alimentaire et d'un accommodement de survie pour le plus grand nombre dans un secteur informel de stagnation et de la débrouille. Il se développe une vulnérabilité extrême envers les risques environnementaux et sécuritaires, avec leurs lots croissants d'éco-exilés et des réfugiés.

Il y a aussi le scénario de l'intégration au marché mondial à signaler.

2133Le scénario de l'intégration au marché mondial

Est celui du rattrapage et de l'extraversion, avec une totale ouverture commerciale, une croissance reposant sur une valorisation poussée des ressources naturelles (mines, forets, hydrocarbures, eaux) portées par les investissements étrangers et arrimé à des marchés géographiquement de plus en plus diversifiés, une progressive montée en gamme dans les chaînes de valeur internationales, avec une industrialisation possible comme « atelier à bas prix » en substitution à l'Asie. Ce scénario implique d'importants progrès de productivité, des *effets d'apprentissage*, l'appropriation des technologies de la production et de l'information et une conversion des rentes en accumulation productive, c'est-à-dire, en fin de compte des mutations importantes dans le système social patrimonial, ses institutions et ses règles.

Un autre scénario est celui du développement endogène.

2134 Le scénario du développement endogène

C'est un scénario vertueux. Il est fondamentalement calé sur l'essor graduel de marchés régionaux protégés et sur une croissance non mimétique, verte et inclusive. L'urbanisation entraine la croissance agricole grâce à des investissements d'infrastructures qui accompagnent les mouvements démographiques. Le retour de l'épargne et des compétences des diasporas favorise l'émergence d'entrepreneurs. Ce scénario repose sur une stratégie d'Etat volontariste qui prend en considération diverses tendances positives : maitrise de la fécondité, l'élargissement des droits des femmes, l'impulsion par des institutions démocratiques et par les contre-pouvoirs des organisations de la société civile, inclusion dans l'économie immatérielle de la connaissance, l'entrée dans la petite prospérité et la dynamique de la classe moyenne, les pratiques soucieuses de l'environnement et, enfin l'effort de régulation des tensions sociales et de prévention des conflits.

Un tel scénario rejoint l'ambition du NEPAD. Il ne peut se réaliser que sous la réserve importante d'avoir un Etat ayant atteint le seuil de la maturité politique et démocratique. Le développement correspond alors ici à un décloisonnement du champ social, à un bousculement des *statu quo ante*, à un élargissement de la gamme des vecteurs du changement, établi sur une construction institutionnelle plus équilibrée, moins contingente et sur l'émergence des politiques publiques, fruits de concertation élargie, réunissant ainsi le maximum des chances de réussite.

Tableau 2 : Les quatre scénarios à long terme

Chao	Marginalisation	Intégration au marché (rattrapage)	Développement Endogène
- Echec de la modernisation - Economie rentière de prédation - Elargissement de la trappe à pauvreté - Informalisation quasi-totale de l'économie - Marginalisation internationale - Repli fondamentaliste - Enfoncement dans l'insécurité (chao entropique ou somalisation).	- Déconnexion du marché mondial, excepté les exportations primaires - Maintien d'une économie rentière - Maintien du patrimonialisme et élimination de la démocratie - Société duale (Pop. Utiles net pop. Exclues).	- Progrès de la productivité - Entrée dans la compétitivité - Impulsion externe - Apport des investissements étrangers - Diversification des partenaires étrangers - Montée en gamme dans les chaînes de valeurs internationales - Maintien des équilibres économiques.	- Développement non mimétique - Impulsion endogène - Croissance verte et inclusive - Mise en place des sécurités et des résiliences - Essor des marchés régionaux - Apport des migrants - Essor des classes moyennes - Maitrise de la fécondité - Régulation sociale par des mécanismes participatifs.

L'Afrique subsaharienne, considérée comme l'une des régions riches du continent et/ou du monde, mais aux populations les plus pauvres, vit constamment les retournements de ces paradoxes et/ou scénarios. Ainsi, alors que des années 1960 jusqu'au début des années 70, les pays africains connaissaient une croissance soutenue, les pays asiatiques sombraient dans de graves crises alimentaires. Trois décennies plus tard, la situation s'est totalement inversée ; les années 1980-90 étaient considérées comme les décennies perdues ou les décennies du chaos, accentuant l'afro-pessimisme. Mais, depuis le début des années 2000, l'Afrique presqu'entière a connu, malgré les catastrophes naturelles diverses et les guerres, un changement des tendances significatif et assez durable avec un taux de croissance de plus de 5%. Cependant la conjoncture internationale a provoqué un repli très net à partir de 2014-2015, confirmé par un taux moyen de croissance de 1,3% seulement en 2016. La reprise d'après 2017 avait permis (d'après la Banque mondiale) à la croissance de s'établir aux alentours de 4% en 2019, avant de s'effondrer dès le début de l'année 2020, à cause de la crise sanitaire mondiale provoquée par la pandémie meurtrière corona virus, covid19, ayant pris naissance à partir de la ville de Huang en Chine et qui s'est étendu partout dans le monde, provoquant ainsi un ralentissement des économies et la baisse des croissances au niveau mondiale de plus de 5% en moyenne.

Conclusion

Comme nous pouvons le constater dans la réalité, ces différents scénarios agissent toujours dans la globalité. Aucun ne se déroule sous sa forme pure, les combinaisons sont multiples et les tâtonnements sont toujours renouvelés car, chaque société dans sa dynamique, emprunte toujours des voies différentes, mais coordonnées en fonction des dynamiques des systèmes sociaux particuliers qui caractérisent son environnement, l'exercice du libre entendement à imposer la raison comme une sorte de vertu publique et comme l'énergie d'une révolution permanente dans les esprits en vue de déterminer son évolution. Les pays africains du futur seront probablement contrastés, chaque région ou chaque pays empruntant des voies différentes, souvent semées des récifs, en proie aux tempêtes, ou bénéficiant des doux alizés. Des voies assurément non linéaires obligeant à naviguer en *zigzags* en fonction des vents porteurs et des vents contraires pour reprendre une formule de Hirschman (1958), en fonction du rythme des transitions démographiques, des configurations territoriales, des degrés d'exposition aux risques économiques, climatiques et sécuritaire et des capacités de changement issues de la dynamique des systèmes sociaux particuliers. On n'a pas besoin de connaitre l'histoire de la prochaine aurore pour décider de la voie à suivre, dit-on en Afrique.

Chapitre Troisième

Chronique de la désarticulation et la résilience mitigée des économies subsahariennes

Ce troisième chapitre a pour pierre de touche la chronique de la désarticulation et la résilience mitigée des économies subsahariennes.

Depuis 1960 et même avant, les Etats subsahariens ont entrepris à rechercher les voies idoines pour l'industrialisation et le développement, combler les lacunes coloniales de protection sociales et réduire la pauvreté rampante. La stratégie politique adaptative, indispensable pour relever le défi de la pauvreté et impulser le progrès a été certes, la redynamisation des économies, dans un contexte différent de la colonisation, booster la croissance et inciter la résilience tant de la production, la distribution, les échanges que de la consommation, dans un environnement caractérisé par la multiplicité de ressources naturelles dont disposent ces pays et qui attirent tant des convoitises des nombreux pays, principalement industrialisés. Cette voie d'impulsion du développement économique était soutenue par les Nations-Unies et les efforts de certains pays ont stimulé la croissance économique durant les premières décennies d'après les indépendances.

Ainsi, après une période de croissance économique observée durant les deux premières décennies des indépendances (1960 et 1970),desquelles la progression du PIB réel retrouvait un rythme modéré (environs 4% en 1970) et un taux de croissance annuelle moyen de 5,3%, certains signes indiquaient déjà que l'Afrique subsaharienne n'était pas sur une bonne voie, même si le revenu par habitant était encore relativement en hausse de quelque points (2,3%), et une croissance démographique qui s'affichait autour d'un taux de 2,5% en moyenne annuelle. Premièrement la structure des économies africaines apparaissait de plus en plus désarticulée avec le renforcement de la dépendance économique et politique des Etats nouvellement indépendants, la résurgence des pratiques coloniales dans les relations entre les anciennes métropoles et les anciennes colonies, le commerce international inégal entre l'Afrique et l'occident, la prédominance du secteur des services dont la part dans le PIB atteignait déjà 50,2% en 1980 contre 40,2% dix ans auparavant. Deuxièmement l'agriculture, pilier de la plupart des économies de la région. Son développement était limité de 1,3% par an en 1970 et 1980 ; un taux nettement inférieur à celui de la croissance démographique en Afrique subsaharienne, même si la production alimentaire progressait de 1,9% en moyenne par an. Les chiffres des exportations agricoles évoluaient en sens inverse, tombant de 33,4% en 1970 à 22,8% en 1980, alors que la part de l'industrie était passée de 25,7% à 27%. Encore que cette industrialisation fût surtout concentrée dans le secteur minier, les activités manufacturières ne représentant que 10% de PIB en 1980 contre 9,5% en 1970.

Cette évolution inquiétante conduit à la stagnation actuelle de la situation économique des Etats Subsahariens qui n'arrivent pas toujours à sortir du bourbier, malgré quelques perspectives dans certains Etats, notamment le Nigéria, l'Afrique du sud, la Namibie, l'Ethiopie, le Botswana et l'île Maurice. En 2006, malgré la croissance enregistrée grâce aux pays cités dans les secteurs industriel et agricole, respectivement 5,7% pour le premier et 5 % le second, le secteur de services représentait toujours la part élevée44,7 % du PIB, suivi de l'industrie (41,5 %) et de l'agriculture (13,8 %). Ce cadre structurel accuse de nos jours un déficit qui va en s'aggravant et les disparités régionales et internes sont si importantes, alors que le cadre institutionnel est instable dans la plupart des pays et présente un obstacle à son développement économique et social. Cette aggravation sous-jacente des déséquilibres structurels et la déstabilisation de l'agriculture poumon des économies africaines, affichait déjà le décor de la descente aux enfers par la consolidation du sous-développement et révélait déjà l'avenu de l'affaiblissement d'un système désarticulé de développement mise en place par l'occident, coupé des populations bénéficiaires d'Afrique. Ces deux réalités ci-haut citées et leurs enchaînements respectifs constituent des principaux repères de la stagnation des économies et par voies de conséquences, du sous-développement des pays constituant cette partie du monde, pourtant extrêmement riche en ressources naturelles (du sol et sous-sol notamment). L'analyse de ces principaux repères constitue l'objet de ce chapitre. Or, analyser les repères du sous-développement de l'Afrique subsaharienne, c'est analyser les économies et politiques du développement mise en place par les Etats, soixante ans après les indépendances et même avant celles-ci. Etant donné que c'est dans cette partie de l'Afrique que se rangeait en 1960, les pays à très bas niveau des revenus et à structure économique très peu diversifiée. Pour reprendre la terminologie rendue célèbre par W.W. Rostow : les pays africains relevaient pour la plupart de la phase initiale de la société traditionnelle.

Dans cette perspective historique d'un certain cheminement du développement, ils avaient donc à réunir les conditions préalables au démarrage. Ce faisant, il importe de relever avant toute chose que la plupart des études à caractère théorique réalisées en Afrique dans le cadre ont une faiblesse d'avoir une base empirique trop faible, c'est-à-dire l'effort de construire des typologies générales et des structures applicables à un très grand nombre des situations dans les Etats s'est souvent effectuées sans que les analyses sur la structure des économies et les enchaînements qui bloquent la croissance et le décollage vers le développement aient été réunies avec un soin suffisant, ni dûment critiquées. Ce dans ce souci de privilégier l'empirisme que nous abordons quoi qu'à titre indicatif sans s'approfondir, la structure des économies d'Afrique subsaharienne comme un des principaux éléments du label du sous-développement.

Sont traités ici la structure des économies d'Afrique subsaharienne, l'effondrement de l'agriculture, l'entreprise et l'entrepreneur, le déclin de l'Industrie, de la technologie et de l'artisanat.

3.1. Structure des économies d'Afrique subsaharienne

La notion de structure se rencontre de plus en plus, depuis la dernière guerre mondiale, dans la littérature économique. Le concept a été manifestement emprunté au vocabulaire des sciences exactes, où il se trouve employé depuis longtemps, par les sciences sociales qui en font une application analogique. Bien que les économistes aient songé les premiers à faire usage de cette notion, on entend parler couramment, aujourd'hui, de structure démographique, de structure sociale, etc. Jusqu'à récemment, les économistes ne se sont guère préoccupés de définir le terme de façon rigoureuse : il a donc gardé un sens très vague et sa vulgarisation le fait employer de la manière la plus ambiguë. Depuis quelques années, cependant, des efforts sont tentés par des théoriciens pour préciser la notion de structure et examiner les implications que comporte l'adoption d'une définition rigoureuse, notamment dans le domaine de l'analyse économique. Mais, les résultats de ces efforts dialectiques, encore qu'ils soient indiscutablement positifs, ne témoignent pas d'une unanimité de vues. La définition la plus extensive applique la notion de structure économique aux proportions et, en général, aux relations stables que l'on constate entre les grandeurs d'un système économique, et aux contingences de fait et de droit, caractéristiques d'une époque et d'un lieu qui les déterminent. La définition la plus limitative restreint la notion de structure aux relations typiques qui s'établissent entre les divers éléments d'un système, les contingences qui déterminent ces relations, demeurant extrinsèques, malgré leur importance en tant qu'éléments conditionnant. Entre ces deux extrêmes, il y a place pour de nombreuses positions intermédiaires.

Notre appréhension dans ce chapitre est que, nous adoptons plutôt le point de vue des partisans de la définition extensive. La notion de structure peut s'appliquer à tout système économique formant un ensemble, quelles que soient ses dimensions : on peut étudier la structure économique d'un pays, d'une région ou d'un marché ; d'une industrie, d'un secteur industriel ou d'une entreprise. Les contingences qui déterminent la structure économique d'un pays ne relèvent pas uniquement de l'ordre économique. Elles sont des plus diverses : elles concernent le relief, les richesses naturelles, le climat, la densité et la répartition des populations, le statut politique et les institutions en vigueur, les constantes sociologiques, etc. Leur principale caractéristique, qui en fait des éléments de structure, est une stabilité relative. Elle introduit dans les économies ce défaut de plasticité dont parle A. Marchal qui est la cause même de leur structuration. Structure s'oppose donc strictement à conjoncture, comme stabilité à mouvement. Mais ces notions n'en sont pas pour autant incompatibles. La conjoncture se superpose à la structure : si les éléments d'une économie sont en perpétuel mouvement (conjoncture), cela n'exclut pas qu'il puisse exister entre eux des relations quantitatives et qualitatives relativement stables (structure).

La structure exerce d'ailleurs une influence déterminante sur l'ampleur et les modalités des mouvements conjoncturels qui animent une économie. Ainsi, nous disons que la structure informe la conjoncture : elle lui donne une physionomie propre. Par exemple, les mouvements conjoncturels prendront une allure différente selon que la structure du pays est celle d'une économie ouverte ou fermée, que la structure de l'industrie oriente la production vers les matières premières ou les produits finis, que la structure des marchés est monopolistique ou concurrentielle, etc. Si les structures sont essentiellement stables, elles ne sont cependant pas immuables. Mais elles ne se modifient qu'à longue échéance. C'est même sur la transformation des structures que certains auteurs fondent la distinction entre la période longue et la période courte. On peut penser que dans les pays sous-développés, les différentes phases de transformation des structures se succèdent cependant à un rythme plus rapide qu'elles ne l'ont fait en Europe occidentale, par exemple. En effet, les pays sous-développés qui peuvent bénéficier de l'appui et des connaissances acquises des pays développés, pensent pouvoir écourter les étapes qu'ont rendues nécessaires dans ces derniers la mise au point des perfectionnements techniques et l'accumulation des capitaux, principaux ferments de la transformation des structures.

L'utilité d'une étude de la structure économique d'un pays ou d'une région est qu'elle permet de prévoir dans une certaine mesure, en quel sens doivent jouer les lois économiques. Celles-ci, comme les lois du monde physique et leurs effets, sont différentes selon que ces conditions sont d'une sorte ou d'une autre. On essayera dans le reste de cette section de dégager brièvement les caractéristiques de l'économie africaine pour n'en retenir que les éléments qui nous permettront de mieux interpréter la structure économique en Afrique subsaharienne. La structure d'économies est un indicateur important de revenu par habitant permettant de repérer et de distinguer les pays développés des ceux qui n'y sont pas. Les économies des pays sous-développés en général et d'Afrique subsaharienne en particulier se caractérisent par une structure marquée par une forte dépendance économique, une concentration des populations ou de la main-d'œuvre dans le secteur primaire, contrairement aux pays développés où la main-d'œuvre est généralement concentrée dans le secteur de l'industrie ou des services. Cette tendance s'observe aussi dans la structure de la balance commerciale. Les exportations des pays sous-développés sont constituées généralement de matières premières brutes, tandis que les importations sont constituées des produits manufacturés, des produits d'industrie à forte valeur ajoutée, occasionnant ainsi un flux de transfert des valeurs vers les pays du centre (ou développés). Il convient de souligner que les investissements dans les pays en développement représentent 15% du revenu global, alors qu'ils sont de 85% pour les populations des pays développés. Ce qui est à la base de la dépendance des premiers par les seconds.

Je parle de la dépendance économique des Etats subsahariens et des déterminants des mouvements monétaires.

311 Dépendance économique des Etats subsahariens

Une des caractéristiques économiques des pays africains qui a une importance directe et fondamentale pour leurs systèmes monétaires et financiers est celle de la dépendance économique. Le concept de « dépendance économique » est maintenant d'usage assez fréquent dans la littérature économique. Le professeur SIMKIN, par exemple, a employé le terme dans son excellente étude de l'expérience économique de la Nouvelle-Zélande. Il considère un pays comme économiquement dépendant si deux conditions sont remplies : premièrement, que les transactions extérieures contribuent pour une large part au revenu national ; deuxièmement, que le pays en question soit un consommateur des produits de ses principaux partenaires commerciaux, trop petit pour exercer une influence quelconque sur les revenus de ces derniers. Ces deux conditions sont toutes deux nécessaires pour qu'il y ait dépendance économique ; aucune d'elle n'est suffisante par elle-même. La première condition nécessaire pour qu'il y ait dépendance économique est donc que la somme des éléments de revenu provenant de l'étranger soit grande par rapport à la valeur du produit territorial brut.

La dépendance économique peut aussi venir d'une autre source. Dans les pays d'Afrique subsaharienne, la plupart des investissements sont financés extérieurement et sont de ce fait, en bonne partie déterminés par les conditions prévalant sur les marchés monétaires et de capitaux extérieurs. Toute entrée de fonds à long terme débouche généralement sur des dépenses d'investissements domestiques et est donc indirectement créatrice de revenu. Cette partie des capitaux à long terme provenant de l'étranger et qui entraîne des dépenses d'investissements domestiques, nous l'appellerons « les investissements financés par l'étranger ». Là où les investissements financés par l'étranger sont quantitativement importants par rapport au produit territorial brut, la dépendance économique est de toute évidence accrue. En principe, ces deux formes de dépendance économique sont susceptibles d'estimation statistique.

De toute évidence, ces différentes analyses renforcent notre conviction selon laquelle les pays d'Afrique subsaharienne sont économiquement dépendant de l'occident en général et de leurs métropoles ou ex-métropoles respectives c'est-à-dire, leurs anciens colonisateurs. Cette dépendance manifeste a pour conséquence notamment, si la dépendance économique est concentrée sur un seul pays, les revenus domestiques du pays économiquement dépendant seront susceptibles de subir des fluctuations non seulement à cause des flottements dans le niveau des activités économiques mondiales, mais aussi à cause des fluctuations particulières à ce seul pays.

Ainsi, si la République Démocratique du Congo est dépendante sur le plan des exportations et d'importation de la Belgique, son ex-métropole, toute crise économique de cette dernière, même indépendamment des flottements internationaux, vont avoir un effet sévère et/ou proportionnel sur l'économie congolaise jusqu'au niveau des revenus domestiques. Aussi, si la dépendance économique est concentrée sur un seul pays, les relations monétaires et financières avec ce pays seront nécessairement étroites. Ceci a eu une très grande influence sur les investissements ainsi que les arrangements monétaires et financiers des pays de l'Afrique subsaharienne ainsi que leur répartition en zones : zone franc (influencée par la France), zone sterlings (sous l'influence Britannique).Compte tenu des évidences déjà présentées, il n'est pas surprenant de constater qu'un examen plus approfondi du commerce extérieur des pays montre qu'ils ont tous des propensions moyennes élevées à importer et que ces importations viennent principalement de la métropole ou de l'ex-métropole. Le tableau suivant illustre la forte propension de la dépendance économique des pays africains et principalement ceux de l'Afrique subsaharienne vis-à-vis de l'occident en général et de leurs métropoles en particulier. Il démontre aussi que ces pays ont des sérieuses propensions marginales à importer.

Tableau 3 : Taux de croissance annuelle des exportations par catégories des produits 1980-2000 (en %)

Région	Toutes marchandises	Produits primaires [a]	Produits de base autres que combustibles	Articles manufacturés
Pays développés [b]	5,9	3,3	2,9	6,4
Pays en développement	6,0	1,4	3,3	12,4
Afrique	1,1	0,6	0,6	6,8
Amérique	5,9	2,2	2,9	11,5
Asie	7,1	1,3	5,0	13,6
Afrique subsaharienne	1,3	1,3	0,4	5,6

Source : Calculs du Secrétariat de la CNUCED d'après les données de la Division des statistiques de l'ONU

a : Section des produits de base (0-4) de la CTCI, révision 3.

b : moins l'Afrique du sud

De l'analyse du tableau ci-dessus, on doit admettre comme on l'a dit ci-haut : que les pays africains sont économiquement dépendants ; que cette dépendance économique relative est concentrée principalement sur la métropole ou l'ex-métropole ; que le moyen de cette dépendance économique ce sont les exportations surtout ; que les pays africains ont de fortes propensions moyennes à importer. Il n'y a évidemment aucune nécessité logique pour qu'une forte propension moyenne à importer révèle une forte propension marginale à importer. Toutefois, il semble bien que les pays africains aient de même des propensions marginales à importer sont élevées selon toute vraisemblance. Cependant, les métropoles ou ex-métropoles dominent le commerce d'importations dans des proportions encore plus fortes qu'elles ne dominent leur commerce d'exportation. Aussi, les importations d'aucun pays africain ne sont une proportion significative des exportations de ses principaux partenaires commerciaux. Ceci implique que les prix des importations sont largement indépendants des demandes des pays africains.

Tableau 4 : Parts des régions en développement pour le commerce mondial des marchandises 1980-2002 (en %)

Région	1980	1985	1990	1995	2000	2001	2002[a]
				Exportations			
Monde	100	100	100	100	100	100	100
Pays en développement	5,9	4,2	3,0	2,2	2,2	2,1	2,0
Afrique	5,9	4,2	3,0	2,2	2,2	2,1	2,0
Afrique Nord	2,1	1,7	1,0	0,7	0,7	0,6	0,5
Afrique Subsaharienne	3,7	2,5	1,9	1,5	1,5	1,5	1,5
Pays en développement Asie	17,9	15,6	16,9	21,6	24,3	23,7	23,3
Pays en développement Amérique	5,5	5,6	4,2	4,4	5,5	5,5	5,9
				Importations			
Monde	100	100	100	100	100	100	100
Pays en développement Afrique	4,6	3,6	2,9	2,5	2,1	2,2	2,1
Afrique Nord	1,4	1,6	1,2	0,9	0,7	0,8	0,7
Afrique Subsaharienne	3,1	2,1	1,6	1,5	1,3	1,4	1,4
Pays en développement Asie	13,1	15,2	15,9	21,6	21,1	21,0	20,8
Pays en développement Amérique	6,1	4,2	3,7	4,4	5,7	5,8	5,7

Source : Calculs du Secrétariat de la CNUCED d'après les données de la Division des statistiques de l'ONU
a : Estimation

Le tableau 4 ci-dessus atteste qu'en général les pays de l'Afrique subsaharienne satisfont à la condition que des transactions avec l'extérieur proviennent une part considérable du revenu national. La question se pose maintenant de savoir si les pays africains sont économiquement dépendants par l'intermédiaire de leurs exportations sur tout le marché mondial ou sur les marchés d'un seul pays ou, enfin, sur les marchés d'un groupe de pays associés. Relevons ensuite que si les exportations des pays de l'Afrique subsaharienne sont dominées par les matières premières principalement les minerais, les importations elles, se composent en grande partie de produits manufacturés. Ces produits manufacturés importés, ont une élasticité-revenus vraisemblablement considérable puisque les industries manufacturières sont très peu développées dans les pays de l'Afrique subsaharienne et les substituts locaux aux importations ne sont pas facilement disponibles.

1. Commerce extérieur

De l'analyse précédente et de celle qui suit, il découle que le commerce extérieur des pays africains est d'une importance considérable. Il est important, par conséquent, de chercher à savoir si n'importe lequel des pays africains est en mesure d'influencer les prix des produits qui entrent dans son commerce extérieur ; c'est-à-dire, d'influencer ses termes d'échange. Car pour des économies très dépendantes du commerce extérieur et, en particulier, pour les producteurs de matières premières, les termes d'échange sont un important déterminant du revenu réel per capita. Par ailleurs, une analyse des structures du commerce extérieur notamment les importations et exportations des pays d'Afrique subsaharienne indique que les importations d'aucun de ces pays ne sont proportionnelles à leurs exportations. La conséquence directe est qu'aucun de ceux-ci ne peut à lui seul exercer un pouvoir sur ses termes d'échange. Ce qui induit qu'une composante très importante (à savoir les prix des importations) dans le niveau des prix domestiques est déterminé par l'étranger. Donc, la capacité de n'importe quel pays africain d'influencer ses termes d'échange est réduite, par conséquent, à sa capacité d'influencer les prix de ses exportations, c'est-à-dire, d'exercer éventuellement un pouvoir de monopole, même s'il est la seule source d'offre d'une marchandise particulière. Ce qui le mettent souvent en position de subir les dictats commerciaux du système international et subissent l'imposition des prix de leurs produits destinés à l'exportation.

Cette réalité est perceptible si l'on analyse les principales exportations des pays d'Afrique subsaharienne où leurs produits sont destinés soit en Angleterre (zone sterling) ou en France (zone franc). L'organisation économique d'origine coloniale basée sur le partage et la gestion des ressources naturelles de la périphérie entre les anciennes métropoles, demeure et détermine jusqu'à ce jour le système de production dans les ex-colonies d'Afrique où l'on ne produit que selon les besoins de la métropole car, c'est vers elle que sont exportés les productions. Les pays producteurs d'Afrique n'ont pas de pouvoir autonome de décision sur leurs ressources, ils doivent à tout temps se conformer aux exigences paternalistes de l'occident, exprimées par le canal de leurs métropoles respectives. L'exploitation des ressources est rigoureusement suivie dans les ex-colonies et pour ce faire, une série des stratégies sont mobilisées notamment la mise en place des dirigeants formatés et la création au plan économique et politique des organisations spécifiques d'encadrement des productions et commerces, tel fut le cas du Commonwealth, l'OIF et autres.

Ces plateformes internationales soutiennent les politiques de création des organisations dites non-gouvernementales dans les formations sociales capitalisées (Etats) qui jouent le rôle de vigiles sur les exploitations et le commerce. L'on ne peut s'étonner par exemple que les Organisations non gouvernementales occidentales s'interfèrent et interdisent au Gouvernement République Démocratique du Congolais l'exploitation des hydrocarbures dans une partie du parc de Virunga, au nom de la seule protection des gorilles de montagnes, un projet qui pourtant, pourrait donner des moyens financiers à ce pays subsaharien pour son développement. Les véritables enjeux (économiques et politiques) servant de repoussoir pour présenter cette exploitation des ressources naturelles comme un projet naturellement irrationnel, alors que la technologie actuelle peut l'assurer sans trop bouleverser l'ordre de l'écosystème, ne seraient-elles pas au-delà de la simple protection des animaux ?

Cette vision idéale d'une économie naturelle où les « sauvages » (bon ou mauvais) animés de comportements irrationnels sont écrasés soit par la nature ou par l'occident, semble être paradoxale à toute logique de mobilisation des ressources pour le développement des pays africains. Une telle vision induirait l'idée selon laquelle certaines sociétés n'ont pas encore atteint un degré de rationalité suffisant pour prendre des décisions en matière du développement économique. Car, le sous-développement est perçu comme un retard chronologique face aux sociétés occidentales, développées, ces dernières apparaissent comme la norme, l'image de référence s'imposant à toutes les formations sociales. C'est de là que se justifie la redoutable arme de séduction utilisée : l'alignement économique des pays africains en zones économiques selon leurs origines coloniales: pays de la zone franc, pour les ex-colonies françaises ou apparentées ; et les pays de la zone sterling pour les ex-colonies britanniques.

Cette division économique de l'Afrique en zones a eu des conséquences directes tant sur l'exploitation des ressources naturelles que sur le cloisonnement du commerce extérieur et la dépendance des pays producteurs. Au plan de l'exploitation, la consolidation du contrôle d'extraction des matières premières, la régulation de la production agricole, des produits ligneux et non-ligneux par les puissances métropolitaines. Aussi, l'organisation des marchés unique (commun) permet à ces dernières d'exercer le dictat sur les prix des ressources afin d'assurer et consolider la domination des Etats. Cette nouvelle forme de colonisation apparait aux yeux des nombreux africains comme un avantage pour leurs pays et une nécessité pour leur développement. Nombreux pensent que le maintien et la consolidation du cordon ombilical avec la métropole serait indispensable pour le développement des formations sociales capitalisées. Alors qu'on réalité, elle relève des stratégies de la pérennisation du système d'exploitation économique mis en place depuis la colonisation et qui condamne les pays africains au sous-développement chronique.

Pour les pays africains, ce lien pourrait les protéger contre les risques que comporte le marché mondial, plus vaste et complexe. Ainsi, par exemple, le Nigeria, le Ghana, la Tanzanie et la Zambie pourraient avoir des pouvoirs monopolistiques plus considérables sur le marché plus étroit que constitue la zone sterling que d'être plongé dans le vaste champ du marché mondial, difficile à explorer. Cependant, cet avantage que pourraient avoir les pays africains de leurs partenaires commerciaux dominants se trouve profondément atténué par l'existence des *bulk buying agreements* ou contingentements en vertu desquels les pays africains par exemple de la zone sterling sont tenus d'importer des quantités et des valeurs minimales (selon des limites inférieures établies à l'avance) en provenance de l'Angleterre avant de chercher des fournisseurs hors de la zone sterling. Le tableau suivant illustre bien cette réalité (colonnes 3 et4 qui indiquent la position commerciale de certains pays africains du Commonwealth dans la zone sterling).

Tableau 5 : Les 20 principaux produits d'exportation de l'Afrique subsaharienne hors combustibles en 2000 (en %)

Code CTCI	Produit	Parts d'exportations	Rang [b]	Croissance de la valeur d'exportation	4 premiers pays exportateurs et leurs parts [a]
667	Perles fines, pierres gammes et similaires brutes ou travaillées	15,3	103	7,8	Botswana (67,2) Namibie (8,3) Angola (10,2) RDC (6,8)
072	Cacao	6,6	208	1,6	Cote d'Ivoire (70,3) Cameroun (7,2) Ghana (21,1) Togo (0,3)
263	Coton	5,5	193	3,1	Mali (21,7) Cote d'Ivoire (12,0) Zimbabwe (14,5) Tchad (11,7)
034	Poissons frais (vivant ou morts, réfrigérés ou congelés)	5,0	75	8,7	Namibie (31,8) Sénégal (13,6) Mauritanie (19,2) Tanzanie (9,5)
071	Café et succédanés du café	4,7	209	12	Cote d'Ivoire (25,7) Kenya (13,0) Ethiopie (21,6) Ouganda (10,6)
247	Bois brute désaubiérés ou équarris	4,0	183	3,6	Gabon (42,7) Guinée (14,6) Congo (17,0) Cameroun (8,9)
121	Tabacs bruts ou non fabriqués, déchets du tabac	3,9	192	3,1	Zimbabwe (64,4) Tanzanie (4,2) Malawi (25,3) Ouganda (2,9)
287	Minerais de métaux communs même enrichi ; n.d.a	3,8	180	3,7	Botswana (38,0) RÉPUBLIQUE DÉMOCRATIQUE DU CONGO (6,4) Guinée (34,4) Gabon (5,7)
061	Sucre, mélasse et miel	3,0	206	2,0	Maurice (38,2) Zimbabwe (16,4) Swaziland (19,4) Malawi (6,8)
248	Bois simplement travaillés et traverses en bois pour voies ferrées	2,8	139	6,4	Cote d'Ivoire (36,7) Ghana (12,6) Cameroun (35,9) Congo (4,6)

074	Thé et maté	2,5	195	3,0	Kenya (76,9) Malawi (6,0) Ouganda (6,2) Tanzanie (5,4)
057	Fruits (non compris les graines oléagineuses) frais ou secs	2,4	132	6,6	Cote d'Ivoire (34,1) Mozambique (22,3) Tanzanie (17,0) Cameroun (9,7)
036	Crustacés et mollusques frais, réfrigérés, congelés, salés en saumures ou séchés	1,9	77	8,5	Sénégal (33,1) Mozambique (22,3) Mauritanie (23,4) Angola (7,2)
840	Sous-vêtements tricotés ou crochetés	1,7	5	13,4	Maurice (69,4) Lesotho (4,0) Swaziland (17,1) Botswana (2,9)
845	Vêtements de dessus et autres articles de bonneterie, tricotés ou crochetés	1,7	50	9,7	Maurice (53,4) Swaziland (11,6) Lesotho (20,9) Botswana (5,4)
037	Préparation et conserve des poissons crustacés et mollusques, n.d. a	1,3	110	7,3	Cote d'Ivoire (33,1) Ghana (15,7) Seychelles (31,7) Maurice (9,8)
011	Viandes fraiches, réfrigérées, congelées	1,4	142	6,3	Botswana ((47,5) Soudan (10,8) Namibie (31,1) Zimbabwe (5,7)
292	Matières brutes d'origine végétale, n.d. a	1,3	110	7,3	Kenya (34,5) Soudan (10,1) Ethiopie (21,3) Zimbabwe (9,3)
684	Aluminium	1,2	83	8,4	Ghana (33,0) Kenya (2,7) Cameroun (39,0) Swaziland (1,4)
842	Vêtements dessus pour hommes, matières textiles	1,2	51	9,7	Maurice (57,9) Botswana (8,5) Lesotho (21,8) Zimbabwe (6,6)

Source : Calculs du Secrétariat de la CNUCED d'après les données de la Division des statistiques de l'ONU

a : Afrique du sud non-compris

b : Groupé sur un total de 225 produits classés par croissance de la valeurs des exportations 1980-2000
c : Taux annuel moyen de croissance au niveau mondial, 1980-2000
n.d.a : Non dénommé ailleurs

Rappelons sans insister qu'une disposition analogue existe également pour les pays africains de la zone franc vis-à-vis de la France. Les implications économiques de ces mesures imposées aux pays africains en matière de politique commerciale sont trop évidentes. Aussi, doit-on affirmer à l'instar de l'analyse du tableau ci-dessus que la position commerciale de certains pays africains de la zone sterling par rapport à l'Angleterre n'est pas toujours faible. Il ressort Par ailleurs de la composition du commerce d'exportations et d'importations des pays d'Afrique subsaharienne telle que présentée dans le tableau ci-dessus des distinctions, du côté des exportations, entre les produits agricoles et les produits d'extraction minière et du côté des importations entre les produits manufacturés et les articles non manufacturés. Tous les pays africains sont producteurs de matières premières. Beaucoup d'entre eux dépendent considérablement de produits agricoles.

Que dire des déterminants des mouvements monétaires ?

312. Déterminants des mouvements monétaires

Les engagements des banques, dont la plus grande partie constitue la circulation monétaire, ont pour contrepartie l'encaisse-or, les moyens de paiement à l'étranger et le crédit à l'État ou à l'économie privée. Ces considérations s'appliquent à l'ensemble du système bancaire, y compris l'institut d'émission. Ce sont les variations des actifs bancaires qui provoquent, en contrepartie, les fluctuations du volume des moyens de paiement. Cela est vécu en permanence par les pays d'Afrique, où l'impulsion est souvent d'origine intérieure et/ou extérieure. Les mouvements de l'or et des devises ont principalement pour cause les modifications de la balance des paiements.

Les variations du crédit dépendent des fluctuations de la demande intérieure de biens de production et de consommation. En ce qui concerne les conséquences que peuvent avoir leurs variations sur la valeur monétaire, les divers éléments des actifs bancaires n'agissent pas nécessairement de manière indépendante. Au contraire, les mouvements de l'un d'eux provoquent souvent des réactions induites qui en affectent d'autres, si bien que les conséquences de l'impulsion initiale se révèlent cumulatives à moyenne échéance. Ainsi, une inflation de crédit créé en provoquant des hausses de prix intérieurs, en affaiblissant la position des produits exportés sur les marchés mondiaux, diminue l'offre des devises, fait monter le cours des changes et détériore la valeur externe de la monnaie. Il reste, cependant, que l'impulsion initiale des mouvements monétaires peut avoir une cause caractérisée, d'origine intérieure ou extérieure. L'importance que peuvent avoir, en tant que déterminants des mouvements monétaires, les divers éléments des actifs bancaires, dépend essentiellement de la structure économique des pays en cause.

A cet égard, il importe de souligner ici les caractéristiques qui différencient les pays sous-développés des pays développés. Dans ces derniers, l'importance relative de la demande intérieure, qui en fait des économies relativement fermées, subordonne principalement les mouvements monétaires aux variations du crédit. Dans les pays développés, les variations des crédits, qui donnent l'impulsion aux mouvements monétaires, ont normalement pour origine les décisions des entrepreneurs, quant au volume de production futur, qui dépend lui-même des fluctuations de la demande. Dans les pays sous-développés, au contraire, où le marché intérieur, très peu développé, ne peut guère stimuler la production et les mouvements monétaires. Ces derniers trouvent surtout leur origine dans les fluctuations de la balance des paiements, les mouvements de la production, les capitaux et les revenus. D'où l'importance pour ces pays de la stabilité externe. La balance des paiements y joue, pour ainsi dire, le rôle « d'une pompe aspirante et foulante » : c'est-à-dire que l'offre de monnaie est liée directement aux stocks de devises. Ceci est très significatif pour les pays africains qui, dans leur majorité, sont en train de passer du stade de l'économie de subsistance au premier stade d'économie sous-développée, intégrée à l'économie internationale, pendant lequel l'économie monétaire demeure quasi exclusivement exportatrice.

La situation des pays sous-développés se caractérise d'abord par le solde négatif de la balance des services, résultant principalement du coût des transports et du paiement de revenus à l'étranger qui peut atteindre suivant les pays, 25 à 50% de la valeur des exportations. Cette partie de la balance courante est assez incompressible tant que subsiste l'état de sous-développement, et a tendance à augmenter proportionnellement l'accroissement du volume des échanges de marchandises, même quand cet accroissement est en lui-même de nature à améliorer la balance des paiements : au passif de la rubrique coûts de transport, en effet, figurent non seulement des frais afférents aux importations, mais également des charges relatives à une partie des produits exportés qui sont transportés dans la métropole ou l'ex-métropole aux frais des producteurs pour y subir un travail de transformation avant d'être expédiés au destinataire final. C'est le cas souvent dans les exportations des hydrocarbures et des minerais dans la plupart des pays, notamment en République Démocratique du Congo où les transformations extérieures des matières premières sont faites par les producteurs étrangers aux frais du pays et souvent à son absence et souvent sur base des déclarations unilatérales.

Il est important de signaler l'effondrement de l'agriculture.

3.2. Effondrement de l'Agriculture

L'agriculture demeure un élément central de l'économie. En Afrique, elle assure 30 à 50 % du PIB de la plupart des pays et représente la plus grande source de revenus et de moyens d'existence pour 70 à 80 % de la population, ainsi que d'approvisionnement alimentaire et de recettes d'exportation issues des cultures de rente. Elle constitue également une des principales sources de recettes d'exportation dont elle contribue pour 40% environ (IFPRI, 2003). Bien que les économies et la population de la région se diversifient actuellement vers d'autres activités, il est probable que l'agriculture conserve une importance centrale pour les revenus et les moyens d'existence dans un avenir proche (Fafchamps et al., 2001).

L'agriculture africaine est essentiellement dominée par les petites exploitations familiales. Mais, les performances du secteur agricole ont été particulièrement faibles car l'Afrique est l'un des rares continents où la production agricole par tête continue de chuter ces quarante dernières années. Cette baisse, estimée à 0,34% en Afrique subsaharienne, affecte fondamentalement la survie des ménages ruraux en raison de l'effritement des revenus et accentue le déficit vivrier (*Dia A.T et Fall. A.S.*, 2005). Cependant, ce tableau cache beaucoup de disparités car dans certaines parties de l'Afrique, les exploitations familiales ont su maintenir voire même améliorer la production alimentaire grâce à la mise en place de stratégies d'adaptations et de diversification efficaces.

L'agriculture africaine présente trois principales caractéristiques qui fonctionnent en contradiction avec les fondamentaux de l'agriculture occidentale : une agriculture familiale de petite taille, une agriculture vivrière, une agriculture extensive.

Je parle de l'agriculture familiale, vivrière et des rentes, de l'agriculture extensive et intensive.

321 Agriculture familiale

L'agriculture familiale est largement majoritaire dans le monde. L'écrasante majorité des agriculteurs du monde demeurent *"familiaux"* au sens où leur activité économique est structurellement liée à leur famille. Ce lien, au-delà de la très large diversité de taille, de système de production, d'insertion au marché, de niveau technologique et de capital, conditionne le processus de décision, l'organisation du travail, la gestion des activités et des facteurs de production et la transmission du patrimoine. A l'échelle mondiale, les plus de 800 millions de petits producteurs suivent la logique familiale d'exploitation, emploient l'écrasante majorité des 1,3 milliards d'actifs agricoles et font constamment la preuve de leur capacité à évoluer. L'Afrique subsaharienne demeure jusqu'à ce jour le berceau des exploitations agricoles organisées sur la base du système social lignager. Cette agriculture familiale ou communautaire qui occupe environs un demi-milliard des personnes se caractérise par l'étroitesse des liens entre activités sociales et économique. Elle est pratiquée sur des petite surfaces variables entre 0,5 et 2 hectares de terre et assure plus de 90% de la production agricole dans la plupart des économies des pays de cette partie d'Afrique.

❖ *Qu'est-ce que l'agriculture familiale ?*

Il s'agit de l'un de ces phénomènes que les sociétés occidentales ont de plus en plus de mal à comprendre. Plusieurs raisons expliquent cette situation. L'une d'entre elles est que l'agriculture familiale est aux antipodes de la logique bureaucratique, des protocoles formalisés et de la logique industrielle qui dominent de plus en plus nos sociétés. Cela fait de l'agriculture familiale quelque chose que l'on perçoit d'une part comme archaïque et anarchique, tout en se révélant comme quelque chose d'attrayant et de séduisant. Il est également difficile de saisir et de comprendre l'agriculture familiale car il s'agit, fondamentalement, d'un phénomène complexe, multidimensionnel et à plusieurs niveaux. Nous essayons d'identifier ci-dessous dix qualités de l'agriculture familiale. Ces qualités ne sont pas toujours présentes en même temps dans chaque situation particulière. La chose la plus importante à retenir est que la réalité des exploitations familiales est beaucoup plus riche que les deux seuls aspects les plus souvent utilisés pour les décrire, à savoir que l'exploitation est détenue par la famille et que le travail est effectué par les membres de la famille. Lorsque l'on parle d'agriculture familiale, il ne s'agit pas uniquement de la taille de l'exploitation, à l'instar de l'agriculture à petite échelle ; il s'agit davantage de la façon dont les gens pratiquent l'agriculture et vivent. C'est en cela que l'agriculture familiale est un mode de vie.

Le terme *agriculture familiale* couvre un vaste éventail de situations souvent très différentes. Ainsi, certains auteurs conseillent fortement d'utiliser le terme au pluriel (agricultures familiales) pour démontrer la diversité des systèmes et contextes examinés (*Belières et al.*, 2002). L'agriculture familiale présente en son sein les dix qualités suivantes : *La famille exploitante contrôle les principales ressources* (1) qui sont utilisées dans l'exploitation. Il s'agit notamment de la terre, du bétail, des cultures, du matériel génétique, de la maison, des bâtiments, des équipements et, de manière plus générale, du savoir-faire qui indique comment combiner et utiliser l'ensemble de ces ressources. Les autres ressources, tout aussi importantes, sont l'accès aux réseaux et aux marchés, ainsi que la copropriété que procurent les coopératives. Les exploitants familiaux utilisent ces ressources non point pour faire des bénéfices mais pour vivre ; obtenir un revenu qui leur procure une vie décente et, si possible, la possibilité d'investir en vue de développer l'exploitation davantage. Cela s'applique même si l'exploitation utilise des équipements ou systèmes d'irrigation et de terrasses coûteux que les agriculteurs ont eux-mêmes construits.

Dans ce cas en effet, l'exploitation familiale est le *lieu où la famille fournit l'essentiel de la main-d'œuvre* (2). Cela fait de l'exploitation un lieu d'auto-emploi et de progrès pour la famille. C'est par leur dévouement, leur passion et leur dur labeur que l'exploitation connaît un développement plus important et que la famille enregistre une amélioration de ses moyens de subsistance. L'exploitation doit satisfaire aux nombreux besoins de la famille alors que cette dernière fournit à l'exploitation opportunités, moyens mais aussi limites. Ce *lien entre la famille et l'exploitation* (3) est au centre des nombreuses décisions relatives au développement de l'exploitation. Chaque exploitation spécifique a ses propres équilibres particuliers à assurer, par exemple entre les bouches à nourrir et les bras requis pour faire le travail. Ces équilibres lient famille et exploitation et font de chaque exploitation familiale une collectivité exceptionnelle. Mais, il ne s'agit pas uniquement de propriété et de main-d'œuvre.

Les exploitations familiales *fournissent à la famille exploitante une partie (ou l'ensemble) de son revenu et de sa nourriture* (4). Pour tous les agriculteurs du monde, il devient de plus en plus important de maîtriser la qualité des denrées alimentaires produites sur place (et de s'assurer qu'elles ne sont pas contaminées) (Deo Sumaj). Toutefois, l'exploitation familiale ne se limite pas à un lieu de production. C'est *un foyer pour la famille* exploitante (5). C'est l'espace auquel elle appartient, tout autant que l'endroit qui lui sert d'abri. C'est l'endroit où vit la famille et où les enfants grandissent. La famille exploitante fait partie d'un flux qui *relie le passé, le présent et le futur* (6). Cela signifie que chaque exploitation a une histoire, elle est remplie de souvenirs. Cela signifie aussi que les parents travaillent pour leurs enfants. Ils veulent donner à la prochaine génération un point de départ solide dans ou hors du secteur de l'agriculture. L'exploitation étant le fruit du travail et du dévouement des générations présente et antérieure, la fierté est souvent de mise. Et la colère aussi si d'autres tentent d'endommager ou même détruire l'exploitation construite conjointement.

L'exploitation familiale est le *lieu d'accumulation des expériences* (7), de l'apprentissage et de la transmission du savoir à la génération suivante, de manière discrète mais ferme (Bishop). L'exploitation familiale représente souvent un nœud dans des réseaux plus élargis qui font circuler de nouvelles idées, pratiques, graines, etc. L'exploitation familiale n'est pas seulement une entreprise économique axée principalement, ou uniquement, sur le profit, mais un lieu où la continuité et la culture sont d'importance. L'exploitation familiale fait partie d'une communauté rurale élargie et parfois de réseaux qui s'étendent jusque dans les villes. En tant que telle, l'exploitation familiale est le lieu où la culture se vit et se préserve, tout comme elle peut être *un lieu d'héritage culturel* (8).La famille et l'exploitation font aussi *partie de l'économie rurale élargie* (9), elles sont liées à la localité et portent les codes culturels de la communauté. Ainsi, les exploitations familiales peuvent renforcer l'économie rurale locale car c'est là qu'elles achètent, dépensent et entreprennent d'autres activités.

De même, l'exploitation familiale fait *partie d'un paysage rural plus élargi* (10). Plutôt que de la contrarier, l'exploitation peut travailler en harmonie avec la nature en utilisant les processus et équilibres écologiques au lieu de les perturber, préservant ainsi la beauté des paysages. Lorsque l'exploitation familiale travaille en harmonie avec la nature, elle participe aussi à la conservation de la diversité biologique et à la lutte contre le réchauffement climatique. L'exploitation familiale est une institution qui attire car elle permet une certaine autonomie. Elle incarne une "double liberté" : liberté par rapport à une exploitation externe directe et liberté de faire les choses comme on l'entend. Conformément à cette ligne d'action, le travail suppose une interaction permanente avec la nature vivante, une caractéristique à laquelle les acteurs concernés accordent une grande valeur. Elle représente une unité directe du travail manuel et du travail intellectuel, du travail et de la vie, et de la production et du développement. C'est une institution qui peut continuer de produire dans un environnement capitaliste hostile, tout comme les bactéries anaérobies peuvent survivre dans un environnement dépourvu d'oxygène (métaphore à Raúl Paz d'Argentine).

❖ *Comment s'organise-t-elle et quelles sont ses caractéristiques ?*

L'organisation et la pratique des systèmes agricoles varient fortement selon les zones agroécologiques, les pays, ainsi que les différents groupes socioculturels. En dépit de cette diversité, il existe certaines caractéristiques clés propres à l'agriculture familiale, liées au rapport particulier entre la structure et la composition du ménage, ainsi que les biens et activités agricoles qui y sont associés. Ce rapport influe fortement sur la manière dont les décisions sont prises concernant le choix des cultures, l'organisation de la main-d'œuvre familiale et sa répartition pour les différentes tâches, la gestion des terres et autres biens agricoles.

Les exploitations familiales se caractérisent en outre par un ensemble d'activités impliquant diverses productions végétales et animales, la pêche, la chasse et la cueillette, le commerce et l'artisanat, de même que la migration saisonnière ou à plus long terme (*Zoundi*, 2003). Au sein de l'exploitation familiale, l'accès aux terres et aux biens agricoles s'acquiert généralement par héritage ou autres arrangements sociaux, tels que des prêts. Il importe donc d'éviter de voir l'exploitation familiale comme une unité économique isolée, uniquement dédiée à l'agriculture et dépendant exclusivement de ses propres ressources. L'agriculture d'exploitation familiale offre plusieurs avantages dont notamment : l'auto-emploi, la gestion directe du risque alimentaire par l'autoconsommation, l'absence du coût de transactions, la connaissance intime du milieu naturel, le contrôle des ressources par les familles exploitantes (la terre, les cultures, le matériel, le savoir-faire, qui indique comment combiner et utiliser l'ensemble de ces ressources, etc.).

Cette agriculture africaine est fortement vulnérable tant aux conditions de marché qu'aux aléas climatiques. Les exploitants familiaux utilisent ces ressources non point pour faire des bénéfices mais pour vivre ;

obtenir un revenu qui leur procure une vie décente et, si possible, la possibilité d'investir en vue de développer davantage l'exploitation. Cela s'applique même si l'exploitation utilise des équipements ou systèmes d'irrigation et de terrasses coûteux que les agriculteurs ont eux-mêmes construits. Dans ce cas en effet, l'exploitation familiale est le lieu où la famille fournit l'essentiel de la main-d'œuvre. Cela fait de l'exploitation un lieu d'auto-emploi et de progrès pour la famille. C'est par leur dévouement, leur passion et leur dur labeur que l'exploitation connaît un développement plus important et que la famille enregistre une amélioration de ses moyens de subsistance.

Dans la plupart des régions d'Afrique, la production agricole repose sur la main-d'œuvre familiale qui, bien que souvent non rémunérée, possède l'assurance d'une contrepartie sous forme de droits et des avantages à plus long terme. Ceci procure un avantage compétitif certain par rapport à l'agriculture commerciale, car c'est durant les périodes de crise (sécheresse, inondations, autres calamités) où le rendement du travail reste particulièrement faible, que la main d'œuvre familiale reste le plus disponible et le plus engagé, malgré un faible niveau de « rémunération » de son effort. En outre, étant une partie du système, les travailleurs familiaux ont un degré de motivation généralement plus élevé que celui d'un salarié agricole (*Djulfeldt*. 2005).

Dans ce système d'exploitation familiale, les femmes jouent un rôle déterminant du point de vue de la main-d'œuvre et de la production, car elles travaillent et sont occupées durant le ¾ des saisons agricoles, même si dans le système africain de redistribution des ressources, elles n'ont pas généralement accès à la richesse et sont exclues, à cause des cultures qui ne leur assignent que le rôle de la main-d'œuvre. La plupart des cultures africaines (normes sociales et religieuses) soutiennent que par la dot, les femmes sont mariées pour enrichir les maris et leurs familles. Dans cette perspective, elles agissent tant dans la procréation en vue de perpétuer les noms que dans la production des richesses. Cette conception qui conduit au déséquilibre dans la redistribution des ressources issues de la production agricole entre les hommes et les femmes en milieux africains, génère dans certains cas des pertes de production. Alors que certaines études affirment que la productivité agricole augmenterait de 6 à 20% si l'on redistribuait les ressources de façon équitable entre les hommes et les femmes (forces productives).

Un Rapport de la Banque mondiale sur le développement en Afrique affirme qu'au Burkina Faso, au Cameroun et au Kenya, les familles pourraient augmenter le rendement de leurs fermes de 20% si les femmes avaient autant de pouvoir que les hommes sur la gestion des ressources et des revenus. Car, en garantissant l'accès égal tant aux hommes qu'aux femmes aux ressources foncières, à l'investissement et aux revenus agricoles, on rend l'économie encore plus efficace et en assure la participation de tous au développement.

L'énorme déséquilibre quant en la possession des biens qui poursuit les femmes africaines tout au long de la vie, affecte leur autonomie et leur pouvoir de décision dans la production des biens économiques. Ceci soulève la préoccupation de tout temps sur l'influence qu'exécrerait l'égalité des sexes sur la croissance économique en milieux africains. Il s'agit de savoir si la relation entre l'égalité des sexes et le développement est-elle positive. Partant de la vérification des facteurs tels que le revenu initial (*revenu per capita*), la croissance de la population, les inégalités sur le plan de l'éducation et l'ouverture à l'économie mondiale, Klasen (1999) découvre que la portion féminine de la population active dans le secteur structuré est en corrélation positive, statistiquement et économiquement, avec la croissance économique. Toutefois, on remarque que ce système subit des transformations de plus en plus profondes, consécutives à l'évolution des valeurs socio-culturelles renforcée par une ouverture de plus en plus marquée du milieu rural vers l'extérieur, à la pression économique, et à l'éclatement des grandes concessions familiales et des centres de décisions.

Contrairement aux entreprises commerciales, les exploitations familiales tendent à posséder des superficies de terres relativement réduites. Au Ghana par exemple, une étude de 1997 a révélé la présence de 800.000 petits cultivateurs de cacao possédant une superficie agricole moyenne de 3 hectares, dont 60 % avaient moins de 2 hectares et 80 % moins de 4 hectares (*Owusu*, 2002). Au Bénin, la taille des exploitations agricoles est de 3,3 hectares en moyenne (Minot et al., 2001). Au Mali, le coton est cultivé par plus de 200 000 ménages agricoles de 15 personnes en moyenne, qui cultivent 10 hectares. La primauté de la consommation sur la commercialisation subit toutefois des changements dans de nombreuses régions face aux besoins financiers grandissants, ce qui entraîne des réorientations importantes de la manière dont les terres et la main-d'œuvre se distribuent entre cultures vivrières et de rente. De même, les céréales constituent des cultures de rente importantes pour certains agriculteurs, tout en couvrant les besoins alimentaires du ménage.

Tableau 6 : Comparaison entre exploitations familiales et agriculture commerciale

Caractéristiques	Exploitations familiales	Agriculture commerciale
Rôle de la main-d'œuvre du ménage	Important	Faible ou nul
Liens communautaires	Forts : fondés sur la solidarité et l'entraide entre ménage et groupe plus large	Faible : souvent aucune connexion sociale entre entrepreneur et communauté locale
Objectifs prioritaires	Consommer Stocker Vendre	Vendre Acheter Consommer
Diversification	Forte : pour réduire l'exposition aux risques	Faible : spécialisation dans cultures et activités très limitées
Flexibilité	Forte	Faible
Taille de l'exploitation	Réduite : 5 à 10 ha en moyenne	Grande : peut excéder 100 ha
Liens avec le marché	Faibles : mais grandissants	Forts
Accès aux terres	Par héritage et arrangements sociaux	Assez souvent par achat

Source : Toulmin C.et Guèye B., 2003

Par ailleurs, au-delà des rationalités qui commandent l'organisation des exploitations agricoles familiales africaines, notamment : le système social lignager qui assure aux groupes familiaux la mission de la nutrition de ses membres par sa propre production, le rôle de la main-d'œuvre familiale, la culture extensive, les décisions économiques tant en ce qui concerne la production que la consommation, l'ordre social traditionnel et la division sexuée du travail agricole, l'on note que les exploitations familiales sont en outre caractérisées à la fois par leur *dynamisme* et leur *viabilité économique*. Ces deux dernières caractéristiques assurent à l'agriculture africaine des perspectives qui confortent leur passage de la vulnérabilité à la résilience.

❖ *Dynamisme des exploitations agricoles familiales*

Malgré les différents obstacles (conditions écologiques, commerce international, évolution socio-culturel, ajustement structurel, dévaluation, etc.) auxquels elles font face, les exploitations agricoles familiales africaines sont caractérisées par une très grande résilience qui repose sur plusieurs facteurs : Un portefeuille d'activités diversifiées. Les stratégies développées reposent sur la diversification qui associe des activités agricoles et des activités non agricoles moins dépendantes des facteurs climatiques. Une telle stratégie permet d'anticiper les conséquences d'une fluctuation des facteurs climatiques, de faire face à la saisonnalité des revenus agricoles, et de limiter les risques liés à une forte dépendance sur le marché en privilégiant une association équilibrée entre cultures commerciales et cultures tournées vers la satisfaction des besoins alimentaires.

Une *grande flexibilité et une capacité solide d'adaptation*. Les exploitations familiales font preuve d'une capacité d'adaptation au stress particulièrement élevé. Contrairement aux exploitations agro-industrielles généralement bâties sur des options technologiques souvent rigides et fortement dépendantes des systèmes de financement agricole, les exploitations familiales ont su mettre en place des systèmes d'organisation qui leur permettent d'opérer les ajustements nécessaires dans la combinaison de leurs différents facteurs de production pour répondre à des situations inattendues, voire saisir des opportunités qu'offrent le marché.

Un *ancrage communautaire fort*. Les exploitations familiales s'appuient sur un système complexe de transactions sociales qui renvoient à des droits et obligations mutuels entre chaque membre de la famille et le reste du groupe. L'entretien et l'investissement dans ces réseaux assis sur des valeurs de solidarité et d'entraide, constituent un élément important de la stratégie des ménages, car ils peuvent offrir un filet de sécurité de premier plan en cas de crise. C'est d'ailleurs dans ce cadre, qu'il faut situer l'émergence durant la grande période de sécheresse de 1972, du mouvement associatif paysan en Afrique de l'Ouest, renforcé, il est vrai par une absence notoire de capacités de réponses solides des Etats face à cette grande crise. Au sein même des familles africaines, il est difficile de vérifier les conclusions de certaines études qui affirment dans le cadre du développement que la pauvreté en Afrique frappe plus les femmes que les hommes.

Certaines études féministes reconnues récentes et corroborées par d'autres sur la pauvreté en Afrique, affirment que 70% des personnes pauvres dans le monde sont des femmes. Nous sommes peu renseignés quant au nombre des femmes et des hommes vivant dans la pauvreté en Afrique, que le calcul soit basé sur le revenu ou sur la consommation. Parce qu'il n'existe pas des mesures adéquates permettant d'évaluer avec exactitude le bien-être relatif des hommes et des femmes. L'indice de pauvreté (ou de bien-être) le plus communément utilisé demeure celui de la consommation. Mais, la plupart des sondages effectués dans les foyers des milieux africains et d'ailleurs recueillent des informations sur l'ensemble de la famille ou du foyer, peut-être rarement sur les individus. Ils nous renseignent sur le foyer en tant que facteur de base de l'économie, tout en soulignant combien il est compliqué de mesurer la consommation de chaque individu. Ceci apparait dans l'exploitation agricole familiale comme un élément conciliant dans le déséquilibre tant relevé par plusieurs études. Car, dans le mode de production agricole vivrière, la grande partie des ressources sont à disposition de toute la famille et la consommation est commune. Il s'avère alors très difficile de déterminer les utilisateurs spécifiques. D'où la difficulté d'établir des comparaisons au sujet de la consommation respective des femmes et des hommes dans les foyers africains où prédominent aux côtés des normes sociales et religieuses, les règles de solidarité.

Aujourd'hui les mécanismes de solidarité se sont non seulement diversifiés mais ont également connu un degré de complexification et d'organisation plus poussé. Les différentes formes de « mutualisme » axées sur la fourniture de crédits, la généralisation des groupements à vocation économique, les caisses de solidarité, les banques céréalières ou de semences, constituent autant d'instruments pour réduire la vulnérabilité des ménages ruraux. Une *intégration de plusieurs objectifs*. Au plan économique, on note une forte intégration de diverses activités qui concourent à la satisfaction de besoins immédiats et lointains organisés suivant une certaine hiérarchie : consommer d'abord, stocker ensuite avant de vendre même si dans la réalité le système ne garde pas un caractère aussi linéaire.

De *solides capacités d'innovation et un souci affirmé de conservations des ressources naturelles locales*. Les exploitations familiales dépendent essentiellement des ressources naturelles locales pour leur survie. Il serait donc erroné de penser qu'elles développent de façon délibérée des pratiques destructrices de l'environnement. Plusieurs exemples en Afrique de l'Ouest peuvent être cités pour illustrer les capacités d'innovation et le souci de préservation des ressources naturelles de la part des exploitations familiales. Le plateau central du Burkina Faso, avec une pluviométrie de 500 à 700 mm, était considéré en 1980 comme la zone la plus dégradée du Burkina Faso. La végétation disparaissait rapidement, les rendements céréaliers étaient en moyenne de 400 à 500 kg par hectare, le niveau de la nappe phréatique baissait rapidement, tandis qu'entre 1975 et 1985, jusqu'à 25 % des familles ont quitté les villages pour s'installer dans des régions à meilleur potentiel.

Le perfectionnement des méthodes de conservation des sols et de l'eau (CSE) au cours des 15-20 dernières années a contribué à remédier à certaines de ces difficultés et a entraîné d'importantes améliorations, notamment : les rendements du sorgho et du mil ont augmenté sensiblement et la sécurité alimentaire des ménages s'est améliorée ; le processus de dégradation de la végétation a été stoppé dans les parcelles cultivées où les techniques de conservation des sols et de l'eau ont été adoptées (plus de 100 000 ha réhabilités). Dans la province de Bam les rendements céréaliers ont augmenté de 50 %. Si l'on compare les villages avec et sans projets CSE, il apparaît clairement que l'introduction d'une CSE à faible coût, réduisant les risques et renforçant la productivité, a fortement contribué à déclencher l'intensification agricole et l'amélioration de l'environnement. Dans la zone de Maradi-Kano, malgré une augmentation considérable de la population au cours des dernières décennies, l'adoption de pratiques agricoles basées sur l'intensification a non seulement permis d'améliorer la fertilité des sols mais a également contribué à accroître la productivité et la production agricoles. De façon encore plus répandue, les conventions locales qui sont des formes de règles et d'institutions locales mises en œuvre par les populations pour renforcer les capacités productives de l'environnement et sa gestion durable sont devenues des pratiques répandues à travers tout le Sahel (*Tall SM et Guèye B,* 2003 ; *Djiré M.,* 2004).

L'effectif de la population constitue *un atout de taille*. Les capacités de diversification et d'adaptation dépendent en grande partie de la taille de la population de l'exploitation. Plusieurs études (*Djulfeldt*, 2005 ; *Toulmin et Guèye*, 2003, *Mortiomre*, 2003) ont montré que le degré de vulnérabilité des exploitations était souvent fortement corrélé avec le faible effectif de la main d'œuvre. En effet, en l'absence d'un niveau convenable de mécanisation, la faiblesse de la main d'œuvre limite l'importance des superficies cultivées ainsi que les possibilités de diversification. En conséquence, les familles nucléaires sont souvent beaucoup plus vulnérables aux risques et ne peuvent bénéficier des économies d'échelle en matière de production, d'investissement et de diversification des revenus (*Toulmin*, 1992).

L'exploitation doit satisfaire aux nombreux besoins de la famille alors que cette dernière fournit à l'exploitation opportunités, moyens mais aussi limites. Ce lien entre la famille et l'exploitation est au centre des nombreuses décisions relatives au développement de l'exploitation. Chaque exploitation spécifique a ses propres équilibres particuliers à assurer, par exemple entre les bouches à nourrir et les bras requis pour faire le travail. Ces équilibres lient famille et exploitation et font de chaque exploitation familiale une collectivité exceptionnelle.

- *La viabilité économique des exploitations familiales*

Malgré un tableau d'ensemble sur l'agriculture africaine assez pessimiste, on remarque de façon générale, que certaines productions vivrières ont connu au cours des 40 dernières une augmentation considérable. Mais, les performances ont été très variées d'un pays à un autre. Ces différences tiennent davantage aux politiques adoptées durant la période considérée. Alors que pour le Niger, la forte baisse de la production céréalière par tête tient davantage à une installation quasi chronique de conditions écologiques extrêmement défavorables, au Sénégal l'option prise par les pouvoirs publics depuis l'indépendance, de favoriser l'importation du riz bon marché pour satisfaire les consommateurs urbains s'est faite au détriment de la production céréalière locale.

Tableau 7 : Evolution de la production par habitant des principales cultures vivrières dans quelques pays africains pour les périodes de 1961 à 1999 (en %)

Pays	Cultures céréalières	Racines comestibles et cultures forestières	Evolution
Ghana			
	Riz, maïs,	Manioc, igname,	+ 59,8
Nigeria	millet, sorgho	plantain	+ 66,3
	Riz, maïs,		- 1,2
Mali	millet, sorgho	Manioc, igname,	+ 76,3
		plantain	
Niger	Riz, maïs,		- 2,6
	millet, sorgho		
Côte-d'Ivoire	Riz, millet, doliques		- 24,2
			+ 131,2
Sénégal	Riz, maïs, millet	Manioc, igname,	+ 30,5
		banane, plantain	- 28,5
	Riz, maïs,		- 41,2
	millet, sorgho	Doliques	+ 33,3

Source : Gueye Bara (2014)

Cependant d'autres facteurs ont également eu une incidence sur l'évolution de l'agriculture familiale au cours des quatre dernières décennies. Premièrement, l'accroissement constant de la population (environ 2,8% par an) a eu pour conséquence une augmentation de la demande en terres (au Ghana les superficies cultivées sont passées de 14,5% à 25,5% du territoire national entre 1961 et 1999 alors qu'en Côte d'Ivoire, durant la même période les taux sont respectivement 8,5% et 23,5% (*Mortimore*, 2003), ce qui s'est traduit dans certains cas par des migrations qui, en plus d'augmenter la pression foncière se sont souvent traduites par des conflits.

Par ailleurs la pression démographique conduit à une diminution de la superficie cultivée par tête d'habitants. Dans la zone de l'office du Niger par exemple, la superficie par personne cultivée en riz d'hivernage est passée de 0,38 ha à 0,22 ha entre 1987 et 1999 (*Bélières et al.*, 2002). Aussi, la raréfaction des terres arables due à l'accélération de la désertification ou les perturbations des saisons, consécutive au changement climatique a renforcé la vulnérabilité des exploitations familiales les plus pauvres et de certaines catégories d'acteurs pour qui l'accès à la terre est devenu plus difficile. Les conséquences d'une telle situation sont quelquefois dramatiques car ayant poussé plusieurs exploitations familiales peu pourvues en ressources à une décapitalisation progressive et à un recyclage dans d'autres activités ou comme ouvriers agricoles. Un tel phénomène est assez courant dans les zones péri-urbaines à haut potentiel agricole où, la croissance des villes créée des situations d'insécurité foncière pour beaucoup de petits producteurs familiaux, du fait d'une part de l'empiétement progressif des périmètres urbains sur les terroirs villageois, mais également de la forte compétition pour l'accès aux terres agricoles qui se raréfient de plus en plus. Les effets à long terme des politiques d'ajustement structurels et des dévaluations successives des monnaies sont aussi à relever parmi les facteurs déstructurant ou les défis à relever.

Quoi qu'il en soit, les exploitations agricoles familiales sont appelées à engager une bataille technologique. En effet, en poussant toujours plus loin les frontières de l'innovation, la technologie permet de réduire les coûts de production, d'augmenter la productivité et ainsi maintenir les prix à des niveaux toujours plus bas, ce qui incite à davantage innover pour pouvoir se maintenir dans le système (*Ugarte D.*, 2005). C'est la raison pour laquelle, parallèlement à la lutte pour l'instauration d'un système commercial plus équitable, les exploitations familiales africaines sont condamnées à engager une bataille technologique tout aussi importante pour rester compétitives. Il est toutefois évident, qu'elles ne pourront mener cette bataille seule, car l'amélioration des technologies dépend en grande partie de l'environnement institutionnel et politique. Dans ce cadre, il est important que les Etats africains mettent en place des politiques et des programmes qui appuient la mise en place de technologies adaptées pour l'amélioration de la fertilité des sols, sécurisent le foncier rural, facilitent l'accès aux marchés, aux intrants et aux équipements mais également que des institutions et des infrastructures pouvant réduire les coûts de production soient mises en place.

Le défi technologique concerne également la nécessité d'augmenter la valeur ajoutée des produits exportés en privilégiant leur transformation sur place. Il faut cependant souligner qu'au cours des dernières années, les investissements en faveur de l'agriculture n'ont cessé de diminuer. En effet, les apports financiers internationaux destinés au développement agricole ont reculé de près de 40% entre 1988 et 1998. Environ 12% seulement de l'APD totale sont consacrés au développement agricole (*FIDA*, 2001). La prise en compte de ce défi passe par conséquent par une augmentation de la part du budget national alloué à l'agriculture tel que l'ont réclamé les organisations paysannes dd l'Afrique de l'Ouest lors du forum du Dakar Agricole (minimum de 10% du budget national à allouer l'agriculture). Mais plus que le montant qui sera alloué, c'est la répartition équitable entre les différentes filières et sous-secteurs qui s'avèrera encore plus critique.

Un autre défi à relever pour la viabilité de l'agriculture familiale africaine c'est celui de l'organisation. La dispersion des producteurs en micro-entités renforce leur vulnérabilité. Il est indispensable pour les exploitations familiales de se doter d'organisations fortes, capables de négocier, de formuler une vision, de dissuader les jeunes générations à entrevoir leur avenir dans l'agriculture et d'influencer les politiques agricoles. Aujourd'hui, le rêve des jeunes générations est plutôt tourné vers l'exploitation des nouvelles sources de revenus en dehors du secteur agricole. Cette tendance se renforce d'autant plus que les valeurs de solidarité qui constituaient le socle des agricultures familiales se trouvent de plus en plus mises à rude épreuve à cause certainement de la globalisation des économies et des cultures. Ainsi, quelles sont les stratégies à mettre en place pour rendre l'activité agricole plus attractive ? Quelles politiques faut-il inventer pour améliorer les opportunités d'emploi en milieu rural ? Constituent autant de questions auxquelles les organisations de producteurs et les Etats africains devront essayer de trouver des réponses pour faire face à ce défi.

Enfin, la question de l'intégration commerciale. Celle-ci porte sur la capacité des producteurs africains à cibler en priorité la création et la consolidation des marchés sous régionaux et régionaux davantage bâtis sur la complémentarité que sur la compétition des économies nationales. Les commerces agricoles intra régionaux restent particulièrement faibles du fait de l'absence d'infrastructures, d'institutions et de politiques viables. Or la nécessité de bâtir des cercles commerciaux concentriques partant du niveau national vers le niveau international en passant par les échelles sous régionales et régionales est d'autant plus urgente qu'un marché régional potentiel existe pour certains produits qui font l'objet d'importations sur le marché international (mais, riz, viande entre autres). La mise en place des programmes du NEPAD devrait à terme contribuer à prendre en charge la question des infrastructures.

La principale critique formulée à l'encontre de l'agriculture familiale africaine tient à la double incapacité des économies de cette région à réduire leur dépendance envers les importations de produits alimentaires et à maintenir leurs exportations en constante augmentation. Cette situation résulte cependant davantage des politiques nationales inadaptées (le Nigeria et le Niger s'étant à un moment donné tournés vers le pétrole et l'uranium pour obtenir des devises, et le Sénégal ayant plutôt favorisé l'importation du riz à bon marché, la République Démocratique du Congo (récemment) sur les minerais et les hydrocarbures), que de l'incapacité structurelle des exploitations familiales.

La dichotomie entre ces deux formes d'agriculture est d'autant plus artificielle que leur différence tient davantage à leur organisation (rôle de la main d'œuvre familiale, degré d'ancrage communautaire, système de transmission des ressources d'une génération à une autre, etc.) qu'à leur degré d'ouverture au marché et leur capacité de répondre aux incitations économiques. L'expérience a déjà montré que les petits producteurs africains sont des agents économiques qui sont disposés à investir de façon importante dans l'agriculture si les conditions à la fois politiques, techniques et institutionnelles (accès aux crédits, sécurité foncière, marché, infrastructures, etc.) sont réunies. C'est la raison pour laquelle, le lien entre l'agriculture familiale et l'agriculture commerciale doit davantage être perçu sous l'angle de la complémentarité que de l'exclusion.

Pour des raisons qui tiennent à la fois du bon sens politique et de la logique économique, il est difficile voire impossible d'entrevoir le développement viable du secteur agricole en Afrique sans s'appuyer sur les exploitations familiales qui doivent en constituer le moteur. Il est en effet irréaliste et inéquitable de vouloir exclure plus de 60% des acteurs dudit secteur dans le choix et la mise en œuvre des options en matière de développement agricole. Toutefois, pour que l'agriculture familiale puisse jouer pleinement son rôle de moteur du développement de l'agriculture et de la croissance économique des pays de la région, la mise en place de politiques nationales et régionales axées sur le renforcement des exploitations familiales est nécessaire. La politique agricole vise à aborder un vaste éventail d'objectifs, tels qu'accroître la productivité agricole et contribuer à la sécurité alimentaire, réduire la pauvreté et améliorer les moyens d'existence des producteurs ruraux, augmenter les capacités à rivaliser avec les produits agricoles importés, diversifier les exportations agricoles, gérer l'exploitation durable des ressource naturelles (sols, eau, forêts, pacage) dont l'agriculture dépend, ainsi qu'assurer un mode de développement équilibré sur l'ensemble du territoire national.

La baisse de la performance du secteur agricole tient en grande partie à son faible niveau de développement technologique constaté au cours des quarante dernières années. En effet, l'*"ajustement structurel"*, imposé dans les années 80 aux pays les moins avancés, a impliqué le retrait de l'Etat du secteur agricole. En Afrique subsaharienne, ce traitement de choc, a tué dans l'œuf les quelques dynamiques d'intensification et exposé brutalement les agriculteurs à la concurrence globale de produits venant de zones où les productivités du travail étaient bien plus élevées. L'impact de cette désaffection pour le secteur agricole a été énorme : dégradation des infrastructures agricoles, forte baisse de l'utilisation d'engrais, disparition des structures d'accompagnement technique, érosion des capacités de recherche, accentuation de la pauvreté rurale et de la faim... Malgré ces contraintes, les agriculteurs africains ont su résister, innover et continuer à alimenter les villes mais au prix d'une extension des surfaces cultivées, sans que le maintien de la fertilité soit durablement garanti.

Les politiques d'ajustement structurel avec le désengagement de l'Etat de la fourniture du monde rural en intrants et équipement et le renchérissement des coûts de ces derniers suite à la dévaluation successive des monnaies nationales ont eu pour effets combinés, de réduire progressivement le niveau d'équipement des paysans, la baisse des performances de l'agriculture, la désaffection des agriculteurs pour certaines cultures, la paupérisation du monde rural et l'explosion de l'exode des paysans vers les centres urbains. Au Sénégal, la chute des rendements de l'arachide de 25-30% entre 1990 et aujourd'hui, serait essentiellement due à une baisse de la qualité des semences et des programmes de distribution pas assez efficaces, ainsi que des itinéraires techniques de moins en moins bien respectés (retard dans les semis, faible utilisation d'engrais). L'une des raisons de la désaffection des paysans pour l'arachide semble donc être la suppression des services d'encadrement agricole, avec la libéralisation de la filière qui s'est traduite notamment par la suppression des subventions aux intrants et au matériel agricole, le renchérissement du crédit.

Toutefois tant que les conditions d'un commerce équitable ne seront pas créées au plan international, les efforts qui seront prises aux échelles nationales, sous-régionale et régionale pour promouvoir des politiques agricoles viables ne produiront pas les effets escomptés. De toutes évidences, les tendances agricoles pour l'horizon 2030 se présentent de la manière suivante :

- Il est peu probable que la demande de produits alimentaires de base fléchisse, étant donné les taux actuels de croissance démographique, la mondialisation des régimes et des préférences alimentaires, déterminées tant par la culture que par la pauvreté.
- Les politiques et les stratégies agricoles nationales sont d'importants facteurs qui influent sur la direction et la forme empruntées par le secteur agricole. D'autres mesures d'orientation nationales ont de fortes répercussions sur les performances futures du secteur agricole, notamment les réformes de la législation et de l'administration foncières. Les défis liés à l'environnement constituent une menace potentielle pour une croissance continue de la production agricole.

- Le niveau croissant de la pression démographique particulièrement à proximité des grandes villes, aggraveront la raréfaction des terres et l'accroissement de leur valeur.
- La composition de la production agricole africaine doit continuer à évoluer en fonction de l'émergence de nouveaux débouchés pour certains produits et du déclin des revenus procurés par d'autres produits.
- Les nouveaux créneaux peuvent offrir des alternatives prometteuses à travers des initiatives liées au commerce équitable, organique ou éthique.
- L'impact futur des marchés mondiaux sur les mesures d'incitation économiques liées à l'agriculture africaine dépendra du succès des négociations auprès de l'OMC et du désir d'améliorer les prix à la production, y compris des mesures visant à protéger le secteur agricole, le cas échéant.
- L'agriculture d'exportation a été promue comme le meilleur moyen d'échapper à la stagnation économique dans les pays africains. Mais cette stratégie est-elle rationnelle dans le contexte d'un déclin à long terme des conditions commerciales des produits tropicaux de base ? Une pression à la baisse sur les prix du marché mondial n'est-elle pas inévitable si tous les pays poursuivent la même politique d'expansion des exportations agricoles.

De ces tendances agricoles pour l'horizon 2030, découlent quelques interrogations majeures ci-après : Quelle vision les producteurs africains et les décideurs politiques ont-ils du futur de l'agriculture familiale dans un contexte de globalisation ? Et quels doivent être les principaux piliers du renforcement de la performance de l'agriculture familiale ?

En définitive, il s'agit du rôle de l'agriculture familiale comme levier indispensable pour le développement de l'emploi. *RuralStruc* rappelle l'arrivée massive des jeunes sur le marché de l'emploi en Afrique subsaharienne ; ils seront 25 millions par an en 2025, et ce sera donc près de

200 millions d'emplois qu'il faudra trouver d'ici là en zone rurale. Cette arrivée peut être une opportunité de développement ou une véritable bombe sociale, selon que ces jeunes parviennent ou non à vivre de leur revenu. Le secteur agricole, avec 65 % des actifs, sera longtemps prépondérant car les perspectives d'emploi dans les autres secteurs restent limitées. Au-delà de la production et de la sécurité alimentaire, il devra donc impérativement générer plus d'activités et de revenus et la création d'emplois doit devenir un critère incontournable des choix de développement agricole. De ce fait, représentant l'écrasante majorité de l'emploi agricole, les agricultures familiales sont incontournables, l'agriculture entrepreneuriale générant bien moins d'emplois. L'étude montre aussi, au-delà de la diversité des situations, que la pauvreté est sévère et générale : près de 80 % des ménages enquêtés ont des revenus nettement inférieurs à 2 dollars par personne et par jour. A un tel niveau de pauvreté, l'autoconsommation familiale est la seule stratégie possible.

Selon les études menées par *Ruralstruc*, trois pistes sont à privilégier : la première consiste à *Développer les marchés régionaux*. En effet, en dehors de quelques rares niches et des filières organisées à l'exportation, le petit producteur ne peut pas faire valoir un avantage comparatif dans le marché global. Les marchés des produits alimentaires au niveau régional restent les plus accessibles et bénéficient d'une demande forte et durable ; leur développement est une clé pour l'innovation et la diversification rurale, ce qui suppose des politiques très volontaristes de soutien, voire de protection.

La deuxième piste est de *Générer une diversification des revenus*. La majorité des ménages tente d'avoir une activité hors exploitation, mais le retour financier est très faible car les emplois hors agriculture sont rares et mal rémunérés et les plus pauvres n'y ont pas accès. Ils semblent condamnés à des activités de survie et bloqués dans des "*pièges à pauvreté* ", au niveau de la région ou du ménage. Pour commencer à se diversifier, les agriculteurs les plus pauvres doivent être soutenus, leurs actifs protégés, pour passer un cap et mieux faire face aux risques.

La dernière piste, c'est celle de *Réinvestir des stratégies de développement ancrées dans les territoires*. Seule une option radicale pour l'agriculture familiale pourra réduire cette pauvreté rurale et enclencher de dynamique de développement profitant au plus grand nombre. Pour accroitre les revenus agricoles, clé de la demande rurale et de l'indispensable diversification, il faut augmenter la productivité et garantir un meilleur accès aux ressources et aux marchés. Les niveaux de pauvreté rurale imposent des investissements massifs dans les biens publics que sont les infrastructures, la formation et l'innovation, le fonctionnement des marchés et l'intégration régionale. La cohérence de ces investissements doit s'appuyer sur des stratégies de développement intégrées visant explicitement la lutte contre la pauvreté. Alors qu'on a longtemps préféré des approches sectorielles peu coordonnées, il faut réinventer des démarches territorialisées et participatives, avec de véritables priorités d'actions. L'agriculture familiale, ancrée dans les territoires, pourrait alors pleinement jouer son rôle de ferment de développement.

On doit donc noter en définitive qu'il n'y a pas de modèle prêt à porter pour le développement rural tant est grande la diversité des situations, mais il y a des questions fondamentales à se poser où que l'on soit. Si on veut œuvrer pour un développement qui ne concentre pas les richesses mais qui réduise la grande pauvreté et les inégalités, et génère un grand nombre d'emplois, la priorité doit clairement être donnée aux agricultures familiales, qui a fait ses preuves partout dans le monde pour son efficacité technique et économique, son adaptabilité, sa contribution au capital social, son insertion dans des logiques territoriales, la durabilité de ses stratégies, etc. Ce choix suppose avant tout une sécurisation du foncier, avec une protection des droits d'usage, puisque ce sont ces agricultures qui sont menacées le plus souvent par les achats massifs de terres.

René Dumont, dans son célèbre livre *"l'Afrique noire est mal partie"*, posait des questions de fond sur la transformation structurelle de l'agriculture dans ce continent. Soixante années plus tard, les évolutions ont été considérables, mais certaines des questions restent d'une actualité brulante et cela donne la mesure du délaissement qu'ont vécu les populations rurales africaines. Les Nations Unies ont décidé que 2014 devrait être l'année internationale des agricultures familiales. On avait cru que ce serait l'occasion d'une réelle prise de conscience de tout ce qu'elles ont à apporter au développement, mais ceci n'est resté qu'une proclamation ancrée sur les intentions. Comme de coutume pour cette organisation mondiale, les discours ont pris de l'avance par rapport aux actes, rien n'a été traduit dans la pratique, l'agriculture familiale continue à demeurer dans le carcan de problèmes qui l'étrangle et qui l'empêche de jouer pleinement son rôle dans le développement des Etats africains.

En perspective, l'on doit noter que l'agriculture familiale est porteuse d'espoir s'agissant de nouvelles pratiques agricoles hautement productives, durables, réceptives, sensibles, novatrices et dynamiques. Vu toutes ces caractéristiques, l'agriculture familiale peut contribuer considérablement à la sécurité et à la souveraineté alimentaires. Sous des formes très variées, elle peut renforcer le développement économique par la création d'emplois et de revenus. Elle offre à de grandes franges de la société des emplois attrayants et peut contribuer considérablement à l'émancipation des groupes opprimés de la société. Elle peut aussi participer constamment au maintien de beaux paysages et de la diversité biologique. Toutefois, il pourrait s'avérer ardu de tenir toutes ces promesses comme le cas du présent, un moment où l'agriculture familiale est saignée à blanc. Lorsque les prix sont bas, les coûts élevés et que la volatilité exclut toute possibilité de planification à long terme ; lorsque l'accès aux marchés est de plus en plus bloqué et que les politiques agricoles négligent les exploitants de fermes familiales ; lorsque la terre et l'eau font de plus en plus l'objet d'accaparement par le grand capital – oui, dans ces conditions, nous constatons que les exploitants des fermes familiales ne peuvent plus apporter de contributions positives à la société. C'est pourquoi nous nous sommes retrouvés dans la situation dramatique où les terres des exploitants de fermes familiales sont inexploitées. Ou, pour utiliser un indicateur macro, que 70 % des pauvres du monde d'aujourd'hui sont des ruraux (Fatou Batta).

D 'un autre point de vue, Jan Douwe van der Ploeg soutient que des menaces internes existent aussi. Aujourd'hui, il est à la mode de parler de la "nécessité de rendre l'agriculture familiale plus commerciale". Elle doit s'orienter "vers la création de bénéfices". Certains pensent que ce serait le seul moyen de "maintenir les jeunes dans l'activité agricole". Bref, l'agriculture familiale devrait devenir moins "rurale" et plus "commerciale". Selon ce point de vue, l'agriculture familiale dans les pays d'Afrique du Sud du Sahara devra être soumise à un processus de modernisation similaire à ce qui s'est produit dans le Nord. En effet, une partie de l'agriculture européenne a évolué vers l'agriculture commerciale. Cela transforme la ferme familiale en un simple fournisseur de main-d'œuvre, en oubliant toutes les autres caractéristiques mentionnées ci-dessus. Dans la forme, ces fermes commerciales restent des exploitations familiales ; mais dans le fond, elles sont très différentes. Une différence majeure est que les « vraies » exploitations familiales grandissent et se développent surtout grâce à une gestion intelligente des ressources naturelles, économiques et humaines, et par l'apprentissage inter générations. Les fermes commerciales se développent notamment par l'absorption d'autres exploitations familiales. Cette tendance à emprunter des trajectoires commerciales est une menace interne majeure à la continuité et à la prédominance des exploitations familiales.

D'importantes contre-tendances existent aussi. Beaucoup de fermes familiales renforcent leur position et leur revenu, par exemple en suivant des principes agro écologiques, en s'engageant dans de nouvelles activités, et par la production de nouveaux produits et de nouveaux services, souvent distribués par le biais de nouveaux marchés, imbriqués. Ces nouvelles stratégies se définissent sous formes de retour au rural ou "ruralisation". Elles redonnent à l'agriculture son caractère rural tout en renforçant l'exploitation familiale (Delobel). Le retour au rural, c'est la défense et le renforcement de l'agriculture familiale. Bien que l'agriculture familiale puisse faire face à des situations fort défavorables (cas du Liberia), des conditions positives peuvent l'aider à atteindre la plénitude de son potentiel. C'est ici précisément que réside l'immense responsabilité de la politique, dans la sécurisation des droits et l'investissement dans les infrastructures, la recherche et la vulgarisation, l'éducation, les circuits de commercialisation, la sécurité sociale, la santé et beaucoup d'autres aspects, pouvant provoquer des investissements de la part des exploitants de fermes familiales eux-mêmes. Aussi, le renforcement des organisations et mouvements ruraux est aussi de la plus haute importance. Nous devons garder à l'esprit que les exploitants de fermes familiales, où qu'ils se trouvent en Afrique, tentent de trouver et de déployer de nouvelles réponses à des situations difficiles. Ainsi, l'identification d'interventions réussies, s'inspirant de pratiques originales, leur transmission à d'autres communautés et à d'autres exploitants de fermes familiales et la création de passerelles en faveur de puissants processus de changement doivent être des points importants des agendas des Etats. Chaque pas est utile, y compris chaque petit pas pour sauver l'agriculture familiale africaine, assurer la sécurité alimentaire et la nutrition.

Par ailleurs, dans l'hypothèse d'un règlement tardif de la question des subventions agricoles, quels pourraient être les scénarii de sortie de crise ? Est-il possible d'entrevoir le futur de l'agriculture africaine sans le café, le coton, l'arachide, le cacao, entre autres ? Quelles seraient les solutions alternatives ?

Il convient d'évoquer aussi l'agriculture vivrière et celle des rentes.

322 Agriculture vivrière et l'agriculture des rentes

L'agriculture vivrière occupe plus de 70% des populations d'Afrique subsaharienne. Son potentiel est colossal, mais pour l'instant largement sous-utilisé. En République Démocratique du Congo, sur 80 millions d'hectares des terres arables, seuls 9 à 10% sont actuellement cultivées. Les cultures vivrières représentent l'essentiel (80%) du PIB agricole. Mais, l'essentiel de la production de cette agriculture traditionnelle est largement destiné à l'autoconsommation et/ou à l'approvisionnement des marchés de proximité, à cause de la détérioration des infrastructures de transport et de la désorganisation des filières et des circuits de commercialisation. La production est de nos jours inférieurs à la croissance démographique, aggravant ainsi l'insécurité alimentaire, en particulier dans les zones urbaines. Ce qui occasionne un accroissement considérable des importations alimentaires (riz, maïs, arachides, huile de palme, etc.).Les cultures vivrières ne remplissent pas toutes la même fonction. Le manioc et l'igname dans les zones humides, le mil et le sorgho dans les zones sèches, servent d'abord à l'autoconsommation paysanne permanente. Le maïs est davantage prisé en période de soudure. Le riz, l'arachide et les légumineuses sont des cultures vivrières de rente. Ils servent à la fois à l'autoconsommation et à la vente en cas de surplus et de besoin en numéraire. Ils sont principalement destinés à la commercialisation.

La République Démocratique du Congo est cinquième des six grands pays producteurs de manioc au monde et deuxième en Afrique après le Nigeria. Dans ce pays d'Afrique centrale, le manioc occupe une place importante dans le système agricole. Il occupe la moitié des terres cultivables. En milieu rural, pour plus de 90% des ménages agricoles, les activités commerciales sont essentiellement basées sur les produits du manioc. Avec sa production de 15.569.138 tonnes par an, la consommation humaine du manioc en République Démocratique du Congo est la plus élevée au monde. En effet, un Congolais consomme en moyenne 453 kg de racines fraîches par an, soit 145 kg de farine de manioc. Les feuilles de manioc se placent au premier rang de tous les légumes-feuilles consommés en République Démocratique du Congo où un ménage de 7 à 8 personnes consomme près de 4 kg de feuilles de manioc par semaine. Comparativement aux racines, les feuilles de manioc sont riches en protéines (6-8 mg/g), en fer (3 mg/l00g), en calcium (200 mg/l00g), en vitamine A (10.000-13.000 UI) et vitamine C (140 mg/l00g). Cependant, malgré son importance dans l'alimentation humaine (Nourriture pour 90% de la population congolaise) et du bétail en République Démocratique du Congo, les techniques de transformation (fermentation) du manioc sont en ce jour artisanales, empiriques et rudimentaires conduisant à des produits transformés de qualités douteuses qui ne peuvent pas garantir la sécurité sanitaire des produits du manioc. En outre, le manioc constitue une source de revenu principal au niveau des ménages.

Les cultures de rente (commerciales) sont tournées vers le marché et le plus souvent vers l'exportation (palmier à l'huile, café, coton, cacao, thé, hévéa, etc.). Cette agriculture pourvoyeuse des recettes pour l'éclosion de l'industrialisation des pays africains, s'est effondrée aux années 1970 en raison d'abord des mauvaises politiques agricoles qui ont fortement amoindri les capacités techniques et managériales, puis les conflits armés qui ont affecté les principales zones de production. Pourtant, elles ont constitué pendant les premières décennies des indépendances une source importante des recettes d'exportation pour nombre de pays d'Afrique. Introduites pendant la période coloniale, cette orientation agricole a été privilégiée par les Etats africains indépendants, alors que les cultures vivrières, destinées à l'alimentation familiale, ont suscité peu d'intérêt de la part des pouvoirs publics, de l'aide internationale et de la recherche agronomique.

Il est de coutume d'établir une opposition entre l'agriculture vivrière et l'agriculture de rente, c'est-à-dire, celle tournée vers le marché. Mais, l'on a tendance à oublier dans cette opposition artificielle des cultures, que les deux sont associées pour ce qui concerne les intrants, l'utilisation des équipements, l'organisation des producteurs. Le Mali offre un exemple éloquent de cette association des cultures à travers la compagnie malienne de développement du textile (CMDT) qui associe dans les terroirs du sud du fleuve Niger et à l'Ouest dans le cercle de Kita, le coton et le maïs. L'évolution commune de ces deux productions tient à l'efficacité conjointe des engrais et de l'utilisation des techniques plus performantes. Des situations identiques d'association existent aussi dans les plantations de café et de cacao en Afrique centrale où ces derniers sont associés au manioc, aux ignames et/ou des légumineuses. Ce jeu des cultures au sein d'une même palette de productions possibles permet à la fois d'assurer la sécurité alimentaire que pour dégager les revenus monétaires.

L'agriculture extensive et intensive est l'objet des points suivants.

323 Agriculture extensive et l'agriculture intensive

Cette opposition renvoie à deux pratiques agricoles rencontrées en Afrique. L'extensification agricole consiste à produire davantage en augmentant la surface agricole utilisée, en défrichant des nouvelles terres et en mettant en valeur des fronts pionniers. Cette agriculture explique à hauteur de 80% la croissance de la production agricole des 50 dernières années. La principale critique portée à l'encontre de l'extensification est que si elle limite la consommation intrants chimiques sur un espace cultivé donné, par le défrichement et la conversion des prairies et des forêts, elle provoque en revanche une émission des gaz à effet de serre et une perte de biodiversité. L'intensification est un système de production caractérisé par un temps de travail plus intense et par l'usage plus systématique d'intrants sur une surface donnée, le but étant de maximiser la production par rapport aux facteurs de production, qu'ils s'agissent de la main-d'œuvre, du sol ou des autres moyens de production. L'intensification a un effet *land sparing*. Elle peut prendre diverses formes allant des savoir-faire paysans traditionnel, jusqu'aux moyens fournis par la technique moderne, le machinisme agricole, la sélection génétique, le drainage de sol, la culture sous terre et culture hors sol.

De toute évidence, le secteur agricole a le plus fort potentiel de croissance économique et de réduction de la pauvreté. Tout d'abord, il est intensif en main-d'œuvre. Pour ne mentionner qu'une filière, la production du café arabica requiert 450 jours de travail, soit deux emplois agricoles à temps plein à l'hectare, y compris la production et les activités en aval. C'est donc 20.000 emplois que créerait la mise en production de 10 000 hectares supplémentaires, et donc des revenus pour 160 000 personnes. En second lieu, les revenus agricoles tendent à être dépenser sur des biens et services produit localement, ce qui a un effet multiplicateur important sur l'économie locale. Enfin, la croissance de la productivité agricole réduit le prix des denrées alimentaires, fournissant ainsi des transferts invisibles à l'ensemble de la population et aux autres secteurs de l'économie. (*Chausse J.P et al.*, 2012)

L'évolution à long termes de la balance commerciale agricole des pays d'Afrique depuis leurs indépendances a subi un effet de cisaille : les exportations considérables en 1960, ont très rapidement chutées après l'indépendance et son devenus négligeables dès 1980, tandis que les importations, essentiellement de denrées alimentaires, ont augmenté de manière exponentielle pour approvisionner le marché intérieur. Cette évolution reflète l'interaction de trois forces :

- Le *déclin de la production globale*, surtout de la production commercialisée. Les producteurs, coupés des marchés, ont opté pour une stratégie d'autosubsistance alimentaire ;
- *L'effet de la démographie* sur la demande. L'augmentation géométrique des natalités n'a pas été accompagnée au même rythme d'une augmentation des productions agricoles. Ce qui créée un déséquilibre des ressources, la pauvreté et l'exode des populations jeunes vers les centres urbains, en quête de l'emploi et des meilleures conditions de vie, abandonnant ainsi l'agriculture entre les mains des femmes et des vieilles personnes dépourvues des forces de travail.
- *L'effet inhibant de la montée générale de la pauvreté sur la demande.* L'expansion à tache d'huile de la pauvreté limite l'accès aux services essentiels et aux intrants agricoles. Ce qui entraîne une baisse de la productivité agricole. Les producteurs, à l'exception de ceux situés à proximité immédiate des grands centres de consommation ont opté pour une stratégie de production d'autosubsistance, ne commercialisant que le surplus occasionnel de leur production.

L'effondrement de la production agricole est particulièrement marqué dans le secteur des cultures industrielles d'exportation dont les exploitations modernes étaient le moteur ouvrant le marché à la production villageoise et leur offrant un appui à la production. L'exemple ci-dessous de la République Démocratique du Congo est révélateur de la débâcle africaine.

Tableau 8 : Exportations agricoles de la République Démocratique du Congo, 1960-2000 (en milliers tonnes)

Année / Produit	1960	1970	1980	1990	2000
Café	3,5	62,0	62,5	95,0	39,0
Thé	10,0	10,5	1,5	2,0	-
Caoutchouc	40,2	31,4	14,5	7,0	2,0
Cacao	4,0	4,5	4,2	2,0	3,0
Huile de palme	160,0	123,5	10,0	-	-
Bananes	31,0	0,1	-	-	-
Huile de noix	7,0	-	-	-	-
Coton	51,0	8,9	-	-	-

Source : Ministère de l'agriculture et la DGDA

Le caractère très fragmentaire et incertain des chiffres de commerce extérieur de la République Démocratique du Congo s'applique bien entendu aux échanges de produits agricoles. Ces chiffres sont à prendre avec la plus grande prudence. Les importations des produits alimentaires ont connu quant à elle un mouvement inverse. Les producteurs africains de certains pays ont été graduellement coupés de leurs principaux marchés par l'insécurité grandissante dans les zones rurales, la forte augmentation des coûts de transport due à la dégradation des infrastructures et les rackets systématiques pratiqués par les administrations publiques et des groupes armés. Les grandes villes ont donc cessé d'être approvisionné par la production intérieure, elles ont dû se tourner vers les importations, même pour les produits pour lesquels le pays a des avantages comparatifs certains comme le riz, le maïs, l'huile de palme et la viande.

Tableau 9 : Importations agricoles de la République Démocratique du Congo, 1959-2006 (en milliers des tonnes)

Année / Produit	1959	1970	1980	1990	2006
Riz	2,3	19,0	10,0	61,0	200,0
Maïs	6,0	60,0	147.0	17,0	200,0
Farine de blé	38,7	52,0	103,0	110,0	200,0
Sucre	8,0	-	17,0	-	-
Huile de palme	-	-	-	-	60,0
Viande	8,0	11,0	8,7	54,0	80,0
Poisson	34,0	32,0	8,7	164,0	120,0
Œufs et lait	11,3	9,0	-	-	-

Source : Ministère de l'agriculture et la DGDA

Bien que la déficience des statistiques dans les nombreux pays africains ne permette pas de capter l'évolution avec certitude, les quelques données présentées indiquent une montée progressive des importations agricoles par les pays africains, même ceux qui, naturellement présentent des potentialités agricoles favorables à l'impulsion des balances commerciales positives. L'absence des politiques agricoles, la détérioration avérée des infrastructures de transport et l'absence des investissements dans le secteur, les ajustements structurels, l'absence de compétitivité entre les bassins de production des produits locaux et les produits importés, l'institutionnalisation des pratiques négatives, comme la corruption, n'ont pas permis à l'Afrique d'après les indépendances de réaliser sa vocation agricole : une Afrique des champs, de l'agriculture productive et compétitives qui, pouvait nourrir le reste du monde par sa production et ses exportations agricoles, générant ainsi des rentrées importantes des devises indispensables pour le développement du secteur industriel. Les forêts denses, les savanes fertiles, les hydrographiques riches plombées des tourbières, la démographie croissante avec un taux extraordinaire des populations jeunes actives, sont autant des facteurs déterminants et disponibles pour le décollage de l'agriculture, base de l'économie dans les nombreux pays africains. Mais, la mondialisation progressive de l'agriculture n'a eu comme effet que l'impulsion de la dépendance alimentaire de l'Afrique.

La situation semble favorable à une reprise soutenue de la croissance agricole tant sur les marchés nationaux que sur les marchés régionaux et internationaux. Le redressement du secteur permettra certes une réduction structurelle des importations alimentaires. L'accroissement de la population et de revenus, urbain en particulier, pourra provoquer une augmentation de la demande alimentaire à l'interne. Il faudra aussi que les productions nationales soient compétitives avec les importations concurrentes pour qu'elles puissent reconquérir de leur part de marché et permettre une réduction des importations. Beaucoup des pays africains possèdent des avantages comparatifs sur les échanges de beaucoup des produits agricoles. C'est le cas de la République Démocratique du Congo, concernant notamment le riz, le maïs, le manioc, l'huile de palme. Il faudra un encadrement soutenu des filières afin de lever des nombreuses contraintes pour transformer ces avantages comparatifs en réelles compétitivité.

Etant donné l'importance déterminante des cultures vivrières dans la production agricole, les marchés nationaux constituent des débouchés incontournables pour la croissance du secteur. Depuis 2003, on constate une croissance du PIB par habitant allant jusqu'à 3% dans des nombreux pays africains. Les ménages devraient utiliser une grande partie de l'augmentation de leurs revenus non seulement pour améliorer leur état nutritionnel, mais aussi de façon progressive pour orienter leurs consommations vers les produits à plus haute valeur ajoutée, notamment les légumes, les viandes. L'effet combiné de la croissance démographique (au rythme très élevé de 3% par an), de hausse des revenus des ménages et de l'attrait pour les produits de très haute valeur ajoutée, peut se traduire par une progression de la demande intérieure en produit alimentaires d'au moins 6% par an à moyen termes. En plus, la substitution des produits locaux aux importations alimentaires représente un gisement important pour la croissance du secteur. Les marchés régionaux, qui enregistrent depuis la fin des années 1990 une croissance substantielle, représentent un gisement de croissance considérable pour les producteurs africains. Les marchés mondiaux qui, malgré la chute brutale qu'ils ont connu depuis le début de la crise financière internationale (mi-2008), connaissent une augmentation progressive des prix des produits agricoles, représentent un débouché pratiquement illimité pour les exportations agricoles africaines.

Trois facteurs fondamentaux déterminent la réponse de la production agricole aux incitations du marché : le potentiel agricole, déterminé par les conditions agro-climatiques, hydro-géographiques ; l'accès au marché et la densité de la population. Des nombreuses zones de production en Afrique sont actuellement coupées de leurs marchés potentiels par le délabrement des infrastructures de transport. De même, des zones potentiellement productives n'ont aujourd'hui qu'une densité très faible de populations, limitant ainsi la disponibilité d'une main-d'œuvre active. Ceci rend ainsi difficile et coûteux la production agricole. D'où la nécessité pour les Etats africains d'identifier pour leurs programmes prioritaires à court et à moyen termes, les régions bénéficiant à la fois d'un fort potentiel agricole, d'un accès relativement satisfaisant au marché et d'une forte densité des populations. Les pays africains sont donc appelés à un sursaut d'investissements dans les infrastructures de transport, dans l'approvisionnement du secteur en intrants et dans la promotion des banques de crédits agricoles, pour que l'agriculture assure le rôle tant attendu du levier de développement socio-économique.

Par ailleurs, la relance rapide d'une croissance soutenue dans le secteur agricole demande à ce que l'action des Etats africains, gravitant toujours autour des ressources limitées, se porte sur les filières qui offrent les meilleures perspectives pour une réponse rapide à court et à moyen termes. Ainsi, outre les cultures vivrières (manioc, riz, haricots, huile de palme, etc.), les cultures pérennes ou industrielles d'exportation qui paraissent les plus porteuses sur base des opportunités du marché et de la capacité d'accroissement rapide de la production sont : le cacao, le robusta, le palmier et l'hévéa. L'arabica, le thé et le coton présentent des perspectives moins prometteuses pour le moment en raison de leurs faibles niveaux actuels de production et du volume des investissements qu'elles demandent pour leur relance. Les Etats africains doivent repenser le développement des cultures pérennes par l'encadrement efficient des planteurs, l'octroi des facilités des crédits à l'entrepreneuriat agricole à des taux attrayants, l'approvisionnement en intrants à bon marché et la relance des exportations, à travers l'amélioration des climats des affaires ; l'incitation à la création d'entreprises agricoles, des coopératives agricoles et la suppression des barrières à l'exportation, notamment par la réduction des taxes et impositions diverses qui découragent les opérateurs agricoles, étranglent les investissements et alimentent les réseaux frauduleux au détriment de l'entrepreneuriat national. On ne cesserait jamais de dire que le futur du développement de l'Afrique subsaharienne repose sur l'agriculture, l'unique secteur qui regorge d'énormes potentialités et qui occupe plus de 70% des populations de cette partie du continent berceau de l'humanité. L'éclosion d'une agriculture productive et génératrice des ressources est déterminante pour la création d'un entrepreneuriat durable, indispensable pour le développement.

Que dire de l'entreprise et de l'entrepreneur ?

3.3. Entreprise et Entrepreneur

Entreprise et Entrepreneur ne font qu'un. Le discours sur l'entreprise ne pouvant passer de l'un des aspects de l'autre. L'entrepreneuriat peut alors se concevoir comme une activité impliquant la découverte, l'évaluation et l'exploitation d'opportunités, dans le but d'introduire des nouveaux biens et services, des nouvelles structures d'organisation, des nouveaux marchés, des processus et matériaux par des moyens qui éventuellement n'existaient pas auparavant. C'est en fait un processus qui conduit l'entrepreneur (leader) à créer ou à modifier une organisation compte tenu des logiques de marché et de contexte, logiques qu'il utilisera afin d'exploiter l'opportunité.

L'entreprise est mise en œuvre à partir des connaissances de l'entrepreneur du fait de son éducation, de ses expériences antérieures, etc.

Même si l'entrepreneur se base sur des aspects déjà existant (il imite ce que font d'autres entreprises), le processus de l'organisation mise en œuvre se réfère à la créativité, car pour valoriser l'opportunité, l'entrepreneur choisi un mode d'exploitation qui conditionne la dimension de la nouvelle organisation (forme légale, partnership, corporation, la forme juridique, la taille, la sélection de ses employés et les modalités de la relation du travail établie avec eux). Il doit également mettre en place les processus qui permettront de transformer les inputs en outputs.

L'entrepreneuriat repose sur les postulats suivants :

- Il requiert l'existence d'opportunités ;
- Des différences existent entre les personnes ;
- Le rapport au risque (l'entrepreneur est risquophile) ;
- C'est un processus qui tresse les rapports avec les activités d'innovation et d'organisation.

L'entrepreneuriat ne nécessite pas forcément la création d'une nouvelle structure ; il n'est pas non plus forcément le fait d'une seule personne, et il n'est pas fatalement couronné de succès. Les entrepreneurs sont considérés comme des individus capables de construire une activité au regard des changements de la société en trouvant des manières d'exploiter économiquement les opportunités. Ils constituent à ce titre, l'une des figures instituantes en science des organisations.

Les deux théoriciens économiques de la liaison « Entrepreneur-opportunité » sont J.A. Schumpeter et I.M. Kirzner. Pour Schumpeter, l'existence de nouvelles informations est essentielle au processus de compréhension des nouvelles opportunités et pour la construction de la réponse correspondante ; alors que pour Kirzner c'est l'incomplétude des connaissances sur les ressources qui crée le surplus et les manques sur ces ressources et qui fonde les opportunités. Il introduit des notions telles que processus entrepreneurial, apprentissage, connaissance. Schumpeter a une conception perturbante là où Kirzner introduit une conception équilibrante : l'entrepreneuriat et concurrence constituant les deux faces d'une même pièce. L'esprit d'entreprise ne vaut donc pas seulement à long termes (du nouveau, des ruptures), mais aussi à court termes, la concurrence par les prix étant considérée comme étant aussi entrepreneuriale.

En Afrique, comme ailleurs dans beaucoup de pays sous-développés, le chemin d'entreprendre est parsemé d'innombrables embûches. Il est l'un des maillons manquants des économies. Il dépend non seulement des facteurs économiques, mais également des facteurs politiques et culturels. La thèse de *l'aversion aux risques* est l'une des plus utilisées pour justifier les réticences fréquemment rencontrées en Afrique devant l'investissement productif. La tendance de ne pas investir dans les activités productives est présentée comme une défaillance intrinsèque voir à l'extrême comme une fatalité culturelle. Pierre Jacquemot (2013) n'a pas tort d'affirmer dans une formule lapidaire que les acteurs économiques africains sont plus entreprenants qu'entrepreneurs. Car, leurs fortunes se réalisent dans les secteurs où le retour de l'argent est rapide et peu aléatoire, mais pas dans la production où les risques sont plus élevés (l'environnement économique est trop incertain, les règles du jeu sont trop changeantes, les délais de livraison et de transport aléatoires, l'immobilisation longue, retardement des investissements, etc.), et le temps des réponses est plus long.

Ces risques importants qui effrayent l'homme africain se doublent de *l'habitus* des hommes d'affaires qui, n'ont pas que des objectifs économiques, mais aussi l'affirmation sociale (les biens de prestige social, le paraître car c'est le signe de réussite et de richesse, la taille des dépendants et des clients, etc.). Ce qui implique une soustraction importante des ressources à des fins de consommation ostentatoire et de redistribution. Au Comores, les notables dépensent des sommes importantes dans les grands mariages (*Ada*), passage obligé pour être promu au sommet de la hiérarchie sociale ; chez les Kikuyu au Kenya, tout comme les bamilékés au Cameroun, les assemblées paysannes et les tontines constituent ce moment privilégié; au Ghana en pays ashanti dans les funérailles somptueuses ; à Madagascar dans les tombeaux *mahafaly* ; en République Démocratique du Congo, dans les grands mariages pour les éleveurs bashi (bushi) et dans les funérailles (*loka)* pour les riverains Lokélé du fleuve Congo, mais aussi des Bakongo.

La réussite personnelle est souvent contrebalancée par l'obligation de redistribuer pour légitimer son statut au sein de la communauté d'origine. La logique sous-jacente qui limite l'accumulation et la jouissance individuelle de ses capitaux est celle de *la dette communautaire*. La prédominance du contrôle social sur l'acquisition des richesses limite l'émancipation économique des individus, c'est-à-dire, le gain d'argent est découragé car son utilisation est soumise en partie à un impératif social réglé par la primauté de la communauté sur l'individu. Dans les sociétés à forte pression communautaire, la capitalisation des ressources financières est menacée : la redistribution du *capital relationnel* entre alors en conflit avec l'accumulation du *capital productif*. De retour au pays, les migrants (diaspora), soustrait trop vite de leur épargne rapportée à l'étranger, alors qu'ils avaient le projet de s'engager dans une activité économique, vivent souvent des contradictions qui résultent des obligations distributives. En Afrique subsaharienne, il est nécessaire d'opérer une hybridation dans le management d'entreprise. Les obligations sociales et coutumières cohabitent avec la volonté d'introduire les éléments d'une logique entrepreneuriale inspirée des modes de gestion de type moderne. Ainsi, la création d'une entreprise doit permettre à son promoteur de dégager les excédents d'exploitation mais aussi de répondre à ses obligations *redistributives*, c'est-à-dire, la contribution qu'il apporte au bien-être du groupe auquel il se rattache.

Dans certaines sociétés (les bamilékés au Cameroun), la logique astreignante est dépassée. On observe que plus une communauté est hiérarchisée et inégalitaire, plus la capitalisation est rendue possible et mieux l'entreprise trouve sa place. L'obligation de redistribution est alors mieux circonscrite. L'investissement est valorisé, à l'inverse de la situation qui prévaut dans d'autres sociétés, notamment les *betis* ou *bafia* du sud de Cameroun, plus égalitaires (Ellis S. et Fauré Y.-A., 1995). La contribution d'un chef ou un entrepreneur bamiléké à une tontine et la construction d'un centre de santé ou d'une école suffisent pour les acquitter de leurs obligations de partage envers la parentèle et le groupe. La logique entrepreneuriale est aussi valorisée chez les Kikuyu du Kenya qui encourage les hommes à *faire la vie et s'accomplir* tant économiquement que socialement, c'est-à-dire, faire le nom, acquérir le respect des autres... à travers une aisance matérielle. Les pratiques sociales des Kikuyu s'organisent autour de cette *quête d'accomplissement* qui passe par la prospérité matérielle, mais aussi par *la richesse sociale*. L'une et l'autre symbolisée par la terre et par la famille, donnant ainsi un sens à l'entreprise.

La rationalité managériale obéit dans nombre de cas, à des codes explicites et implicites. Si le capital de départ (fonds de roulement) est d'origine familial ou communautaire, par la suite la liberté de décision ne sera pas totale. Le clan *veille au grain*, dit-on. Sur les embauches par exemple, elle ressemble plus à des entraides qu'à un choix des compétences. Elles se font sur une base relationnelle de proximité, entendu comme un service obligatoire de rendre à son groupe d'appartenance le gain de la productivité et non pas du népotisme. Ces différentes contraintes, risques et rationalités sont incontournables dans le contexte africain d'entreprise. En outre, l'organisation de l'entreprise dans le contexte africain se heurte dans nombre de cas à des goulots d'étranglement des initiatives. Ces principaux goulots concernent les climats malsains des affaires, les structuraux de passation des marchés publiques, la responsabilité sociale et environnementale des entreprises existantes vis-à-vis du respect des clauses sociales et des règles environnementales ainsi que la sécurisation des investissements par la promotion des droits des affaires.

Sont traités ici le climat des affaires et le développement de l'entrepreneuriat, la transparence dans la passation des marchés publics, l'entreprise et la responsabilité sociale et environnementale, la responsabilité Sociétale des Entreprises (RSE), la sécurité des investissements et le Partenariat Public-Privé.

3.3.1. Climat des affaires et le développement de l'entrepreneuriat

La liberté économique assurée est un facteur déterminant pour le développement de l'entrepreneuriat. Il s'agit concrètement de l'existence d'un terrain de jeu offrant des conditions d'intervention équitables pour les entreprises en concurrence sur le marché. Seul un ensemble de règles et des mécanismes d'application adéquat, fiables et stables, peut créer des telles conditions. L'un des handicaps du développement attaché principalement à l'Afrique, surtout subsaharienne est le mauvais climat d'investissement. Ce thème récurrent est constaté par certains indicateurs de la Banque mondiale, de la Banque africaine de développement et certains organismes privés, notamment le Conseil français des Investisseurs en Afrique (CIAN) qui établit chaque année un « baromètre » sur le climat économique en Afrique. L'environnement des entreprises en Afrique se caractérise par trois principaux facteurs :

1. Le *mauvais climat des affaires*. Le plus connu *Doing Business* de la Banque mondiale classe de nombreux pays africains dans le bas du tableau dans divers registres : modalités de création des entreprises, octroi de permis de construire, enregistrement des propriétés, accès au crédit, protection des investisseurs, pression fiscale, exécution des contrats, la paix, la libre circulation des personnes et des biens,

les libertés fondamentales, etc. l'incertitude résultant d'un environnement néfaste est un repoussoir pour la création pour les investissements ou la création d'entreprises.

2. *L'absence ou le délabrement d'infrastructures*. Les infrastructures africaines offrent des services généralement couteux. Parmi les postes qui greffent fortement les comptes d'exploitation figurent le transport, l'eau, l'énergie et les communications. Le tableau ci-après présenté par la Banque mondiale en 2011 est révélateur de cette triste réalité.

Tableau 10 : Coûts moyens des services en 2011 (en dollars US)

	Afrique subsaharienne	Autres pays en développement
Prix de l'énergie électrique (en KW)	0,02 - 0,46	0,05 - 0,1
Prix de l'eau (en m^3)	0,86 - 6,56	0,03 - 0,6
Tarif routier (tonne/km)	0,04 - 0,14	0,01 - 0,04
Coût mensuel moyen de la téléphonie mobile	2,6 - 21,0	9,9
Coût de 3 minutes de la communication internationale	0,44 - 12,5	2,0
Coût d'un abonnement internet par mois	6,7 - 14,8	11

Source : Banque mondiale, 2012

Disons ici que ces données varient dans le temps et dans l'espace. En République Démocratique du Congo par exemple, la situation apparait plus critique que cette présentation de la Banque mondiale. Le coût d'abonnement internet (forfait) mensuel varie entre 20 et 120 dollars américains (compilation de 2018). Le tarif routier par tonne des marchandises ou tout autre produit est largement supérieur à cette compilation. Ceci est d'autant salé dans différents secteurs d'activités économiques à cause notamment de la dégradation des infrastructures, de la défaillance de l'Etat et de l'enracinement de la culture de corruption.

3. La *défaillance de l'Etat* est également à la source des surcoûts. Selon le rapport *Doing Business* 2012, il faut fournir en moyenne 12 documents (en Afrique), obtenir 29 signatures et attendre 60 jours à la frontière pour l'expédition des marchandises, alors que le nombre des procédures et jours correspondants est sensiblement inférieur dans toutes les autres régions. Donc, les risques dans les relations avec l'Etat sont élevés. Ce qui rend les quelques entreprises existantes moins compétitives. Ceci conduit aux amoncèlements des impayés, à la négociation des fiscalités, à contourner les dérives bureaucratiques par des pratiques souterraines des rétro-commissions (corruption des agents de l'Etat commis à des postes douaniers ou d'administration).

Ces différentes pratiques sont nuisibles à l'éclosion d'une économie durable et effrayent les investisseurs-leaders animés par l'ambition d'investir dans les organisations. Il est donc impérieux pour les Etats africains de réduire les coûts des facteurs de production, des coûts des transactions et des « utilités ». Cela doit figurer au centre des mesures concernant la fiscalité et la parafiscalité, la réglementation sur le commerce extérieur, la refonte des codes (du travail, de douane et investissements, forestiers, miniers, etc.), le régime des assurances et la restructuration du système bancaire. Des études attestent que l'intervention pour la facilitation des échanges influence positivement la croissance économique qui induit à son tour à la réduction de la pauvreté et l'impulsion du développement des Etats. Ces comportements négatifs et non incitatifs affectent non seulement la qualité des affaires par leurs actions sur les coûts des productions, mais nuisent également à la réputation et la gouvernance économique des Etats.

Que dire sur la transparence dans la passation des marchés publics ?

3.3.2. Transparence dans la passation des marchés publics

La passation des marchés par l'Etat (ses services) pour ses fournitures diverses ou ses travaux donne un grand nombre d'exemple de « capture » des ressources de l'Etat. Les marchés publics sont des incitateurs de concussion particulièrement puissante. En République Démocratique du Congo, avant les reformes de 2010, les termes de référence pour les marchés publics étaient imprécis, les prix indéfinis, les quantités floues et la sanction au manquement insuffisante. Ceci a contribué au développement des mécanismes corruptogènes qui appauvrissait davantage l'Etat (déjà pauvre) au profit d'une chaîne d'individus intervenant dans le processus d'attribution du marché.

Dans la plupart de cas, une entreprise qui gagnait un appel d'offre devait verser un « pas de porte » appelé joliment « opération retour » qu'elle avait logiquement anticipée en surfacturant son offre. Une avance sur travaux était avant tout versée par l'Etat sur le compte de l'entrepreneur choisi. Cette avance servait de paiement des commissions à des intermédiaires : 10%, 20%, jusqu'au responsable du secteur. En plus, le partage continue pendant l'exécution des travaux. Ceci fait que les contrats se réalisent dans des conditions autrement différentes de celles qui auraient résulté d'une mise en concurrence, avec soit une surfacturation du marché, soit une exécution en deçà des normes acceptables. C'est ici que la multiplicité des ouvrages inachevés ou de mauvaise qualité dans différents secteurs et milieux trouve sa justification.

La réforme du code des marchés, inscrite sur l'agenda politique en République Démocratique du Congo en 2010, constitue un pas important dans la gouvernance et dans l'amélioration du climat des affaires. La restauration de l'autorité de l'Etat, la formation professionnelle et la lutte contre les mécanismes corruptogènes demeurent l'enjeu principal pour la dynamique entrepreneuriale et l'éradication des comportements négatifs qui persistent encore dans le secteur des marchés publics. L'institutionnalisation de la corruption comme mode de gestion économique dans nombre d'Etats d'Afrique subsaharienne affaiblissent les pouvoirs des organisations, des structures et conduit dans la durée à la montée en puissance de la culture d'irresponsabilité partagée des acteurs publiques, surtout en ce qui concerne le respect des règles en matière des conditions de travail, de la protection de l'environnement et la préservation des droits des générations futures à travers la responsabilité sociale et environnementale des entreprises.

Je parle de l'entreprise et de la responsabilité sociale et environnementale.

3.3.3. Entreprise et la responsabilité sociale et environnementale

La responsabilité sociétale d'une entreprise regroupe l'ensemble des pratiques mises en place par l'entreprise dans le but de respect des principes du développement durable, c'est-à-dire, être économiquement viable, avoir un impact positif sur la société, mais aussi bien respecter les règles de l'environnement. La norme ISO 26000 (International Organisation for Standardisation) donne à la RSE la définition suivante : la responsabilité d'une organisation vis-à-vis des impacts de ses décisions et activités sur la société et sur l'environnement, se traduisant par un comportement éthique et transparent, qui contribue au développement des milieux, y compris la santé et le bien-être. Cette responsabilité prend en compte les attentes des parties prenantes, respecte les lois en vigueur et qui est en accord avec les normes internationales de comportement ; et qui est intégré dans l'ensemble de l'organisation et mis en œuvre dans ses relations.

L'idée que les entreprises doivent faire de la RSE, prend ses racines dans les travaux de certains managers américains dans les années 1950. Pour ces derniers, si les entreprises ne se concentrent plus uniquement sur leurs profits, mais aussi sur l'impact qu'elles ont sur la société, elles en tireront bénéfice. Par exemple, si une entreprise paie mieux ses salariés, elle contribue à leur donner du pouvoir d'achat, avec lequel ces derniers vont peut-être acheter les produits de l'entreprise. Si une entreprise gère mieux son impact sur l'environnement, elle fera des économies à long termes en évitant de devoir générer des catastrophes naturelles (Howard Bowen, *La responsabilité sociale du Businessman*, 1953). Avec la mondialisation, la RSE devient un enjeu de plus en plus important, car les consommateurs deviennent critiques vis-à-vis des entreprises et veulent que ces dernières respectent de plus en plus des lois, l'environnement et soient plus responsables.

Il est important d'évoquer la responsabilité sociale des entreprise (RSE).

3.3.4. Responsabilité Sociétale des Entreprises (RSE)

A partir des années 1990 et 2000, dans plusieurs pays du monde, les gouvernements mettent en place des réglementations qui vont poser les bases de la RSE moderne. Dans certains pays comme la France, les lois comme NRE ont été les premières à obliger les entreprises à rendre publiques leurs performances en matière de développement durable. Elles seront suivies par diverses règlementations comme la loi Grenelle ou les lois de vigilance. Cette orientation amène les entreprises à s'investir dans la RSE afin de ne pas se laisser distancer par leurs concurrents. On commence alors de parler de la RSE comme un outil de management, de communication et de développement pour les entreprises. La RSE est devenu indispensable pour améliorer l'image de l'entreprise auprès des consommateurs, mais aussi afin de mieux gérer les ressources de l'entreprise et d'améliorer la productivité interne.

De plus en plus de nos jours, on observe une montée en puissance de la notion et des exigences de qualification en matière de responsabilité sociale et environnementale (RSE) pour les entreprises. Il s'agit des préoccupations visant à rendre conciliables les buts poursuivis par une entreprise (profit, pérennité) avec le respect des règles en matière des conditions de travail avec la protection de l'environnement et une sollicitude envers les biens publics. Aujourd'hui, la RSE commence à s'imposer véritablement dans les modes de fonctionnement des entreprises, de sorte qu'il est difficile de trouver une entreprise sérieuse qu'il n'ait pas un Rapport RSE, une équipe RSE ou au moins une stratégie de communication dédiée à la RSE. Dans sa communication sur la RSE en 2011, la Commission Européenne précise que *pour assumer leur responsabilité sociale, il faut au préalable que les entreprises respectent la législation en vigueur et les conventions collectives concluent entre les partenaires sociaux. Afin de s'acquitter pleinement de leur responsabilité sociale, il convient que les entreprises aient engagé, en collaboration étroite avec leurs parties prenantes, un processus destiné à intégrer les préoccupations en matière sociale, environnementale, éthique, de droit de l'homme et des consommateurs dans leurs activités commerciales*.

La démarche RSE prend donc une envergure nouvelle et s'inscrit petit à petit dans une véritable stratégie d'ouverture des entreprises sur ces parties-prenantes. Ce mouvement a d'ailleurs abouti à des véritables réflexions sur le rôle social de l'entreprise. Dans les années 2010, on a commencé à parler des nouveaux modèles comme les B-corp, qui mettent leur engagement au cœur de leurs modèles d'affaires. En France, c'est la réflexion sur l'objet social étendu qui a structuré ce mouvement. On parle aujourd'hui d'entreprise à mission, d'entreprise contributive. Ce changement de paradigme a abouti en 2018 au Rapport Notat-Senart, rapport commandité par le Gouvernement pour réfléchir à la redéfinition du rôle d'entreprises et à la possibilité d'inscrire dans les statuts des entreprises des préoccupations et des objectifs environnementaux ou sociaux.

Pour quantifier les performances et leurs actions en matière de développement durable, les entreprises utilisent quelques outils notamment, les ACV (analyses des cycles de vie) en vue d'évaluer leurs émissions des gaz à effet de serre et leur impact sur l'environnement ; la déclaration des performances extra-financières, l'amélioration de la qualité des produits, l'inclusion sociale et le développement économique. Aussi, la norme ISO 14001 a été instituer pour aider les entreprises à mettre en place un système de management environnemental dans le cadre de la RSE, ayant notamment comme objectif de :

- Mettre en place un programme de réduction des déchets papiers dans l'entreprise ;
- Mettre en place le recyclage ;
- Développer un plan de déplacement d'entreprise pour favoriser les transports non polluants ;
- Etablir un plan de réduction de consommation énergétique ou de réduction des gaz à effet de serre ;
- Faire l'éco-conception des produits (concevoir des produits qui respectent mieux l'environnement) ;
- Etablir une charte des fournisseurs qui mettent l'écologie au centre de la suppli Chain.

1. Enjeux sociaux de la RSE

La Responsabilité Social et Environnementale des entreprises poursuit au plan strictement social un certain nombre d'enjeux, notamment :

- Aider des associations à finalité social grâce au mécénat ;

- Faire de mécénat de compétence ou du pro Bono c'est-à-dire, mettre à disposition ses salariés pour aider les associations ;
- Participer à des programmes humanitaires (financièrement ou logistiquement) ;
- Etablir une charge éthique contre la corruption ;
- Développer une suppli Chain éthique (exemple, lutte contre le travail des enfants) ;
- Participer à des programmes d'inclusion sociale au niveau local ;
- Augmenter les rémunérations des salariés via les tickets restaurant, les CE, les avantages en nature ou autres primes ;
- Mettre en place des programmes de prévention, santé et de bien-être au travail dans l'entreprise ;
- Prendre soin de l'ergonomie des salariés au travail ;
- Intégrer la RSE dans la direction des ressources humaines.
- Faire du mécénat culturel, soutenir des musées et des expositions ;
- Soutenir des associations artistiques et sportives ;
- Soutenir des programmes d'éducatifs liés aux activités culturelles ;
- Faire de la sensibilisation des consommateurs.

En Afrique subsaharienne, il n'existe aucun corpus de loi qui oblige les entreprises à mettre en place des stratégies RSE, à part quelques initiatives isolées prises dans le cadre des responsabilités par des entreprises sur impulsion de certains gouvernements ou Etats. Au Cameroun (depuis 2000), une initiative du groupement patronal (GICAM) a permis l'élaboration d'un code éthique, marquant l'engagement dans la prise en charge des travailleurs malades du sida. La même initiative se trouve au Sénégal, au Kenya et en Côte d'Ivoire. L'une des préoccupations du congrès panafricain de bioéthique (COPAB) soutenu par l'Union africaine concerne l'analyse des impacts des activités des entreprises sur l'environnement. Le Club of Emerging Leaders for Africa a défini en 2009 un standard d'évaluation de la contribution environnementale et sociale des entreprises camerounaises, sénégalaises et ivoiriennes. Certains réseaux existent comme le cas de Business Ethics Network of Africa et le centre for corporate citizenship présent dans les Université d'Afrique du sud. Les entreprises étrangères investissant en Afrique subsaharienne, longtemps moins-disantes au plan social et environnemental, entrent ainsi parfois dans cette logique vertueuse.

Pour les entreprises, les finalités de la RSE peuvent être diverses : prise en considération de leurs réputations, stratégie de communication, etc. A titre d'exemple certaines expériences conduites en Afrique subsaharienne par des entreprises françaises sont pertinentes. On peut penser à la lutte contre la pollution dans les extractions pétrolières à l'embouchure du fleuve Congo (Moanda), l'aménagement durable en matière des forêts au Gabon, la prise en charge de la santé des communautés riveraines dans les plantations agricoles au Cameroun, la lutte contre le sida dans les entreprises à fort coefficient de la main-d'œuvre au Kenya, etc. Des entreprises sont aussi tenues aux exigences de respect des droits de l'homme, devenu ainsi un enjeu majeur et concurrentiel de l'humanité. Des entorses à la liberté syndicale, des menaces à l'encontre des concurrents et une indifférence aux préoccupations des communautés locales peuvent en effet présenter des graves risques particulièrement dommageables en termes de réputation et d'image.

Une évolution parallèle à la RSE est à l'œuvre, avec le *social business model*, on parle de « philantro-capitalisme ». Les entreprises proposent des biens et services mais aussi des processus de production directement ciblés en direction des pauvres. On l'appelle BoP (*botton of the pyramid*) ceci est attaché à la théorie de C.K. Prahalad et Stuart I. Hart : « ne pas cibler l'ensemble de la pyramide social est une erreur pour une entreprise comme pour l'Etat. Le fait d'être pauvre n'élimine pas les besoins et il existe un marché viable au bas de la pyramide qui doit intéresser le secteur privé. » Ce marché n'est pas marginal, il est très connecté (téléphonie mobile) et bien informé (bouche-à-oreille, radio, télévision). Malgré le faible pouvoir d'achat, les opérateurs continuent à développer des offres innovantes adaptés au bas de la pyramide. La téléphonie mobile constitue une grande illustration en Afrique. Le nombre des souscripteurs aux services mobiles dans le continent est passé de 52 millions en 2003 à environ 400 millions en 2010.

De la même manière, les entreprises ont lancé des initiatives pour l'éclairage domestique à un coût très faible. Le BoP renvoie à une nouvelle compétence dans les entreprises autour des innovations sociétales. La majorité d'entreprises engagées dans ce système privilégient la démarche d'apprentissage avec des projets pilotes perçus comme des laboratoires. Cette démarche d'expérimentation permet de limiter l'investissement de départ ou le fonds de roulement, de vérifier l'intérêt économique des initiatives et de mesurer leur impact sur les conditions de vie des populations concernées. L'idée que les entreprises peuvent dégager des profits et participer à l'éradication de la pauvreté est à la fois noble et séduisante.

L'application des prescrits sociaux et environnementaux auxquels sont soumises les entreprises vis-à-vis des communautés, requiert un corps structuré des règles ou une législation capable de sécuriser les investissements et d'assurer la promotion de l'entrepreneuriat vis-à-vis des incertitudes et des risques sociales, économiques et politiques que comporte la création d'entreprises en Afrique subsaharienne. C'est pourquoi l'initiative de l'harmonisation en Afrique des droits des affaires a été accueillie avec espoir comme solution idoine à l'insécurité chronique d'entreprendre dans ce continent, dont les expériences d'expropriation vécues après les indépendances dans certains pays ont jeté les bases du discrédit et d'incertitude pour les investissements.

Il faut envisager la sécurité des investissements.

3.3.5. Sécurité des investissements

Le besoin des règles simples, transparentes et comprises par tous, afin de réduire l'incertitude des agents et le pouvoir discrétionnaire des fonctionnaires des différents Etats en relations économiques est un repère important pour la sécurité juridique des affaires. En Afrique, le projet de création de l'OHADA (organisation pour l'harmonisation en Afrique du droit des affaires) répond à cet impératif. C'est une association panafricaine de normalisation juridique, créée en 1993 et regroupant 17 pays (les 14 pays de la zone du franc CFA, plus le Comores, la guinée Conakry et la République Démocratique du Congo). L'OHADA permet la mise en place d'un droit unifié sur les affaires adaptées aux réalités locales. Une cour régionale d'arbitrage est installée à Abidjan. Elle statue en appel des juridictions nationales compétentes et permet de stabiliser les jurisprudences restées très incertaines dans nombre de pays. La signature d'actes uniformes en est sa plus importante réalisation. Malgré ce résultat, les pays membres n'affichent pas encore une amélioration, notamment sur les délais des procédures judiciaires, le respect des droits de propriété, la qualité des jugements rendus. Elle se heurte aux pratiques des acteurs qui cherchent à tout bout de champ à contourner les règles et à la modeste probité des juges.

Comment envisager le partenariat public-privé ?

3.3.6. Partenariat Public-Privé

Le partenariat public-privé (PPP) est un mode de financement des infrastructures publiques né au Royaume-Uni « *Private Finance Initiative* » et transposé dans de nombreux pays sous diverses formes. Il s'agit de contrat à long terme dans lequel un Etat fait appel à une entreprise ou à un consortium d'entreprises privées pour financer la construction et/ou la gestion des infrastructures contribuant au service public (hôpitaux, ponts, ports, aéroports, routes, écoles, universités, prisons, électricité, eau, télécommunications et autres équipements d'intérêt public). En contrepartie, le partenaire privé reçoit le paiement de l'Etat et/ou des usagers qui utilisent le service. Ces genres de contrats publics font appel aux exigences de transparence et de responsabilité « *Accountability* » de deux parties qui s'engagent à partager les risques. Pour les Etats qui recourent à ce mode de financement, ils ont la possibilité d'aller chercher des capitaux privés pour financer les infrastructures socio-économiques et améliorer la qualité des services rendus à leurs citoyens qui, autrement, ne seraient pas possibles faute de moyens conséquents.

J'évoque le partenariat public-privé et la privatisation des entreprises, la gestion publique et la privatisation des entreprises, les modalités des partenariats public-privé (PPP), l'inefficience des partenariats public-privé en RD Congo.

3361 Partenariat Public-Privé et la privatisation des entreprises

La dimension des situations de la mauvaise gestion des entreprises publiques et des passifs accumulés depuis des décennies, l'inefficacité avérée de la stratégie des contrats-plans (ou contrats de performance) encouragés par les mesures d'ajustement structurel des années 1980-1990, les renationalisations rampantes observées dans certains pays africains, notamment dans le secteur minier (cas de la Gécamines en République Démocratique du Congo, Comilog au Gabon, en Afrique du sud), justifient la tendance actuelle vers la privatisation, c'est-à-dire, la cession des actifs appartenant à l'Etat au secteur privé. Les justifications les plus souvent données aux avantages de la privatisation sont de trois ordres :

- *Doctrinal.* L'Etat n'a pas assumé les risques de l'entrepreneur, même si historiquement, il avait été contraint de le faire faute d'investisseurs privés.

- *Budgétaire.* Les besoins d'allègement des charges de l'Etat à la suppression des dotations au capital, des subventions et des exonérations, rend intéressant l'apport des ressources obtenues par les produits des cessions.
- *Organisationnel.* Un management privé est plus efficace et transparent et ses défauts sont sanctionnés par le marché.

Mais, ces aspects positifs de la privatisation nécessitent en contrepartie en amont des coûts et des risques : coûts financiers de l'assainissement préalable à la cession, coûts sociaux des licenciements associés au redressement de l'exploitation, perte d'influence de l'Etat sur l'orientation du secteur concerné, frustration nationaliste en cas de rachat des capitaux étrangers. Aussi, le champ de privatisation est toujours circonscrit. Dans la pratique, trois situations se présentent :

1. Les *industries de réseau* (distribution de l'eau, du gaz, de l'électricité) présentent un caractère d'indivisibilité, du moins jusqu'à la limite de leur capacité. Ces activités rapprochent souvent des monopoles naturels : de très fortes économies d'échelle associées à des investissements lourds aboutissent à une structure de marché ou à une seule entreprise est nécessairement plus efficace que plusieurs. Dès lors que l'efficacité économique et technique justifie le monopole de l'Etat. Ce dernier tient à garder le contrôle des décisions qui sont de caractère politique, en particulier la fixation des prix et tarifs, puisqu'elles concernent le bien-être collectif.
2. Des *entreprises du secteur productif* ont bénéficié en Afrique d'un quasi-monopole : coton, mines, bois, aciérie, sidérurgie, pétrochimie, etc., soit parce qu'elles avaient un caractère stratégique (Gécamines en République Démocratique du Congo par exemple), soit parce qu'elles généraient des externalités positives ou négatives importantes. Leur cas

est complexe à cause de leur incidence sur la politique économique, mais variable dans le temps. La privatisation dans ce secteur laisse souvent entier les problèmes du monopole dont elles bénéficiaient avant l'adoption de la décision, et dont elles souhaitaient garder. Elles laissent aussi entier le problème de la gestion des filières qu'il faut organiser en amont (prix aux producteurs, approvisionnement en intrants, etc.) et en aval (commercialisation, transformation, ...).

3. Les entreprises de taille moyennes, industrielles, artisanales et commerciales pour lesquelles la cession aux privés ne pose aucun problème majeur. C'est la tranche la plus efficace des privatisations à cause de la capacité des entreprises privées à employer les solutions qui conviennent pour minimiser les coûts et augmenter la productivité par une amélioration de l'organisation interne, du management et de la motivation des travailleurs (ce que l'on appelle depuis H. Leibenstein « *efficacité x* »).

Par ailleurs, le transfert d'actifs de l'Etat au secteur privé se fait sous quatre modalités :

1. *L'offre publique de vente*. Celle-ci présente l'avantage de la transparence en proposant de l'élargir l'actionnariat au-delà des groupes industriels et bancaires influents.
2. La *cession des valeurs mobilières ou d'actifs*. Le plus souvent, les pouvoirs publics proposent hors marché un bloc d'actions à un groupe cible des futurs actionnaires ou à une institution financière afin d'éviter une dilution du capital social.
3. *L'augmentation du capital*. Consiste à ouvrir la répartition du capital aux investisseurs privés et se traduit par une diminution de la participation de l'Etat qui n'y souscrit pas.

4. *La conversion des dettes*. Celle-ci accompagne les opérations de vente. Selon cette procédure, les repreneurs nationaux ou étrangers rachètent sur le marché secondaire les titres de créances sur le pays libellé en devises moyennant une décote. Ils proposent ensuite à la Banque centrale de convertir ces titres à leurs valeurs fiscales.

Il est à noter que le rachat des entreprises par les salariés sont rares, voire quasiment inexistant en Afrique, à cause notamment de la modicité des revenus des salariés et l'inexistence de l'épargne. Quelques formules minces existent pourtant, c'est le cas de la Sodefitex du Burkina Faso détenue à 30% par l'Union nationale des producteurs de coton. Le transfert de propriété peut être graduel et accompagner le redressement de l'entreprise et un programme de mise à niveau technique. L'Etat passe alors un contrat de trois ou cinq ans avec un entrepreneur qui combine l'intéressement aux résultats de la gestion de ce dernier et un plan de cession des parts sociales au prorata de ses apports en investissement. Ce mécanisme est favorable à la fois à l'Etat et au privé concerné, dans ce sens que le premier ne cède pas une entreprise à un prix évalué en fonction de sa situation de départ, mais après réhabilitation. Le privé limite ses risques en s'impliquant lui-même dans le redressement.

Que dire de la gestion publique et la privatisation des entreprises ?

3362 Gestion publique et la privatisation des entreprises

Entre la gestion publique et la privatisation se trouvent diverses formules de coopération entre l'Etat et le secteur privé. Le partenariat public-privé (PPP) concerne aussi bien des grands projets d'infrastructures que la délégation de services.

- *La délégation des services publics*. Est d'usage en Afrique depuis 1980. Elle est l'opération la puissance publique confie la gestion d'une activité qui relève de ses prérogatives à un opérateur privé. Ce type de partenariat présente un double avantage : conserver la propriété publique sur une activité dont l'Etat ne prend plus en charge le fonctionnement courant ; lui permettre de percevoir un revenu fixe sous forme de loyer payé par l'opérateur. Dans ce schéma, l'Etat fixe les tarifs, le loyer et les conditions de la délivrance de service, et l'opérateur se rémunère sur le paiement des usagers.

- *L'affermage*. Ce type étend la délégation. Ce partenariat consiste à confier à l'opérateur privé moyennant un loyer qu'il paie à l'Etat, l'intégralité de l'exploitation et la maintenance des installations pour une durée déterminée. Il assume le risque commercial afférant en se rémunérant sur la tarification aux usagers. La rentabilité de l'affermage dépend de sa capacité à réduire les coûts, toute en respectant les critères de qualité stipulés dans le contrat d'affermage. L'entreprise a donc tout intérêt à améliorer son efficacité opérationnelle. L'Etat conserve quant à lui la responsabilité du financement et de la planification des investissements. Cette forme de PPP trouve des applications dans la distribution de l'électricité et de l'eau, la collecte et le traitement des déchets et même dans la fourniture des soins de santé (hôpitaux, dispensaires de premiers soins et vaccination).
- *Le Buid-Operate-Transfer* (BOT). Cette formule de PPP va de plus loin. Il s'agit d'un contrat de concession qui confie à l'opérateur privé, les soins de concevoir, construire et exploiter les installations d'un service public. La formule du BOT est pertinente quand d'importants investissements sont nécessaires. Elle s'applique en Afrique dans les domaines variés : transports, aéroports, production électrique, entretien routier, etc. La concession est d'une longue durée de manière à permettre à l'opérateur de recouvrer les coûts des investissements et

de l'exploitation. Les installations construites par le partenaire privé deviennent propriété de l'Etat à l'expiration de la concession, soit généralement après 25-30 ans.

Le BOT présente un double avantage : d'une part, il évite à l'Etat d'engager de lourds investissements au départ (la charge est reportée sur les futurs contribuables) ; et, d'autre part, il assure la réduction des coûts de maintenances, c'est-à-dire, l'entreprise privée qui réalise l'ouvrage prend des bonnes décisions pour éviter de supporter dans l'avenir des coûts élevés de maintenance. La procédure BOT est particulièrement lourde et complexe. Il procède d'abord par des longues négociations *en amont* entre les partenaires autour de la propriété des actifs, des responsabilités (sur les investissements, les exploitations, le risque commercial), de l'étendue et de la durée du contrat ; et *en aval* avec les opérateurs bancaires, les cabinets d'avocats habitués à négocier des opérations de ce type et le cas échéant envisager la possibilité de subdéléguer tout ou partie de certaines prestations (entretien, maintenance) avec les entreprises sous-traitantes. Il implique ensuite, des termes, délais pour la mise en place des ressources (humaines, matérielles, financières) indispensables à l'exécution du contrat.

Quelles sont les modalités des partenariat public-privé (PPP)

3363Modalités des Partenariat Public-Privé (PPP)

En Afrique, nombre de projets restent encore hors de portée d'un montage Partenariat Public-Privé (PPP). Les contraintes sont financières, politiques et techniques. Aussi, le rapport de force opérateur/Etat est souvent inégal quand il s'agit de définir les objectifs, de suivre les performances ou d'appliquer des pénalités en cas des défaillances de l'opérateur

Le tableau ci-dessous illustre les modalités des partenariats public-privé : les propriétés des actifs entre les partenaires, l'étendue et la durée du contrat, mais aussi les différentes responsabilités tant au niveau des investissements, d'exploitation que des risques commerciaux.

Tableau 11 : Modalités des partenariats public-privé

Contrats	Propriété des actifs	Responsabilité des investissements	Responsabilité de l'exploitation	Responsabilité du risque commercial	Etendue du contrat	Durée moyenne
Contrat de service	Etat	Etat	Partagé	Etat	Service limité	1-2 ans
Contrat de gestion	Etat	Etat	Etat	Etat	Intégralité du service	3-5 ans
Affermage	Etat	Etat	Privé	Partagé	Intégralité du service	8-15 ans
Contrat de BOT	Privé	Privé	Privé	Privé	Intégralité du service	25-30 ans

Source : Jacquemont J., 2014

3364 Inefficience des Partenariat Public-Privé en République Démocratique du Congo

En République Démocratique du Congo, les défis à relever en matière de Partenariat Public-Privé (PPP) sont énormes. Généralement, il incombe au pouvoir public de fournir des infrastructures et services publics nécessaires aux besoins de ses citoyens. Mais, il y a lieu de reconnaitre que la République Démocratique du Congo est confrontée aux défis énormes et divers à relever : instabilité politique, situation sécuritaire précaire, gouvernance publique peu efficace, situation économique et financière désastreuse, endettement élevé, et un manque total d'infrastructures socio-économiques susceptibles de pouvoir relancer l'économie et améliorer le mieux-être des citoyens. L'insuffisance des infrastructures publiques est d'autant plus préjudiciable que malgré le grand barrage hydroélectrique d'Inga et d'innombrables cours d'eaux qui pouvaient bien alimenter tous les coins et recoins du pays en eau potable et électricité, ne sont pas en mesure d'alimenter ne serait-ce que la moitié de la population régulièrement.

Il est quasiment impossible de parcourir du Nord au Sud, de l'Est à l'Ouest par voies routière, ferroviaire ou fluviale. Le seul moyen de transport encore possible est aérien. Mais celui-ci, non seulement coute très cher, présente des risques énormes à cause du nombre d'accidents souvent enregistrés et l'insuffisance chronique des d'aéronefs. Des millions des citoyens, à commencer par les autorités eux-mêmes qui vont à l'étranger même pour des maladies bénignes, n'ont pas accès aux hôpitaux pour se soigner adéquatement. Des milieux d'élèves étudient à même le sol faute des bancs dans un pays qui regorge la deuxième plus grande forêt au monde, après l'Amazonie. Les infrastructures universitaires désuètes et insalubres ne suivent pas l'évolution de la population universitaire, ce qui oblige les étudiants de suivre les enseignements dans des conditions inhumaines, entassés par centaines dans des auditoires exigus. Les prisons, n'en parlons même pas, ils ressemblent aux mouroirs.

Devant ce tableau très sombre, il est peu probable pour la République Démocratique du Congo de lever des fonds sur les marchés de capitaux internationaux, ni même d'obtenir d'emprunts à un taux raisonnable pour investir dans le développement des infrastructures de base. En d'autres termes, la République Démocratique du Congo n'est donc pas en mesure de financer seule le développement des infrastructures publiques. Mais, le pays regorge énormément de potentialités et a des opportunités pour attirer des investisseurs dans bien des secteurs quasi inexploités. Face à tous ces défis, il est tentant de penser que les PPP seraient une solution idéale pour pallier au manque des moyens financiers et faire face aux besoins tant croissants qu'impérieux d'investissements en infrastructures publiques, en dépit les inconvénients tant décriés de ce mode de financement, surtout dans les pays en développement.

Contrairement aux pays de l'Organisation de coopération et de développement économiques (OCDE) qui ont eu recours aux PPP pour développer leurs infrastructures publiques, la République Démocratique du Congo est dans une situation de pays en développement où il y a un problème récurrent de manque d'infrastructures de base, des ressources budgétaires limitées, et où il n'existe pas beaucoup d'alternative publique à court terme pour pallier à ces insuffisances. D'ailleurs, les bailleurs de fonds internationaux, notamment le Fonds monétaire international et la Banque mondiale, sur lesquels la République Démocratique du Congo a toujours compté pour boucler ses budgets, considèrent les PPP comme étant l'un des principaux instruments de réforme de la gestion publique. En ce sens, ils recouvrent des solutions contractuelles d'associations public et privé autour de la réalisation de missions de service public. L'OCDE recommande aux responsables publics ayant recours à ce mode de financement, un certain nombre des principes applicables à la gouvernance publique pour éviter de compromettre la viabilité budgétaire, l'accessibilité financière et l'optimisation de dépenses publiques. Il s'agit d'établir un cadre institutionnel clair, prévisible et légitime s'appuyant sur des autorités compétentes et dotées de ressources suffisantes ; de fonder le choix des PPP sur une démarche d'optimisation de la dépense publique ; et d'utiliser de manière transparente les procédures budgétaires pour réduire au minimum les risques et assurer l'intégrité de la procédure de passation des marchés.

Bien plus, la réalisation des projets d'investissements des infrastructures publiques en mode PPP est un processus très complexe qui nécessite, pour l'État demandeur, de disposer de l'expertise pour négocier et gérer efficacement les contrats d'exécution. Pour qu'un projet de PPP réussisse, il est nécessaire de disposer des structures institutionnelles et d'un cadre juridique qui protège les droits contractuels et de propriété afin d'attirer les investisseurs du secteur privé à participer au développement des infrastructures publiques. Il est nécessaire de toujours garder à l'esprit que les investisseurs privés ne viennent pas seulement pour vous offrir des services, mais bien surtout pour obtenir les meilleures conditions de marchés et de faire du profit. De nombreux exemples de PPP réalisés dans certains pays à travers le monde, aussi bien développés qu'en développement, tendent à démontrer que certains projets ont coûté beaucoup plus cher lorsque toutes les conditions n'étaient pas réunies. Si la République Démocratique du Congo opte pour le financement de ses infrastructures publiques en mode PPP, elle devra faire ce qui suit. Primo, surmonter des obstacles politiques, financiers et institutionnels pour attirer les investisseurs du secteur privé. Secundo, savoir que les contrats de PPP sont des accords de longue durée et qu'il est donc difficile d'anticiper correctement les problèmes éventuels qui pourraient survenir dans un avenir lointain. Tertio, adopter des textes réglementaires susceptibles de garantir la sécurité juridique des investisseurs et les procédures claires de résolution des litiges au cas où il serait nécessaire de renégocier les contrats. Quarto, évaluer correctement les coûts-bénéfices pour chaque demande de partenariat avec le privé de façon à mieux rentabiliser l'investissement, compte tenu de leur durée de vie, de la complexité de ce mode de financement.

La plupart des pays, qui ont eu recours aux PPP, ont créé des instances chargées d'accompagner l'exécution des projets d'investissement pour minimiser les risques, maximiser les gains et optimiser les dépenses publiques. Il serait nécessaire donc pour la République Démocratique du Congo de créer une instance avec un mandat clair et chargée d'administrer les contrats des PPP avec efficience et efficacité. Cette instance qui devra accompagner l'autorité publique dans ses efforts pour optimiser les dépenses publiques tout en offrant à sa population des infrastructures de base, aura pour mission d'évaluer rigoureusement et identifier les possibilités de PPP, d'examiner et identifier les risques possibles liés à chaque projet d'investissement, de négocier et conclure des ententes en partageant équitablement des risques et responsabilités.

Que retenir sur le déclin de l'industrie, de la technologie et de l'artisanat ?

3.4. Déclin de l'Industrie, de la technologie et de l'artisanat

J'évoque l'industrie et la technologie au premier point. Le second porte sur la conquête des Nouvelles technologies de l'information et de la communication.

3.4.1. *Industrie et technologie*

L'industrie est une des maillons pauvres en Afrique subsaharienne. Elle joue un rôle modeste dans la dynamique du développement économique du continent. Sa part de la *valeur ajoutée manufacturière* (VAM) dans le PIB ne s'arrête de baisser depuis les indépendances. En 2012, elle était de 10%, contre 12,8% en 2000. Une compilation de 2015 estimait cette part à 9,6%, pendant que la part des biens manufacturés dans les exportations totales de l'Afrique suit la même tendance baissière. Sa part dans la VAM mondiale était de 1% en 2012, soit environs cent milliards de dollars américains. Cette tendance généralement baissière de la participation de l'industrie à la formation du PIB en Afrique n'augure pas à court et à moyen termes des perspectives de développement industriel. Car, ni les politiques industrielles adoptées pendant la période de 1960 à 1975 (mise en œuvre des grands projets technologiques, des sidérurgies, d'électricité, des cimenteries, de raffinage d'hydrocarbures, création des pôles industriels de développement, la nationalisation des unités stratégiques,…) ni ensuite les reformes axées sur les mécanismes de marché (la planification et l'organisation du système bancaire au service de l'industrie, la valorisation du produit du cru pour l'exportation et le marché local, la mobilisation des gisements de productivité et économiser les devises autour des quelques pôles industriels,…) et les conditions d'investissement n'ont suffi à provoquer un développement industriel. Il est illusoire de penser que dans les prochaines décennies l'Afrique utilisera à grande échelle ses minerais de fer et son charbon pour produire de l'acier, qu'elle raffinera son pétrole pour ses transports, qu'elle utilisera son cuivre pour construire son réseau électrique et qu'elle produira des appareils de téléphonie mobile et/ou de télécommunication à partir de son coltan.

Les grands investissements inadaptés et/ou les « cathédrales dans le désert » des années 1970 (les ensembles sidérurgiques et chimiques, les complexes mécaniques), n'ont pas réussi à faire preuve de l'impulsion de la croissance. L'ONUDI et CNUCED soutiennent que l'inefficience de l'industrie africaine semble s'augmenter avec l'intensité capitalistique et l'intensité des qualifications requises. En même temps, il a été démontré qu'il ne suffit pas de remplacer les biens importés par les produits locaux pour garantir l'indépendance économique et l'efficacité technique. Les industries de substitution sont restées tributaires des importations d'intrants, des pièces détachées et d'équipements. Les liens avec l'économie locale restent fragiles et les stratégies sont cruelles : lorsque les cours des matières premières exportées baisses, les rentes sont amenuisées et le coût de l'énergie augmente. Mettant ainsi les économies africaines dans une situation de vulnérabilité avérée.

Les années 1980-1990 ont porté un espoir quant l'ONUDI et CEA ont déclaré « *la décennie du développement industrielle de l'Afrique* ». Malgré quelques perspectives enregistrées au Cameroun, Ile Maurice et Kenya, par le maintien d'un flux positif d'investissements, d'industries diversifiées (industrie alimentaire, métallurgie, chimie, textile, …) et des grandes entreprises, la trop forte dépendance (aux intrants importés, le surdimensionnement des unités, l'inadaptation aux évolutions technologiques et des marchés, la politique d'endettement inconsidéré, …) n'a pas facilité l'éclosion et la prospérité d'une industrie africaine. Le constat douloureux des deux premières décennies d'après l'indépendance (faible productivité, prix de revient élevé, manque d'entretien, l'incohérence des politiques économique des Etats, …) n'a fait que persisté au niveau de déclencher un processus de *désindustrialisation* avec comme effet, la baisse des *indices de la production manufacturière*. L'incohérence des politiques étatiques est la principale critique libérale des stratégies industrielles en Afrique. Ces critiques ont permis de mettre en évidence le fait que les objectifs affirmés par les plans de développement (intégration nationale ou régionale, notamment) avaient laissé la place à d'autres objectifs moins explicites, mais puissants. L'échec de la plupart des stratégies industrielles africaines tient fondamentalement à trois facteurs :

1. La *conversion de la rente d'exportation* tirée des mines ou des hydrocarbures. Il faut d'abord que cette rente soit durable et qu'elle soit effectivement mobilisée pour une fraction conséquente en achat des biens d'équipement et non des biens de consommation. Dans la plupart de cas, la rente d'exportation tirée des mines et des hydrocarbures est utilisée plus pour les dépenses de consommation que d'équipement. Alors que l'histoire atteste que l'industrialisation est permise par le développement des nouveaux moyens de financement.
2. Les *rôles de l'agriculture*. L'agriculture s'est vue investis de plusieurs rôles qu'elle n'a pas pu satisfaire en même temps. L'agriculture est à la fois considérée comme débouché local pour certains produits industriels ; source d'accumulation additionnelle par l'accroissement de sa productivité ; ou comme une réserve de force de travail temporairement contenue en zones rurales en attendant le développement des branches légères à fort coefficient d'emploi. L'industrialisation semble être favorisée par un contexte économique favorable. Pour certains historiens, la révolution industrielle est précédée par une révolution agricole au cours de laquelle on aurait assisté à l'amélioration des techniques agricoles. L'augmentation des rendements ainsi obtenus aurait permis à certains propriétaires d'épargner puis d'investir. L'absence de vision claire sur le rôle de l'agriculture, la multiplicité des rôles qui lui est attribué sans un effort conséquent, l'incohérence des politiques et les tâtonnements dans la gestion de ce secteur ont eu comme conséquence la faillite de l'agriculture, pourtant ressentis depuis les indépendances des pays

africains comme secteur moteur d'impulsion de l'industrie et du développement.

3. Les conséquences du *choix technologique liés à l'industrialisation.* Ces conséquences sont nombreuses et difficiles à maîtriser. Les industries (motrices) sont capitalistiques et exige des débouchés importants. Ceci suppose des longs délais d'apprentissage, de maturation et une protection qui peut s'avérer longue et coûteuse.

Malgré l'échec enregistré dans la plupart des stratégies d'industrialisation en Afrique, certaines perspectives peuvent rassurer, les évolutions sont possibles et d'autres facteurs peuvent intervenir en faveur de l'Afrique. Plusieurs projets de transformation locale des matières premières apparaissent avec des promesses de financements étrangers. C'est le cas notamment de raffinerie de pétrole au Tchad et au Niger avec le concourt chinois, de la transformation des bois de grume au Gabon, de la construction d'une usine d'engrains, alimentée par le gaz au Gabon avec le concours Singapourien, de la taille ou le polissage de diamant au Botswana et en Namibie, du *Growth and Transformation Plan* en Ethiopie avec des investisseurs chinois et turcs : dans le textile, le cuir, chaussures…, à DIRE DAWA devant accueillir 80 usines dont une chaine de montage automobile).

Ces perspectives sont en générale basées sur la délocalisation de la production de l'industrie légère dans les économies africaines. L'Afrique restera probablement situé à l'extrémité la moins sophistiquée de la gamme de la technologie (aliments, boissons, cuir, bois, etc.), plutôt que dans la fabrication de haute technologie (métaux et machines, électronique, automobiles, produits chimiques et pharmaceutiques). Aussi, des institutions comme la conférence des Nations-Unies pour le commerce et le développement (CNUCED) et l'Organisation des Nation-unies pour le développement industriel (ONUDI) appellent avec une certaine conviction et force détail à la promotion du développement industriel en Afrique dans le nouvel environnement mondial. Les mesures préconisées s'organisent autour de l'organisation des marchés, de l'innovation scientifique et technologique, de l'environnement de l'entreprise et du rôle de l'Etat comme investisseur dans les infrastructures, comme producteur des règles, des normes et comme régulateur. En outre, l'Afrique bénéficie du privilège d'accès en franchise des droits et sans contingent pour les marchés américains et européens en vertu des accords latéraux et bilatéraux et latéraux (AGOA et APE). Quoi qu'il en soit, l'agro-industrie devra constituer la colonne vertébrale de l'industrie africaine.

Que dire sur la conquête des Nouvelles technologies de l'information et de la communication ?

3.4.2. Conquête des Nouvelles technologies de l'information et de la communication

Le déploiement des TIC se fait à tache d'huile en Afrique depuis 2000. L'usage d'internet s'est accru en quinze ans de manière exponentielle. Selon les données de l'Union internationale des Télécommunications, 11 africains sur 100 y avaient eu accès en 2012. Ils étaient 60 millions d'internautes réguliers. Les usages les plus fréquents concernent les activités liées à des entreprises, à l'administration et à l'éducation. La démocratisation de l'accès à l'internet se matérialise par la dissémination des espaces dédiés à des cybercafés. La Banque mondiale estime qu'une augmentation de dix points dans la pénétration du haut débit d'internet entraînerait une augmentation de 1,2 point de croissance économique.

Mais, la progression du numérique en Afrique se heurte encore à des nombreuses difficultés, notamment : le *tarif de l'accès* (en Afrique subsaharienne, celui demeure le plus élevé du monde), *l'absence de réseaux internationaux de haute capacité*. Les efforts sont déployés en vue de faire face à cette question de réseaux et mieux raccorder l'Afrique au reste du monde. Le continent est passé d'un seul câble de fibre optique sous-marin le long de la côte Atlantique en 2000 à douze en 2012, avec six autres planifiés. La largeur de la bande internet a été multipliée par vingt. Les nouveaux projets de câbles, les réseaux à larges bandes, la diffusion de la fibre optique dans l'hinterland et la réalisation des réseaux à haut débit vont certainement augmenter la connectivité et permettre dans les années à venir à la majorité des populations d'Afrique d'avoir accès à l'internet.

Des investissements sont engagés tant par les différents programmes Onusiens (*Inter world Program, Connecting the next one billion, Bridging the divide world*) que par des modestes programmes locaux soutenus par les bailleurs de fonds internationaux (fourniture du matériel informatique). Du côté des usagers, l'inventivité s'est amplement exprimée. En même temps se développent deux contradictions apparentes ou la *modernisation paradoxale* : la première porte sur la *fracture numérique* qui s'élargie au sein même des sociétés africaines et qui vient s'ajouter à celle déjà existante entre riches et pauvres. La notion de « fracture numérique » a été développée pour justifier les actions favorisant l'accès aux TIC des populations à faibles revenus à la fois dans les pays riches et pauvres. Certains programmes comme « Education numérique pour tous » (projet Sankoré) et « Réseau éducation pour tous en Afrique » (Repta), visent à atténuer cette inquiétude. La seconde porte sur le monopole et la domination du marché d'accès à l'internet par les étrangers (grands fournisseurs). Seuls trois groupes africains sont présents de manière significative sur le marché de télécommunication : le sud-africain MTN, le nigérian Globalcom et l'égyptien Orascom.

Je parle du marché de télécommunication et domestication de la téléphonie mobile en Afrique subsaharienne et des TIC comme passerelles du développement en Afrique.

3421 Marché de télécommunication et domestication de la téléphonie mobile en Afrique subsaharienne

La nécessité est mère de l'innovation, dit-on. Importées, mais de plus en plus appropriées par les individus et les communautés, la téléphonie mobile prend progressivement de l'ampleur et sa progression vers la domestication ne fait plus l'ombre d'aucun doute. En 2011, l'Afrique est devenue le deuxième marché du monde pour la téléphonie mobile après l'Asie et celui-ci croît rapidement. L'accès au téléphone se démocratise progressivement en Afrique et atteint désormais toutes les couches des populations. On estimait en 2015 que 60 à 70% de la population d'Afrique pouvait avoir accès au réseau mobile et qu'en 2020 plus de personnes auront accès au réseau mobile plus que l'électricité dans leurs maisons. Le nombre de téléphones mobile dépasse aujourd'hui celui des téléphones fixes. Il peut être aussi un marquer du social distinctif et impose une place importante dans les budgets des individus et des ménages.

La diffusion et la domestication rapide de la téléphonie mobile tient à plusieurs facteurs, notamment :

- *L'offre adaptée*. La téléphonie mobile est très accessible te son utilisation ne requiert pas un niveau particulier d'éducation dans un continent où l'alphabétisation des populations n'est pas encore totalement acquise. En outre, les prix d'acquisition sont modestes pour les modèles de base. Plutôt que de réaliser des marges de bénéfice élevé sur un petit nombre d'utilisateurs, les opérateurs ont joué sur un grand nombre d'abonnés avec une politique commerciale adaptée à la faiblesse des revenus.
- La *domestication des usages*. Un modèle d'usage fondé sur l'économie informelle du détail et de l'occasion dans un contexte de pauvreté est en train de se développer en tache d'huile dans les différents pays africains. Ce modèle se fonde principalement sur l'optimisation de l'utilisation du mobile : le partage de l'appareil à plusieurs dans la communauté, le

recours aux SMS moins cher, l'interconnexion d'un groupe d'individus, l'utilisation à des fins collectives dans les villages les plus éloignés, les méthodes dites d'activation des crédits d'appels ou d'internet à faible coût. On constate ici et là l'existence et le développement du marché de l'occasion ou du recyclage d'anciens modèles.

- *L'intégration dans les habitudes sociales*. Le téléphone est un outil de réseau, il resserre les liens avec la parenté dispersée. Ce qui explique l'adoption à grande échelle de cette technologie et son intégration progressive dans les habitudes par les populations africaines des villes comme celles des villages.
- *La création des nouveaux métiers*. En vue de répondre à des besoins de service de détail et de proximité des usagers, des nouveaux métiers se sont créés : loueurs des mobiles dans les points phones ou kiosque (cabines), vendeurs, réparateurs, décodeurs, rechargeurs ambulants de mobiles.

Dans certains marchés, les perspectives s'étoilent en raison de leurs engorgements. C'est le cas du Kenya où le marché de la téléphonie se rapproche de la saturation, depuis l'arrivée du spécialiste du prix cassé, l'Indien Bharti (marque Airtel), avec le rachat des filiales dans 17 pays africain par le koweïtien Zain (une opération de 10,7 milliards de dollars, la plus grosse jamais enregistrer dans le secteur).

Les lignes qui suivent parlent des TIC comme passerelles du développement en Afrique.

3422 TIC comme passerelles du développement en Afrique

A la faveur de la démocratisation des équipements informatiques et d'Internet au cours des années 1990, les techniques de l'information et de la communication (TIC) ont été présentées (et le sont toujours) comme la passerelle que des pays pauvres comme ceux d'Afrique devraient emprunter pour impulser leur développement. Cette approche a alimenté une large production discursive afin de promouvoir ces dispositifs, et cela est en partie motivé par des stratégies capitalistes visant la conquête de nouveaux marchés. De plus, le déploiement des infrastructures TIC en Afrique crée des disparités entre pays et à l'intérieur d'un même pays, allant ainsi à l'encontre des discours présentant ces TIC comme la panacée du développement. Annie Chéneau-Loquay affirme que tous les grands organismes de l'ONU ou de coopération régionale ont revu leurs politiques sous l'angle d'une priorité à accorder aux TIC. Selon elle, des réseaux de communications corrects, une connectivité à Internet et des contenus innovants sont déclarés comme cruciaux pour le développement de l'Afrique.

Cette capacité octroyée aux TIC, leur permettrait d'engendrer le développement, est cependant critiquable, car, comme le note Fabien Cishahayo, « Les NTIC sont aussi en train de modifier les termes dans lesquels se posait la question des changements socio-économiques dans les pays en développement. L'omniprésence du brouhaha des marchands du temple [...] rend cependant malaisée toute tentative d'appréhension critique de la nature des nouveaux outils et de leurs usages. » Cette appréhension critique est pourtant nécessaire.

En 2008, suite au deuxième forum sur les meilleures pratiques des TIC en Afrique, parrainé notamment par Microsoft et l'Union Européenne (UE), une feuille de route pour l'*e-gouvernance* en Afrique a été conçue et présentée comme un engagement de Microsoft et de l'UE pour le développement de l'Afrique par le biais de la technologie.

Ces initiatives en faveur du développement des TIC et des services rendus par ces dispositifs sont entreprises dans un contexte où le secteur privé est très encouragé. Philippe Bouquillion souligne que : « les politiques et les discours publics en matière de TIC contribuent à une définition du champ de l'intervention publique et non marchande qui se réduit au profit de celui du capital privé ». Cette *manœuvre* se fait notamment dans le cadre du passage du service public au service universel. Selon Nicolas Curien, ce principe de service universel situe le débat principalement sur le terrain économique au détriment des problématiques réglementaires, dans un contexte où l'État a abandonné sa souveraineté économique. Concernant l'Afrique, en se référant à Mustafa, Oumar Kane affirme que le service universel dans sa définition classique semble difficilement applicable dans les contextes africains caractérisés par la rareté des ressources et l'isolement des zones rurales. Ce contexte de pauvreté est à mettre en « tension » avec les réglementations ouest-africaines des TIC d'obédience libérale. Selon Alain Kiyindou, en donnant la priorité à la privatisation à outrance des opérateurs de télécommunication africains, l'UIT (Union Internationale des Télécommunications) a participé au démantèlement du service public des télécommunications.

Par ailleurs, les stratégies capitalistes dans le secteur des télécommunications en Afrique font face à des résistances venant notamment de syndicats, d'associations de consommateurs, de militants de logiciels libres, même si les multinationales usent de lobbying pour passer outre ces réactions. Les nouvelles technologies de l'information et de communication (NTIC) donnent le meilleur exemple de l'appropriation technologique en Afrique où l'on constate une certaine effervescence d'innovations ayant envahi divers secteurs de la vie sociale et économique grâce au développement d'applications propre à la téléphonie mobile et de la *Net-économie* (*e-administration, e-commerce, e-banking, e-agriculture, e-santé,* ...). L'importance des NTIC n'est pas à démontrer dans les milieux africains. Si par le passé les *systèmes d'information de marché* (SIM) *agricole* ont fourni dans certains pays des informations peu coûteuses aux producteurs et négociants via les radios ou des messages écrits, les téléphones mobiles se présentent de nos jours à la fois comme une nécessité pour les communications entre les individus et un moyen efficace pour fournir quasi instantanément l'information sur les cours des produits agricoles, sur les marchés, sur les prévisions météorologiques.

La téléphonie mobile connait des nombreuses applications au Sénégal, au Kenya, au Ghana et au Rwanda. Au Sénégal, l'information sur les pêcheurs et les poissons se fait en mer, dans un rayon de 30 km autour des ports. Ils peuvent communiquer en temps réel aux mareyeurs de Kayar, de Mbour ou de Joal, leur offre en quantité et en qualité et fixer le prix avant leurs débarquements. Ils utilisent aussi leurs mobiles comme GPS ou comme station météo spécialisé et prévenir des secours. Dans certains pays, les téléphones apportent des informations précieuses sur les opportunités de la main-d'œuvre. Les demandeurs d'emplois peuvent se renseigner sur les possibilités de travail éloigné de chez eux.

La *télémédecine* à des usages diversifiés. Elle offre une solution à la pénurie de médecins dans les zones rurales. Il existe partout en Afrique, des dispensaires tenus par un unique infirmier. Des données médicales peuvent être transmises vers un hôpital éloigné grâce à l'internet.

L'enseignement est un des domaines de prédilection des NTIC. Les expériences d'offre de service à distance sont multiples : le télé enseignement et les classes numériques connaissent un engouement important particulièrement au Rwanda où l'infrastructure en fibre optique couvre tout le pays. Le NEPAD a de son côté lancé le projet *e-schools* visant à enseigner les technologies de l'information et de la communication dans les écoles primaires et secondaires.

Les institutions financières proposent des services de *banque à distance*, via le téléphone mobile, afin de développer et diversifier leurs offres. Des applications permettent ainsi le transfert d'argent : *e-Banking* en plein essor dans les pays disposant peu des banques, mais dispose de couverture de réseau téléphonique dans certains villages et agglomérations. Le Kenya a été premier en la matière à travers *Safaricom* (*M-Mpesa*) qui comptait 15 millions d'utilisateurs en 2012, avant de s'étendre dans certains pays comme la République Démocratique du Congo. Ce système qui envoie aux tiers de l'argent par SMS est de plus en plus en plus utilisé, notamment par les personnes ne disposant pas de compte bancaire, des migrants, des voyageurs à l'intérieur du pays, des salariés et des militaires pour le paiement des salaires et soldes.

La Net-économie représente une place importante dans la formation du PIB dans certains pays. C'est le cas du Kenya et de l'Afrique du sud où en 2016, elle représentait 2,5% du PIB. D'autres pays comme le Sénégal, le Gabon, la Cote d'Ivoire et le Nigéria ont également des projets de devenir des plateformes numériques.

La télécommunication représente la première source de revenu fiscal dans les pays qui ne sont pas dotés des matières premières et représente en moyenne 5% du PIB des Etats africains. Cette part peut être encore plus largement supérieure si les produits de télécommunications n'étaient pas classés dans la catégorie fiscale des « produits de luxe ». La gouvernance démocratique se trouve renforcée avec l'efficacité et l'autonomisation des réseaux sociaux qui limitent les risques des fraudes, de corruption lors des élections et en dénonçant les cas de violation des droits de l'homme. La *blogosphère africaine* peut devenir le porte-voix de la société civile. Enfin, l'ambition de faire du téléphone l'ordinateur pour tous se trouve nourri avec la diffusion d'internet sur le mobile. Il sera certainement dans un proche avenir à la fois l'outil de communication, le portail pour le livre scolaire, l'album photo familial, la carte de paiement de crédit, la radio, etc.

Conclusion

En conclusion de ce chapitre sur les repères économiques, l'on doit relever que le sous-développement de l'Afrique subsaharienne est d'abord un problème de la fragilité des structures des économies dans cette partie du continent berceau de l'humanité, ayant gardé depuis les années 1960 de lien ombilical de dépendance chronique avec les métropoles ou les anciens colonisateurs qui, exercent une domination pitoyable. En effet, ces pays dont les économies sont caractérisées par la fragilité des systèmes d'exploitation induite par l'extraversion ;les exportations souvent focalisées sur un seul produit de base, orienté selon les normes et besoins des consommateurs occidentaux détenant le monopole de décision sur les prix; la déchéance de l'agriculture, niches potentiellement porteuses de croissance, de valeur ajoutée et moins vulnérables aux conditions du marché international, en dépit d'énormes potentialités qu'elle présente en termes de production, de la diversification des économies, de la main-d'œuvre ou d'emploi. La déchéance de l'agriculture a comme conséquence immédiate la consolidation de la stagnation des économies et le retard pour l'Afrique subsaharienne d'amorcer sa première transition économique.

Alors que l'agriculture occupe une place de choix dans les débats sur le développement économique des Etats, en Afrique subsaharienne son rôle prioritaire dans le processus de libéralisation des marchés et les transformations structurelles semble être constamment relégué en dernière position, en dépit de l'écrasante majorité d'actifs agricoles qui font continument preuve de leurs capacités dynamiques à impulser un entrepreneuriat productif et durable. Les politiques d'ajustements structurels imposées dans les années 1980 par la Banque mondiale et le fonds monétaire international aux pays les moins avancés, ont précipité la chute de l'activité agricole car impliquant le retrait de l'Etat du secteur, principalement de son rôle d'encadreur. Ce traitement de choc, a tué dans l'œuf les quelques dynamiques d'intensification en éclosion et a exposé brutalement les agriculteurs à la concurrence globale des produits venant des zones où les productivités du travail sont bien plus élevées, entraînant ainsi la désintégration de l'activité et la liquidation programmée de ce secteur aux ressources sûres pour l'éclosion de l'industrie, des technologies, de l'entrepreneuriat et du développement. L'impact de cette désaffection pour le secteur a été énorme : dégradation des infrastructures agricoles, forte baisse de l'utilisation d'engrais, disparition des structures d'accompagnement technique, érosion des capacités de recherche, accentuation de la pauvreté rurale et de la faim... D'où, notre conviction d'affirmer ensemble avec René Dumont que l'Afrique, principalement celle du sud de Sahara était mal partie pour son développement.

L'échec du développement agricole est aussi celui de la formation des organisations économiques (entreprises, coopératives) et de l'éclosion d'un entrepreneuriat productif et durable. Ceci nourrit non seulement l'immobilisme, mais expose la majorité des populations actives de cette partie du continent à la précarité, à la dépendance totale et au mimétisme. La crise de l'entrepreneuriat productif consécutive à l'échec du décollage de l'agriculture, renforce dans plusieurs Etats, le mauvais climat des affaires avec sa cohorte des mesures tracassières, exerçant en conséquence une répulsion des investissements étrangers, porteurs des ressources à forte valeur ajoutée et de croissance ; l'institutionnalisation des valeurs négatives telles que la corruption, et la faiblesse des cadres juridiques, contraignants et sécurisants. Comment sortir l'agriculture africaine de son marasme ou stagnation actuelle et la propulser ainsi dans l'orbite du développement économique ? En claire, quelles stratégies mettre en place pour réduire la forte dépendance des producteurs africains de certains produits d'exportation fortement affectés par les subventions européennes et nord-américaines ?

Certes, la situation actuelle d'Afrique est dramatique, mais ne relève pas d'une fatalité car, malgré d'innombrables contraintes qui constituent le goulot d'étranglement et, bien que l'agriculture puisse faire face à des situations fort défavorables, des conditions positives peuvent l'aider à atteindre la plénitude de son potentiel. D'ailleurs, les agriculteurs africains ont su résister, innover et continuer à alimenter les villes, même au prix d'une extension des surfaces cultivées, sans que le maintien de la fertilité soit durablement garanti. Aussi, les agriculteurs africains, pour la plupart en situation de pauvreté radicale, vont devoir nourrir, renforcer les services écosystémiques, produire des agro-carburants, etc. et, dans le même temps, générer la *"transition économique"*.

Par ailleurs, les responsables politiques, qui affichent des objectifs agricoles très ambitieux, se basent souvent sur un modèle de la *"modernisation"* passant par les grandes exploitations mécanisées au risque de provoquer l'éviction des petits paysans pauvres, jugés non viables. Aujourd'hui l'agriculture revient au centre des attentions car on reconnait que plusieurs grands défis globaux : alimentation, énergie, santé, pauvreté, dégradation des écosystèmes, changement climatique, risquant de constituer une crise systémique majeure, impliquent l'activité agricole à un degré ou un autre. L'Afrique subsaharienne qui n'a pas encore vécu, comme les autres continents, sa *"transition économique"*, entraînant un passage massif de l'activité agricole vers les autres activités ; mais qui a vécu une urbanisation sans industrialisation, sans nouveaux gisements d'emplois, doit saisir l'occasion pour tirer son épingle du jeu.

Le combat pour les voies de sortie à la crise doit d'abord être focalisé sur la redynamisation des Etats (l'immense responsabilité de la politique), de manière à permettre à l'Afrique subsaharienne de se doter des Etats véritablement protecteurs des économies, visionnaires ; et capables de rassurer les agents économiques par des mesures pratiques, notamment la relance de l'économie par l'éclosion de l'agriculture. Cette dernière doit être une véritable priorité des priorités qui devra mobiliser à la fois les intelligences locales et/ou l'éveil national, la recherche et la vulgarisation, l'éducation, la formation, l'encadrement des producteurs, les conditions de travail, les questions foncières (la sécurisation des droits), l'investissement dans les infrastructures, les intrants, les circuits de commercialisation, la sécurité sociale, la santé, les moyens matériels et financiers, et beaucoup d'autres aspects.

En perspectives, l'Afrique devra faire bénéficier ses populations des avantages de ses forêts naturelles, ses grandes tourbières, ses eaux douces, sa faune et flore variées, en s'octroyant une voix prépondérante dans les négociations sur les enjeux actuels de changement climatique. Les fonds verts et autres compensations doivent être négociés sans complaisance dans l'objectif d'obtenir le transfert tant souhaité des technologies. La problématique de l'équité et de la libération des marchés internationaux ainsi que des politiques de subvention des produits agricoles par les pays développés est un autre enjeu auquel les Etats protecteurs attendus de tous les vœux devront affronter dans le débat sur la libération des marchés.

Au niveau régional et local, trois pistes des solutions doivent être explorées, il s'agit de :

- *Développer les marchés régionaux*. En dehors de quelques rares niches et des filières organisées à l'exportation, le petit producteur ne peut pas faire valoir un avantage comparatif dans le marché global. Les marchés des produits alimentaires au niveau régional restent les plus accessibles et bénéficient d'une demande forte et durable ; leur développement est une clé pour l'innovation et la diversification rurale, ce qui suppose des politiques très volontaristes de soutien, voire de protection.

- *Générer une diversification des revenus.* La majorité des ménages tente d'avoir une activité hors exploitation, mais le retour financier est très faible car les emplois hors agriculture sont rares et mal rémunérés et les plus pauvres n'y ont pas accès. Ils semblent condamnés à des activités de survie et bloqués dans des *"pièges à pauvreté "*, au niveau de la région ou du ménage. Pour commencer à se diversifier, les agriculteurs les plus pauvres doivent être soutenus, leurs actifs protégés, pour passer un cap et mieux faire face aux risques.
- *Réinvestir des stratégies de développement ancrées dans les territoires.* Seule une option radicale pour l'agriculture familiale pourra réduire cette pauvreté rurale et enclencher la dynamique de développement profitant au plus grand nombre. Pour accroitre les revenus agricoles, clé de la demande rurale et de l'indispensable diversification, il faut augmenter la productivité et garantir un meilleur accès aux ressources et aux marchés. Les niveaux de pauvreté rurale imposent des investissements massifs dans les biens publics que sont les infrastructures, la formation et l'innovation, le fonctionnement des marchés et l'intégration régionale. La cohérence de ces investissements doit s'appuyer sur des stratégies de développement intégrées visant explicitement la lutte contre la pauvreté. Alors qu'on a longtemps préféré des approches sectorielles peu coordonnées, il faut réinventer des démarches territorialisées et participatives, avec de véritables priorités d'actions. L'agriculture familiale, ancrée dans les territoires, pourrait alors pleinement jouer son rôle de ferment de développement.

La mise en place de ces stratégies internationales, régionales et locales permettra à l'Afrique du Sud de Sahara, au-delà de la production et de la sécurité alimentaire, de générer impérativement plus d'activités et de revenus. La création d'emplois doit devenir un critère incontournable des choix de développement car, ceci permettrait à cette partie du continent noire caractérisée notamment par une dynamique démographique importante, de relever le défi de l'emploi des jeunes, facteur de base pour son décollage économique. C'est dans cette condition *d'interactivité positive* entre l'homme - production - ressources, que les économies africaines seront appelées à jouer un rôle déterminant dans l'amélioration des qualités de vie et/ou des conditions sociales des individus et des communautés, sans lesquels le développement de l'Afrique ne sera que leurre.

Bibliographie

I. Ouvrages

ABE, (Cl.), *Cours de sociologie du développement, Master I-II en développement et management des projets en Afrique*, Université catholique d'Afrique centrale, année académique 2006-2007.

ADOTEVI Spero S., *Négritude et nécrologue*, Le Castor Astral, Mayennce, 1998.

AGUITON Ch. et CARDON D., « Militants et TIC », dans Benamrane DJILALI, JAFFRE Bruno et VERSCHAVE François-Xavier (dir.), *Les télécommunications entre bien public et marchandise*, Charles-Léopold Mayer, Paris, 2005.

AKER J.C. et MBITI M., « Mobile phones and Economy Development in Africa », *Center for Global Development Working Paper*, 211, 2010.

AKKARI A. et PAYET J.P., *Transformation des systèmes éducatifs dans les pays du sud. Entre globalisation et diversification*, De Boeck, coll. Raisons éducatives, Bruxelles, 2010.

ALBOUY, (Y.) et al., *Sécheresses et famines du Sahel. Écologie, dénutrition, assistance*, Maspero, Paris, 1975.

ALIBERT J., Joseph DE MAISTRE, *Etat et religion*, Tepui, Paris, 1990.

ALLIER Raoul, *Le non-civilisé et nous*, Payot, Paris, 1927.

AMADOU Hampâté Mbâ, *Mémoires*, Ed. J'ai lu, Paris, 2008.

AMADOU Kourouma, *Le soleil des indépendances*, Presse de l'Université de Montréal, Montréal, 1968.

AMIN S., *L'accumulation à l'échelle mondiale,* Ed. Anthropos, Ifan-Dakar, 1970.

AMIN, (S.), *Itinéraire intellectuel : regards sur le demi-siècle 1945-1990*, L'Harmattan, Paris, 1993.

--------, (S.), *L'Afrique : exclusion programmée ou renaissance ?* Maisonneuve, Paris, 2005.

--------, (S.), *La déconnexion : Pour sortir du système mondial*, La Découverte, Paris, 2012.

--------, (S.), *La faillite du développement en Afrique et dans le tiers monde*, L'Harmattan, Paris, 1989.

ANDRIEU, (E.), CAILLAVET, (F.), *« L'alimentation comme dimension spécifique de la pauvreté. Approches croisées de la consommation alimentaire des populations défavorisées », Les travaux de l'Observatoire national de la pauvreté et de l'exclusion sociale 2005-2006*, La Documentation française, Paris, 2006.

ARENDT Hannah, *La crise de la culture huit exercices de pensée politique*, Saint-Amand, Gallimard, Paris, 1972.

ARISTOTE, *L'éthique à Nicomaque,* trad. par Richard Bodéus, Flammarion, Manchecourt, 2004.

ARISTOTE, *La métaphysique I*, tome 1, Vrin, Paris, 1982.

--------, *La politique,* trad. Marcel Prélot, Ed. Gonthier, Mayence, 1977.

ASMELLE, (J.-L.), *Au cœur des ethnies*, La Découverte Paris, 1985.

ASSIDON, (E.), *Les théories économiques du développement*, La Découverte Paris, 2002.

ASSOGBA Y., *La jeunesse en Afrique subsaharienne*, Presse de l'université de Laval, coll. Regard sur la jeunesse du monde, Québec, 2007.

ATANGANA, (N.), *Problématique du développement en Afrique tropicale*, Clé, Yaoundé, 1978.

ATTAR, (F.), *Le droit international entre ordre et chaos*, Hachette, Paris, 1994.

AUGE, (M.), *Non-lieux. Introduction à une anthropologie de la surmodernité*, Seuil Paris, 1992.

AZOULAY, (G.) et DILLON, (J.-C.), *La sécurité alimentaire en Afrique : manuel d'analyse et d'élaboration des stratégies*, Karthala, Paris, 1993.

BA HAMPATE AMADOU, *Mémoires*, Ed. J'ai lu, Paris, 2008.

BAIROCH, (P.), *Le Tiers Monde dans l'impasse. Le démarrage économique du 18è au 20è siècle*, Gallimard, Paris, 1983.

--------, (P.), *Mythes et paradoxes de l'histoire économique*, La Découverte, Paris, 1994.

--------, (P.), *Révolution industrielle et sous-développement*, EHESS, Paris, 1977.

--------, (P.), *Victoires et déboires. Histoire économique et sociale du monde du XVIè siècle à nos jours*, Gallimard, Paris, 1997.

BALANDIER G, *La vie quotidienne au royaume Congo*, Hachette, Paris, 1965.

--------, *Sociologie actuelle de l'Afrique noire*, 1963.

--------, *Afrique ambigüe*, Plon, Paris, 1957.

--------, *Le détour. Pouvoir et modernité*, Fayard, Paris, 1985.

--------, *Le pouvoir sur scène*, Ballan, Paris, 1980.

--------, *Sociologie actuelle de l'Afrique noire*, PUF Paris, 1981.

BALANDIER, *Sociologie actuelle de l'Afrique Noire*, PUF, Paris, 1975.

BALME R., Serge RIVRON, *La Démocratie participative, la participation au concret*, La passe du vent, Paris, 2009.

BAOHOUTOU, (L.), *Les précipitations en zone soudanienne du Tchad : variabilité et impacts socioéconomiques et environnementaux durant les quatre dernières décennies (60-99)*, Éditions Universitaires Européennes, Paris, 2010.

BARDHAN P. et UDRY C., *Development Microeconomics*, Oxford University Press, Oxford, 1999.

BARE, (J.-F.), *Regards interdisciplinaires sur les politiques du développement*, L'Harmattan. Paris, 1995.

--------, *Tahiti, les temps et les pouvoirs : pour une anthropologie historique du Tahiti posteuropéen*, ORSTOM, Paris, 1987.

BASCOULERGUE, (P.), *Notions d'hygiène alimentaire adaptées au Nord-Cameroun*, ORSTOM, Paris, 1963.

BASTIDE, (R.), *Anthropologie appliquée*, Payot, Paris, 1971.

BATESON, (G.), *Vers une écologie de l'esprit*, Seuil, Paris, 1980.

BAUMAN, (Z.), *Liquid Modernity*, Polity Press, Londres, 2000.

BEAUD, (M.) et DOSTALER, (G.), *La pensée économique depuis Keynes : Historique et dictionnaire des principaux auteurs*, Seuil, Paris, 1993.

BENAMRANE Djilali, « *Le Fonds de solidarité numérique : un abcès de la gouvernance mondiale en gestion* » dans Benamrane Djilali, Jaffré Bruno et Verschave François-Xavier (dir.), *Les télécommunications entre bien public et marchandise*, Charles-Léopold Mayer, Paris, 2005.

BENNET, (J.) et BOWEN, (J.), *Production and Autonomy*, University Press of America Lanham, MA. 1988.

BENOIT XVI, *Chercher Dieu*, Parole et Silence, Paris, 2008.

BENSALAH-ALAOUI, (A.), *La sécurité alimentaire mondiale*, LGDJ, Paris, 1989.

BERGER, (L.), *Famine : mieux comprendre, mieux aider*, Collection Mondes en devenir, Paris, 1986.

BERGERET, (A.), *L'arbre nourricier en pays sahélien*, Maison des sciences de l'homme, Paris, 1990.

BERGSON H., *Essai sur les données immédiates de la conscience*, PUF, Paris, 2007.

--------, *Les deux sources de la morale et de la religion*, Flammarion, Paris, 2012.

BERQUE, (J.), *L'Occident et les autres. Histoire d'une suprématie*, La Découverte, Paris, 2002.

--------, *Recherche et coopération avec le Tiers-Monde*, Documentation française. BESSIS, (S.), Paris, 1983.

BESSETTE G., *Communication et participation communautaire*, Les presses de l'Université de Laval, Québec, 2004.

BEVORT A., *Pour une démocratie participative*, Presses de Sciences Po, Paris, 2002.

BIDIMA G., *La philosophie négro-africaine*, PUF, Paris, 1995.

BLONDIAUX L., « Démocratie participative/délibérative », in Dominique Bourg et Alain Papaux, *Dictionnaire de la pensée écologique*, Presses universitaires de France, Paris, 2015.

BLONDIAUX L., « Le profane comme concept et comme fiction politique » in T. Fromentin et S. Wojcik (dirs.), *Le profane en politique. Compétences et engagements du citoyen*, Paris, L'Harmattan, 2008.

--------, *Le Nouvel esprit de la démocratie. Actualité de la démocratie participative*, La République des idées, Seuil, Paris, 2008.

BOIRAL, (P.) et al., *Paysans, experts et chercheurs en Afrique noire*, Karthala, Paris, 1985.

BOLTANSKI L. et Chiapello E., *Le nouvel esprit du capitalisme*, Gallimard, Paris, 1999.

BONGELI, (E.), *Sociologie & sociologues africains. Pour une recherche sociale citoyenne au Congo-Kinshasa*, L'Harmattan, Paris, 2001.

BONNET, (D.), Présentation. *La notion de négligence sociale à propos de la malnutrition de l'enfant, Sciences sociales et santé*, n°14, janvier. 1996.

BORNSTEIN D., *Comment changer le monde. Les entrepreneurs sociaux et le pouvoir des idées nouvelles*, La Découverte (traduction), Paris, 2005.

BOSERUP E., *The conditions of agricultural Growth. The economics of agrairian changa under population pressure,* Allen and Unwin, London,1965

BOUDON r. et LAZARSFELD r.F., *L'analyse empirique de la causalité,* Paris, Mouton et Co., 1966.

BOUDON R., *Effets pervers et ordre social,* Quadrige/Presses Universitaires de France, Paris, 1989.

--------, *L'analyse mathématique des faits sociaux,* Librairie Pion, Paris, 1967.

--------, *La crise de la sociologie,* Librairie Droz, Genève, 1971.

BOUJU, (J.), *Graine de l'homme, enfant du mil*, Société d'ethnographie, Paris, 1984.

BOUQUILLION P., *Les industries de la culture et de la communication. Les stratégies du capitalisme*, Presses Universitaires de Grenoble, Grenoble, 2008.

--------, *Proposition en vue d'une économie politique de la communication.* (HDR), Grenoble, Université Stendhal, Grenoble 3, 2000.

BOURDIEU P. (dir.), *La Misère du monde*, Le Seuil, Paris, 1993.

BOURDIEU P. et Alain DARBEL avec Dominique Schnapper, *l'Amour de l'Art*, Minuit, Paris, 1966.

BOURDIEU P., *Ce que parler veut dire : l'économie des échanges symboliques*, Fayard, Paris, 1982.

--------, *Histoire de la philosophie, tome1 La philosophie moderne*, Paris, PUF, 1960.

--------, *La Distinction. Critique sociale du jugement*, Minuit, Paris, 1979.

--------, *Le Sens pratique*, Minuit, Paris, 1980.

--------, *Les sciences sociales 1989-1992*, volume 1, Éditions Belin, 1994.

--------, *Question de sociologie*, Minuit, Paris,1984.

--------, *Science et réflexivité*, Raisons d'Agir Édition, Paris, 2002.

--------, *La domination masculine*, Seuil, Paris, 1998.

--------, *Méditations pascaliennes*, Seuil, Paris, 1997.

--------, *Questions de sociologie*, Minuit, Paris, 1988.

BOUREIMA, (A.-G.), *Une histoire des famines au Sahel. Étude des grandes crises alimentaires (XIXe-XXe siècle*, L'Harmattan, Paris, 1993.

BOUTROUX E., LEIBNIZ, *la monadologie*, Delagrave, Paris, 1896.

BRAS P-L., POURVOURVILLE G. (de) et Tabuteau D. (dir.), *Traité d'économie et de gestion de la santé*, Presse des sciences Po, Paris, 2009.

BRECHON, (P.), *Enquêtes qualitatives, enquêtes quantitatives*, PUG, Grenoble, 2011.

BREHIER E., *Chrysippe et l'ancien stoïcisme*, PUF, Paris, 1951.

BRETON R. et MAURETTE G., *Montagnards d'Afrique noire. Les hommes de la pierre et du mil, Haut-Mandara, Nord Cameroun*, L'Harmattan, Paris, 1993.

BRODEUR, (J.) et al., *Pour une meilleure cohérence des normes internationales. Reconnaitre la spécificité agricole et alimentaire pour le respect des droits humains*, Yvon Blais, Cowansville, 2010.

BROWN, (E.), *Nourrir les gens, nourrir les haines*, Société d'ethnographie, Paris, 1983.

BRUEGEIL, (M.), et al., *Histoire et identités alimentaires en Europe*, Hachette, Paris, 2002.

BRUN J., *Le stoïcisme*, Vrin, Paris, 1969.

BRUNEL S., *L'Afrique*, Bréal, Paris, 2004.

--------, *Asie-Afrique : Greniers vides, greniers pleins*, Economia, Paris, 1985.

--------, *Le développement durable*, PUF, Paris, 1991.

--------, *Une tragédie banalisée : la faim dans le monde*, Hachette, Paris, 2004.

BUAKASA, (G.), *Réinventer l'Afrique sur l'axe de sa tradition. Application au cas du Congo-Zaïre*, L'Harmattan, Paris, 1996.

BUENZOD J., *La formation de la pensée de Gobineau et l'essai sur l'inégalité des races humaines,* Librairie A.-Nizet, Paris, 1967.

CAILLE, (A.), *Anthropologie du don*, La Découverte, Paris, 2004.

--------, *Don, intérêt et désintéressement. Bourdieu, Mauss, Platon et quelques autres,* La Découverte, Paris, 1994.

CALAME P., *La Démocratie en miettes. Pour une révolution de la gouvernance*, éd. Charles Léopold Mayer, Descartes & cie, Paris, 2003.

CALLON M., P. LASCOUMES, Y. BARTHE, *Agir dans un monde incertain*, Seuil, 2002.

Camps, (C.), *Le néolithique méditerranéen : techniques et genres de vie*, Edisud/Toubkall, Aix-en-Provence, 1998

CASTILLO M., *L'humanisme et les Lumières en question*, Ellipses, Paris, 2001.

--------, *La responsabilité des modernes*, Ed. Krimé, Paris, 2007.

CASTRO Santiago, « *L'e-gouvernance en Amérique latine. Des promesses bien séduisantes* » Dans Mathieu Michel (dir.), *Le Sommet Mondial sur la Société de l'Information et « après » ? Perspectives sur la cité globale,* Bruylant, Bruxelles, 2007.

CATTIER M., *Droit et administration*, Bruxelles, 1904.

CAZES, (G.) et al., *Le sous-développement et ses critères*, Bréal. CEA, Montreuil, 1990.

CEMAC, *Vers une économie régionale intégrée et émergente*. PER de la CEMAC 2009-2025, 2008.

CESAIRE A., *Cahier d'un retour au pays natal*, Présence Africaine, Paris, 1971.

--------, *Discours sur le colonialisme suivi du discours sur la négritude*, Présence africaine, Paris, 2004.

CHARNOZ O. et SEVERINO, J.M., *L'aide publique au développement*, La Découverte, Paris, 2007.

CHATUE J., B-J. FOUDA, *Idiosyncrasie d'un philosophe africain*, L'Harmattan, Paris, 2007.

CHEIKH Anta Diop, *Nations nègres et culture*, Présence Africaine, Paris, 1954.

CHEIKH Hamidou Kane, *L'Aventure ambiguë*, Union Générale d'Edition, Paris, 1979.

--------, *Les Antimodernes*, Gallimard, Paris, 1922.

CHENEAU-LOQUAY A., « *Quelle insertion de l'Afrique dans les réseaux mondiaux ? Une approche géographique* », dans Chéneau-Loquay Annie (dir.) *Enjeux des technologies de la communication en Afrique du Téléphone à Internet,* Karthala, Paris, 2000.

CHENEAU-LOQUAY A., *Modes d'appropriation innovants du téléphone mobile en Afrique*, Union internationale des télécommunications, Ministère des Affaires étrangères et européennes, Paris, 2010.

CLIFFORD, (G.), *Local knowledge : further essays in interpretive anthropology*, Basic Book, New York, 1983.

CODESRIA. KLATZMANN (J.), *Aide alimentaire et développement rural*, PUF, Paris, 1988.

--------, *Nourrir l'humanité. Espoirs et inquiétudes*, Economia, Paris, 1991.

COLIN (A.), *Un demi-siècle d'africanisme africain. Terrains, acteurs et enjeux des sciences sociales en Afrique indépendante*, Karthala, Paris, 2010

COMET, (G.), *Le paysan et son outil. Essai d'histoire technique des céréales (France, VIIIème–XVème siècle)*, Collection de l'Ecole Française de Rome – 165, Paris, 1992.

COMPAGNON A., *Les cinq paradoxes de la modernité*, Editions Du Seuil, Paris, 1990

COMTE A., *Cours de philosophie positive*, Paris, 1830.

--------, *Philosophie des sciences textes choisis par Jean Laubier*, PUF, Paris, 1974.

CONDOMINAS G., *L'espace social, à propos de l'Asie du Sud-Est*, Flammarion, Paris, 1980.

COPANS J., *La longue marche de la modernité africaine*, Karthala, Paris, 1990

--------, *Développement mondial et mutations des sociétés contemporaines*, Paris, 2006.

--------, *La longue marche de la modernité africaine*, Karthala, Paris, 1975.

--------, *Sécheresses et famines du Sahel*, Maspero, Paris, 1990.

COQUERY-VIDROVITCH C., *Petite histoire de l'Afrique*, La découverte, Paris, 2011.

--------, *Afrique noire : permanenceset ruptures*, Payot, Paris, 1985.

--------, (C.), *Des historiens africains en Afrique : l'histoire d'hier et d'aujourd'hui : logiques du passé et dynamiques actuelles,* L'Harmattan, Paris, 1998.

--------, (C.), *Pour une histoire du développement : Etats, sociétés, développement*, L'Harmattan, Paris, 1988.

CORNIA, GIOVANNI, (A.) et al., *L'ajustement à visage humain : Protéger les groupes vulnérables et favoriser la croissance*, Economica, Paris, 1987.

COUCHET F. et SIBBAUD B., *« Enjeux des logiciels libres face à la privatisation de la connaissance »,* dans Benamrane Djilali, Jaffré Bruno et Verschave François-Xavier (dir.) *Les télécommunications entre bien public et marchandise,* Paris, Charles-Léopold Mayer, 2007.

COURADE G. et DEVEZE J-C., *« Des agricultures africaines face à des difficiles transitions », Afrique contemporaine*, n° 217/1, 2006.

CRUSH, (J.), *Power of development*, Routledge, London and New York, 1995.

CURIEN N., *L'économie des réseaux*, La Découverte, Paris, 2005.

DE LOENZIEN, (M.) et YANA, (S.-D.), *Les approches qualitatives dans les études de population. Théorie et pratique*, Editions des archives contemporaines, Paris, 2006.

DEBENE, (M.), 1990 « *La jurisprudence en matière de Droit de la terre », Rapport Synthèse, Université de Paris I, Centre d'Etudes Juridiques et Politiques du Monde Africain,* Economica, Paris, 1990.

DEGRANGE J-J., *Construisons une Démocratie Participative*, Alotime Éditions, 2006.

DELISLE, (H.) et al., *L'action communautaire et les politiques pour la sécurité alimentaire : une question sociale et de santé*, ACFAS, Les cahiers scientifiques, Montréal, 1997.

DESCOMBES, (V.), *Les institutions du sens,* Minuit, Paris, 1996.

DESRUTINS, (J.), *Existe-t-il un droit communautaire à l'alimentation, Mémoire de Master de Droit public approfondi,* Université Panthéon-Assas Paris II, Paris, 2007.

DEVEREUX (S.) *Origins of famine, Food studies Group*, Oxford University Press, Oxford, 1988

DEVEZE J-C. (dir.), *Défis agricoles africains*, Karthala, AFD, Paris, 2008

DHOQUOIS A. et Marc HATZFELD, *Petites fabriques de la démocratie. Participer : idées, démarches, actions*, Autrement, Paris, 2007.

DIOP, (C.-A.), *L'Afrique noire précoloniale : étude comparée des systèmes politiques et sociaux de l'Europe et de l'Amérique noire, de l'Antiquité à la formation des états modernes*, Présence africaine, Paris, 1987.

DUBRESSON, (A.) et RAISON, (J.-P.), *L'Afrique subsaharienne. Une géographie du changement,* Armand Colin, Paris, 2003.

DUFUMIER M., *Agricultures et paysanneries des Tiers Mondes*, Karthala, Paris, 2004

DULONG D., *Sociologie des institutions politiques*, La Découverte, 2012.

DUMONT L., *Essai sur l'individualisme*, Seuil, Paris, 1983.

--------, *Essais sur l'individualisme : une perspective anthropologique sur l'idéologie moderne,* Seuil, Paris, 1991.

DURAND D., *La systémique,* 3e éd., Presses Universitaires de France, coll. Que sais-je ?, n° 1795, Paris, 1987.

DURKHEIM, (E.), *Les règles de la méthode sociologique*, P.U.F, Paris, 1898.

EBOUSSI Boulaga Fabien, *La crise du Muntu*, Présence Africaine, Paris, 1977.

--------, (F.), *La crise du Muntu*, Présence africaine, Paris, 1977.

ELA J-M., *L'Afrique à l'ère du savoir : science, société et pouvoir,* L'Harmattan, Paris, 2006.

--------, *L'Afrique des villages,* Karthala, Paris, 1982.

--------, *Le cri de l'homme africain*, L'Harmattan, Paris, 1980.

--------, *Quand l'Etat pénètre en brousse... Les ripostes paysannes à la crise*, Karthala, Paris, 1990.

--------, *Restituer l'histoire aux sociétés africaines. Promouvoir les sciences sociales en Afrique noire*, L'Harmattan, Paris, 1994.

ELIADE, (M.), *Le sacré et le profane*, Gallimard, Paris, 1965.

ELIAIS, (N.), *La civilisation des mœurs*, Calmann-Lévy, Paris, 1973.

--------, *La dynamique de l'Occident*, Calmann-Lévy, Paris, 1975.

ELUL J., *La technique ou l'enjeu du siècle,* Armand Colin, Paris, 1954.

ELUNGU Pene Elungu. A., *L'éveil philosophique africain*, L'Harmattan, Paris, 1984.

--------, *Tradition africaine et rationalité moderne*, L'Harmattan, Paris, 1987.

ETOUNGA Mangalle, (D.), *L'Afrique a-t-elle besoin d'un programme d'ajustement structurel,* Editions Nouvelles, Paris, 1995.

--------, *L'Afrique a-t-elle besoin d'un programme d'ajustement culturel ?* Ed. Nouvelles du Sud, Ivry, 1993.

FACONNET, (P.), *La responsabilité : étude de sociologie*, Paris, Alcan. FAO, 1928.Fanon F., *Les damnés de la terre,* La Découverte & Syros, Paris, 2002.

FAUCHARD Liam et P. MOCELLIN, *Démocratie participative : progrès ou illusions ?* L'Harmattan, Paris, 2012.

FAURE Y.-A., *Entreprise et entrepreneurs africains*, Karthala, Paris, 1995.

FERREBOEUF G., *Participation citoyenne et ville*, L'Harmattan, Paris, 2011.

FERRY, (B.), *L'Afrique face à ses défis démographiques. Un avenir incertain*, Karthala, Paris, 2007.

FERRY, (L.) et GAUCHET, (M.), *Le religieux après la religion*, Grasset, Paris, 2004

FONCOUA P. et BOURGEAULT G., *Quel future pour l'éducation en Afrique ?* L'Harmattan, Paris, 2007.

FORTIN C. et ROUSSEAU R., *Psychologie cognitive. Une approche de traitement de l'information,* Québec, Presses de l'Université du Québec/Télé-université, 1989.

FOUAD Zachariya, *Laïcité ou islamisme*, trad. Richard Jacquemont, La Découverte, Paris, 1991.

FOUDA B-J., *La philosophie camerounaise à l'heure du soupçon : le cas de Towa*, Le flambeau, Yaoundé, 1980.

--------, *Sur l'esthétique littéraire négro-africaine*, L'Harmattan, Paris, 2008.

FROMENTIN T. et S. WOJCIK (dir.) *Le profane en politique. Compétence et engagements du citoyen*. L'Harmattan, Paris, 2008.

FTICK J-P. (trad.), *La raison dans l'histoire*, Paris, Hatier, 1987.

FUKUYAMA F., *La fin de l'histoire et le dernier homme,* trad. Denis-Armand Canal, Flammarion, New-York, 1992.

--------, *La fin de l'homme,* trad. Denis-Armand Canal, Editions de la table ronde, New-York, 2002.

GABEREL J., *Voltaire et les Genevois*, IX, n°59, Ed. Numérique de Gustave Swaetens, Paris, 2007.

GADAMER H-G., *Vérité et méthode*, Seuil, Paris, 1976.

GALTUNG J., *Theory and Methods of Social Research,* London, George Allen & Unwin Ltd, 1970.

GAUDIN J-P, *La démocratie participative*, Armand Colin, Paris, 2007.

GAUTIER, (A.), *Alimentations médiévales (Vè-XVIè siècle),* Paris, Ellipses, 2009.

GENTIL, (D.), *Les mouvements coopératifs dans l'Afrique de l'Ouest francophone. Interventions de l'État ou organisations paysannes ?* Karthala, Paris, 1986

GHATAK S. et INGERSENT K. *Agriculture and Economic Dévelopment*, Baltimore, John Hopkins University Press, 1984.

GIDDENS A., *La constitution de la société,* traduit de l'anglais Par Michel Audet, Paris, Presses Universitaires de France, 1987.

GINIES P. et MAZURELLES J., *L'Afrique forme ses élites, histoire d'une réussite*, L'Harmattan Paris, 2010.

GIRI, (J.), *Le Sahel demain : catastrophe ou reconnaissance ?* Karthala, Paris, 1983.

GOBINEAU A., *Essai sur l'inégalité des races humaines,* Librairie de Firmin-Didot et Cie, Paris, 1884.

GODBOUT (J.-T.), *Le don, la dette et l'identité*, Boréal, Montréal, 2000

--------, *L'esprit du don*, Boréal, Montréal, 1995.

--------, *L'énigme du don*, Gallimard, Paris, 1996.

--------, *Rationalité et irrationalité en économie*, F. Maspero, Paris, 1968.

GOFFMAN (E.), *La mise en scène de la vie quotidienne*, Minuit, Paris, 1973.

--------, *Les cadres de l'expérience*, Minuit, Paris, 1991.

--------, *Les moments et leurs hommes*, Seuil, Paris, 1988.

--------, *Les rites d'interaction*, Minuit, Paris, 1974.

GOODY (J.), *Cuisines, cuisine et classe*, Centre Georges Pompidou, GOUX, (J.-J.), Paris, 1984.

--------, *Frivolité de la valeur. Essai sur l'imaginaire du capitalisme*, Blusson. Paris, 2000.

GÖRGEN H., KIRSH-WOIK T. et SCHMIDT-EHRY R., *Le système de santé des districts. Expériences et perspectives en Afrique, Manuel à l'intention des professionnels de santé publique*, GTZ, 2è éd., Wiesbaden, 2004.

GRAWITZ, (M.), *Méthodes des sciences sociales*, Dalloz, Paris, 1993.

GREGOIRE (E.), et al., *Grands commerçants d'Afrique de l'Ouest. Logiques et pratiques d'un groupe d'hommes d'affaires contemporains,* Karthala, Paris, 1993.

GRET M. et Yves SINTOMER, *Porto Alegre : l'espoir d'une autre démocratie*, La Découverte, Paris, 2002.

GRILLO (R.) et REW, (A.), *Social Anthropology and Development Policy*, Tavistock Publications, pp. 1-36, Londres, 1984.

GROETHUYSEN B., *Philosophie de la révolution française*, Gonthier, Mayence, 1956.

GUENEAU, (M.-C.), *L'Afrique. Les petits projets de développement sont-ils efficaces ?* Karthala, Paris, 1986.

GUICHAOUA, (A.) et al., *Sciences sociales et développement*, Armand Colin, Paris, 1993.

GUILLAUME Paul et MUNRO Thomas, *La sculpture nègre primitive*, Les Editions Crès &Cie, 1929.

GUILLOT (B.), *Systèmes agraires et cultures commerciales : l'exemple du village de Boutazab (région de la Sangha au Congo),* Editions de l'ORSTOM, Paris, 1984.

--------, *La terre Enkou : recherches sur les structures agraires du plateau Koukouya (Congo)*, Mouton, La Haye, 1973.

GUTH, (S.), *Chicago 1920. Aux origines de la sociologie qualitative*, Téraèdre, Paris, 2004.

GUY DI MEO, *Logiques de l'espace, esprit des lieux*, Ed. Charles Léopold Mayer, Bruxelles,1998.

HABERMAS J., *L'espace public,* trad. Marc B. de Launay, Payot, Paris, 1986.

--------, *Le discours philosophique de la modernité*, Gallimard, Mayence, 1988.

HALBWACHS (M.), *Classes sociales et morphologie,* Minuit, Paris, 1972.

--------, *La classe ouvrière et les niveauxde vie,* Alcan, Paris, 1970.

--------, *Les cadres sociaux de la mémoire*, Mouton, La Haye, 1976.

--------, *Mémoire collective*, PUF, Paris, 1959.

--------, *L'évolution des besoins dans les classes ouvrières*, Paris, 1933

HALLAIRE (A.), *Paysans montagnards du Nord-Cameroun les monts Mandara,* ORSTOM, Paris, 1991.

HARRISON (P.), *Une Afrique verte, Karthala*, Paris, 1991.

HEGEL, *Leçons sur la philosophie de l'histoire,* trad. J. Gilbelin, Vrin, Paris, 1946.

HEIDEGGER M., *Être et temps,* (trad. François Vexin), Gallimard, Paris, 1986.

HERBERT M., *L'homme unidimensionnel*, Beacon Press, Boston, 1964.

HERVIEU (B.) et VIARD (J.), *Au bonheur des compagnes,* L'Aube, Paris. 2001.

HEURAUX C., *La formation au cœur du développ*ement, L'Harmattan, Paris, 2010.

HIRSCHMAN A.O., *Stratégie du développement économique*, Editions Ouvrières, Paris, 1964 (trad. *The strategy of économic development*, 1958).

HOBART (M.), *An Anthropological Critique of Development. The Growth of Ignorance*, Routledge, New York,1982.

HOBBES T., *Le Léviathan,* Sirey, Paris, 1971.

HOOGVELT (A.), *Globalization and the Postcolonial World. The New Political Economy of Development, Baltimore,* The Johns Hopkins University Press, 1997

HOUNTONDJI (P.), *Sur la « philosophie africaine » : critique de l'ethnophilosophie*, Masparo, Paris, 1977.

--------, *Sur la philosophie africaine, critique de l'ethnophilosophie*, Maspero, Paris, 1976.

HOYNINGEN-HUENE P., *Reconstructing Scientific Revolutions. Thomas S. Kuhn 's Philosophy of Science,* Chicago, University of Chicago Press, 1993.

HUME D., *L'Enquête de l'entendement humain*, Librairie générale française, Paris, 1999.

HUNTINGTON S., *Le choc des civilisations* (trad. Jean-Luc Fidel et Geneviève Joublain, Jean-Jacques Pédussaud), Odile Jacob, Paris, 2007.

HUSSERL E., *Méditations cartésiennes* (trad. Gabrielle Pfeiffer et Emmanuel Levinas), J. Vrin, Paris, 2008.

JACQUEMOT J., *L'économie politique de l'Afrique contemporaine,* Paris, A. Colin, 2013.

--------, *Economie politique de l'Afrique contemporaine*, A. Colin, Paris, 2013.

--------, *Economie politique de l'Afrique noire*, Armand colin Paris, 2013.

JAFFRE Y. et OLIVIER DE SARDAN J-P., *Une médecine inhospitalière. Les difficiles relations entre soignants et soignés dans cinq capitales d'Afrique de l'Ouest*, Karthala, Paris, 2003.

JAOUEN (R.), *L'eucharistie du mil. Langages d'un peuple, expressions de la foi*, Karthala, Paris, 1995.

JEAN PAUL II, *La foi et la raison*, Cerf, Paris, 2007.

JOLLY (E.), *Boire avec esprit. Bière de mil et société dogon, Société d'ethnographie*, Nanterre, 2004.

JUDET (P.), *Le tiers-monde n'est pas dans l'impasse,* Charles Léopold Mayer, Paris, 2005.

KABOU (A.), *Et si l'Afrique refusait le développement*, L'Harmattan, Paris, 1991.

KAGAME Alexis, *La philosophie Bantoue comparée*, Présence Africaine, Paris, 1976.

KAKO (N.), *L'insécurité alimentaire en Afrique subsaharienne. Le rôle des incertitudes*, L'Harmattan, Paris, 2000

KAMDEM E., *Management et interculturalité en Afrique*, Les presses de l'Université de Laval/Harmattan, Québec/Paris, 2002.

KANE Oumar, *L'organisation des télécommunications au Sénégal, entre gouvernance et régulation*, Karthala, Paris, 2010.

KANT E., *Critique de la faculté de juger* (trad. Alexis Philonenko), Vrin, Paris, 1974.

--------, *Critique de la raison pure* (trad. Alain Renault), Flammarion, Paris, 2001.

--------, *Fondements de la métaphysique des mœurs* (trad. Victor Delbos), Poitiers, Delagrave, 1977.

--------, *l'invention critique*, Vrin, Paris, 2000.

--------, *La religion dans les limites de la simple raison* (trad. J. Gibelin), J. Vrin, Paris, 1983.

KANT E., MENDELSSOHN, MOISE, *Qu'est-ce que les Lumières ?* (Trad. Dominique Bourel et Stéphane Piobetta), Mille et une nuits, n°508, Librairie Arthème Fayard, 2006.

KANT E., *Projet de paix perpétuelle* (trad. J. Gibelin), Vrin, Paris, 1795.

--------, *Prolégomènes,* (trad. J. Gibelin), J. Vrin, Paris, 1865.

KAPLAN A., *The Conduct of Inquiry,* Chandler Publishing Company, San Francisco, 1964.

KAT (J.) et DROP (A.), *Manuel pour l'établissement, les opérations et la gestion des banques de céréales*, Bulletin des services agricoles de la FAO, n°64, Rome, 1985.

KAYSER (B.), *La renaissance rurale. Sociologie des compagnes du monde occidental*, Colin, Paris, 1990

KEROUEDAN D. (dir.), *Santé internationale. Les enjeux de la santé du sud*, Presse des Sciences Po, Paris, 2011.

KIYINDOU A., *Fractures, mutations, fragmentation de la diversité des cultures numériques*, Hernès Sciences, Lavoisier, Paris, 2009.

--------, *TIC et développement socio-économique : enjeux et pratiques*,Hermès Sciences, Lavoisier, Paris, 2010.

KI-ZERBO Joseph, *Histoire de l'Afrique noire d'hier à demain*, Hatier, Paris, 1978.

KOEBEL M., *Le pouvoir local ou la démocratie improbable*, Les éditions du Croquant, Bellecombe-en-Bauges, Paris, 2006.

KOLLE Same Samuel, *Naissance et paradoxes du discours anthropologique africain*, L'Harmattan, Paris, 2007.

KOUVOUAMA A., *Modernité africaine. Figure du politique et du religieux*, Edition Paari, Bordeaux, 2022.

KUHN T.S., *La Structure des révolutions scientifiques,* Flammarion, Paris, 1972. Traduction de la nouvelle édition augmentée, The Structure of Scientific Revolutions, publiée par The University of Chicago Press, 1970.

Kabou A., *Et si l'Afrique refusait le développement*, L'Harmattan, Paris, 1991.

LACOSTE (Y.), *Les pays sous-développés*, PUF, Paris, 1984.

LAHLOU (S.), *Penser manger,* PUF, Paris, 1998.

LALANDE (A.), *Vocabulaire technique et critique de la philosophie*, PUF, Paris, 1991.

LALIBERTE J., *Réinventer la démocratie : pour une démocratie participative sans partis politiques et sans élections*, Septentrion, Québec, 2011.

LAMARZELLE D., *Stratégie et démocratie territoriales*, Éditions du Papyrus, Paris, 2001.

LAPIERRE J.-W., *L'analyse des systèmes politiques,* Presses Universitaires de France, Paris, 1973.

LATOUCHE S., *L'autre Afrique : entre don et marché*, Albin Michel, Collection bibliothèque et économie, Paris, 1998.

LAVIGNE-DELVILLE (P.), *Les Banques de céréales. Quelles réponses à quels problèmes*, Seuil, Paris, 1987.

LE BRETON (D.), *L'interactionnisme symbolique*, PUF, Paris, 2004.

LE HOUEROU (H.-N.), *Contribution à une bibliographie des phénomènes de désertification*, Maspero, Paris, 1973.

LE ROUVREUR (A.), *Sahariens et Sahéliens du Tchad,* Berger-Levrault, Paris, 1962, *Sahéliens et sahariens du Tchad*, L'Harmattan, Paris,1989.

LEBRECQUE (M.-F.), *Sortir du labyrinthe. Femmes, développement et vie quotidienne en Colombie andine,* Ottawa, Presses de l'Université d'Ottawa, 1997.

LECLERC (G.), *Anthropologie et colonialisme : essai sur l'histoire de l'africanisme*, Fayard ; Paris, 1972.

LEFEBVRE, (H.), *La production de l'espace*, Anthropos, Paris, 1974.

LEMOINE (Th.), *Tchad (1960-1990). Trente années d'indépendance,* Lettres du Monde. Paris, 1997.

LEVIE Jérôme, *L'Essai sur le développement de J.H. Newman*, Université d'Oxford, juillet 1833.

LEVINAS Emmanuel, *En découvrant l'existence avec Husserl et Heidegger*, Vrin, Paris, 2001.

LEVI-STRAUSS (Cl.), *Le triangle culinaire*, L'Arc, Aix-en-Provence, 1965 ; *L'origine des matières de table*, Plon, Paris, 1968.

LEVY-BRUHL, *Les fonctions mentales dans les sociétés inférieures*, Paris, Librairie Félix Alcan, 1992.

LITTLEJOHN S.W., *Theories of Human Comunication,* 3[e]Éd., Ca, Wadsworth Publishing Company, Belmont,1989.

LOCKE J., *Traité du gouvernement civil*, Flammarion, Paris, 1984.

LONG (N.*), Creating Space for Change: A Perspective on the Sociology of Development, Inaugural Lecture, Wageningen*: The Agricultural University, 1984.

LOSCH B., « *Agriculture et transition à l'heure de la mondialisation », Regards sur la terre 2012,* Armand Colin, Paris, 2012.

LYOTARD J-F., *La condition postmoderne,* Ed. de minuit, Paris, 1979.

MACHIAVEL N., *Le prince,* trad. Chrétien B. E. C., Pocket, Paris, 1998.

MAC INTYRE Alasdaire, *Après la vertu,* trad. Laurent Bury, PUF, Paris, 1997.

MAHIEU E.R., *Les fondements de la crise économique en Afrique*, L'Harmattan, Paris, 1990.

MAISTRE J. (de), *Considérations sur la France suivie d'Essai sur le principe générateur des constitutions politiques*, Complexe, Bruxelles, 1984.

MAISTRE J. (de), *De la souveraineté du peuple*, PUF., Paris, 1992.

--------, *Essai sur le principe générateur des constitutions politiques suivi de Etude sur la souveraineté*, Vitte, Paris, 1924.

MARAN René, *Batouala,* Albin Michel, Paris, 1938.

MARIE A., *L'Afrique des individus*, Karthala, Paris, 2012.

MARITAIN J., *Christianisme et démocratie suiviede Les droits de l'homme*, Alençon, Desclée de Brouwer, 1836.

MARITAIN J., *L'humanisme intégral*, Paris, St. Paul, 1988.

MARITAIN Raïssa, *La conscience morale et l'état de nature*, Maison Françoise, Newyork, 1946.

MARQUIS DE LASSAY, *Recueil de différentes choses*,s. 1. n. d. 2 vol.

MARTY F., *La naissance de la métaphysique chez Kant*, Beauchesne, Paris, 1997.

MASTERMAN M., « The Nature of a Paradigm », dans Imre Lakatos et Alan Mbembe A., *Afriques indociles*, Ed. Karthala, Paris, 1998.

MBAYE Babacar Diop, *Critique de la notion d'art africain*, Connaissances et Savoirs, Paris, 2001.

MBEM A-J., *Mythes et réalités de l'identité culturelle africaine*, L'Harmattan, Paris, 2005.

MBEMBE A., *Afriques indociles*, Ed. Karthala, Paris, 1998.

--------, *Sortir de la grande nuit. Essai sur l'Afrique décolonisée*, Paris, Ed. La Découverte, 2010.

MCQUAIL D. et WINDHAL S., *Communication Models for the Study of Mass Communication,* Longman, London, 1981.

MEDARD J-F., *Etats d'Afrique noire, formation, mécanisme te crise*, Karthala, Paris, 1991.

MEILLASSOUX (Cl.), *Anthropologie économique des Gouro de Côte-d'Ivoire : de l'économie de subsistance à l'agriculture commerciale*, Mouton, Paris, 1964 *; Femmes, greniers et capitaux*, L'Harmattan, Paris, 1992.

MEILLASSOUX C., *Femmes, greniers et capitaux*, Maspero, Paris, 1975.

MEIRIEU Ph., *Repères pour un monde sans repères*, Desclée de Brouwer, Paris, 2003.

MERLEAU-PONTY Maurice, *La Structure du comportement*, Paris, PUF, 1953.

MERTON R.K, *Éléments de théorie et de méthode sociologique,* Plon, Paris, 1965.

MICHAELOWA K., *Améliorer la qualité de l'éducation en Afrique subsaharienne : quelques résultats du programme d'analyse des systèmes éducatifs de CONFEMEN*, Institut d'économie internationale de Hambourg (HWWA), 2011.

MICHAILOF S., *Notre maison brule au sud. Que peut faire l'aide au développement* ? Fayard, coll. Commentaires, Paris, 2010.

MIGNOT-LEFEBVRE Y., « *Des mutations technologiques économiques et sociales sans frontières »,* dans Mignot-Lefebvre Yvonne (dir.), *Transferts des technologies de communication et développement,* Armand Colin, Paris, 1987.

MINGAT A. et SUCHAUT B., *Le système éducatif africain. Une analyse économique comparative*, De Boeck, coll. Pédagogie en développement, Bruxelles, 2000.

MINVIELLE (J.-P.) et LAILLER, (A.), *Les politiques de sécurité alimentaire au Sénégal depuis l'indépendance*, L'Harmattan, Paris, 2005.

MIRCEA Eliade, *Mythes, rêves et mystères, Saint-Amand,* L'imprimerie de Buissière, Paris, 1976.

MOLLARD, A., Multifonctionnalité de l'agriculture et territoires : des concepts aux politiques publiques, cahiers d'économie et sociologie rurales, éd. 2003.

MONDOLE Esso-Libanza, L., *Les femmes Lokélé en République démocratique du Congo. Structure sociale et dynamique marchande*, L'Harmattan, Paris, 2017.

MONGO-MBOUSSA B., *Désir d'Afrique*, Gallimard, Paris, 2002.

MOTAZE, (A.), *Le social et le développement en Afrique,* L'Harmattan, Paris, 2009.

MOYO D., *L'aide fatale, le ravage d'une aide inutile et de nouvelles solutions pour l'Afrique*, J-C Lattès, Paris, 2009.

MULUMBA Munanga (A.), *Sociologie générale et africaine. Les sciences sociales et les mutations des sociétés africaines,* L'Harmattan, Paris, 2008

MUPAPA Say, M.A., Le Congo et l'Afrique à l'orée du 3ème Millénaire. Pathogénie d'un sous-développement, P.U.C, Kinshasa, 2004.

MWENG Engelbert, *L'Afrique dans l'Eglise: paroles d'un croyant*, Paris, L'Harmattan, 1985.

--------, *L'Art de l'Afrique noire. Liturgie cosmique et langage religieux*, Yaoundé, Ed. Clé, 1974.

--------, *L'art et l'artisanat africains*, Yaoundé, Ed. Clé, 1980.

N'DAYE Mamadou Ablaye, Sy Alpha Amadou, *L'Afrique face au défi de la modernité*, Dakar-Fann, Editions Panafrica, 2006.

NEWMAN J-H., *Essai sur le développement de la doctrine chrétienne*, 1845.

NORMAN D. A. et RUMELHART D.E., *Explorations in Cognition*, Freeman, San Francisco, 1975.

OBENGA Th., *declaration on Aid effectiveness, Ownership, Harmonization, Alignment, Results and mutual accountability*, Paris, 2005.

--------, *La philosophie africaine de la période pharaonique*, L'Harmattan, Paris, 1990.

OFFNER J-M et D. PUMAIN (sous la direction de), *Réseaux et territoires Significations croisées*, Editions de l'aube, Paris, 1996.

OLIVIER DE SARDAN J.P., *Anthropologie et développement. Essai en socio-anthropologie du changement social,* Karthala, Paris, 1995.

--------, *Anthropologie et développement, essai en socio-anthropologie du changement social*, Karthala, Paris, 1995.

OUATTARA V., *Idéologie et tradition en Afrique noire : pour une nouvelle pensée africaine*, L'Harmattan, Paris, 2001.

OUEDRAOGO Mahamoudou, *Culture et développement en Afrique : le temps du repositionnement,* L'Harmattan, Paris, 2000.

OUEDRAOGO S. et al., *Dynamiques et rôles économiques du secteur informel des TIC en Afrique de l'Ouest et du Centre, cas du Burkina Faso, du Cameroun et du Sénégal*, Ouagadougou, éditions Yam Pukri, 2010.

OUOLOGUEM Yambo, *Le devoir de violence*, Seuil, Paris, 1968.

PARSONS T., The *Social System,* New York, The Free Press, 1964.

PERROT C.I et Fauvelle F., *Le retour des rois. Les autorités traditionnelles et l'Etat en Afrique contemporaine*, Karthala, Paris, 2003.

PILLAY P., *Higher Education and Economic Development: A literature review*, Centre for Higher Education, Cape Town, 2010.

PIRE G., *Stoïcisme et pédagogie : de Zénon à Marc Aurèle, de Sénèque à Montaigne*, J. Vrin, Paris, 1958.

PLATON, *La république,* Poche, Paris, 1995.

POMEAU R., *Ecraser l'infâme*, Oxford, Voltaire Foundation, 1994.

POPPER K.R, *Conjectures and Refutations. The Growth of Scientific Knowledge,* 4e ed., Routledge, London, 1972.

--------, *Objective Knowledge. An Evolutionary approach,* Clarendon, Oxford, 1972.

POUILLON (J.), *Les précipitations en zone soudanienne du Tchad : variabilité et impacts socio-économiques et environnementaux durant les quatre dernières décennies (60-99),* Éd. Universitaires Européennes, 2010.

POULAIN (J.-P.), *Sociologies de l'alimentation. Les mangeurs et l'espace social alimentaire*, PUF, Paris, 2002.

PRAHALAD C.K. (2014), *The Fortune at the Botton of the pyramid. Eracating Poverty Througth Profits*, Warthon School Publishing.

REGNIER (F.) *L'exotisme culinaire. Essai sur les saveurs de l'Autre*, PUF, Paris, 2004.

RIST (G.), *Il était une fois le développement*, Editions d'En Bas, Lausanne, 1986

--------, *Le développement. Histoire d'une croyance occidentale*, Presses de sciences Po, Paris, 2001.

--------, *Le Nord perdu. Repères pour l'après développement*, Ed. d'En Bas, Lausanne, 1995.

--------, (G.), *La culture otage du développement ?* L'Harmattan, Paris, 1994

RIVIERE Marcel, *Esquisse d'une psychologie des classes sociales*. Alcan, Paris, 1938

ROCH, (F.), *Vers un nouveau paradigme en matière de développement,* Tome 1-2, Saarbrücken, Presses Académiques Francophones, 2013.

ROSENSTEIN (R.), *Capital Formation and Economic Development*, Allen, London, 1964.

ROSTOW w.w., *Les étapes de la croissance économique*, le Seuil, Paris, 1963.

ROUILLE D'ORFEUIL (H.), *Coopérer autrement*, L'Harmattan, Paris, 1984

--------, *Le tiers monde, La Découverte*, Paris, 1997

RUMELHART D.E., *Schemata: The Building Blocs of Cognition,* San Diego, Center for Human Information Processing-University of California, 1979.

SABELLI (F.), *Recherche anthropologique et développement, Ed. de sciences de l'Homme*, Paris, 1993.

SAMIR Amin, A. Faire, M. Hussein and G. Massiah, *La crise de l'impérialisme*, Le Seuil, Paris, 1975.

C. COQUERY-VIDROVITCH, *Histoire économique du Congo 1880-1968*, Ed. Minuit, Paris, 1970.

K. VERGOPOULOS, *La question paysanne et le capitalisme*, Ed. de Minuit, Paris, 1974.

--------, *L'accumulation à l'échelle mondiale*, Anthropos, Paris, 1971.

--------, *L'accumulation à l'échelle mondiale*, Le Seuil, Paris, 1970.

--------, *L'Afrique de l'Ouest bloquée. L'économie politique de la colonisation. 1880-1970*, Éditions de minuit, 1971.

--------, *L'échange inégal et la loi de la valeur*, Le Seuil, Paris, 1973.

--------, *L'impérialisme et le développement inégal*, 1976.

--------, *Le développement du capitalisme en Côte d'Ivoire*, Anthropos, Paris, 1967.

--------, *Le Développement inégal. Essai sur la formation sociale du capitalisme périphérique*, Ed. Minuit, Paris, 1973.

--------, *Trois expériences africaines de développement : le Mali, la Guinée et le Ghana*, Ed. Minuit, Paris, 1965.

SAPIR J., *Quelle économie pour le XXIe siècle ?* Odile Jacob, Paris, 2005.

SARRASIN (B.), *Ajustement structurel et lutte contre la pauvreté en Afrique. La banque mondiale face à la critique*, L'Harmattan, Paris, 1999.

SAUVY (A.), *Théorie générale de la population,* PUF, Paris, 1963 ; *Malthus* et les deux Marx. *Le problème de la famine et de la guerre*, PUF Paris, 1952.

SAVANE (M.-A.), *Populations et gouvernements face aux problèmes alimentaires: regards sur des zones de l'Afrique de l'Ouest*, *UNRISD*, Genève, 1992.

SENGHOR Sédar Léopold, *L'art africain comme philosophie*, Rive neuve éditions, Paris, 2007.

SCHMID C.F., *Handbook of Graphic Presentation,* The Ronald Press Company, New York, 1954.

SCHUERKENS (U.), *Le développement social en Afrique contemporain. Une perspective de recherche inter- et intrasociétale*, L'Harmattan, Paris, 1995

SCHUMPETER (J.), *Capitalism, Socialism and Democracy*, Harper and Brothers, New York, 1942.

SEN (A.), *Poverty and famine*, Oxford University Press, Oxford, 1981.

SIGAUT (F.) et GAST, (M), *Les techniques de conservation des grains à long terme, Editions CNRS,* Paris, 1985.

SIMON A.H., *Models of Man. Social and Rational,* Harper, New York, 1957.

SINTOMER Yves, *Gestion de proximité et démocratie participative : les nouveaux paradigmes de l'action publique ?* (En coll. avec M.H. Bacqué et H. Rey), La Découverte, coll. Recherches, Paris, 2005.

SINTOMER Yves, *Le pouvoir au peuple. Jurys citoyens, tirage au sort et démocratie participative*, La Découverte, Paris, 2007.

SOULEYMANE Bachir D., *Bergson postcolonial*, CNRS Editions, Paris, 2011, La Découverte, Paris, 2007.

TEVOEDJRE A., *Pauvreté richesse des peuples,* Prix de la vie économique, 1980.

THOM R., *Stabilité structurelle et morphogénèse, Essai d'une théorie générale des modèles,* Interéditions, Paris, 1977.

TONDA J., *Le souverain moderne. Le corps du pouvoir en Afrique centrale (Congo, Gabon)*, Karthala, Paris, 2005.

TREILLET (S.), *L'économie du développement. De Bandoeng à la mondialisation,* A. Colin, Paris, 2005.

VERMEERSCH A., *La question congolaise*, C.Bulens Ed., Bruxelles, 1906.

WATT J.H. et SJEF A. Van Den Berg, *Research Methods for Communication Science,* Allyn and Bacon, Boston, 1995.

WONG A. et KISWEND-SIDA YAMEOGO U., *Les responsabilités sociétales des entreprises en Afrique francophone*, Paris, Editions Charles Léopold Mayer, 2011.

ZEISEL H., *Say it with figures,* Harper and Row, New York, 1957.

II. Articles de revues et contributions aux ouvrages collectifs

ABDELSALAM (C.) et TUBIANA, (M.-J.), « *Les banques de céréales au Tchad. Outil de gestion de la production alimentaire et moteur du développement* », in SERVET, (J.-M.), *Epargne et liens sociaux. Etudes comparées d'informalités financières*, Association d'Economie Financière, Paris, 1995.

ABE, (Cl.), *« L'Afrique à l'épreuve de la mondialisation »,* Cahiers de l'UCAC, n°6, Yaoundé, 2001.

ACHARYA, (S.S.), « *Sécurité alimentaire et nouvelle politique agricole en Inde* », *Revue Tiers Monde*, n° 165, janvier-mars, 2001.

AGENCE FRANÇAISE DE DEVELOPPEMENT, « *La formation professionnelle au cœur de politiques de développement* »,*AFD, Notes et documents*, n°41, Paris, 2009.

ALBERT, (B.), « *Anthropologie appliquée ou anthropologie impliquée ?* Ethnographie, minorités et développement », in BARE, (J.), *Les applications de l'anthropologie. Un essai de réflexion collective depuis la France*, Karthala, Paris, 1995.

ANTIL A., « Analyse des stratégies des élites économiques au Sahel », in R. BEAULIEU, M. KOLIE, J.-F. SEMPERE et Ch. UHDER, *Transition démographique et emploi en Afrique subsaharienne. Comment remettre l'emploi au cœur des politiques de développement*, Agence française de développement, « A savoir 05 », Paris, 2011.

ARDITI, (C.), *« Les interventions de l'Etat dans la commercialisation des céréales (Tchad) »,* in GARINE, (F.), RAIMOND, (Ch.) et LANGLOIS, (O.), *Ressources vivrières et choix alimentaires dans le bassin du lac Tchad*, Editions IRD, Paris, 2005.

ARDITI, (C.), « *Tchad : paysans, commerçants, Etat. Une histoire mouvementée »,* in TUBIANA, (E.), PAIRAULT, (Cl.), *Les dynamiques du changement en Afrique subsaharienne. Freins et impulsions*, L'Harmattan, Paris, 1996.

ARDITI, (C.), 2003 « *Les violences ordinaires ont une histoire* : le cas du Tchad », *Politique Africaine,* n°91.

ARNAUD M. et OUEDRAOGO S., « *Condition de développement et d'usage pour que les logiciels libres facilitent l'accès au savoir collectif* », dans BENAMRANE Djilali, JAFFRE Bruno et VERSCHAVE François-Xavier (dir.*), Les télécommunications entre bien public et marchandise*, Charles-Léopold Mayer, Paris, 2007.

ARNDT, (H.-W.), « *Le développement des pasteurs nomades : qui en bénéficie ?* », *L'avenir des peuples pasteurs, compte rendu de la conférence tenue à Nairobi (Kenya),* du 4 au 8 Août, 1980.

AURION E. et BLANC A., « *capture and corruption in Public Utilities: The cases of water and electricity in sub-saharan Africa* »,*Utilities Policy*, 17, 2009.

AYOUB, (A.), « *Les moyens de conservation des produits agricoles dans le nord-ouest de la Jordanie actuelle »,* in Les techniques de conservation des grains à long terme, Editions CNRS, Paris, 1985.

BALIQUE H., « *L'Hôpital public en Afrique francophone* », Médecine tropicale, n°64, 2004.

BARE, (J.-F.), « *En quoi peut bien consister une anthropologie appliquée au développement* », in *Les applications de l'anthropologie. Un essai de réflexion collective depuis la France*, Karthala, Paris, 1995.

BASSERES C., « *Pourquoi un marché informel du médicament dans les pays francophones d'Afrique ?* »,*in Politique africaine*, n°123, octobre, 2011.

BEAULIEU R., KOLIE M., SEMPERE J-F. et UHDER Ch., *Transition démographique et emploi en Afrique Subsaharienne. Comment remettre l'emploi au cœur des politiques du développement*, AFD, « A savoir 05 », Paris, 2011.

BELLIER, (I.), « *A propos de l'Etat des savoirs sur le développement, dix ans après.* »*Présentation dans le cadre du séminaire l'Etat des savoirs sur le développement. Vers une perspective européenne ?* Organisé par le GEMDEV, le 18-19 novembre 2004, Paris, 2004.

BENNET E.B., GROHMANN P. et GENTRY B., « Public-Private cooperation in the delivery of urban infrastructure services (option and issues) », *PPPSD Working paper series*, vol.I, New York, 1999.

BERGERET, (A.), *« Les sociétés indigènes de prévoyance : du Maghreb à l'Afrique noire, dérive d'une institution »*, in *Les techniques de conservation des grains à long terme*, CNRS, Paris, 1985.

BONNET, (D.), « *Introduction. L'éthique médicale universelle engage-t-elle la construction d'un acteur social universel ?* », *Autrement*, n°28, 2003.

BOUJU, (J.), « *De la socio-anthropologie du développement à l'anthropologie de la modernité»,* in Bierschenk, (T.) et alii., *Une anthropologie entre rigueur et engagement. Essais autour de l'œuvre de Jean-Pierre Olivier de Sardan*, Karthala Paris, 2007.

BRETON P. *« Les discours d'accompagnement », les dossiers de l'audiovisuel, les nouvelles technologies, quels usages, quels usagers,* numéro 103, INA, 2002.

CAILLE, (A.), « *Marcel Mauss et le paradigme du don* », Sociologie et sociétés, n°2, Montréal, Les Presses de l'Université de Montréal, 2007.

CHAUDRON, (M.), « *Heur et malheur de la cuisinière »,* Les Temps modernes, n°438, p. 1349-1359, 1983.

CHAUSSE J.P., KEMBOLA T. et NGONDE R., *« l'Agriculture : Pierre Angulaire de l'économie de la République Démocratique du Congo »,* dans HERDERSHEE J., MUKOKO Samba et TSHIMENGA Tshibangu M. (éditeurs), *Résilience d'un géant africain : Accélérer la croissance et promouvoir l'emploi en République Démocratique du Congo*, vol. II, Etudes sectorielles, Medias Paul, Kinshasa.

CHAUVEAU, (J.-P.), « *Le développement approprié. Mise en valeur coloniale et autonomie locale : perspective historique sur deux exemples ouest-africains* », in *Histoire, histoires*, ORSTOM, Paris, 1986.

CHAUVEAU, (J.-P.), « *Participation paysanne et populisme bureaucratique »,* in JACOB, (J.-P.) et al., *Les associations paysannes en Afrique*, Karthala, Paris, 1994

CHENEAU-LOQUAY A., « *L'Afrique au seuil de la révolution des télécommunications. Les grandes tendances de la diffusion des TIC* », Afrique contemporaine, n°234/2, 2010.

CHIRON P. (Sous la direction de), « La construction du soi selon Ricœur : enjeux éthiques et culturels » in *La construction du champ littéraire*, Paris, L'Harmattan, 2008.

CHOMBART DE LAUWE, (P.-H.), « *Ethnologie de l'espace humain* », in Bresson, (F.), Cullien, (M.), et al., *De l'espace corporel à l'espace écologique*, PUF, Paris, 1974

COLIN (A.), « *Les frontières africaines d'une anthropologie. Un demi-siècle d'interpellation », Journal des anthropologues*, n°110-111, pp. 337-370, 2007.

CORREZE, (A.), « *Stratégies alimentaires, stratégies féminines, interventions de développement»*, in Collectif, Femmes et politiques alimentaires. *Actes du séminaire international*, ORSTOM, 14-18 janvier, 1985.

CURRIE, J., « *Is the impact of Healt Schoks Cushioned by socioeconomic status ?* The case of Low Birhweight », *American economic Review*, vol.89, n°2, 1999.

DE GARINE, (I.), « *De la perception de la malnutrition dans les sociétés traditionnelles»,Information sur les sciences sociales*, n°23, avril-mars, 1984

--------, « *De la perception de la malnutrition dans les sociétés traditionnelles »,* in Ritel LAURENTIN, (A.), *Étiologie et perception de la maladie dans les sociétés modernes et traditionnelles*, L'Harmattan. Paris, 1987.

--------, « *The socio-cultural aspects of nutrition* », Ecology of Food and Nutrition, n°1. 1980 « *Une anthropologie alimentaire française »,* Ethnologie française, vol 10, n°3, 1972.

--------, « *Usages alimentaires dans la région de Khombole (Sénégal)* », Cahiers d'études africaines, Dakar, n°10, p. 218-265, 1962.

DE SUREMAIN, (C.-E.), « *L'alimentation et la nutrition »,* in ATLANI, (L.) et VIDAL, (L.), *Anthropologie de l'aide humanitaire et du développement. Des pratiques aux savoirs, des savoirs aux pratiques*, Armand Colin Paris, 2009

DE SUREMAIN, (C.-E.), 2007 « L'entourage nourricier de l'enfant. A partir d'exemples en Bolivie et au Congo », *L'Autre. Cliniques, Cultures et Sociétés*, n°8, Mars, p. 349-366.

DEFOURNY J. et FAILLON J., « Les déterminants de l'adhésion aux mutuelles de santé en Afrique subsaharienne », *Mondes en développement*, n°153/1, 2011.

DESCLAUX, (A.), 1992 « Le RAP et les méthodes anthropologiques rapides en santé publique », *Cahiers santé*, n°2, p. 300-306.

DEUTSCH K.W., « Mecanism, Organism and Society. Some Models » *Natural and Social Sciences,* in *Philosophy of Science, vol.* 18, n° 3, 1951.

DUCHASTEL P. et WALLER R., « Picturial Illustration in Instructional Texts », in *Educational Technology,* nov. 1979.

EBOUSSI BOULAGA, (F.), « *L'identité négro-africaine* », Présence africaine, numéro thématique « Penser l'Afrique au XXe siècle : une anthologie », n° 165-166, 2002.

EICHER, Carl, (K.) et STAATZ, (M.), « Food security policy in sub-saharan Africa », in MAUNDER, (A.), *Agriculture in a turbulent world economy*, Gower, Brookfield, 1986.

ELA, (J.-M.), « *Refus du développement ou échec de l'occidentalisation ?* Les voies de l'Afro-renaissance », *Le Monde diplomatique*, Octobre, 1998.

ELLIS ESOH ELAME J., *« interculturaliser la responsabilité sociétale »*, in *Revue Canadienne d'études du développement*, vol.29, n°3-4S, 2009.

ESCOBAR, (A.), 1995 « *Vers l'ère du redéveloppement* », in RIST, (G.) et al., *Le Nord perdu. Repères pour l'après-développement*, Editions d'en bas. « *Anthropologie et développement*», Revue internationale des sciences sociales, n°154, Décembre, Lausanne, 1997.

ETOUNGA MANGALLE, (D.), « *Culture et développement : ou les conséquences d'une modernisation tardive dans nos schémas sociaux* », Terroirs, revue africaine des sciences sociales, n°2, janvier, 1993.

EVANS-PRITCHARD, (E.-E.), « *Applied Anthropology* » *Africa,* n°16, février, pp. 92-98, 1946.

FERRY, (B.), « *L'impact démographique du VIH/Sida »,La chronique du CEPED*, n°44, juillet, 2002.

FOURNIER, (M.) et MARCEL, (J.Ch.) « *Présentation. Avec Mauss, et au-delà de Mauss», Sociologie et sociétés*, vol.36, n°2, Les Presses de l'Université de Montréal, Montréal, 2004.

FRIEDMANN, (J.) et al., « *Les dépossédés* », *Le Courrier de l'UNESCO, « Le développement pour qui ?* », mars,1995

GABAS, (J.J.), *« La prévention des crises alimentaires au Sahel »,* in *Club du Sahel*, 2000.

GENEST, (S.) et COPANS, (J.), *Présentation. L'anthropologie et le millénaire Fin de siècle ? Anthropologie et sociétés*, n'°24, janvier, pp. 5-13, 2000.

GENTIL, (D.), *« Y a-t-il un mouvement paysan en Afrique noire ?* », *Revue Tiers-Monde,* n°128, 1991.

GILES, (A.), « *Les moyens de conservation des produits agricoles dans le nord-ouest de la Jordanie actuelle* », in *Les techniques de conservation des grains à long terme*, Editions du CNRS, Paris, 1985.

GIRI, (J.), « Le Sahel est-il condamné à la famine ? », in *Asie-Afrique : Greniers vides, greniers pleins*, Economia, Paris, 1986.

GODBOUT (J.-T.), « L'actualité de l'Essai sur le don », *Sociologie et sociétés*, n°2, Les Presses de l'Université de Montréal, Montréal, 2004.

GOJARD, (S.), « *Changement de normes, changement de pratiques ?Les prescriptions alimentaires à destination des jeunes enfants dans la France contemporaine* », Journal des anthropologues, vol 107, n°1006, p. 269-285, 2006.

GOJARD, (S.), *« L'alimentation dans la prime enfance. Diffusion et réception des normes de puériculture* », Revue française de sociologie, juillet-sept., vol 41, n°3, p. 475-512, 2000.

GOLDSCHMIDT V., Brice PARRAIn (sous la direction de), « *L'ancien stoïcisme » in, Histoire de la philosophie*, I, vol. 2, Antiquité Moyen Age, Gallimard, Saint-Amand, 1996.

--------, « *L'approche anthropologique du développement économique »,* in *L'avenir des peuples pasteurs, Compte-rendu de la conférence tenue à Nairobi*, du 4 au 8 Août, 1980.

GRANJON F., LELONG Benoît et METZGER Jean-Luc, *« Inégalités sociales, inégalités numériques : quelles articulations ? »* dans GRANJON Fabien, LELONG Benoît et METZGER Jean-Luc (dir.) *Inégalités numériques, clivages sociaux et modes d'appropriation des TIC,* Paris, Hermès Lavoisier, Collection Technique et Scientifique des Télécommunications Hermès, 2009.

GRUENAIS (M.-E.), « *Mariages en ville et malnutrition aiguë »,* Sciences sociales et santé, n°3, Mars-avril, p. 57-83, 1985.

GUENGANT, (J.-P.), « *La démographie africaine entre convergences et divergences »,* in FERRY, (B.), *L'Afrique face à ses défis démographiques. Un avenir incertain*, Karthala, Paris, 2007.

GUIGNARD T., « *Réduction de la « fracture numérique » et développement en Afrique : une vision ethnocentrique et industrielle »,* dans KIYINDOU

Alain (dir.), *Fractures, mutations, fragmentation de la diversité des cultures numériques,* Hermès Sciences, Lavoisier, Paris, 2009.

HABERMAS J., RATZINGER Joseph, « Fondements pré politiques de l'Etat démocratique», in *Esprit*, juillet 2004.

HAGBERG, (S.), « *Comprendre sans légitimer »,* in BIERSCHENK, (T.) et alii., *Une anthropologie entre rigueur et engagement. Essais autour de l'œuvre de* Jean-Pierre Olivier de Sardan, Karthala, Paris, 2007.

HALBWACHS M., « *Leibniz », in Les philosophes*, Ed. Mellottée, Paris, 1954.

HAWK P., MCLEOD N.P. et JONASSEN D.H, « Graphic Organizers in Texts, Course-ware, and Supplemental Materials », in JONASSEN D. H, ed., *The Technology of Text. vol.* 2, New Jersey, Englewood Cliffs, Educational Technology Publications, 1985.

HOBEN (A.), « *Anthropologists and Development », Annual Review of Anthropology,* n°12, pp. 349-375, 1982.

HOROWITZ (M.), « *Development Anthropology in the Mid-1990s », Development Anthropology Network*, n°12, 1 et 2, pp. 1-14, 1994.

HOUDEINGAR (D.), « *De la terre à l'aliment : état des lieux des questions, des problèmes et des attentes », in De la terre à l'aliment, des valeurs aux règles*, Lascaux, 28-29 juin, 2010.

HUBINGER (V.), « *Anthropologie et modernité », Revue internationale des sciences sociales*, n°154, Décembre, 1997.

HUGON Ph., *« Les sciences sociales africanistes à l'épreuve des projets de développement »,EHESS, Cahiers d'études africaines*, n° 202-203, Février-Mars, 2011.

IMBERT (M.), *« Espace et vie sociale : un champ interactionnel* », in BRESSON (F.), CHOMBART DE LAUWE (P.-H.), et al., *De l'espace corporel à l'espace écologique*, PUF, Paris, 1974.

INGOLD (P.H.), « *The storage or cereals by farmers in Northern Nigeria* », *Trop. Agriculture*, n°41, mars, pp. 197-212, Trinidad, 1965.

JACQUEMOT P., « Harmonisation et appropriation de l'aide ». in *Afrique contemporaine*, n°223-224, vol. 3-4, 2007.

--------, « *Chefferie et décentralisation au Ghana* », Afrique contemporaine, n° 221/1, 2007.

JAFFRE (Y.), « *Ethnolinguistique et formation d'agents de développement* (Burkina)», in PAQUOT (E), *D'un savoir à l'autre. Les agents de développement comme médiateurs*, Gret, Paris, 1991.

JAFFRE B., « *En Afrique, construire les alternatives aux privatisations* », dans BENAMRANE Djilali, JAFFRE Bruno et VERSCHAVE François-Xavier (dir.), *Les télécommunications entre bien public et marchandise*, Charles-Léopold Mayer, Paris, 2005.

--------, « *Dissonances entre les représentations sociales et médicales de la malnutrition dans un service de pédiatrie au Niger* », Sciences sociales et santé, n°14, janvier, 1996.

JUNEAU R., « Comment tirer le maximum des graphiques d'affaires », in *Informatique et bureautique*, oct. 1986.

KEARNEY (M.), « *The Local and the Global : The Anthropology of Globalization and Transnationalism* », Annual Review of Anthropology, n°24, pp. 547-565, 1995

KI ZERBO (J.), « *Le développement clés en tête* », *in* KI ZERBO *(éd.), La natte des autres. Pour un développement endogène en Afrique,* Dakar, 1992.

KOEBEL M., « Les travers de la démocratie participative » in *Sciences Humaines, Les Grands Dossiers* n° 6, 2007.

LAFRANCE J-P., « *Pour une approche critique de la société de l'information* » dans Lafrance Jean-Paul (dir.) *Critique de la société de l'information*, CNRS Éditions, Paris, 2009.

LARUE DE TOURNEMINE R., KERN F. et BISSIRIOU G., « *Analyse de la créativité entrepreneuriale et de l'élaboration des nouveaux business models dans les pays du sud* », in *Monde en développement*, vol.37/3, n°14, 2009.

LEBRECQUE (M.-F.), « *L'anthropologie du développement au temps de la mondialisation »,* Anthropologie et sociétés, vol. 24, n°1, pp. 57-78, 2000.

LEGOUTE (J.-R.), « *Définir le développement : historique et dimensions d'un concept plurivoque* », Cahier de recherche, Vol. 1, n°1, Février, 2001.

LLOYD WARNER William, MARCHIA MEEKER, KENNETH FEELS, *Socials Class in America, a Manual of Procedure for the Measurement of Social Status*, New York and Evanston, Harper and Row, 1960.

LONG (N.), *Battlefields of Knowledge. The International of Theory and Practice in Social Research and Development,* Routledge, Londres, 1992; "*Globalization and Localization. New Challenges to Rural Research*", 1996.

--------, *Encounters at the Interface. A Perspective on Social Discontinuities in Rural Development, Wageningen*, The Agricultural University, 1989.

LOSCH B., « *Agriculture et transition à l'heure de la mondialisation* », *Regards sur la terre 2012*, Armand Colin, Paris, 2012.

MABONDZO (W.-A.), « *Banques de céréales et lutte contre l'insécurité alimentaire au Guéra* (Tchad) », in MENGUE, (M.), *Développement et changement social en Afrique*, PUCAC, Yaoundé, 2012.

--------, « *The Anthropology and the Social Construction of Development in Post-colonial Africa* », Sociology Study, Vol. 6, N°6, June, p. 368-377, 2016.

MAREK T. EICHLER R. et SCHNABEL Ph., « *Allocation des ressources et acquisition de services de santé en Afrique : qu'est-ce qui est efficace pour améliorer la santé des pauvres ?* » in Banque mondiale, *Documents de travail sur le développement humain dans la région d'Afrique*, n°105, 2006.

MATHIEU (F.R.), « *Principes économiques et société africaine* », Revue Tiers-Monde, n°120, octobre-décembre, 1989.

MATHIEU (P.) et TABUTIN, (D.), 1996 « *Démographie, crise et environnement dans le monde rural africain* », in COUSSY, (J.) et VALLIN (J.), *Crise et population en Afrique, Yaoundé,* Cahiers du CEPED. Mauss, (M.), 1925 « *Essai sur le don », Anthropologie et sociologie, Sociologie et anthropologie,* Paris, Presses Universitaires de France. PUF, Paris, 2003.

MEISEL N. et J. OULD AOUDIA, Finance, institutions et croissance dans les économies émergentes, *Revue économique,* Vol. 59, No. 6, (Nov., 2008).

MUSGRAVE, eds, *Criticism and the Growth of Knowledge.* Cambridge University Press, London, 1970.

MWABILA Malela (Cl.), *« Pour une relecture de la sociologie à la lumière de la théorie de la dépendance », in La dépendance de l'Afrique et les moyens d'y remédier, Actes de la 4e session du Congrès International des études*

NGARADOUMRI (M.), *« La sécurité alimentaire au Tchad : mythe ou réalité ? »* in *Conférences du CEFOD sur le développement*, N'Djaména, 2006.

NGONDO A PITSHANDENGE, « *Politiques et programmes de population en Afrique : précisions des objectifs et adéquation des moyens », L'évaluation des politiques et programmes des populations,* John Libbey Eurotext, AUPELF-UREF, Paris, 1988

NICOLAS (G.), « *Développement rural et comportement économique traditionnel au sein d'une société africaine* », Genève-Afrique, vol. 8, n°2., 1969

NTUMBA KABELA, « *Négritude et authenticité face au problème du développement de l'Africain» in Actes de la 2èmesemaine philosophique de Kinshasa,*du 18 au 22 avril 1977.

OLIVIER DE SARDAN (J.-P.), « *Rapports de production. Modes d'action économiques et logiques sociales : quelles interrogations* », in GESCHIERE, (P) et al., *Terrains et perspectives*, ORSTOM, Paris, 1987.

--------, *De la nouvelle anthropologie du développement à la sociologie des espaces publics africains.Colloque international de l'APAD sur entreprises et entrepreneurs en quête de normes, 11-14 octobre 2005,* Yaoundé, 2005

OLIVIER DE SARDAN J.P. et RIDDE V., « *Un bilan des récentes politiques d'exemption des paiements des soins dans trois pays sahéliens (Burkina Faso, Mali, Niger)* », in *Afrique contemporaine*, n°243, 2002.

PAGEZY (H.), « *Comment interpréter la situation nutritionnelle des Pygmées Ba-Twa du Zaïre»,* Ecologie humaine, n°2, p. 83-89, 1990

PANTALEON (J.) et al., « *Présentation : représentation et pratiques sociales de l'économie* », Anthropologie et Sociétés, vol. 34, n°2, p. 9-20, 2010

PICHON R.& R. DURAND-AUZIAS, *Les systèmes politiques africains,* Librairie générale de droit et de jurisprudence Paris, Première partie : « *L'évolution, la scène politique, l'intégration nationale* », 1979, 361 pages, 63 F. Deuxième partie : « Les réalités du pouvoir », 1974, 353 pages, 80 F.

RANDRIANASOLO H., CASTELLANET C., COQUART Ph., et RIBIER V., « Le rôle de l'aide publique au développement dans le renforcement des Etats et des citoyennetés », *Débat & controverses*, n°5, GRET, 2011.

Revue québécoise *Télescope*, Numéro spécial dédié à la *participation citoyenne*, volume 17, numéro 1, hiver 2011.

SABOURIN (P.) et al., « *Fragmentation des économies nationales. L'économie des personnes recourant au « don » alimentaire au Québec comme observatoire* », *Anthropologie et sociétés,* vol. 34, n°2, pp. 143-162., 2010.

SEMPORE (S.), « *La famine en Afrique », in Concilium*, n°247, pp. 13-23., 1993.

SENE (D.), « *Stratégies et politiques alimentaires : quelques réflexions en guise d'introduction», in Stratégies et politiques alimentaires au Sahel. De la recherche à la prise de décision*, CILSS, Ouagadougou, 1990.

SEVERINO J-M., « Enterrer et puis ressusciter l'aide », *Journal of field Action*, Institut Veolia environnement, 2012.

SIRCOULON (J.), « *La sécheresse en Afrique de l'Ouest. Comparaison des années 1982-1984 avec les années 1972-73* », Cahiers de l'ORSTOM, Hydrologie, n°21, Avril, p. 75-86., 1985.

TABUTIN (D.) et SCHOUMAKER, (B.), *« La démographie de l'Afrique au sud du Sahara», Population*, vol. 59, n°3-4., 2004.

TEMGOUA (A.-P.), « *Le mil dans l'alimentation des montagnards Kirdi du Nord-Cameroun : une contrainte de l'histoire et du milieu naturel* », in FROMENT, (A.), et al., *Bien manger et bien vivre. Anthropologie alimentaire et développement en Afrique intertropicale : du biologique au social,* L'Harmattan, Paris, 1996.

THIEBA (D.), « *Associations paysannes, sécurité alimentaire et commerce céréalier au Sénégal»*, Cahiers des Sciences Humaines, n° 27, janvier, 1991.

TOLLENS, E., Agriculture, sécurité alimentaire et développement économique : défis et enjeux, in TREFON, Th. *Réforme au Congo : attentes et désillusions,* Harmattan, Paris. 2009.

TUBIANA (J.), « *Désertification et famines au Sahel. Le cas du Tchad, du Soudan et de l'Ethiopie* », in ARDITI, (Cl.) et al., *Les dynamiques du changement en Afrique sub-saharienne,* L'Harmattan, Paris, 1996.

VIMARD (P.) et GENDREAU (F.), « *Les défis démographiques : des discours alarmistes aux politiques incertaines », *Politiques africaine, n°44, Décembre, 1984.

VIMARD P. et FASSARI R., « Changement démographique et développement durable en Afrique », *Cahier LPED, Laboratoire Population-Environnement-Développement*, Aix-Marseille, n° 18, 2010.

WOLDE (M.M.), *Rural vulnerability to famine in Ethiopia:* 1958-1977, Vikas Publishing House, New Delhi, 1995.

YACONO (X.), *« Histoire des sociétés indigènes de prévoyance agricole en Algérie (1848-1962) », in Les techniques de conservation des grains à long terme,* Editions du CNRS, Paris, 1985.

III. Webographie

Actualité des services aux entreprises : www.Gret.org

Agence française de développement : www.afd.fr-rubriqueEntreprises

Association de coopération pour le développement des services de santé (ACODESS) : *www.acodess.org*

BALLA, (B.), *Du plan d'action de Lagos au nouveau plan de redressement économique de l'Afrique*, Yaoundé, Cameroon-Info.Net. http://www.cameroon-info.net, 2001.

BLONDIAUX L., « L'idée de démocratie participative : enjeux, impensés et questions récurrentes », in *http//www.er.uqam.ca/nobel/ieim/articlechairemc.php3 ? id.article=3144.*

CHEVRIER Jacques, « *L'échec des systèmes politiques africains* », in https//www.monde-diplomatique.fr/1975/08/chevrier/33319.

DAKOURE E., « TIC et développement en Afrique : approche critique d'initiatives et enjeux », *Revue française des sciences de l'information et de la communication* [En ligne], 4 | 2014, mis en ligne le 01 janvier 2014. URL : http://journals.openedition.org/rfsic/939 ; DOI : 10.4000/rfsic.939.

DE SUREMAIN, (C.-E.), *Anthropology of food (Modèles alimentaires et recompositions sociales en Amérique latine), http://aof.revues.org/sommaire2763.html.*, 2008.

E-gouvernement en Afrique, http://acpbusinessclimate.org/pseef/documents/final/ICT_eGovernment_fr.pdf.

Fédération hospitalière de France *: www.fhf.fr*

Fédération internationale hospitalière : *www.ihf.fih.org/ressources*

Feuille de route pour l'e-gouvernement en Afrique, in : http://acpbusinessclimate.org/pseef/documents/final/ICT_eGovernment_fr.pdf.

Fondation Jacques Chirac : www.fondationchirac.eu

http://hdr.undp.org/sites/default/files/hdr14_technical_notes.pdf

http://www.achpr.org/files/instruments/pretoriadeclaration/achpr36_instr_decla_pretoria _esc_rights_2004_fra.pdf

http://www.ophi.org.uk/

IREDU : *www.u.bourgogne.fr*

J-Pal poverty Action Lab : *www.povertyactionlab.org.*

KLASEN S., « Does Gender Inequality Reduce Growth an Development ? Evidence from Cross-country Regression », document préliminaire à la rédaction de *Engendering Development*,

Washington, D.C., Banque Mondiale. En ligne : http://www.worldbank.org/gender/prr/klasen.pdf, 1999.

Olivier De Schuster, rapporteur spécial de l'ONU sur le droit à l'alimentation, http://www.srfood.org.

Rapport de l'UNESCO : *www.efareort.unesco.org*

Réseau d'éducation pour tous en Afrique (Repta) : *www.repta.net*

Réseau des hôpitaux d'Afrique : *www.reshaoc.unice.fr*

Réseau médicaments et Développement (ReMed) : *www.remed.org*

Tchacounte Lengue C. (2011), Les privatisations en Afrique, Paris, L'Harmattan

www.unesco.org

www.unicef.org

IV. Autres documents

ALI ZAKARIA, (M.), *La place des pratiques populaires de production dans les politiques de développement au Tchad. De la période précoloniale à nos jours*, Thèse présentée en vue de l'obtention du grade de docteur en sciences sociales, Université catholique de Louvain., 1985.

BANQUE MONDIALE, *Africa Development Indicators 2000.* Updated edition, World Bank, Washington, 2001.

--------, *Africa Development Indicators 2003*. Updated edition, World Bank. Washington, 2003.

BANQUE AFRICAINE DE DEVELOPPEMENT, *Perspectives économiques en Afrique, L'Afrique et ses partenaires émergents*, BAD, OCDE, PNUD, CEA, 2011.

BANQUE MONDIALE, "*Procurement of Health Sector Goods (Pharmaceuticals, Vaccines, and Condoms)". Standard Bidding Document*, World Bank, Washington, 2002.

--------, « *Genre et développement économique. Vers l'égalité des sexes dans le droit, les ressources et la participation », Rapport sur les politiques du développement*, Nouveaux Horizons, Paris, 2003.

--------, *Africa's Pulse*, Washington, 2011.

--------, *Améliorer les résultats en matière de santé, nutrition et démographie en Afrique subsaharienne*, Banque Mondiale, Washington, 2006.

--------, *Croissance démographique et politiques de population en Afrique subsaharienne*, Banque Mondiale, Washington, 1986.

--------, *Documents de travail sur le développement humain dans la région d'Afrique*, n°105.

--------, *Indicateur du développement Afrique 2010*, Washington D.C, 2010.

--------, *L'Afrique subsaharienne. De la crise à une croissance durable*, Banque Mondiale, Washington, 1989.

--------, *L'agriculture au service du développement. Rapport sur le développement dans le monde*, Washington, 2008.

--------, *La Banque mondiale et le soutien de l'Afrique*, Washington, 2011.

--------, *La dimension humaine dans les projets de développement. Les variables sociologiques et culturelles*, Karthala, Paris, 1998.

--------, *Rapport sur le développement dans le monde : Développement et générations futures*, Washington D.C, 2006.

--------, *Rapport sur le développement dans le monde*, Banque Mondiale, Washington, 1988.

BARTLE S. et BARON Ch., « *Métiers porteurs : le rôle de l'entreprenariat, de la formation et de l'insertion professionnelle »,Document de travail*, n°111, Agence Française de développement, GRET, 2011.

Base des données Edstats de la Banque mondiale : *www.worldbank.org*

BOSSARD M. et FOKO B., *Coûts et financement de l'enseignement supérieur en Afrique francophone*, série Développement humain de la région Afrique, Banque mondiale, Washington D.C, 2007.

BOUCHIKHI, (M.), « *Population et développement en Afrique : Constats et tentative de bilan»,Actes du colloque international de démographie: « Développement et transition démographique en Afrique* », Université de Tunis, Tunis, 26-27-28 Avril, 1997.

BOURDIEU P., « Capital symbolique et classes sociales », *L'Arc*, n° 72, 1978.

--------, « Condition de classe et position de classe » *Archives européennes de sociologie*, t. VII, n° 2,1966.

--------, « Espace social et genèse des “classes” », *Actes de la recherche en sciences sociales*, n° 52- 53, 1984.

--------, « L'identité et la représentation », *Actes de la recherche en sciences sociales*, n° 35, nov. 1980.

--------, « La hantise du chômage chez l'ouvrier algérien », *Sociologie du travail*, n° 4, 1962.

BOUTROS-BOUTROS, (G.), *Agenda pour le développement*, Nations Unies, New York, 1995.

CASTILLO M., « *Lumières françaises, Lumières : les rapports entre philosophie et religion selon Voltaire et Kant* », *Colloque international*, Paris, 22-23 nov. 2007.

--------, « *Voltaire et la révolution française* », *Conférence*, Rome, 14 mars 2006.

--------, « Voltaire et la révolution française », *Conférence*, Rome, 14 mars 2006.

CAZES, (G.) et al., *Rapport régional d'évaluation des 15 ans de la Conférence Internationale sur la Population et le Développement en Afrique*, Commission Économique pour l'Afrique, Addis-Abeba, 2009

CIAN, *Enquête : l'éducation supérieur à l'épreuve du malaise de la jeunesse*, 2011.

--------, *Rapport 2012*, Conseil français des investisseurs en Afrique et MOCI, 2012

CISHAHAYO F., *Communication, développement et appropriation des médias émergents en Afrique francophone subsaharienne, Approche critique*, Université de Montréal, thèse présentée à la Faculté des Études supérieures en vue de l'obtention du grade de Ph. D. en communication, 2010.

CLOETE N. BALEY T. et MASSEN P., « Universities and Economic Development in Africa. Pact, Academic core and cordination », *Center for higher Education Transformation (CHET),Wynberg*, 2011.

DABAGAI, *Politiques publiques de sécurité alimentaire au Cameroun et protection des droits économiques, sociaux et culturels : Cas de la lutte contre la sécheresse dans le département du Logone et Chari,* Mémoire de Master de droits de l'homme et action humanitaire, Université Catholique d'Afrique Centrale, Yaoundé, 2008

DEUTSCH R, « Does Child Care Pay ? Labor Force Participation and the Earnings Effects of Acces to Child Care in the Favelas of Rio de Janeiro », Document de travail n° 384, Banque interaméricaine de développement, Washington D.C.,1998

FACONNET, (P.), *La zone sahélienne : bibliographie sélectionnée pour l'étude du problème. Sécurité alimentaire mondiale, principes et méthodes : une nouvelle approche.* Rapport du directeur général, C.F.S., n°83, avril. -//- Rapport du directeur général sur la sécurité alimentaire mondiale, CFS 83/4, 1983.

FAO Rome : éradiquer la faim dans le monde pour réaliser les Objectifs du Millénaire pour le développement, 2009.

HAMIT (I.), « *Vie chrétienne et développement : quelle articulation aujourd'hui dans la région du Guéra », mémoire de master en théologie et études religieuses*, Lumen Vitae, 2011.

MINGAT A. et NDEM F., « *Développer le premier cycle secondaire : enjeu rural et défis pour l'Afrique subsaharienne* », AFD, série Documents de travail, *n°94*, IREDU, CN., 2010.

OCDE, *Development Aid at a glance*, Africa, Paris, 2012.

--------, *Financement et dette extérieure des pays en développement*, Etude, Paris, 1987.

--------, *Pourquoi des politiques d'ajustement positive ?* OCDE, Paris, 1979 ; *1988 Coopération pour le développement*, Rapport, Paris, 1998.

--------, *Répartition géographique des ressources financières mises à la disposition des pays en développement 1984/1987*, OCDE, Paris, 1989.

OCDE-BAD, *Perspectives économiques en Afrique 2012*, OCDE, groupe de la BAD, PNUD, CEA, 2012.

Organisation Internationale du Travail, *Toward Decent Work in Subsaharan Africa-Monitoring MDG Employment indicators*, Bureau International du travail, Genève, 2011.

Organisation mondiale de la santé : *www.who.int.mediacentre*

--------: *www.who.int/management*

PNUD, *L'ajustement et croissance en Afrique pendant les années 80*, Wash., New York, 1989.

--------, *Rapport Mondial sur le Développement Humain*, Economica, Paris, 1994

--------, *Rôle du PNUD dans la lutte contre le VIH et le Sida : Plan Directeur*, New York, 1996.

PSACHAROPOULOS G. et PATRINOS H.A., *Retourns to Investissementin education,* Policy Research Working Paper, Banque mondiale, 2000.

RAYMOND (A.), *Stockage traditionnelle de céréales vivriers en milieu paysan au Niger, Thèse présentée à l'Ecole des gradués de l'Université de Laval*, 1983.

Société financière internationale, *Investir dans la santé en Afrique. Le secteur privé : un partenaire pour améliorer les conditions de vie des populations*, Groupe de la Banque mondiale, Washington, 2008.

TCHENG H., HUET J-M. et ROMDHANE M., « *Les enjeux financiers de l'explosion des télécoms en Afrique subsaharienne », Note de l'Ifri*, IFRI, Paris, 2010.

UNESCO, *Regional Overview sub-sahara Africa*, Unesco, Paris, 2011.

UNICEF, VAN DER HOEVEN, (R.) et VAN DER KRAAIJ, (F.), *L'ajustement structurel et au-delà en Afrique subsaharienne*, Karthala, Paris, 1990.

WAELKENSA M-P et CRIELB B., *Les mutuelles de santé en Afrique subsaharienne. Etat des lieux et réflexions sur un agenda de recherche*, HNP discussion paper, 2004.

WALTHER R. FILIPIAK E., *Nouvelles formes d'apprentissage en Afrique de l'Ouest*, Notes et Documents n°40, AFD, 2008.

Table des matières

Structures éditoriales du groupe L'Harmattan

L'Harmattan Italie
Via degli Artisti, 15
10124 Torino
harmattan.italia@gmail.com

L'Harmattan Hongrie
Kossuth l. u. 14-16.
1053 Budapest
harmattan@harmattan.hu

L'Harmattan Sénégal
10 VDN en face Mermoz
BP 45034 Dakar-Fann
senharmattan@gmail.com

L'Harmattan Cameroun
TSINGA/FECAFOOT
BP 11486 Yaoundé
inkoukam@gmail.com

L'Harmattan Burkina Faso
Achille Somé – tengnule@hotmail.fr

L'Harmattan Guinée
Almamya, rue KA 028 OKB Agency
BP 3470 Conakry
harmattanguinee@yahoo.fr

L'Harmattan RDC
185, avenue Nyangwe
Commune de Lingwala – Kinshasa
matangilamusadila@yahoo.fr

L'Harmattan Congo
219, avenue Nelson Mandela
BP 2874 Brazzaville
harmattan.congo@yahoo.fr

L'Harmattan Mali
ACI 2000 - Immeuble Mgr Jean Marie Cisse
Bureau 10
BP 145 Bamako-Mali
mali@harmattan.fr

L'Harmattan Togo
Djidjole – Lomé
Maison Amela
face EPP BATOME
ddamela@aol.com

L'Harmattan Côte d'Ivoire
Résidence Karl – Cité des Arts
Abidjan-Cocody
03 BP 1588 Abidjan
espace_harmattan.ci@hotmail.fr

Nos librairies en France

Librairie internationale
16, rue des Écoles
75005 Paris
librairie.internationale@harmattan.fr
01 40 46 79 11
www.librairieharmattan.com

Librairie des savoirs
21, rue des Écoles
75005 Paris
librairie.sh@harmattan.fr
01 46 34 13 71
www.librairieharmattansh.com

Librairie Le Lucernaire
53, rue Notre-Dame-des-Champs
75006 Paris
librairie@lucernaire.fr
01 42 22 67 13

www.ingramcontent.com/pod-product-compliance
Lightning Source LLC
LaVergne TN
LVHW021142061026
849535LV00002B/316
* 9 7 8 2 3 3 6 4 1 6 7 3 1 *